Gloria Kaiser

Dona Leopoldina

GLORIA KAISER

DONA LEOPOLDINA

*Die Habsburgerin
auf Brasiliens
Thron*

Roman

VERLAG STYRIA

Bild Umschlagvorderseite:
Thomas Ender, „Ansicht vom Corcovado", 1817.
Bild Umschlagrückseite:
Léopoldine, Archiduchesse d'Autriche.
Bildarchiv der Österreichischen Nationalbibliothek. E 1082-C/D.

Die Deutsche Bibliothek – CIP-Einheitsaufnahme
Kaiser, Gloria:
Dona Leopoldina : die Habsburgerin auf Brasiliens Thron ;
Roman / Gloria Kaiser. –
Graz ; Wien ; Köln : Verl. Styria, 1994
ISBN 3-222-12274-1

© 1994 Verlag Styria Graz Wien Köln
Alle Rechte vorbehalten
Printed in Austria
Umschlaggestaltung: Zembsch'Werkstatt, München
Satz: Druck- und Verlagshaus Styria, Graz
Druck und Bindung: Wiener Verlag, Himberg
ISBN 3-222-12274-1

INHALT

I. LARGO
30. November 1826
7

II. TRANQUILLO
1. Dezember 1826
65

III. ALLEGRETTO
2. Dezember 1826
122

IV. ANIMATO
3. Dezember 1826
183

V. FORTE
6. Dezember 1826
249

VI. ANDANTE CON MOTO
11. Dezember 1826
321

NACHWORT
396

Dona Leopoldina – Lebensdaten

22. 1. 1797	Geburt von Erzherzogin Leopoldine Caroline Josepha, sie ist das fünfte Kind (vierte Tochter) von Franz I., Kaiser von Österreich, und Marie Therese von Neapel und Sizilien
14. 4. 1807	Tod der Mutter
11. 3. 1810	Heirat der Lieblingsschwester Marie Louise mit Napoleon
7. 4. 1816	Tod der Stiefmutter Maria Ludovica
13. 5. 1817	Hochzeit per procuram in Wien mit Prinz Pedro von Bragança, Thronerbe des Vereinigten Königreiches von Portugal, Brasilien und Algarbien
13. 8. 1817	Beginn der Überfahrt nach Brasilien
5. 11. 1817	Ankunft in Rio de Janeiro
4. 4. 1819	Geburt der Prinzessin Maria da Glória
6. 3. 1821	Geburt des Thronfolgers João Carlos
9. 1. 1822	der Tag „fico" („ich bleibe"), Leopoldine (Dona Leopoldina) und Pedro sichern mit ihrem Verbleiben in Brasilien die Einheit des Landes, José Bonifácio de Andrada wird Minister
11. 1. 1822	Aufstand der Cortes, Dona Leopoldina flüchtet mit den Kindern nach Santa Cruz
4. 2. 1822	Tod des Thronfolgers João Carlos
11. 3. 1822	Geburt der Prinzessin Januária
13. 8. 1822	Dom Pedro reist nach São Paulo, Dona Leopoldina wird für wenige Wochen zur Prinzregentin bestellt
2. 9. 1822	Trennung Brasiliens von Portugal unter dem Vorsitz von Dona Leopoldina
10. 9. 1822	Dom Pedro lernt in São Paulo die spätere Mätresse Domitila kennen
17. 2. 1823	Geburt der Prinzessin Paula Mariana
15. 11. 1823	Verbannung von José Bonifácio de Andrada
2. 8. 1824	Geburt der Prinzessin Francisca Carolina
2. 12. 1825	Geburt des Thronfolgers Pedro II.
12. 10. 1826	Domitila wird zur Marquise von Santos erhoben
23. 11. 1826	Dom Pedro reist nach Cisplatina
2. 12. 1826	Fehlgeburt
11. 12. 1826	Tod von Dona Leopoldina

I.
LARGO

30. November 1826

Fieberschübe zwingen Leopoldine auf das Krankenlager –
das häusliche Leben auf Boa Vista (Palast „Schönblick") –
die Reise nach Bahia im Feber 1826 –
Freundschaft mit der Erzieherin Maria Graham –
der Besuch der Bahianischen Damen im August 1822.

In der Nacht ist die Luft nicht ölig, nicht klebrig, sie ist frisch wie Tau, befeuchtet Wände und Möbel; diese Luft könnte man trinken, tropische Nachtluft steht im Zimmer.

Leopoldine hat Rohrmöbel aufstellen lassen; einen Tisch mit unlackierter Holzplatte, und in die Schränke ließ sie Öffnungen schneiden, stanzen, wie bei den Stickereien, den Richelieudecken, die in Laxenburg, in Schönbrunn auf den Tischen, den Möbeln lagen. So sind Wäsche und Kleidung besser durchlüftet und nicht ständig wie mit Mehltau von Schimmel überzogen. Der Boden blankgeschrubbt, alles Ungeziefer herausgescheuert und nicht mit Teppichen zugedeckt, unter denen es nisten kann und sich millionenfach vermehren. Sie hat auch bald den Baldachin vom Bett wegnehmen lassen.

„Ein Beth wie ein Haus mit einem Vorhang ganz in Gold gestickt. Wir fürchten uns er falle hinab, aber man versichert es sey keine Gefahr. Das Schlafzimmer von Mousselin, weiß und rosenfarben gefüttert mit Blumengirlanden und Goldverzierungen. Die Tapeten von weißem Samt und die Vorhänge mit Goldfransen", so hatte sie ihrer Schwester das Schlafzimmer geschildert, als sie vor zehn Jahren hier angekommen war. Nun sind die Wände gekalkt, die Vorhänge abgenommen. Weiß wollte sie die Wände haben, auch die Fensterläden hatte sie innen weiß streichen lassen. Sicher hat sie vergessen, ihrem Bruder Ferdinand zu schreiben, daß hier die Fenster keine Glasscheiben haben, sondern nur Fensterläden. Leopoldine liebt dieses Zimmer. In diesem Zimmer läßt sich gut leben, lassen sich die zerstreuten Gedanken ordnen, es lenkt nichts ab, alles wird klar, führt zum Wichtigen, Wirklichen zurück; ein Zimmer, in dem sich vielleicht auch gut sterben läßt, wenn hier alles erledigt ist.

Marcia kommt ins Zimmer. Geräuschlos huscht das Serviermädchen auf das Bett zu. Eine aufgeschnittene Mamão, Caju-Nüsse, süß dampfenden Reis mit Erdnüssen und Rosinen hält sie Leopoldine hin, zaghaft und bittend. Chalaça, der Spitzel, der sich nun „Staatsrat" nennt, wird Marcia wieder mit dem Auspeitschen drohen, wenn sie die Speisen unberührt zurückbringt. Leopoldine greift nach dem Glas Wein; selbst im Dunkel kann sie die rote Farbe des Weines wahrnehmen, spüren, wie er wie flüssiger Granat im Glas schwingt. Sie wird nichts essen, nicht in dieser Nacht, auch nicht morgen; der volle Magen belastet den Kopf und ändert nichts an ihren Schmerzen.

Sie schiebt den Löffel in Richtung Marcia. „Iß doch, iß doch so viel, wie die wollen, daß ich esse", sagt Leopoldine mit ein paar Handbewegungen, und Marcia beugt sich weiter hinunter zu ihrer Herrin, schoppt sich gierig fünf, sechs Löffel vom Reis, vom Obst hinein.

Ein Knäuel von fünf, sechs Dienstboten, Assafatas, kauert in der Ecke; die beiden Wasserträger lungern vor der Tür und melden jeden Handgriff Plácido. Zum Haushofmeister, Schatzmeister, Oberinspektor der Küche hat er es gebracht; Plácido de Abreu, der Palastfeger war und in dunkle Winkel verschwinden mußte, wenn Pedro um die Ecke kam; nun verwaltet er das Haushaltsgeld. Ihn, Plácido, müßte sie, Leopoldine, um die Herausgabe des Nadelgeldes ersuchen. Den kleinen, dicken Mann, der mit leerem Blick auf Worte und Zahlen des Haushaltsbuches starrte, lachte und auf den umgebundenen Lederbeutel zeigte. Alles auf den Kopf gestellt, alles Dunkle ans Licht gezogen; für die Santos ein leichtes Spiel, sie ist eine Brasilianerin, und sie ist noch mehr, sie ist eine Paulista. St. Paul, São Paulo. Die Jesuiten haben sich diese Stadt ausgedacht, und eineinhalb Jahrhunderte lang haben diese Gelehrten, die Doktoren der Kirche, die Intelligenz des Umlandes angezogen, aufgesogen. „Wirklich entschieden werden alle politischen Wendungen von den Paulistas", hatte José Bonifácio gesagt; Leopoldine widersprach, meinte, daß die Mineiras einflußreicher wären und die Bahianer mit ihrem stolzen Ungehorsam viel weniger kalkulierbar.

Sie hatte keine Vorstellung gehabt, wie rasch sich eine einnistet, die hier zu Hause ist.

Leopoldine setzt sich auf. Sie will den Mangobaum sehen, die Nachtgeräusche besser hören; der Wein breitet sich in ihrem Kopf aus, er packt die Schmerzen ein in einen dicken wollenen Schal. Leopoldine hatte immer ihrem Körper befohlen, wie er sich zu gebärden hatte, zu empfangen, sich zu wehren. Nach der Geburt von Maria da Glória wollte er unter Eiter und Wundschmerz beinahe vergehen, sich wegbegeben; nein. Dieser Körper wurde gebraucht, und sie überwand das Fieber und eine Sepsis, an der die meisten Frauen sterben. Jetzt, die wunden Stellen in ihrem Bauch, in den Beinen, im Rücken, sie ebben zurück, zerren nicht so stark in allen Muskeln, Nervensträngen, vielleicht kann auch ihr ungeborenes Kind eine kurze Weile verschnaufen, schlafen. Mit ihren Schmerzen hat Leopoldine sich angefreundet, mit den Schmerzen der Geburten. Nur die erste Geburt war furchtbar; nicht der Schmerz, die Angst vor ihm hat sie geschüttelt. Ihr Körper hatte sich verselbständigt; mit Wucht war sie in die Krämpfe geworfen worden. Sie war über die Gewalt erstaunt, derer ihr Körper fähig war; dann, die Erleichterung mit dem Schweiß über ihre Haut geronnen, als der Austreibungsakt vorbei war und sie dalag wie in Licht gebadet, als hätte sie nicht nur ein Kind, sondern auch ein neues Selbst geboren. Die Angst vor dem Schmerz war vorbei, fast. Beim zweiten Kind kam sie noch in kurzen Momenten, aber sie konnte sich schon hineinbegeben in den Schmerz, der nichts war als ein Krampf, ein Ziehen, ein Zerren, ein Brennen. Schmerz, der sie rüttelte, warf, hochzucken ließ wie bei Blitzschlägen und dem sie sich anvertraute; beim dritten Kind, bei allen weiteren Kindern, acht bis jetzt.

Sparsam war Leopoldine gewesen, achtsam war sie mit allen Gütern umgegangen, und nun sollte sie, ihr Leben, weggelegt werden; so seltsam kann der Herrgott, kann das Schicksal nicht mit seinem Eigentum verfahren. Sie hatte angesammelt: Erfahrung, Wissen, Regeln, Lehren, ihre europäische Erziehung mit ihrem brasilianischen Leben vermischt, und nun würde sie nicht mehr gebraucht für diese Welt. Welche Schätze waren schon immer vor ihren Augen vergeudet worden. Das Leben ihrer Mutter, der lieben verstorbenen Mama, das Leben der lieben Stiefmama; auch sie hatten angesammelt. Wie viele Schwingungen an Gefühlen, Gedanken kann sie registrieren, Haß und Verachtung vorausbestimmen, Zuneigung und Demut vorausspüren.

Leopoldine ruft nach Tee; ihre Stimme klingt fremd, gläsern, viel zu hoch, sie tönt nicht. Sie ruft noch einmal; schon als Kind wurde sie sofort ungeduldig – „meine Heftigkeit zu bändigen, mich zu gewöhnen an Sanftmuth", hatte sie sich in ihrem Vademecum aufgetragen, und weiter, „von dem 13. Mai meinem Vermählungstage an nehme ich mir vor mit Eifer an meiner Ausbildung zu arbeiten, will ich nun alle Mühe anwenden stets die reine Wahrhaftigkeit zu sprechen".

Der Morgen des letzten Tages im November.

Die Zugvögel fortgeflogen, überall gefrorene Dörfer und Häuser von Schneemauern umgeben; auf einen warmen Sonnenstrahl warten und in ihm tanzen, mit dem Sonnenstrahl, das Buch, das Zeichenblatt mitverrücken.

„Wie Du anfängst so schreib in gleicher Größe und in gerader Linie fort. Beobachte die Gleichheit der Schrift des Abstandes und des Anfanges der Zeilen und der Wörter und der Buchstaben", das hatte sie als Siebenjährige zu schreiben.

In gleicher Größe, in gerader Linie wird sie bald aufstehen können und hinausgehen vor die Türe, alle Herrschaft über ihre Familie wieder an sich nehmen.

Ihre neue Heimat, alles so ausgeleuchtet, als hätte die Sonne mehrere Augen, um in alle Gassen das Licht hineinzulegen, überall so, daß es nicht blendet, nur leuchtet.

Marie; Leopoldine will Marie, ihre große Tochter, sehen.

„Wenn es eine Tochter wird, soll sie Maria da Glória heißen", bestimmte Pedro, ihr Gemahl.

Glória, die Beschützerin der Sklaven, der Dienstboten; die Kirche da Nossa Senhora da Glória.

Sie wird Marie zu sich ins Bett legen lassen und den Kopf auf ihr Herz drücken, auf ihren neuen Herzschlag, den raschen, tanzenden. Dieser Mutter wird sie nicht davonlaufen. „Warum bist du immer traurig, Mama; schau Domitila an, sie lacht, sie ist fröhlich." Weggelaufen ist das Kind, hinüber zur Mätresse, zur Marquise von Santos.

Der Feber dieses Jahres 1826.

Die Reise nach Bahia, nach Salvador, erst vor wenigen Monaten. Hochsommer im Norden, nahe dem Äquator. Leopoldine war noch zittrig auf den Beinen, ihr Leib unförmig und schwer von der Geburt des Sohnes Pedro im vergangenen Dezember.

José Bonifácio, der Freund und Minister, seit zwei Jahren in der Verbannung. Im November 1825 das Kaiserreich Brasilien endlich von Dom João anerkannt: der Schwiegervater als Friedensengel. Dom João hatte verstanden; zu ihrem Namenstag, am 15. November 1825, wurden die Unterschriften geleistet, und Brasilien war nun nicht nur frei: Brasilien ein Souverän, eine Autorität in der Welt. Die Feste und Feiern waren Freudentumulte, und aus Bahia kamen Nachrichten von Aufständen. Bahia, über tausend Meilen entfernt. In allen Ämtern sind Portugiesen eingesetzt, und die haben sich noch nicht entschieden, sind sie Brasilianer oder Portugiesen, vielleicht wollen sie einen eigenen Staat. Nirgends so üble Plantagenwirtschaft, Sklavenwirtschaft, Sklavenschinderei wie in Bahia. Die Fazendeiros, die Herren in Bahia, bekommen die frischeste Sklavenware; nach Bahia gibt es kaum Straßen, nur schlechten Postdienst. Die Sklaven wie die Freigelassenen wollten sich nicht länger knüppeln lassen, die Herren fühlten sich bedroht, vom neuen Staat Brasilien nicht in Schutz genommen; wo war der Kaiser, wer war Dom Pedro? Ein Aufstand der Schwarzen, der Farbigen stünde bevor, niedermetzeln würden sie alle Weißen und einen Sklavenkönig ausrufen; und die Cortes, die Liberalen aus Lissabon, ließen ihre Schiffe die Küste von Bahia entlangpatrouillieren; sie lauerten darauf, für Portugal wieder einen Teil des abtrünnigen Kolonialkindes an sich zu reißen.

Im August 1822 hatte Leopoldine Lord Cochrane, den Engländer, nach Bahia entsandt. „Da es uns an einer Flotte fehlt", schrieb sie verzweifelt. Einer mußte damit beginnen, die Küste von portugiesischen Angriffsschiffen freizuhalten. Cochrane sollte außerdem die Brasilianer zu strammen Soldaten erziehen. Nach wenigen Wochen wollte der englische Sir seinen Posten verlassen; die Brasilianer funktionierten nicht, ständig wären sie aufmüpfig – warum sie zu kämpfen hätten, ob die Portugiesen nicht einmal ihre Brüder gewesen seien, was an den Europäern so übel sei, warum sie zu bestimmter Stunde in schmerzhafter Haltung stehen müßten. Leopoldine ritt wochenlang in aller Frühe hinunter zum Hafen, zum Schulschiff; sie dolmetschte, wenn ihre Brasilianer behaupteten, das englisch klingende Portugiesisch nicht zu verstehen.

„Sie schwanken zwischen Kontinenten, zwischen

Afrika, Europa, Amerika; das hat sie seelisch verfeinert, ihren Charakter gestählt; ein empfindliches Ehrgefühl, schwermütig und redselig, unordentlich und aufgeweckt in Geschäften, fügsam und plötzlich arrogant; eines jedoch in allem, das Ablehnen starrer Extreme, des Ausschließlichen", so hatte José Bonifácio geredet. Junge Männer aus England, Marineoffiziere, mischte Lord Cochrane unter die Brasilianer; Lord Cochrane war geblieben.

Am 2. Feber 1826 begann die Seereise nach Bahia; in Rio war es heiß, schwül, um wieviel heißer würde es in Salvador sein.

Das Schiff schaukelte im glatten Sommermeer. Marie schwebte wie ein weiteres, luftiges Segel durch die Menschenmenge, sprang den Bällen nach, welche Domitila ihr zuwarf, ließ sich vom Vater in die Luft wirbeln.

Leopoldine hatte Marschall angefleht, „Marie, diesem frühreifen Kind, bleibt doch nichts verborgen, es kann nicht gut sein, wenn sie ihren Vater auf dieser Reise mit der Vicomtesse von Santos erlebt". Er hatte gelächelt, der Herr Botschafter, versprochen und nichts getan, nicht mit Dom Pedro geredet.

Freiherr von Marschall, Botschafter Österreichs in Brasilien, hätte Leopoldine auch in persönlichen Belangen beistehen sollen, doch der ehrgeizige Diplomat hat seine Aufgabe anders aufgefaßt, er hat vor allem die politischen Interessen von Kaiser Franz vertreten, pflichtbewußt an Metternich berichtet. Die persönlichen Anliegen von Leopoldine hat er sich angehört, aber selten weitergemeldet; aus Wünschen und Verzagtheiten durfte kein politisches Ereignis werden.

Schon nach wenigen Stunden hatte Marie gelernt,

wie die Santos zu gehen, die kindlichen Hüften so zu wiegen, daß der siebenjährige Mädchenkörper sich unter dem rosafarbenen Kleidchen zu winden begann. Sie konnte sofort die Augendeckel so schließen, daß darunter der Blick in Zorn verharrte, bevor sie aufschrie, mit einem Glas nach dem nächsten Dienstboten warf.

„Ich mag keinen Hühnerfuß", schrie Marie und stieß den Teller mit der fetten Soße um; gleichzeitig spitzte sie den Mund zu einem picksüßen Lächeln, „das weißt du doch". Pedro tobte nach frischen Tüchern; Porzellan zerschmetterte auf dem Boden, zwei Dienstboten, die mit Fächern zu wedeln hatten, rannten hinaus, um die Schüsseln mit den Hühnerbrüsten zu holen. Domitila zwinkerte Marie zu. „Eine echte Bragança", rief Pedro, und alle, die um den Tisch standen und auf Befehle warteten, begannen zu jubeln, zu klatschen, zu rufen – „hoch lebe Dom Pedro, hoch lebe unsere erlauchteste Prinzessin". Dabei tuschelten sie miteinander, sie wollten wissen, was sie zu bejubeln hatten.

Marie hatte ganz kurz nach dem Eßbesteck gegriffen, als sie den Blick von Leopoldine spürte. Sie konnte ihre Mutter nicht genau sehen; Leopoldine saß, von der Sonne geschützt, mit der Aguiar entfernt von der Tischgesellschaft im Dunkeln, unter dem Baldachin. Ein Blick zu Domitila, und sofort ließ Marie das Eßbesteck fallen; sie aß wieder mit den Händen, tunkte die Fleischstücke in die Soße, spritzte herum, griff nach dem Weinglas der Santos und trank daraus.

„Hier ist ein wahres Elend in Erziehung", das hatte Leopoldine Louise nach Parma geschrieben, als Marie drei Jahre alt war.

Die Reise dauerte und dauerte; am 26. Feber kamen sie in Salvador an. Zu dritt verließen sie das Schiff, die

Santos als erste Hofdame an Leopoldines Seite; einzeln wurden sie den Steilhang in die Stadt hinaufgetragen. Nichts Paradiesischeres hatte Leopoldine vorher gesehen. Diese Stadt, wie ein Adlerhorst hoch über dem Meer, schmale, gewundene Gassen, die Häuser der Kautschukbarone mit Kunstwerken von Stukkatur und bemalten Kacheln. Eine Steigerung an Üppigkeit im Blühen, in den Farben war in Bahia noch möglich. Durch jede Ritze zwängte sich wildes Wachstum, die Menschen prall und saftig; sie sangen vor Freude, sie kreischten vor Abscheu, wenn Dom Pedro mit der Santos durch die Straßen fuhr.

Man hatte Leopoldine in Rio einen Brief zugespielt – wie lange sie noch den Einfluß einer gewissen paulistischen Dame hinnehmen würde. Leopoldine hatte den Brief weggelegt; darauf hatte man zu reagieren wie auf ein Gerücht, damit befaßt man sich nicht; sie wollte den zwei Monate alten Thronfolger holen lassen, den Säugling stillen. Mit einem Schreianfall war Pedro im Zimmer hin und her gerannt; Gleichgültigkeit warf er ihr vor; er sah nicht ihre Müdigkeit; der Körper ausgeleert, der Geist ausufernd, ständig Wichtiges von Unwichtigem eingrenzend; dieser Brief, unwichtig, die Reise nach Bahia, wichtig.

Die Bettücher für die Santos waren aus bestickter Seide, in jedes Laken ihr Monogramm genäht. Der Kaiser und die Mätresse wohnten im selben Gebäudetrakt; Leopoldine hatte man mit der Aguiar hinter den Korridor verfrachtet.

In die Kirche Zum heiligen Franziskus war Leopoldine gefahren, sie hatte ihre Leinenhosen angezogen und die grobe Jacke. Vielleicht ist der Einfluß der Gestirne so nahe am Äquator tatsächlich intensiver. Zuerst sind die Menschen vor Leopoldine weggewichen, doch noch während der Messe wollten tausend Hände ein Stück von der Kaiserin angreifen; wie eine mächtige Welle drängten sie heran. Sie konnten es nicht oft genug hören, „daß ich im Herzen Brasilianerin bin, meine Kinder zu wahren Brasilianern erziehen werde".

In der ersten Märzwoche kam die Nachricht nach Salvador, daß der Sohn der Mätresse, der Sohn von Pedro und Domitila, gestorben war.

Vier Tage, nachdem Leopoldine den Kronprinzen geboren hatte, am 6. Dezember 1825, war der zweite Pedro zur Welt gekommen; Brasilien mit zwei Pedros als Thronfolger. Niemand sprach in Salvador von Staatstrauer, das Besuchsprogramm mußte ablaufen. Das Kind wurde in Rio mit allem Pomp beigesetzt; alle Minister, alle Beamten waren anwesend.

Die Bahia-Reise war ein Erfolg für Dom Pedro; die Herren der führenden Schicht beruhigt, davon überzeugt, Brasilianer zu sein; alles wie der Triumph in Minas im Jahr 1822.

Beim Abschiedsempfang im Pavillon am Theaterplatz standen die Stühle für Dom Pedro, für sie, Leopoldine, für die erste Hofdame, die Vicomtesse von Santos, bereit. Die Santos ging schnell auf die Sessel zu und blieb beim Platz der Kaiserin stehen. Ein Aufschrei, „nein"; sie riefen nach ihren Göttern, Oxum, Ogun, und sangen, „nossa mãe, unsere Mutter, Dona Leopoldina".

Zurück den Weg, den Steilhang hinunter, zum Schiff. Jubelnde Menschenmassen, Kisten, Körbe, voll mit Geschenken, Fahnen und Tücher wehten. Leopoldine war von ihrer Kabine auf das Deck gegangen, war der Sonne ausgewichen und den Bildern, die sich unaufhörlich in ihr abspulten. „Da der Wille meines

Vaters die Richtschnur für mein Verhalten ist bin ich davon überzeugt dass der Himmel mich schützen wird und mich mein Glück in dieser Verbindung finden lassen wird", das hatte Leopoldine nach ihrer Verlobung geschrieben. Zuerst schweigen, weil es notwendig ist, dann von Erlebtem erdrückt werden, sich Pflichten aufhalsen, eine neue Verpflichtung suchen, eine, die besser schnürt, die straffer aufrechthält. Die Aguiar mußte Leopoldine stützen, als sie Ende April, vor sieben Monaten, in Rio das Schiff verließ. Der feste Boden brachte sie aus dem Gleichgewicht. Die Menschen jubelten, gratulierten; ihr Kleid schleifte im Schmutz, die Haare klebten in einem Klumpen auf dem Kopf, sie wollte nach Hause, nach Boa Vista, zu den Kindern, in ihr Zimmer, in dieses weißgekalkte Zimmer; Quinta Boa Vista, Schönblick.

Estefanel und Beni, die beiden Assafatas, rollen Leopoldine im Bett hin und her; sie sollen sie waschen, ein frisches Hemd über ihren Körper ziehen. Leopoldine krallt sich am Leintuch fest. Sie will offene Fenster und Morgenluft, der Sonne zusehen und dabei das Knäuel aufknoten, die Sprache, in die ihre Kindheit verpackt ist; alle Fäden zusammensuchen, die sie hinter sich geworfen hat, zurücklaufen.

Gespielte Bilder waren die Lieblingsbeschäftigung von Poldl; zum Beispiel das Schutzengelbild mit ihren Geschwistern.
„Louise muß hier stehen, schon etwas nach vor gebeugt, und ich halte sie zurück."

Clementine, die jüngere, hat gemault, „nein, an deiner Stelle muß Louise stehen, sie ist die Älteste, du kannst uns gar nicht retten".

„Doch; unter uns tost das Wasser, und es liegen Steine, riesige; ich muß dich halten, Louise, mit aller Kraft, du bist mausetot, wenn du hinunterfällst."

Mama hat gerufen, „Poldl, da oben schwebt der Schutzengel, er führt euch beide".

„Ich habe eine bessere Idee; Thomas soll ein Brett bringen, das legen wir über zwei Stühle, und darüber gehen wir. Zuerst führe ich Louise, dann Clementine, den Thomas, den Franz, zum Schluß Ferdinand."

So lange hat sie gebettelt, bis Mama Thomas, den Sohn der Köchin, rufen ließ. Poldl stand mit Louise auf dem Brett, unter ihnen das reißende Wasser, Thomas und die drei Geschwister am anderen Ende des Waldsteges, ganz verschreckt mußten sie dreinschauen, sich aneinanderkauern, „lach nicht, Clementine, und du, Franz, schneid nicht so ein Gesicht".

Wie vernünftig, wie unvernünftig war sie, Poldl, mit sieben, acht Jahren gewesen, als sie so alt war wie die kleine Marie. Mama hat mit allen Kindern wie mit Erwachsenen geredet, und erst Annony, die Erzieherin, sprach in allen Sprachen nur die erdigen, unverrückbaren Worte.

Leopoldine hatte in den letzten Monaten selten an Louise geschrieben. Louise, die in Italien lebt, die von Frankreich geschwärmt hat, die Napoleon am liebsten in die Verbannung gefolgt wäre. Leopoldine saß nur mehr in dunklen Zimmern, war tagelang in die Berge, in die Sümpfe geritten, in die Mangrovenwälder der Tijucaberge. „– verlohr ich mich im Walde wo ich unter den Stacheln der Mimosen schritt, Blätter der Schilfe und Wurzeln der Lianen und Schmarozer Pflanzen mich zerkratzten und mehr als dreissig Mahl fiel. Überdiess begleitete mich anstatt der holden lieblichen Nachtigall Gesang, das Gebrüll der Unzen, Stachelschweine und Grunzen der großen bärtigen Brüll-Affen. Manches mahl hatte ich noch die Gunst einen Neger oder Capocos im Naturzustand zu begegnen. So kroch ich mehr als ich ging den Berg höher um zu Letzt die liebliche Stadt die so groß wie Klagenfurt ist, von oben zu beschauen." So sehr ist sie schon Teil von allem hier, daß die Farne, Bäume, Papageien, Schlangen ihrer Person ausweichen, friedlich an Leopoldine vorbeistreichen.

Marie langweilt sich, wenn sie Bilder aus der europäischen Welt anschauen soll; sie läuft zu den anderen Kindern. Ihre, Leopoldines, Kinder sind nicht abgeschlossen vom Leben draußen, sie wachsen mit den Kindern der Sklaven, Kammerleute, der Beamten auf, auch mit dem Kind der Santos, der zweijährigen Herzogin von Goias. Maria da Glória, das schöne Kind mit den häßlichen Reden.

„Man muß ihr Gefühl zugunsten der Armen wekken; die Prinzen müssen vor allem von der Gleichheit der Menschen überzeugt sein, und davon, daß die Rechte aller gleich sind."

Großpapa, Kaiser Leopold, hatte diese Erziehungsgrundsätze aufgeschrieben; „ihnen Abscheu vor jeder Lüge, Doppelzüngigkeit, Hinterlist, Klatscherei einflößen; die Achtung vor der bestehenden Ordnung, der Respekt gegenüber den Wünschen des Familienoberhauptes". Leopoldine hatte diese Lehrsätze mitgebracht; sie konnte sie nicht anwenden, sie konnte nicht einmal darüber reden; hier vollzieht sich alles in einer anderen Zeichen-, einer anderen Gestensprache.

„Ist Post von Dom Pedro gekommen?" Die Aguiar verneint, „Dona Leopoldina, es ist erst sechs Uhr am Morgen, der Kurier kommt frühestens am Nachmittag oder in ein, zwei Tagen". Vertröstungen; die Marquise von Aguiar will ihr nicht sagen, daß von Pedro längst ein Brief an Chalaça, seinen Staatsrat, im Haus ist.

„Cisplatina! Pedro, die Soldaten sind müde, sie sind erschöpft; du wirst diese Region nicht halten können; die Menschen wollen Argentinier sein, sie sprechen doch lieber spanisch als portugiesisch."
Das hätte Leopoldine sagen sollen. Cisplatina, ein fruchtbarer Landstrich, mit strengen, ernsten Menschen, das Klima steif und rauh.

Seit mehr als einem Jahr kämpfen die Soldaten; eine Aufmunterung brauchen sie, den Kaiser sollen sie zu Gesicht bekommen. Deshalb ist Pedro losgeritten; wochenlang wird er weg sein, und ohne Siegesnachricht wird er zurückkommen, die Aufständischen im Süden sind zäh.

Leopoldine hätte ihn nicht begleiten können, sie fühlte sich zu schwach, aller körperlichen Kräfte entleert; sie fieberte, sie erbrach oft, es ist die zwölfte Woche ihrer neunten Schwangerschaft. Zum Abschiedsempfang ging sie nicht, das war sie sich schuldig. Pedro hatte aufgehört zu verdecken, zu bemänteln; das Kind der Mätresse anerkannt, die Mätresse zur Marquise erhoben. Wäre sie, Leopoldine, vor die Minister, Diplomaten und Beamten hingetreten, um mit Pedro die Huldigungen, die Glückwünsche für eine siegreiche Reise entgegenzunehmen, die Santos wäre offiziell anerkannt gewesen; sie, die Kaiserin, hätte dem Volk mitgeteilt, daß es nur Gerüchte seien, das Gerede von Zerwürfnissen, von zerrütteter Ehe. Pedro wollte sie zwingen, zum Abschiedsempfang zu gehen, er wollte sie zwingen, der Öffentlichkeit zu bestätigen, daß sie mit ihm in Eintracht lebt, daß sie seinen Lebenswandel hinnimmt, billigt – nein, das wollte sie nicht.

Pedro hat die Abreise verschoben, vom 21. November auf den 22. November und weiter auf den 23. Seit sieben Tagen ist Leopoldine ohne Nachricht von ihm. Pedro abgereist; unfertig wie in allem, in allen vergangenen zehn Jahren ist er weggegangen; auseinandergelebt, nicht im gleichen Takt, im gleichen Rhythmus gelebt. Sie, Leopoldine, für zwei gereift, gewachsen.

Der Abschied am 23. November von ihr, im Beisein von Marschall.

„Pedro, hast du einen Zeugen mitgebracht, der dir vor allen Diplomaten bestätigt, wie höflich du dich von mir entfernst; nein, ich habe den Vorfall vom 20. November nicht erwähnt, ich behaupte weiter – beim Abschiedsempfang war ich nicht anwesend, weil ich mich nicht wohl fühlte."

Gemeinsam hatten sie, Leopoldine, und die Mätresse, Pedro zum Abschiedsempfang zu begleiten, so hatte Pedro es angeordnet. Im purpurroten Kleid ist Domitila ins Zimmer gekommen, am 20. November; die Amethystkette um den Hals.

„Die Marquise von Santos hat eine Kette mit mindestens zehn Amethysten, so groß wie Dukaten, und in jeden ist das Bildnis von Dom Pedro geschlagen." Leopoldine wollte es nicht hören, also erzählte Marcia es den Kindern, so laut, daß Leopoldine es hören mußte. Wie viele Amethyste wären nötig, um ihre, Leopoldines, Schulden zu tilgen; zehn Jahre lang Geld geborgt, für den Haushalt, die Dienstboten, die Almosen. Sicher hat Doktor Flach eine genaue Aufstellung davon; der korrekte Schweizer wird Ordnung in die Schuldscheine bringen. Leopoldine reißt ihre gefalteten Hände auseinander, „die Aguiar soll ausrechnen, wieviel Nadelgeld ich nicht bekommen habe; Marschall muß es dem lieben Papa sagen, persönlich sagen, daß Pedro zu bezahlen hat; sie können nicht behaupten, ich habe Geld für Tand ausgegeben. Pedro hat, er hat mich geschlagen, vor zehn Tagen, vor dem Abschiedsempfang; er hat es nur getan, weil sie im Zimmer war. Sie hat das Tier aus ihm herausgelockt, sie hat im ganzen Haus die Ratten hervorgelockt. Ein Attentat war es; es darf nirgends darüber berichtet werden."

Wenn Poldl ihre Eltern zeichnete, war Vater ein Felsen, grau, mit vielen kleinen Klüften und Erhebungen, an die man nur leicht klopfen mußte, daß es nur so herausfloß, die Güte und der Trost, die vielen Geschichten, die er zu all seinen Büchern erzählen kann; seit seiner Kinderzeit hat er Bücher gesammelt wie Poldl Steine. Die Mutter war eine Sonne, wohin die schaute, brachte sie jeden zum Lächeln und zum Gutsein; alles an ihr lächelte, sogar die Augenbrauen konnten nur nach oben zucken. Sie war in Neapel aufgewachsen, und wie das schnelle Italienisch, das sie oft sprach, hatte sie auch die schnelle Art zu leben, zu feiern, zu lachen. Sie waren verwandt miteinander, die Eltern. „Viel zu nah verwandt; die Kinder mußten dafür büßen", das hatte Kammerlacher Leopoldine erklärt, als sie sich Erbkrankheiten erklären ließ; er hatte sich sofort auf die Lippen gebissen, „ist schon gut, Doktor, Sie sprechen als Mediziner".

Poldl zeichnete Marie Louise am liebsten. Sie hat die Zeichenblätter gleich weggeworfen, weil sie nicht wollte, daß Annony sieht, daß auf jedem Bild der Louise ein Teil von Poldl war – Louise mit den Augen der Poldl, mit den dünnen Haaren von Poldl. Sie hat vor dem Spiegel geübt, so zu schauen wie Louise; sie fand keinen Gedanken, der das Bild von Louise in ihr Gesicht gezaubert hätte. Louise hatte kein Grübchen am Kinn, viel dichtere Haare, und die waren nicht rötlich, sondern weizenblond. Fünf Jahre war Louise älter und in allem besser ausgestattet. Konnte einem in fünf Jahren wirklich so viel mehr Schönheit und Verstand wachsen? Louise wurde nie gerügt, selten gestraft; sie tat, was ihre Aja, ihre Erzieherin, befahl. Stundenlang konnte Louise über den Französisch-Arbeiten sitzen, in das Buch hineinschauen, dabei lächeln. Wenn Mama sie prüfte, wußte sie kaum eine Zeile davon, sie hatte doch nur hineingeschaut. Doch sie bekam deshalb keinen Hausarrest. Poldl beging ständig dieselben Fehler. „Warum, warum jetzt; ich möchte lieber nach meinen Tieren sehen", oder „es blüht der Apfelbaum so schön, ich will hinausgehen", und der ganze Tag war verdorben, weil sie wieder einmal nicht ihre Pflichten erfüllte. Innig betete sie zur heiligen Zita; die half den Dienstboten, also müßte sie auch denen helfen können, die mit der Pflichterfüllung Schwierigkeiten hatten. War man brav, tat, was die Eltern, die Aja sagten, dann war man ein gutes Kind, das der Vater liebte und Gottvater auch. Was aber, wenn man seine Pflicht nur äußerlich erfüllte, indem man selber gar nichts tat, doch alles mit sich tun ließ, lächelte, die Strophen auswendig lernte und mit den Lippen redete, ohne sich selber zuzuhören. Poldl war acht, neun Jahre alt; sie war in den Garten gelaufen, ohne sich abzumelden; sie hatte Gräser gesammelt und Wiesenblumen, nichts Gezüchtetes wollte sie haben, das war alles so schön wie ihre schöne, große Schwester. Mit einem Buschen Margeriten, Glockenblumen und Zittergras war sie zurückgekommen. Annony schalt sie aus, und sie durfte nicht zum Ballettabend mitgehen, in dem Louise tanzte. „Immer diese Eigenmächtigkeiten; du wirst heute am Abend deinem Vater einen Brief schreiben und ihm versprechen, daß das nie wieder vorkommt."

Poldl bemühte sich, Louise alles abzuschauen; wie sie aß, daß sie auf die Schokoladencreme verzichtete – wächst man, wenn man wenig ißt? Poldl war nicht nur um fünf Jahre jünger, sie war kleiner und dicker.

Die Stimme von Louise, Leopoldine kann sie nicht hervorholen; sie kann sich an die Stimme ihrer geliebten Schwester nicht erinnern. Auch die Stimmen der Mama, der zweiten Mama, ihre Singstimmen, die Stimme von Papa, weggefegte Schatten; könnte sie zurückhasten bis zu den eingeschneiten Straßen, gegen die Zeit ausschreiten, in eine andere Haut übersiedeln, die Töne ihrer Stimmen an sich reißen, die Akkorde nachsprechen.

Einen Theatertext murmelnd laufen Poldl und die Geschwister in die Kirche, die Geburtstagsaufführung für Papa haben sie vorzubereiten; sich gegenseitig

Gedichte vorsagen, die jeder selbst gedichtet hat, um Mama zu überraschen; in jeder Minute versuchen, die Bäuerin aus den „Jahreszeiten" zu singen, die Stimme zu trainieren, vielleicht wird es ein so herrlicher Sopran wie der von Mama. Morgen, was morgen sein würde, das hatten die Ajas geplant; das Überraschungsfischen in Laxenburg und den Deutschunterricht; in irgendeinem Monat im Jahr kam eine Schwester, ein Bruder zur Welt. Sobald es warm war, ging es hinaus nach Schönbrunn, und sie konnten im Freien, im Garten die Hausaufgaben schreiben; die Mädchen ließen sich von Wespen stechen, das macht gesund, und man bekommt früher eine Frauenfigur. Jeder Tag glich dem anderen in seiner Ordnung, seiner Einteilung; Morgenmesse, Essenszeit, Lernzeit; beim Gebet der Blick von Papa, streng und konzentriert, die lächelnde Mutter; die Stunden für Musik, für Ballett, die Lehrer und ihre schön geschriebenen Zensuren, die ersten Tanzveranstaltungen. Vollkommen abgeschlossen hatten sie gelebt; Tanten, Onkel kamen zu Besuch, vor denen hatten sie Gedichte aufzusagen; als Belohnung durften sie mit den Erwachsenen zu Abend essen. Nachher wurden ihnen die schweren Brokatkleider wieder ausgezogen, und sie konnten in ihr Kindheitsreich zurückschweben, zu Ballspielen und Zeichenheften; Louise ihnen allen voraus. Louise gehörte zu den Großen, sie wußte, was sich draußen tat, die Ereignisse von Wien. Ein Gesandter des Zaren ließ seine Sänger im Prater ein öffentliches Konzert geben; viele Leute waren gekommen, um die fremden Menschen zu sehen, zu hören waren sie kaum, der Wind verblies ihre Stimmen. Im Palais Lobkowitz wurden die neuesten Beethoven-Konzerte gegeben, seine vierte Symphonie uraufgeführt; diese Musik sei zu wütend, sagen die meisten; der fünfundsiebzigste Geburtstag von Haydn wurde gefeiert. „Gott erhalte Franz, den Kaiser", das hatte er in dem Jahr komponiert, in dem Leopoldine zur Welt gekommen war, 1797. Sein Bruder Michael Haydn probte gerade eine neue Messe mit der Mama; der berühmte August Wilhelm Iffland sollte als Theaterdirektor nach Wien kommen, und der Uhrmacher Jakob Degen hatte einen riesigen Luftballon gebaut und schwirrte damit über die Plätze von Wien, mindestens so hoch wie der Stefansdom, nein, noch höher. Louise bekam für ihre Zimmer neue Vorhänge ohne Rüschen und Borten, glatte Damasttücher waren die Mode, und einen Teppich schenkte ihr der liebe Papa, einen riesigen.

Poldl, zehn Jahre alt und jeden Abend ihrem Lieblingstraum entgegenfiebernd; im Zimmer die Wiese, und Poldl wird kleiner, kleiner, sie kann sich ans Fußgelenk von Louise heften, geht, tanzt mit den Schritten der Schwester.

Zurückgehen bis zu den Wurzeln, zum Anfang. Sie spaziert im Bett, läßt die Poldl Wände besteigen, sich weit aus dem Fenster beugen. Das Morgenlicht ist nun vollkommen, nimmt den Raum in Besitz; der Mensch Leopoldine liegt unbeweglich, ein Körper, in dem ein Kind wächst. Fast ein Jahrzehnt lang hat sie aus Heimweh alles Eßbare in sich hineingeschoben, heimathungrig ist sie geblieben, wie sie dieses Gefühl seit Mähren kennt, seit sie mit der lieben Mama 1805 vor Krieg, vor Napoleon flüchten mußte. Öliges Fleisch und übersüßte Früchte nähren, betäuben den Magen; abbeißen von Freunden, von Träumen über Menschen, die einem nahe sind. Sie sind in alle Welt verstreut, und Leopoldine ist hier, wo sie hingehört, zu ihrer Familie; so lange von Salzluft, Tropensonne und Tropenregen leben, bis man einen Bissen Heimat, Freundschaft bekommt. Wie sollten die, von denen sie sich getrennt hatte, eine Ahnung haben, von ihrem Sein, wenn sie selber kaum mehr Zusammenhängendes von früher herholen kann.

Dezember 1817.
Der erste Sommer in diesem Land, Sommer, der verwandelt. Die Augen sehen weiter, die Ohren hören Geräusche, die sie nicht zuordnen können; vielleicht war sie selber nicht mehr rotblond, sondern nach den ersten Wochen schon wie die anderen schwarzhaarig; vielleicht hatte sich ihre Haut ins Bräunliche, Samtige verfärbt.

„Eine einzige Freundin wen ich hätte", hatte sie an ihre Schwester geschrieben; und an ihre Lieblingstante Amalie nach Frankreich, „ich hätte Ihnen viele Dinge zu berichten und Sie zu bitten mir nicht Ihre Rathschläge vorzuenthalten aber diese Gelegenheit und die ganz sichere Gewiesheit dass man alle meine Briefe öffnet, schreiben mir die grösste Klugheit und vollständiges Schweigen über alles vor".

Jahrelang hat Leopoldine geschwiegen, über die Zustände am Hof; ihr Bild auseinandergefallen; nun müht sie sich ab, die Teile zusammenzufügen.

Sie erschrickt jedes Mal, wenn sie aus den Speisehäusern das Geschrei der Küchenmädchen hört, wieder einer der großen Tonkrüge zerbrochen. Sind diese

Krüge voll mit Wasser, können sie kaum gehoben werden, sind sie leer, genügt ein leichtes Anstreifen, und sie liegen in Scherben. Man kann das frische Wasser nur in Tonkrügen aufbewahren, das Wasser muß durchlüftet sein; in Metallkrügen verfault es innerhalb von Stunden. Das Gelbfieber breitet sich aus; seit Monaten arbeitet es sich von den Corticos, wo die Freigelassenen leben, in die Häuser der Beamten. Der Haushalt von Boa Vista ist in den neun Jahren, seit Leopoldine hier eingezogen ist, noch ärmlicher geworden; „Schönblick" hat der Schwiegervater das Schloß, das Gut, genannt. Es fehlt an allem, Wäsche, Geschirr, dem einfachsten Zierat; ihre Aussteuer ist noch in Kisten verpackt. Volkskaiser und Volkskaiserin haben sie beide zu sein, das will Pedro. Er kontrolliert die Rechnung vom Fleischeinkauf, kritisiert, daß sie Seifenflocken zur Desinfizierung der Wäsche bestellt. Er läßt Leopoldine bespitzeln. Plácido hat sie zu fragen, wenn sie Tücher, Geschirr kaufen lassen will. Plácido kann nicht schreiben, nur mangelhaft lesen, er braucht in allem die Hilfe von Chalaça. Der hat Schulen besucht, der kann gefinkelt formulieren, beginnt jeden Satz mit „wir Portugiesen", redet von „den dummen Brasilianern". Er hat 1822 auf der Seite der Cortes, der Portugiesen, gekämpft und ist jetzt engster Berater von Pedro, mit all den anderen begünstigt und eingesetzt von der Mätresse. Pedro hat Chalaça seit seinen Jugendtagen an seiner Seite; Chalaça mußte den Soldaten die Zähne ziehen, ihnen Blutegel auflegen, wenn sie störrisch waren. Er hatte Pedro die Reiseliebschaften zugespielt; jetzt ist er der erste Sekretär. Die anderen kann Leopoldine kaum beim Namen nennen; Broco ist heute Marquis von Jacarepagua, Leme nennt sich nun Marquis von

Quixeramobim, und erst alle anderen, die um Pedro herumschmieren.

„Liebster Papa! In völliger Verzweiflung schreibe ich Ihnen und ersuche Sie vorweg, mich zurückzuholen. Es ist mir unmöglich, weiter vor der politischen Entwicklung die Augen zu schließen. Meine Bemühungen um dieses riesige Reich, alle Opfer, der Verlust unseres geliebten, erstgeborenen Sohnes, alle Anstrengung für die guten Brasilianer scheinen umsonst gewesen zu sein. Wir gehorsame Töchter unseres edlen Hauses sind darauf vorbereitet, in der Ehe eine Mätresse zu dulden. Domitila, die Marquise von Santos, beschränkt ihren zersetzenden Einfluß nicht auf die Privatperson Dom Pedro, dem Vater meiner Kinder; ihr intriganter Einfluß zerstört das Kaiserreich, geht in alle politischen Belange. Mein Mann ist nicht mehr von weisen Männern mit Bildung, wie José Bonifácio, umgeben, sondern von Stallburschen, Zuhältern, Küchenjungen und Palastreinigern. Sie alle halten es mit der oben genannten Person, sind heute in höchsten Positionen, als Sekretäre, Schatzmeister, Inspektoren. Sie alle legen, wie diese Person, Wert darauf, Portugiesen, und nicht Brasilianer zu sein, ja sie standen in den Stunden der Entscheidung für Brasilien auf der Seite der Cortes, der Gegenseite. Liebster Papa, Gott allein weiß, wie mein geliebter Pedro hier endet, und ich kann Sie nur noch einmal untertänigst anflehen – lassen Sie mich holen. Ihre gehorsame Tochter."

Leopoldine hatte einen solchen Brief Hunderte Male formuliert, sie hat nie ein Wort davon niedergeschrieben. Eine Tochter, die man heimholen muß, ist eine Tochter, auf die man sich nicht verlassen kann. Was Leopoldine sieht, kann sonst keiner in der Welt sehen;

Pedro ist Kaiser von Brasilien, daran zweifelt niemand. Leopoldine ist nicht Louise, Pedro nicht Napoleon.

Könnte sie einige Jahre, Jahrzehnte, Geduld erbetteln, Geduld für Pedro, daß er ihr zuhöre, sie ausreden ließe, daß sie Worte finden könnte, stark wie der Atem der dampfenden Tropengewächse. Die Erziehung der Kinder, ihre Richtung bestimmen, den Weg weisen. „Marie fängt schon an französisch zu sprechen ungeachtet der Hindernisse die man mir in den Weg legt", schrieb sie 1823 an Louise.

Marie ist ein verwöhnter Fratz. Mit ihren acht Jahren jagt sie in unbeobachteten Momenten Sklaven mit der Peitsche; Paula Mariana tut folgsam, und Januária hat das Temperament ihres Vaters. Zum sechsten Geburtstag hat Pedro seiner Tochter Marie zwei Sklavenkinder geschenkt, zum Abrichten, zum Spielen; und Marie hat die Peitsche geschwungen, wie ihr Vater es ihr gezeigt hat. Leopoldine hat die Sklavenkinder zu Nogueira, dem Aufseher der Sklavenhütten, geschickt; keines ihrer Kinder wird je Sklaven dressieren. Sie erinnert sich nicht mehr an den Wutausbruch von Pedro, an sein Schreien, sein Toben; portugiesische Familientradition – Gehorsam erreichen durch körperliche Züchtigung.

Im Theater hatte man Leopoldine eine Engländerin vorgestellt, Maria Graham. Sie war nicht mehr jung, sehr gebildet und weit gereist. Sie wußte von Italien zu erzählen, von Chile, von Indien; sie hatte Bücher von den Reisen geschrieben, auf denen sie ihren Mann, einen Kapitän der britischen Marine, begleitet hatte.

„Mir scheint ich fand in Lady Graham eine gute Erzieherin für die Kinder, vor allem für Maria da Glória. Gott gebe dass die hiesige verkehrte Denkungsart und

Hofpolitik mir nichts in den Weg legt und die gute Frau verscheucht. Denke Dir theure Louise, nicht einmal die Rechte einer Mutter will man mir gönnen die Erziehung meiner Kinder zu leiten"; September 1824.

Lady Graham hat zugesagt, war zurückgefahren nach England, um Lehrmaterial zu holen, um sich darauf vorzubereiten, die brasilianische Thronerbin zu erziehen.

Am 4. September 1824 kam sie in Rio an. Leopoldine hatte einen Monat zuvor, am 2. August, Francisca Carolina zur Welt gebracht, ein schönes Kind.

„Kaiserliche Hoheit", begrüßte Lady Graham sie,

„Dona Leopoldina", stellte Leopoldine richtig, „kommen Sie, Dona Maria." Keine Zeit verlieren, einen Menschen um sich haben, dem Bücher wichtig sind.

Zwei kleine, schäbige Zimmer im obersten Stockwerk hatte der Kaiser der Engländerin zuteilen lassen; kein Dienstmädchen war für Lady Graham angeordnet, nur ein Wasserträger. Dom Pedro redete leutselig auf Dona Maria ein, erkundigte sich nach der Reise, nach ihren Erziehungsplänen; er redete nach, was Leopoldine so oft gesagt hatte: „Maria da Glória muß zu einer europäischen Dame erzogen werden, das Volk hat weniger für den Kaiser, als der Kaiser für das Volk da zu sein."

Pedro war in Eile; die Zeit der Begrüßung und Höflichkeiten dauerte ihm bald zu lange, ein Besuch bei der Santos, der tägliche Besuch in der Stadt, drängte.

Leopoldine half Maria Graham beim Auspacken; die vielen herrlichen Bücher, Wäsche mit Spitzen und Rüschen, Handschuhe aus feinstem Zwirn, die neuesten Schuhe aus Europa. Leopoldine achtete nicht auf die Hofschranzen, die im Zimmer geblieben waren und jedes Stück, das Maria Graham aus ihren Koffern, ihren Taschen holte, begafften, belachten.

„Sie haben Kummer, Dona Leopoldina?" fragte Dona Maria.

Leopoldine nickte, bat sie, portugiesisch zu sprechen. Einer der Höflinge ist sofort hinuntergelaufen, in die Amtsräume, in den Speisesaal des Kaisers; jetzt sei noch eine Ausländerin im Haus; sie bringe Bücher in fremder Sprache und Kleider von den Engländern; eine fremde, ausländische Welt würden die Prinzessinnen jetzt zu lernen haben. Der Österreicherin seien die Menschen hier nie gescheit genug gewesen, nun komme eine Engländerin ins Haus. Diese Engländer, die glauben, sie seien die Herren der Welt; genug haben die Brasilianer an diese Ausbeuter bezahlt. Der gute König João habe es oft gesagt – zum Leben hier sind sie zu schlapp, das Tropische halten sie nicht aus; doch in ihren kühlen Köpfen wimmelt es von Ideen zu neuen Zöllen und Steuern. Maria Graham hat nicht alles verstanden, die meisten sprechen schlechtes Portugiesisch. Doch sie reagierte sofort; korrekt sollte alles ablaufen. Ein Dokument vom Kaiser persönlich wollte sie haben, in dem ihre Aufgaben schriftlich festgehalten waren. Für Pedro eine Äußerlichkeit; eine gebildete Frau aus Europa würde seine Kinder erziehen, das schmeichelte ihm.

Maria Graham begann sofort mit ihrer Arbeit; keine unnütze Minute ließ sie verstreichen. Einen Tag, einen zweiten beobachtete sie Marie. Sie schrieb alles mit, und am Abend klopfte sie an das Zimmer von Leopoldine. Keine langen Höflichkeiten; wie zu einer guten Freundin redete die Erzieherin; nicht von Beibringen könne die Rede sein, abgewöhnen müsse sie dem Kind vieles.

Marie würde am Gang gewaschen, gebadet; da gingen die Dienstboten durch, Männer wie Frauen, machten Bemerkungen über den frühreifen Kinderkörper, unter denen Marie jauchze wie eine reife Frau, die getätschelt würde. Sie äße mit den Fingern; viel zu fette, zu stark gewürzte Speisen; das Kind trinke zum Frühstück Wein, Kaffee, den Knoblauch zerreibe es mit den Fingern und necke damit die Speisenträger.

Einen Essensplan für die Kinder stellte Maria Graham zusammen; sie sollten auch lernen zu fasten. Paula Mariana stopfe man andauernd übersüßte Kuchenstücke in den Mund; Januária greife mit den bloßen Händen auf den Teller des Vaters, um sich einen Hühnerschenkel zu nehmen und damit zu spielen. Das Verhalten zu anderen Kindern müsse sich radikal ändern. Marie peitsche die Sklavenkinder, sogar die erwachsenen Sklaven, sie teile Fußtritte aus, sie bespucke sie, wenn sie ihr nicht auf der Stelle tun, was sie wolle. Die Kinder der Negersklaven quäle sie regelrecht, indem sie ihnen die Nase verdrehe, die Arme verrenke. Maria Graham habe mit der Mutter eines dieser Kinder gesprochen, sie wollte, daß die mit ihr zusammenarbeite; doch diese Mutter hielte es für eine Ehre, wenn ihr Kind von einer Prinzessin geohrfeigt würde. Unmöglich sei auch das Betragen von Marie in der Kirche; sie laufe hin und her, singe dabei vulgäre Lieder, deren Texte sie, hoffentlich, noch nicht verstehe. Lady Graham schaute Leopoldine fragend an.

Erleichtert war Leopoldine, ein anderer Mensch sah, was sie selbst sah. „Wissen Sie, Dona Maria, daß man, wenn man lange genug aus der einen Welt weg ist und von der anderen nie wirklich angenommen, aufgenommen wird, bald nicht mehr weiß, was zu tun richtig oder falsch ist, daß man glaubt, Flausen im Gehirn zu haben. Dona Maria, in welcher Sprache träumen Sie?" Lange antwortete die Frau mit dem glatten, rotblonden Haar nicht, dann sagte sie, „in Englisch. Die Muttersprache, unsere erste Zeichensprache; die allerersten Handbewegungen des Säuglings, in der Muttersprache; Dona Leopoldina, wie recht Sie haben, der Körper bewegt sich in einer anderen Sprache in einem anderen Rhythmus, die Lautstärke verändert sich, das Lachen wird an anderen Stellen gesetzt", Leopoldine unterbrach sie, „oft schrecke ich aus dem Schlaf auf, weil ich glaube, ich kann nicht mehr Wienerisch; es gibt doch sicher viele neumodische Ausdrücke, die ich nicht weiß, Lieder, die sie jetzt in den Gassen und in den Häusern singen, die ich vielleicht gar nicht mehr verstehe; und dann weiß ich nicht, warum mir das alles so wichtig ist, ich bin ja hier zu Hause, und es ist wohl ganz in Ordnung, daß ich die Ereignisse der letzten Jahre besser in Portugiesisch erzählen kann als in Deutsch, ich hab sie ja in Portugiesisch erlebt. Sie sehen, Dona Maria, ich bin schon eine recht verwirrte Frau; vielleicht habe ich auch noch nicht verwunden, daß Minister Bonifácio Andrada nicht mehr hier ist. Um eine Tröstung habe ich gebetet, da sind Sie gekommen. Ich will Sie nicht aufhalten, meine Kinder brauchen eine starke Hand".

Leopoldine borgte sich noch eines der Bücher von Maria Graham; die Beschreibung einer Italienreise; Italien, wo der liebe Papa geboren wurde, wo Louise lebt.

Maria Graham hatte Boa Vista betreten, und stückweise war es heller geworden. Frühling in allen Räumen, nicht nur im Hof; September, wo allmählich der

Morast der Winterregenfälle zu trocknen begann. Die Erzieherin ging durch die Gänge, Marie an der Hand; das Kind plapperte, sang, schrie. Als erstes brachte sie Marie das stumme Betrachten bei. Marie lernte schnell; schon nach zwei, drei Tagen huschten die beiden wie Schatten in den Hof. Leopoldine sah sie Blumen, Bäume anschauen, Käfer beobachten; Leopoldine folgte ihnen; alles Ausgetrocknete, Verängstigte blieb schrittweise hinter ihr, leicht fühlte sie sich wie eine Feder. „Ich fand die süßen Augenblicke wieder die ich bei meiner geliebten und angebeteten Familie zurückgelassen hatte."

Sie ritt wieder mit Pedro aus, in den Botanischen Garten, um die Teeplantage, die Kaffeeplantagen zu kontrollieren. Die Blüten, die sich ihr in den Weg stellten, sah sie diese zum ersten Mal, hat sie vergessen, in wieviel Rottönen die Malven blühen? Zum Orgelgebirge hinaufreiten, nicht auf der Flucht und gejagt vom Alleinsein; aus Freude; dem Fels ein Stück herausreißen, ihm Flügel geben; so lange am Meer sitzen, bis es im ganzen Körper rauscht und sie mit der nächsten Welle mit hinaustanzen kann.

Bei der Glória-Kirche ließ sich ein Sklavenpaar von Pedro trauen; unter der Kirchentür nahm er ihnen das Eheversprechen ab, dann schnitt er beiden die Sklavenplakette vom Hals. „Frei! Morgen bekommt ihr von der Kaiserin persönlich das Dokument. Wir werden noch einen schönen Namen finden, wie wäre es mit Joselino de Jesus." Jubel, Gesang, es wurde getanzt und aus Kannen der Zuckerrohrschnaps ausgeschenkt. Leopoldine trank nicht davon; wie lange kann man den Rausch von Freude ertragen?

Alle Fenster ließ sie offen, nicht genug Sonne und Licht konnten im Zimmer sein; und jede freie Minute suchte sie Maria Graham. Erzählen sollte sie, und nicht aufhören. Wer waren die Brüder Grimm, wurden sie schon in den Schulen gelehrt, diese Sammlung der Märchen mußte ihr Louise sofort schicken; Mörike heißt der neue Lyriker; die Lieder von Schubert, schade, daß Dona Maria nicht mehr von den Noten mitgebracht hat; den „Schwanengesang" wird sie einstudieren; bei Schubert reicht doch Sprechgesang, und alles fängt an zu fließen, was in langen Monaten verhärtete; die „Undine", diese Zauberoper, möchte sie hier aufführen lassen; E. T. A. Hoffmann erinnert sie an den Herzog von Reichstadt; wenn dieser Mensch mit dem Engelsgesicht erwachsen ist, wird er ein großer Künstler werden, einer, der vor Leiden umkommt; was sagt man über den Sohn von Napoleon, redet man in Europa von ihm, oder ist England zu weit weg; und von Beethoven, was sind seine letzten Wutanfälle, so muß man seine Werke wohl nennen. „Dona Maria, glauben Sie, daß es einen wütenden Herrgott gibt? Wenn ich an Beethoven denke, stell ich mir vor, er hat seinen wütenden Teil zu uns geschickt, daß wir nie vergessen, wie die großen, wunderbaren Dinge entstehen, wieviel Furchtbares erlitten, wieviel Dunkles ausgelebt werden muß, und dann, die Vierte, die Siebente; haben Sie die Missa solemnis schon gehört, Louise schreibt, es gibt eine neue Symphonie von ihm; den Text von Schiller – Freude heißt die starke Feder in der ewigen Natur, Freude treibt die Räder; und der große M, der schöne Clemens mit dem lockigen Blondhaar, wer ist zur Zeit die Begünstigte; die gute Eleonore wird es ertragen, ich kann mir vorstellen, wie die Kaunitz-Tochter reagiert. Pflichterfüllung; Dona Maria, Sie werden es Marie schon beibringen, daß sie ihre Aufgabe zu erfüllen hat, welche immer ihr aufgetragen wird. Wir sehen doch nur einen schmalen Spalt des Daseins; Geburtsdaten, Lebensalter; meine beiden Mütter wurden keine vierzig Jahre alt, und es war alles enthalten in diesen Leben, Jugend und Alter und die Zeitspanne der Erfüllung; bei uns, bei Pedro und mir, war die erfüllteste Zeit, als Marie, unsere erste Tochter, geboren wurde. Ein kräftiges Kind, das in den Herbst hineinwuchs, in allem ihrer Zeit voraus, mit jedem Blick, jedem Lallen. Pedro mit dem Säugling am Arm; stundenlang hatte er sie getragen. Er hat Lieder für das Kind komponiert, ließ solange die Vorhänge im Zimmer austauschen, bis sie mit ihren wachen Augen den Rosengirlanden folgte. Nichts sollte das Kind erschrecken, alles sollte sie ermutigen. Was glauben Sie, Dona Maria, wie alt sind wir? Bin ich achtundzwanzig, wie es mir der Kalender sagt, oder ist meine Seele schon viel weiter, vorausgelaufen, vorausgelebt?"

Botschafter Marschall hatte sie nach einer Woche in ihrem Freudentaumel unterbrochen. „Sie besitzt Bildung und Geist, gewiß, aber die Religion! Sie ist Protestantin, und ihre liberalen politischen Prinzipien; mir scheint, sie ist wenig geeignet für diese Aufgabe; auch glaube ich nicht, daß sie die notwendige Vorsicht haben wird, um sich hier zu behaupten." Leopoldine hatte nichts dazu gesagt, darüber war Seine Exzellenz gekränkt. Er hatte sich nicht geirrt. Sehr bald kamen die Intrigen ins Rollen. Eine „verruchte Ketzerin" hat man Maria Graham genannt, als sie dem Kaiser nicht die Hand küßte. Lady Graham bewegte sich zu frei durch Boa Vista; sie ging still, doch sie schlich nicht wie eine Dienerin, sie achtete nicht darauf, Kronprinzessin Marie auf die richtige, rechte Seite zu setzen, wenn sie mit ihr im Wagen ausfuhr.

Nach sechs Wochen schlugen sie zu. Eine der neuen Hofdamen, von Domitila eingeschleust, rannte kreischend ins Schlafzimmer von Dom Pedro, sie raufte sich die Haare. Nachdem offensichtlich auf Boa Vista nur Ausländer geduldet seien und Kronprinzessin Marie ausländische Sitten und fremde Sprachen erlerne, keine Ehrbegriffe mehr achte und ihr auch bald das Standesbewußtsein, ja, ihre hohe Stellung gegenüber den unwürdigsten Untertanen herausdressiert würde, nehmen die Damen der Gesellschaft endgültig zur Kenntnis, daß sie nicht erwünscht seien; sie würden eben nach Lissabon zurückkehren. Offensichtlich wisse der Monarch es nicht genügend zu schätzen, daß die portugiesischen Familien ihre Heimat verlassen hätten, um im Land der Neger und der Affen zu leben.

Pedro raste. Er konnte den Worten kaum folgen; sein Kopf umnebelt von Essen, Wein und Mittagsschlaf; wer wagte es, ihn zu stören! „Auf der Stelle soll sie das Schloß verlassen", tobte er und gab es der Hofdame schriftlich, daß er seine treuen Diener und Beamten, seine besten Freunde, nicht kränken ließe durch boshaft zur Schau gestellte europäische Lebensart.

Leopoldine stand schon vor der Tür, als Pedro sie rufen ließ, als er nach ihr schrie. Sie, die Kaiserin, hatte Lady Graham dieses Schreiben zu übergeben. „Dona Maria, Sie wissen, daß Ihre Feinde wie die meinen denselben Ursprung haben; unterstütze ich Sie weiter, so wird Ihre Lage noch schlimmer. Ich fürchte, es ist das Beste, wenn wir uns fügen und Sie das Haus verlassen", Leopoldine konnte kaum die Worte aneinanderreihen.

Maria Graham sagte nichts; sie zupfte die Blumen zurecht, die Marie ihr am Vormittag gepflückt hatte.

Leopoldine bat Dona Maria noch, nur von ihrem,

Leopoldines Essen, zu nehmen, sie sei hier von Menschen umgeben, die sich ihrer Taten nicht bewußt seien, die fehlgeleitet seien, alle, wie Dom Pedro. Dann ging sie zu ihrem Schreibtisch und nahm die Schere heraus. „Hier, ein Stück von meinen Haaren, es sind kaum mehr Locken, die Sonne hat meinen Haaren geschadet, es ist strähnig geworden, dafür bin ich jetzt nicht mehr rotblond",

Maria Graham wich zurück.

„Nehmen Sie; schreiben Sie mir. Schreiben Sie mir alles; was man von meiner Familie spricht, was man liest, welche Musik man hört, auch Tratschereien, ich werde schon darüber lachen." Maria Graham wollte Leopoldine umarmen, doch sie verfehlte ihren Körper, Leopoldine war zu rasch aus dem Zimmer gegangen.

Am nächsten Tag half Leopoldine die Koffer packen. Tropenregen ging nieder, als Maria Graham das Schloß verließ, verspottet und verlacht von Plácido, Chalaça, João Carlota und den anderen Höflingen. Sie hatten keinen Wagen bereitgestellt; sie wollten den ganzen Spaß haben und zusehen, wie die stolze Europäerin, die überhebliche Engländerin, durch den Schlamm watete.

„Liebe Louise, leider kann ich hier nichts vernünftiges gut thun und war ich gezwungen, mein Lieblingsprojekt aufzugeben und der guten, vortrefflichen Frau zu ihrer eigenen Ruhe anzurathen, fortzugehen." Maria Graham vertraute sie an, „ich brachte ein ungeheures Opfer als ich mich von Ihnen trennte, aber es ist immer mein Schicksal gewesen mich von Personen trennen zu müssen, die meinem Herzen und meiner Wertschätzung am teuersten sind", und später schrieb sie, „glauben Sie mir, meine geneigte und werthe Freundin, es vergeht kein Augenblick ohne dass ich es lebhaft bedaure mich Ihrer Gesellschaft und liebenswürdigen Unterhaltung beraubt zu haben, die meine einzige Erholung und meinen wahren Trost in den Stunden der Melancholie bildeten der nachzuhängen ich unglücklicherweise Gründe genug habe."

Im August 1822 war Leopoldine für einige Wochen Regentin; Pedro in São Paulo. Leopoldine saß über einem Brief an Pedro; schon das vierte Blatt hatte sie begonnen, sie war unzufrieden mit jeder Formulierung. Vierzig Frauen aus Bahia waren gekommen, um Leopoldine, der Mutter ihres Landes, der Mutter des einigen, einzigen Brasiliens, für ihren Einsatz um dieses Land zu danken. José Bonifácio ging im Zimmer auf und ab, auch er hatte dem Kurier einen Brief mitzugeben.

Leopoldine meinte, oft frage sie sich, ob Brasilien auch ihr Heimatland werden kann, Heimstatt für sie, wie es für ihre Kinder sei. Diese Frauen, die aus dem Norden tagelang mit dem Schiff angereist seien, um diese Petition zu übergeben, diese Frauen hätten sie doch angenommen als eine der Ihren.

José Bonifácio warf sein weißes Haar zurück, „das hoffen wir ständig, wir, die Heimatlosen, die Wanderer, die Einwanderer, Auswanderer. Gebraucht werden wir, und der Nutzen, den sie aus uns ziehen, die Leistung, die wir für sie erbringen, sind das, was zählt, was sie an uns anerkennen. Dona Leopoldina, ich bin Portugiese; ich werde genauso getrieben wie Sie, alles zu tun, um mir dieses Land als Heimat zu erarbeiten."

Bonifácio schob Leopoldine hinaus auf den Balkon. „Was wir hier sehen, bei jedem Baum, bei jedem

Wasserträger, der dort drüben das Schmutzwasser auf die Straße schüttet, beim Brunnen am Campo de Santa Ana und am Fischmarkt unten am Hafen am Markt, alles wollen wir verändern, pflastern, reinigen. Wir wollen befreien, als Befreier, als Beschützer sollen sie uns niederschreiben."

Leopoldine schüttelte sich, sie sollte sich nicht so in den Arm von Dom José lehnen, sie sollte gerade stehen, doch, es tat wohl, sich beschützt zu fühlen und berührt. „Dom José, die Wäschezuber, wie sie blitzen; seit wir die auf Boa Vista haben, gibt es keine Zamparine, das Lähmungsfieber, mehr und keine Krätze."

Sie redeten wieder deutsch miteinander, sie redeten jeder für sich. Sie beide sahen hier überall das gleiche, das Gute wie das Störende; sie sind ja keine Brasilianer, aber sie wollen welche sein, und das reicht noch nicht, sie wollen die besseren Brasilianer sein, die mit mehr Güte, mehr Weichheit, mehr Weitblick; sie haben doch soviel mehr Erziehung und Wissen von drüben mitgebracht. Pedro stößt sich nicht am Schmutz, an der Enge hier, nicht am Gestank; er weiß gar nicht, daß er in einem Stall lebt, er kennt die Hofburg nicht und nicht Schönbrunn.

„Ich habe stets eine eigenartige Neigung für Amerika gehabt und schon als Kind sagte ich oft ich wolle dorthin gehen", schrieb Leopoldine als Braut. Brasilien, ein Land, das keine Mitte kennt, nur Extreme, Freundlichkeit, Feindseligkeit, Schönheit, Häßlichkeit. Leopoldine war nicht mit der Peitsche aus Europa vertrieben worden; mit allem Pomp hat man sie aus dem Land hinausbegleitet; zuerst Besuchsland; erst 1822 ist es für sie Emigrationsland geworden. Mit der Erklärung „fico" (ich bleibe) war die Einheit des Landes gesichert,

Brasilien würde das riesige Land bleiben, es würde nicht in viele kleine Staaten zerfallen; nach „fico" im Jänner 1822 war die Notwendigkeit, mit einer bestimmten politischen Entwicklung mitzuleben; den Kontakt nach Hause fast verloren. Sie antworten so selten, der Vater, die Geschwister, die Tanten; monatelang muß sie auf einen Brief warten. Ausgewandert, dem Selbst entfremdet; im Ausnahmezustand leben, dabei unsichtbare Lasten tragen und den Groll schlucken gegen die, die sie hergeschickt haben, gegen die, die sie vergessen haben, gegen die, die sie nicht annehmen; ein Groll, der wie ein Gift zur Arbeit anstachelt; inzwischen warten, sich wie ein Siebenschläfer einmauern; aus der Muttersprache läßt sich nicht auswandern. Viele Sprachen wurden ihren Geschwistern, ihr, Leopoldine, beigebracht und trotzdem kein Kosmopolit herausgeschliffen, ein Kosmopolit wie José Bonifácio es ist, der ewig Suchende, Erdlose; Verräter an der Natur, haben manche Lehrer in Wien die Kosmopoliten genannt.

José Bonifácio küßte Leopoldine die Hand, „Dona Leopoldina, schreiben Sie Ihrem Gemahl von dem Empfang der bahianischen Damen, Sie können wohl kaum einen besseren Beweis dafür bekommen, wie sehr man Sie hier liebt, wie sehr man Ihr Bemühen anerkennt".

So ungefähr hatte er gesprochen. Leopoldine konnte das Brennen im Gesicht nicht zurückdrängen, sie vibrierte unter der Stimme, der Berührung dieses Mannes, konnte kaum den Seufzer unterdrücken, der sich aus ihrem Körper hinausarbeiten wollte. Bevor sie zurück an den Schreibtisch ging, eilte sie in das Schlafzimmer, um sich im Spiegel zu betrachten; das grüne Kleid, das sie noch vom Empfang anhatte, war zu eng. Sie hatte die Nähte, die für ihre frühere Miederfigur eingenäht waren, öffnen lassen. Im März war Januária zur Welt gekommen, und sie trug nun, im August, wieder ein Kind.

„Nur die Armen, die Unfreien tragen ihren Körper so offen unter den Kleidern; keine Frau von Stand geht ohne Mieder", hatte sich die Marquise von Aguiar entsetzt. Leopoldine hatte nicht darauf reagiert; sie ließ die Mieder verschenken; und sie haben sich daran gewöhnt, wie daran, daß sie sich nicht im Tragesessel zur Kirche tragen läßt, sondern vom ersten Tag an selber geritten ist. Von der Sonne, vom scharfen Salzwind ist ihre Haut rot und fleckig geworden, die hellblauen Augen schwimmen im Gesicht; die Frau im Spiegel war sechsundzwanzig Jahre alt; Leopoldine drehte den Spiegel so lange, bis sie das Bett in ihm sah und sie selber nicht mehr zu sehen war.

„Ich will darauf achten, daß die Sinnlichkeit mich nicht entwürdigt", Leopoldine hatte ihr Vademecum in einer anderen Welt geschrieben. Die Wintertage, die Augusttage von Rio, die schwer sind von stundenlangem Regen, von der Sonne, die alles Getier und Gewächs aus der Erde ziehen und zum Dampfen bringen. „Es ist hier nicht kalt genug, hier bebt alles, immer, Louise, die weißen Haare riechen wie Jasmin, sicher sprühen sie Funken, wenn man über sie streicht", das hätte sie gerne ihrer Schwester geschrieben.

Der Bote war ins Zimmer gekommen, er wartete auf den Brief an Dom Pedro, er wollte nach São Paulo abreiten.

„Ich empfing die Botschaft der Bahianer Damen was beweist, dass die Frauen mehr Mut haben und der guten Sache zugetan sind", schrieb sie.

Sie waren alle in Weiß gekleidet, in Bahia-Tracht;

eine trat vor, las die Petition, „dankbar für alles, was Dom Pedro für die politische Wohlfahrt von Brasilien beschlossen hat – das anarchische System der Uneinigkeit zu beenden, die dieses Reich in Provinzen zerreissen würde, und da wir an den großen Anteil denken der an diesem heroischen Entschluß Eurer Königlichen Hoheit, Dona Leopoldina, zukommt, indem Sie zustimmten und ihn unterstützten, bieten wir unsere Verehrung, unsere Herzen an". Der Saal voll von Beamten, die sich bemühten, das Papier, die Petition in die Hand zu bekommen, die verhalten, „hoch lebe Dona Leopoldina", und „hoch leben unsere Schwestern aus Bahia", riefen, die Leopoldine davon abhalten wollten, sich vom Thronsessel hinunter zu den Frauen zu begeben. Leopoldine wollte Bahianisch reden, sie liebt dieses Wienerische im Portugiesischen. Die Frauen drängten sich an sie, „in den letzten vier Monaten wurde die Steuer verdoppelt, jeder dieser Beamten hat ein Zusatzgewerbe, der eine eine Sklavenagentur, der andere ein Freudenhaus, die meisten haben Zuckerrohrschnapsbrennereien. Sie fangen unsere Sklaven, Dienstboten auf der Straße ein, wenn ihnen die Arbeitskräfte ausgehen, wenn sie ihnen sterben, weil sie zuwenig Essen bekommen; sie treiben die Schwachen und Alten von den Sklaven in die Armarelos, ja, in Gelbfieberviertel, dort sterben sie schneller, auch sagen die Beamten, daß die Seuche sich erschöpft, wenn eine bestimmte Anzahl von Opfern gebracht ist. Dona Leopoldina, das sind portugiesische Beamte; sie verachten uns, nennen uns dumm und faul und schicken schiffeweise Holz und Edelsteine nach Europa; von diesen Beamten, von diesen Portugiesen, müssen wir uns befreien. Die Insel Itaparica haben sie für sich erobert und die ganze Insel zu einer einzigen Kuranstalt umbauen lassen, sie sind so reich, daß sie sich alles kaufen können, die besten Sklaven, die anständigsten Brasilianerinnen – eine Weiße zur Frau, viele Schwarze für die Arbeit, mehrere Mulattinnen fürs Bett. Mit Bajonetten haben ihre Wächter uns gedroht, falls wir tatsächlich das Schiff nach Rio besteigen sollten. Wir haben nicht den Mut verloren, wie Sie, Dona Leopoldina, ihn nicht verloren haben, als sie vor den Cortes flüchten mußten; jetzt sind wir hier, weil wir sicher sind, daß Sie unsere Sache vertreten, helfen, uns zu befreien, weil wir durch Sie, Dona Leopoldina, wissen, daß wir Frauen reden, handeln dürfen; wir schweigen nicht länger, nossa mãe."

Leopoldine nahm die Frauen in ihre Zimmer mit. Sie murmelten miteinander; keine Wachen sahen sie an der Stiege, vor den Gängen; zu Dona Leopoldina konnte jeder kommen; Rohrmöbel und gekalkte Wände; wo waren Gold, Brokat, Damast; Leopoldine öffnete ihren Kleiderschrank, sie zeigte die Leinenhosen, Leinenjacken, in denen sie ausritt, und im Schreibzimmer zeigte sie das Familienbuch. Jeder Dienstbote ist darin aufgeschrieben; eine Seite für die Freien, eine Seite für die, welche noch die Plakette haben.

„Die Neugeborenen sind auf Boa Vista von Geburt an frei, sie werden getauft, bekommen einen Namen, und hier wird die Mutter eingetragen, auch der Vater, wenn die Mutter ihn sagt; der freie Mutterleib ist das wichtigste Gesetz, das wir brauchen." Eine Frau schrieb zeilenweise aus dem Familienbuch ab, eine andere zeichnete die Zimmer, „und das hier, was ist das",

„ein Betschemel, er ist aus Brasilholz, dem roten Brot des Landes".

„Sie beten, zu welchem Gott",

Leopoldine lächelte und sagte nichts.

Die weißgekleideten Frauen knieten abwechselnd auf dem Schemel, schauten auf die weiße Wand davor. Sie wollten Leopoldine zum lauten Beten drängen; jede griff einen anderen Gegenstand im Zimmer an, hielt sich sekundenlang daran fest; nichts Totes gibt es für Brasilianer, alles zueinandergefügt, alles kann Kraft geben. Die Kinder wollten sie sehen; die dreijährige Marie saß auf dem Boden und zeichnete; die dunklen Locken zu einem kurzen Zopf gebunden, die Füße barfuß, „Tante Louise, Tante Louise", krähte sie, und Leopoldine bewunderte das Kunstwerk ihres Kindes.

Januária lachte, lallte unter dem Fliegennetz; sie hatten wieder vergessen, das fünf Monate alte Kind aufzusetzen, Januária war längst kräftig genug in ihren Knochen. „Sie tut alles selber, als wäre Dona Leopoldina die Amme, hat Prinzessin Januária ihre Mutter angelächelt."

Noch immer 30. November 1826.

Das Brot, das gebähte, hat Leopoldine gekräftigt; sie wird nun laut sprechen können, und das Zimmer, das sich mit ihr in schnellen Kreisen bewegt, wird bald zum Stillstand kommen.

„Ich werde keine Kraft mehr haben für ein weiteres Kind", hatte sie in die Nacht gerufen, in die abgedunkelten Zimmer, als sie sicher war, zum neunten Mal schwanger zu sein.

Vor zwei Wochen hatte sie an den lieben Papa geschrieben, „ich halte es für meine Pflicht, Ihnen zu schreiben und mich Ihrem väterlichen Gebet anzuempfehlen. Meine ausserordentliche Schwäche und meine beständigen rheumatischen Schmerzen und der Zustand meiner dreimonatigen Schwangerschaft machen es je als mehr nöthig, Sie um Ihr übermässiges Flehen bei dem Allmächtigen zu bitten".

Das Gekreische vor der Tür geht im Getöse ihres Kopfes unter.

Das Schreien eines Neugeborenen war in der Nacht zu hören, und das Getummel und Getuschel der Frauen von den Sklavenhütten, den Blau-Weißen-Häusern. Marilene, Lucia waren schon hochschwanger. Wenn es kein Mädchen war, haben sie das Kind liegenlassen oder den alten Alvaro mit dem männlichen Kinderkörper hinunter zur Sklavenagentur geschickt. „Er ist fett und schaut gesund aus, vielleicht findet ihr eine, die ihn sich aufziehen will." Die Hälfte vom Geld, das Alvaro bekommt, wird er in der Taverne vertrinken, vielleicht schon dort feiern, daß das Kind bei den Engeln ist. In der Agentura Portuguesa nehmen sie keine Neugeborenen; sie nehmen sich nicht einmal die Mühe, sie zum Findelhaus zu tragen; in der Agentura Central de Emigração wollen sie nur Hellhäutige. Weibliche Säuglinge haben den besseren Nutzen, wenn eine ihn unter der Hand verkaufen will. In vielen Beamtenfamilien richtet man sich seine künftigen Dienstboten am liebsten selber ab, und wenn Söhne im Haus sind, werden Mädchen gebraucht; irgendwo müssen die Herrensöhne ihre Sexualität erproben, ausleben, lernen. Leopoldine hat es Marilene verboten, sich als Amme anzubieten; Marilene ist nicht gesund, auch Lucia nicht; sie haben beide Hautkrankheiten, wahrscheinlich auch Lungenschwindsucht. Geld wollen sie sich verdienen, in einer Cortiço-Hütte wohnen. Reynaldo hat die Pflicht, jeden Krankheitsfall, jede Geburt, Leopoldine zu melden. „Die wollen doch die Kinder nicht haben, die wollen nur, daß ihnen die Milch nicht vergeht, deshalb lassen sie sich von jedem schwängern", und Reynaldo spreizte die Beine, „es ist nur wegen der Milch, die verdienen gut als Ammen, unten, in der Stadt."

Das Jahr 1805.
Leopoldine war acht Jahre alt. Ein schwüler Sommer. Sie waren nur für drei Wochen in Laxenburg, und schon wurde wieder gepackt. Mama sagte die Hausmusikabende ab, die Theatertexte wurden nicht mehr abgefragt. „Jeder hat sich um seine Spielsachen, seine Bücher selbst zu kümmern." Der liebe Papa war nicht hier; von Krieg wurde geredet. Was war Krieg; war das wie Gewitter, konnte man sich davor verstecken und warten, bis es vorüber war; konnte man dagegen gar nichts tun, auch wenn sie die Mineraliensammlung noch so genau ordnete, die Puppen aufeinanderschichtete und die Kiste mit blauer Farbe bemalte.

„Jetzt werden in Schönbrunn bald die Astern blühen, vielleicht auch schon die Zinnien."

„Wir fahren in die Hofburg, nicht nach Schönbrunn", antwortete Annony.

„Nein, warum müssen wir in die Stadt, Papa ist doch gar nicht hier", Poldl verstand nicht,

„weil in Schönbrunn der Franzose eingezogen ist, der Mann aus Korsika mit seinen schmutzigen Leuten", erklärte Annony.

„Das darf er nicht, Papa wird ihn hinauswerfen lassen."

Annony hielt sich die Augen zu, „nicht mehr, Poldl, nicht mehr. Wir müssen beten, daß dieser Napoleon nicht alles stiehlt, nicht alles zerstört, was er in Schönbrunn vorfindet."

„Vielleicht sollten wir für Napoleon beten, daß der sein Unrecht einsieht, dann wird er ein guter Mensch und geht wieder nach Hause", sagte Poldl, und Annony nickte.

Die Hofburg war sogar am vorletzten Augusttag kalt und muffig. Hebammen und Ärzte rannten mit Wasserkrügen und Tüchern durch die Gänge; Mama lag schon seit zwei Tagen in den Wehen. Am späten Nachmittag durften sie endlich ins Zimmer von Mama. Ein Bruder war zur Welt gekommen; Johann würde er heißen wie der Onkel, der in der Steiermark lebte.

Der neue Bruder war lieb, doch er sah so gesund aus, daß Poldl ihn nicht so richtig gernhaben konnte. Dieses starke Kind und drüben die Mama, so schwach und matt, wie Poldl sie noch nie gesehen hatte. Louise schaute den kleinen Bruder an, Clementine wollte den Apfel haben, der auf dem Tisch lag, Ferdinand und Franz standen an der Tür und warteten, von der Mama gerufen zu werden.

„Wir werden uns den heutigen Tag merken", hatte Mama langsam zu Poldl gesagt, „wirst du dem Papa schreiben, wie lieb er aussieht, der kleine Johann."

Während der nächsten Wochen war alles in Auflösung. Von Papa kamen dringende Depeschen, mit denen Mama in ihr Zimmer flüchtete, die Sekretäre hatten in allen Zimmern ständig Besprechungen, und die Kammerfrauen waren tagelang beschäftigt zu packen. Flucht vor dem Krieg wurde vorbereitet. Die Geschwister, Louise, Clementine, Ferdinand, Franz und die kleine Caroline würden nach Ofen in die Pußta fahren, die Amme mit dem kleinen Johann auch; Poldl durfte die Mama nach Brünn begleiten, mit Annony. In Brünn waren die Soldaten, die gegen die Truppen von Napoleon zu kämpfen hatten, in Brünn war auch Papa.

Ein Bild von Napoleon wollte Poldl sehen.

„Das ist ein alter häßlicher Mann, klein, mit einer großen Nase und verkrüppelten Beinen", erklärte Louise.

„Woher weißt du das, wenn du ihn noch gar nie gesehen hast", wollte Poldl wissen,

„das weiß hier jeder", sagte Louise.

„Ist er ein böser Mensch", bohrte Poldl weiter,

„und wie, er hat keine Religion, er hat die Kirchen plündern lassen und die Priester köpfen, ja, ihre Köpfe läßt er in Körben sammeln; er ist nicht getauft; er ist gar nichts; er zerstört unseren Papa, uns alle."

Poldl konnte ein paar Atemzüge nichts sagen, „den möchte ich sehen", brachte sie dann heraus. Wie sieht ein Mensch aus, vor dem man flüchten muß?

Anfang Oktober 1805.

Die ersten Herbstfröste hatten die Straßen bereits eisig zum Glitzern gebracht, und schon nach eineinhalb Stunden mußten sie anhalten, weil die Mama erschöpft war und sich anwärmen mußte.

„Einen Teller Milch, wenn Sie haben", bat die Mama die Wirtin, und sie hielt mit zitternden Händen den Teller Poldl hin, trank dann selber daraus.

Zwei Tage waren sie unterwegs, die Kleider steifgefroren, die Füße spürte Poldl nicht mehr in ihren Schuhen, die Lippen waren aufgesprungen; Mama, Annony saßen im Wagen, ohne sich anzulehnen, sie redeten kein Wort. In einem Bauernhof übernachteten sie. Am Morgen, als sie in den Wagen einsteigen wollten, marschierte eine Truppe Soldaten vorbei. „Franzosen", schrien die Bauersleute und flüchteten ins Haus. Zerfetzte Kleider hatten die Männer an, auf Holzprügeln waren viele gestützt, manche wurden auf Brettern nachgezogen und vor dem Haus abgestellt, die anderen gingen weiter, ohne sich umzusehen. Weit entfernt trieben zwei Rauchsäulen in die Luft.

„Dort, dort haben sie wieder einen Hof angezündet", rief die Bäuerin, und Mama murmelte, „die armen Männer, diese armen Menschen".

Poldl wollte es schon oft fragen, in diesem Moment hielt sie es nicht mehr aus, „war er dabei, der Napoleon, bei denen?"

„Nein", zischte Annony. Stundenlang versorgten sie die zurückgelassenen, verwundeten Soldaten mit Milch, Tee, mit Brot, trugen sie in die Scheune, wuschen sie, hüllten sie in die mitgebrachten Decken. Viele sind nach dem ersten Schluck warmer Milch gestorben, die meisten redeten wirr, Poldl konnte nicht ein Wort als Französisch erkennen.

Bei der Weiterfahrt schlief die Mama und sah dabei aus wie die matten Soldaten vorhin. Poldl stupste sie, Poldl stupste die Mama wochenlang, sie ließ sie nicht schlafen, nicht am Tag, auch wenn sie noch so ermattet war und noch so heiße Wangen hatte, die liebe Mama durfte nicht sterben, wer würde sonst in der Familie lächeln und die Luft, das Atmen so luftig machen, den Papa aufheitern, Annony zurechtweisen, wenn sie gar zu streng war.

Wie zusammengerollt ist diese Phase der Flucht von 1805 in Leopoldine.

Die Niederlage des Vaters, die ihn noch stiller und noch ernster gemacht hat, die vielen Wagen, in denen sie wochenlang von Mähren weiter nach Olmütz und Friedek geflohen waren; sogar der Geburtstag von Louise im Dezember war übergangen worden, weil Krieg war und der Unmensch Napoleon die ganze Familie zerrissen hatte. Mama ständig mit Schmerzen am ganzen Körper, ständig im Gebet und dabei unermüdlich im Geben und voll guter Worte und ihrem Lächeln, der Sonne im Gesicht.

Anfang Feber 1806, mitten im Fasching, waren sie nach Wien zurückgekehrt. Nun war nachzulernen, und sie mußten noch folgsamer sein. Im Fasching 1806 gab es nicht einen einzigen Maskenball, keine Tanzabende; Mama hatte verboten, über Lustbarkeiten zu reden. Trotzdem spielten sie Theater, als Schulaufgabe, mit selbstgeschriebenen Texten; eine Figur für das Gute, eine für das Böse, einen Selbstbewußten, einen Zweifler. Die böse Figur war immer Napoleon, und den wollte jeder spielen. Dick mit Kissen ausgestopft kam Louise als Napoleon auf die Bühne und verhöhnte alle; Poldl, die Anführerin des Volkes, und alle anderen riefen, „nieder mit dem Antichristen", und rangen Napoleon nieder.

1806 hatten sie zu lernen: Drei-Kaiser-Schlacht bei Austerlitz, Friede zu Preßburg; Rheinbund, den alle deutschen Fürsten unterzeichneten; Papa gab einen Titel ab, er war nun nicht mehr Kaiser des Römischen Reiches Deutscher Nation, Papa war nun Kaiser von Österreich; später kam als Neuigkeit dazu – Napoleon war in Preußen eingefallen und hatte auch dieses stolze Land, diese stolzen Menschen besiegt.

Poldl hatte viele Fragen, die schluckte sie hinunter,

alles Kinderfragen: Warum war Papa gegen eine Verfassung, was war daran so übel, wenn sie doch auch sonst beteten, daß die Rechte aller Menschen gleich sind; warum sah außer ihr, Poldl, niemand, wie Mama andauernd fieberte und ihr Lächeln wie eine Maske auf dem Gesicht lag.

Zur heiligen Zita hat sie geredet, sie möge ihr einen Traum erfüllen: Poldl geht zu Papa ins Arbeitszimmer, an allen Beamten und Räten vorbei, bis hin vor seinen Schreibtisch. „Ich möchte zu meinem zehnten Geburtstag Napoleon sehen." Papa nimmt ein dickes Buch, blättert darin und sagt, „gut, ich bringe dich am 22. Jänner 1807 zu ihm". Poldl hätte keine Angst vor Napoleon; sie würde ganz allein mit ihm reden, ihm ihr Gute-Nacht-Gebet vorsagen, ihm erzählen, daß sie für ihn bete, und ihn fragen, rundheraus, was er dem Papa noch alles wegnehmen wolle.

Österreich ist groß, was wird er mit den Menschen tun, sind das dann keine Österreicher mehr. Das Wichtigste müßte er ihr bei der heiligen Zita schwören, daß er keinen Krieg mehr anfängt, nie mehr, nie.

Die liebe Mama war wieder in Hoffnung; sie hatte die Beine dick eingebunden, ständig zitterte sie unter Schüttelfrost, und wenn Leopoldine sie in die Kirche begleitete, zur Morgenmesse, setzte sie sich ganz dicht an die Mutter, um sie zu wärmen, um sie zu stützen. Alle fürchteten sich vor Napoleon, davor, was er auf der Landkarte noch alles bewegen, verändern würde. Keiner dachte daran, wie dunkel es werden wird, würde die liebe Mama mit ihrem Lächeln, ihrer Heiterkeit, nicht mehr da sein. Ängstlich haben sie Poldl gescholten, weil sie seit der Flucht nach Mähren so leicht weinte, so oft schluchzte und nicht sagen konnte, warum. Daß sie die weiße Frau gesehen hatte, darüber sind die anderen erschrocken – dann stirbt jemand im Haus. Poldl hatte diese weiße Frau schon oft geträumt und sie weggewünscht; diesen Monat noch, bis zum Geburtstag von Louise im Dezember, bis zum Fasching, bis zum Geburtstag von Clementine im März sollte Mama noch leben. Dann kam die Schwester zur Welt, am 6. April 1807. Sie sah durchsichtig aus, wurde rasch getauft, Amalie; es weinte und wimmerte drei Tage lang im Körbchen, bis Amalie verlöschte. Mama lag in ihrem Bett, ganz klein und schon wie in sich selber zurückgezogen. Leopoldine hat keine Erinnerung an Worte, an Bewegungen der sterbenden Mutter. Poldl suchte Licht; es regnete, hart klopften die Tropfen an die Fensterscheiben; den Regenvorhang zuziehen, Worte finden, über die man nicht weinen muß. Alle trauerten; keiner wollte die blinde Stelle im Spiegel sehen; Onkel und Tanten kamen, bemitleideten die Kinder, tuschelten mit den Ajas, kritisierten die liebe, verstorbene Mama. „Verschwendungssucht", hörte Poldl, und „zu nachlässig zu den Kindern"; irgendeine der Tanten sagte, „vergnügungssüchtig, nur Musik und Tanz im Kopf", und die meisten nickten dazu. Endlich war der Lärm der Trauergäste nicht mehr zu hören, alles stumm und karg; Mama hatte tatsächlich alles Heitere, alles Fröhliche mit sich genommen.

Poldl erfüllte ihre Pflichten; nicht genug konnte sie mit ihren zehn Jahren von Pflichtübungen bekommen. Freiwillig stand sie um eine halbe Stunde früher auf und betete kniend einen halben Rosenkranz, sie lernte Französischvokabeln auswendig, die sie nur lesen sollte; Gräfin Lazansky, die Oberhofmeisterin, ins Altersheim begleiten, eine Woche lang im Findelhaus den Kinderschwestern helfen – Poldl meldete sich als erste.

„Unterdrücke die Armen nicht, sey mildtätig", schrieb sie in die erste Zeile jeder neuen Seite ihrer Lernhefte.

Anstatt Louise zu Tanzabenden zu begleiten, sich ein neues Kleid zu wünschen, las sie lieber im Mineralienbuch, schaute die Steine an, die sie gesammelt hatte.

„Hier, schau, siehst du die vielen Adern, von den Millionen von Jahren, und uns erscheint das hart; wie das lebt, als würde es jetzt noch fließen."

Louise schüttelte sich, „ich bitte dich, hör mit deinen Steinen auf, hart und kalt sind sie; ich mag Edelsteine, am liebsten in Broschen und Ketten", dabei lächelte Louise wieder so, wie Poldl es vergeblich vor dem Spiegel geübt hatte.

„Wenn du so weitertust, wird es wohl am besten sein, wenn die einmal einen Stein heiratest; ja, wie du in Laxenburg einmal behauptet hast, daß du eine Seerose heiraten willst, damit du besonders schöne Kinder bekommst." Louise lachte sie aus.

Poldl sagte, „ich möchte jemand Besonderen heiraten oder gar niemanden; vielleicht einen besonders schönen oder einen besonders häßlichen oder besonders bösen Mann", unhörbar sagte Poldl, Napoleon. Louise zwickte sie in den Oberarm; „du wirst den Sachsenprinzen heiraten, den schönen Fritz, das weißt du genau, und ich Onkel Franz von Este. Und wenn du nicht mitkommen willst, dann verlobe dich heute abend noch mit deinen Steinen."

Louise wirbelte durch das Zimmer, zeigte Poldl die neuesten Tanzschritte. Der Duft von Eau de Cologne stand im Raum, Poldl las schnell weiter im Buch, „Achate, Achatmandeln finden sich in größeren Mengen in Brasilien".

Vier Tage vor Weihnachten, im Jahr 1817.
Leopoldine war seit sechs Wochen in Rio de Janeiro.
„Wenn du ihn Pedro kennest, müsstest Du ihm herzlich gut seyn, den er hat sowohl Verstand als auch sein Herz ist gut." Die Tage waren dahingeflogen, Empfänge zu ihren Ehren, Umzüge, gemeinsamer Kirchgang mit den Schwiegereltern, die Audienzstunden am Vormittag mit dem „Handkuß", Theaterbesuche. Überall war Leopoldine noch von ihren Leuten aus Wien umgeben. Gräfin Künburg und Gräfin Lodron schimpften über den Schmutz und verließen das Haus nur, um sich zum Campo de Santa Ana oder zum Hafen tragen zu lassen; „um nichts in der Welt möchte ich in diesem Lande bleiben, welch Unterschied zu daheim, und wie dumm, sich über unser Land zu beklagen", sagte die Künburg; sie wollte mit dem nächsten Schiff nach Europa zurückgebracht werden. Leopoldine, berauscht; die beständige Sonne, Wärme, das Blühen überall; es gab soviel zu entdecken; jeder Käfer glänzte golden. Vor fünf Uhr am Morgen stand sie auf, um in den nächsten Sonnentag zu tauchen; keine Novembernebel, keine Dezemberkälte zu befürchten. Die Zärtlichkeiten von Pedro in Übermaß, in wilder Aufeinanderfolge; es genügte ihm nicht, daß sie sich willig in seine Umarmungen fallen ließ, seinen Liebkosungen entgegenfieberte; er nahm sie zu den Puris, den Indianern, mit, die tanzten ihnen Fruchtbarkeitstänze vor. Ins Schwitzen kam sie dabei und konnte es doch kaum erwarten, daß Pedro eine Hängematte aufs Pferd band, mit ihr

zurückritt, und kaum, daß sich die Lianen hinter ihnen geschlossen hatten, sie in den groben, schwingenden Stoff bettete.

Leopoldine und Pedro waren kein Liebespaar im rhythmisch knarrenden Bett, in einem dumpfen Zimmer, das zu wenig beheizt war; die Luft um sie beide war heiß und feucht wie ihr Atem, wie ihre Körper. Alles anders; der Tropenregen; die Wassermassen wälzen sich in Wellen vom Himmel, eine halbe Stunde, eine Stunde lang.

Nach so einem Regen ist es am besten zu reiten. Der Schlamm, der Unrat, der durch die Straßen geschwemmt wird, ist zwanzig, dreißig Zentimeter hoch. Der Zugang zu ihrem Wohntrakt hatte kein Dach, die Sonne fiel platt auf die Stiege, über den Menschen her, der sich aus seinen Mauern herausbewegte. Der ganze Hof voll Dienstboten in allen Braun-, Rot- und Schwarztönen; Freigelassene und Sklaven, die miteinander stritten und kreischten. Diejenigen, die mit den Essenstruhen von der Küche in das Schloß unterwegs waren, stritten sich mit den Wasserträgern, den Einkäuferinnen für die Küche, die Palastfeger beschimpften die Gartenarbeiter; die Kutscher droschen auf die Stalljungen ein; ein Barbier ging über den Hof, um die Dienstboten zu scheren, ein Freigelassener aus dem Cortiço trieb seine Kuh durch und wollte frische Milch verkaufen. Ständig fehlte Werkzeug, um das geschrien wurde; irgendwo zerrten einander zwei Frauen an den Haaren, vielleicht hatte die eine verraten, daß die andere auswärts geschlafen hatte, oder die andere laut herausgerufen, daß die eine anstatt einzukaufen, auch noch gegen Geld oder eine schillernde Haarspange einen hohen Beamten an ihren Körper herangelassen hatte; sie erledigen Tratsch und Prostitution nebenbei.

Die Misthaufen, die tiefen Furchen im ungepflasterten Hof; Leopoldine konnte zusehen, wie rasch alles von Blüten überwuchert war; wenige Stunden, ein Tag, und dort, wo Schwärme und Ungeziefer in der Luft standen, blühte es rot; alles überdeckt vom Zuviel, von zu raschem Wachsen.

„Wie wird hier Weihnachten gefeiert?" fragte sie Pedro, der wußte nicht, was sie meinte.

„Gehen wir in die Krankenhäuser, teilen wir Geschenke aus, wann ist hier die Weihnachtsmesse?" Pedro hatte gelächelt, und im nächsten Moment geschrien. Es gab ein Krankenhaus in Rio de Janeiro, ein Pflegehaus, für die Beamten und Kaufleute; die Dienstboten wurden dort nicht aufgenommen. Das wußte Leopoldine nicht, auch nicht, daß Pedro nicht daran erinnert werden wollte, daß sie aus Europa kam, vom reichsten Hof Europas, wo man groß sei im Almosengeben, im Erziehen, im Alleswissen, so sagte er. Pedro steigerte sich in sein Geschrei, nur noch Wortfetzen brachte er heraus, und mitten im Toben zuckte der Körper plötzlich, das Gesicht verzog sich zur Grimasse, der ganze Körper wurde geschüttelt, zu Boden geworfen, erstarrte in Verrenkungen; weiß-grauer Schaum lag auf den bläulich verfärbten Lippen.

Leopoldine rannte um Hilfe, die Assafatas schliefen, es war fast Mitternacht; spät kamen sie mit Wasser, Flaschen, voll mit Ölen in allen Farben, trockenen und nassen Tüchern. Leopoldine saß an seinem Bett, hielt seine Hände, seinen Kopf, fühlte, wie sich langsam, sehr langsam die Krämpfe zurückzogen, wie der Körper in schweren Schlaf fiel.

„Hat man Ihnen das nicht gesagt?" flüsterte Doktor Kammerlacher, er schüttelte den Kopf, „das wußten wir in Wien alle, die Braganças sind nicht frei von dieser Krankheit."

„Erblich", hatte Leopoldine gehaucht, und der gute Arzt Kammerlacher hatte tief geatmet und die Augen niedergeschlagen.

Leopoldine rannte hinunter zu den Stallungen und scheuchte den Burschen auf; er wollte ihr das Pferd verweigern, weil er sie nicht sofort erkannte in der ungewohnten Kleidung. Im Galopp ritt sie durch die fast menschenleeren Straßen Richtung Campo de Santa Ana, vorbei an den Wäscherinnen, die mit Holzstöcken auf ihre Wäschestücke einschlugen und sich nach dieser fremden Reiterin umdrehten. Die Gassen weitergejagt, einem Schwall Schmutzwasser ausgewichen, das man dem Pferd vor die Füße schüttete, an der Taverne, den betrunkenen Sklaven vorbei, vor den Sklavinnen, die mit dem Huhn, das sie an ihren Fuß gebunden hatten, nach einem Freier Ausschau hielten, abgebogen. Schweiß rann Leopoldine über den Rücken, die feuchte Morgenluft war kaum einzuatmen. An einem blühenden Busch fegte sie vorbei und zerkratzte sich das Gesicht, wurde fast vom Pferd gerissen; der Gaul schlug Haken, um den wuchernden, dünnen Pflanzentrieben auszuweichen; so stark sind diese Triebe, daß das Tier sofort stolpern würde. Leopoldine trieb das Pferd den Berg hinauf zur Kirche, sie heftete es kaum am Holzpflock an, und rannte hinein, bis zum Muttergottesbild. Sie kniete nicht nieder, sie fiel nieder; sie nahm nicht wahr, daß im Innenraum Gruppen von Frauen saßen und standen, die beteten, aßen, lachten laut und stritten. Jetzt müßte sie reden können mit ihrem Herrgott, und es fielen ihr nur Briefe ein, die sie ihrem Vater, die sie Metternich schreiben wollte. Beschweren wollte sie sich; man hatte sie im unklaren lassen, man hatte sie über so vieles hier im unklaren lassen. In vier Tagen war Weihnachten, der Jasmin blühte, die Kakteen waren prall von Früchten, zu Hause in Boa Vista lag Pedro und schlief. Mehr und mehr drangen die Lach- und Streitlaute der Frauen hinter Leopoldine in ihr Gehirn; sie stand auf; an den Knien war ihre Hose naß vom Schweiß. Am Kirchplatz wurden ihr Figas angeboten und getrocknete Kräuter. „Senhora, das macht ihn hörig, nehmen Sie."

Sie führte das Pferd an der Hand den Berg hinunter zur Straße und ritt zum Hafen, weiter zum Haus von Dona Carlota Joaquina. Der Türwächter schrie auf, und wie er schreckten alle anderen Dienstboten aus ihren kauernden Stellungen hoch und meldeten ihr Kommen weiter.

Die Schwägerin Maria Teresa las in einem Buch, beobachtete ihren Sohn Sebastião beim Zeichnen.

„Leopoldina", sagte sie, „komm, wir sind allein, Dona Carlota ist irgendwo unterwegs."

Leopoldine ließ sich auf einen Stuhl fallen, trank das Wasser, den überzuckerten Kaffee, den man ihr hinstellte.

„Pedro hat Epilepsie, er hat letzte Nacht einen Anfall gehabt."

Leopoldine konnte es nicht ruhig sagen, sie stieß es heraus, und die Schwägerin mit den dunklen Haaren und der milchweißen Haut, nickte. Maria Teresa, nicht ganz fünfundzwanzig Jahre alt und seit fünf Jahren Witwe, biß lange auf ihre Lippen, schüttelte den Kopf, führte die Hand ihres fünfjährigen Sohnes zu leichterem, flüssigerem Zeichenstrich. Dann schob sie das Kind den am Boden sitzenden Assafatas zu.

„Vor einem Jahr, im Mai, als die Truppen nach Montevideo verabschiedet wurden, hatte Pedro einen Anfall, den ersten in aller Öffentlichkeit. Leopoldine, die Braganças haben nicht viel Glück, sie haben viel abzuarbeiten. Hunderte von Jahren ist es schon her, daß ein Franziskanermönch unsere Erstgeborenen verflucht hat; mein Bruder Antonio ist mit sechs Jahren gestorben; und neue Schuld kommt dazu. Dona Carlota Joaquina, unsere Mutter, wir müssen sie achten, doch es ist besser, wenn wir ihr aus dem Weg gehen. Du wirst sie schreien hören, bis weit in die nächsten Straßen, wenn sie ihre Wutanfälle hat, weil man ihr nicht starke, junge Männer bringt. Leopoldina, sie kann eine herzensgute Frau sein, die aus ihrem Tragesessel heraus tausend Hände schüttelt, Pölster, Tücher, ja, ihre Kleider verschenkt. Sie ist eine Bourbonin, und sie mußte einen Bragança heiraten; kein guter Stammbaum. Bei den Portugiesen alles verwaschen und nicht genau einzuordnen; zu wenig Ehrgeiz, zu wenig Kämpferisches. Unsere Eltern mögen sich nicht, sie haben uns Kinder genau aufgeteilt; Pedro hat Glück gehabt, daß er bei Vater leben konnte. Wir Mädchen, meine beiden Schwestern, mein Bruder Miguel haben bei ihr zu leben." Maria Teresa sprach leise weiter, „Vater hat sie ins Kloster gesperrt; er konnte ihr nicht mehr trauen. Sie macht sich alle Dienstboten gefügig, und Gift ist hier leicht zu kriegen. Im Ajuda-Kloster hat sie sich nicht beruhigt, obwohl man versucht hat, sie mit besonders milder Kost von ihrer Lust abzubringen; noch zänkischer, noch schriller ist sie zurückgekommen. Montevideo will sie für sich allein haben, sie, die Spanierin. Ihr

Bruder hat keine Nachkommen, sie hätte ein Anrecht darauf. Sie wollte ihren Schmuck verkaufen, damit eine Verschwörung bezahlt werden könnte, die Vater abgesetzt hätte. Das hat sie schon in Lissabon getan; den Ehemann vom Thron wegbekommen, ihn für geistesgestört erklären wie seine Mutter. Mit einundachtzig Jahren ist unsere Großmutter, Königin Maria, gestorben; fünfzehn Jahre lang wirr im Geist, nur vom Teufel und von der Hölle redend, ist sie genau in diesem Moment gestorben, als Dona Carlota mit meinen Schwestern das Schiff nach Europa betreten wollte, ein Ruhranfall. Dona Carlota blieb in Rio. Die Handelsherren in der Markthalle erzählen sich von der Nymphomanin Geschichten; sie läßt sich die irische Butter und den deutschen Weizen nachsenden, den Samt und die Tüllvorhänge aus Italien, und sie schickt ihren Türsteher hinunter zur Agentur, damit der ihr junge Männer ins Haus schickt. Sie geht selber zum Hafen, wenn Schiffe aus Europa ankommen; diejenigen, die sich als Mediziner ausgeben, die interessieren sie, von denen läßt sie sich die Körperteile erklären, aufzeichnen; sie vermittelt die Beamten aus den Büros von Vater an die Prostituierten, die vor den Corticos stehen. Leopoldina, Carlos, mein Ehemann, ist vor fünf Jahren gestorben, an Zamparine; dieses Nervenfieber überlebt niemand. Dona Carlota hat getobt – in diesem Land der Neger und der Affen werden wir alle noch zugrunde gehen; wir mußten sie mit Tees beruhigen; die meisten hier fürchten diese Frau, ich auch."

„Aber auf was ich mich fürchte dass ist meine künftige Schwiegermama, die, nach dem was der liebe Papa sagt liederlich, intrigant seyn soll. Der König sey ein vortrefflicher Geist der sie in Zaum hält und die Kinder so viel als möglich von ihr entfernt", das hatte Leopoldine an Marie Louise geschrieben. Papa hat es Leopoldine dringend geraten, die Wohnung von Dona Carlota zu meiden.

Maria Teresa; schärfer und krasser hat dieses Land alles herausgeschliffen; Maria Teresa lebt hier; sie, Leopoldine, wohnt hier und wird nicht hier zu leben haben; Wohngewohnheiten, nicht Lebensgewohnheiten hat sie anzunehmen. Leopoldine holte Papier und Tinte, sie achtete nicht auf die Geräusche, die sie dabei verursachte; „Licht", rief Leopoldine in die Ecke, und die Assafata rannte um die Lampe mit dem Palmöl.

„Mein Gemahl war einen Tag recht krank an Nerven und machte mir abschäulich Angst. Ich glaube es wird mit den Jahren vergehen da er nun weniger daran leidet, wie alle Leute versichern.

Brasiliens sonderbares Clima mag viel beytragen daher wünsche ich in der Hinsicht mit ihm in sein Vaterland zurückzukehren", schrieb sie hastig an Louise, und weiter, „mein Gemahl ist herzensgut, aber Geduld brauche ich. Diese sonst nie gehabte Tugend verleihet mir jetzt der Himmel. Pedro hat den besten Willen sich auszubilden und langsam mit Klugheit zu Werke gegangen geht alles. Da ich nur auf einen Freund von Werth sehe finde ich in vollem Masse seine edle Seele die vor allem Betrug und Intriguen Abscheu hat."

Herbeischreiben wollte Leopoldine, was sie sich wünschte.

II.
TRANQUILLO

1. Dezember 1826

*Freundschaft mit Schwägerin Maria Teresa, 1818 –
Geschichte Brasiliens, die Sklaven –
das Ringen um den „freien Mutterleib" –
Besuch in den Cortiços (Bienenkörbe), wo die
Freigelassenen leben –
Ausflüge in die Umgebung von Rio de Janeiro –
Kindheit und Erziehung von Dom Pedro –
Ankunft von Leopoldine im November 1817 in Rio –
Noemi, eine Geliebte von Pedro.*

Die Aguiar und der Marquis von Parma sind in ihren Zimmern, sie frühstücken; um Leopoldine nicht aus den Augen zu lassen, sind sie in Boa Vista eingezogen.

Noch sind Sterne zu sehen, Sträuße voll; Leopoldine spürt ihr Blut gleichmäßig rollen; die Düfte der Sommerblüher, das Aroma der Sommerfrüchte, die Schleier vom Wind weggefegt, vom Salz des Meeres weggeätzt.

Sie hatten sich bald angefreundet, Maria Teresa und Leopoldine; viele Nachmittage lang lasen sie gemeinsam. Von Schiller konnte die Schwägerin nicht genug hören, die neuen Gedichte; Rousseau – nicht für diese Welt warst du, zu bieder warst du, zu hoch, vielleicht zu nieder. Sie waren in die Berge geritten zu den Tijuca-Wasserfällen; Leopoldine beständig über dieselbe Frage redend, denkend – wird Pedro derjenige, den sie, Leopoldine, sich ausgedacht hat; „mit Güte und Geduld". Sie wollte das, und es mußte so kommen; obwohl sie im April 1818 schrieb: „Die Offenheit selber sagt er und das mit einiger Ungeschliffenheit alles was er denket. Immer seinen Willen auszuführen gewöhnt muß sich alles an ihn gewöhnen. Selbst ich muß mir einige Grobheiten gefallen lassen. Jedoch sieht er dass sie mich schmerzen so weint er selbst mit mir."

Fremd redet es in Leopoldine, langsam fügt sich das Mosaik zusammen; könnte sie durch die Bilder gehen wie durch die Landschaft. Ihrer Schwester Louise hat sie nachgewunken, als die nach Frankreich abreiste, zu Napoleon; Louise nun jemand, dessen Schritte die Welt verändert haben.

Der Scheidungsprozeß von Domitila im Feber 1824 zog sich in die Länge; ihr Ehemann wollte sich mehr und mehr Vergünstigungen herausschlagen, also ließ Dom Pedro Richter austauschen, Gerichtsdiener aus São Paulo kommen. Tagelang war Pedro nicht zu Hause, erschien nicht einmal zu den Audienzen, und nie würde er sich mit Lappalien wie einem Familienbuch beschäftigen. Domitila erwartete ein Kind von Pedro; vielleicht würde sie sogar einen Sohn zur Welt bringen. Jede Assafata murmelte Leopoldine die hysterischen Anfälle von Domitila zu. „Wenn sie nicht in einer Woche eine andere Wohnung bekommt, vergiftet sie sich und ihr Kind", „sie hat ihm Abwasser vor die Füße schütten lassen", „jetzt verlangt sie, daß er sie in

Galauniform besucht, damit ihn jeder von weitem erkennt". Marschall wußte über diese Gerüchte Bescheid, er wußte den Gerichtstermin des Scheidungsprozesses; er kannte die Wutanfälle von Dom Pedro. Die Sklavenfrage besprach der Botschafter nicht mit ihm; er bemühte sich nicht, ihn anzutreffen. Mit diesem gehauchten, „die Sklavenfrage", rechtfertigte der Botschafter einen seitenlangen Bericht über seine Bemühungen, im europäischen, österreichischen Sinne, auf Dom Pedro einzuwirken.

„Herr Botschafter, Exzellenz, es muß ein Gesetz erlassen werden, daß jedes Haus verpflichtet ist, ein Familienbuch aufzulegen!"

„Ja, das Familienbuch, das könnte ein Anfang sein", und Marschall küßte Leopoldine die Hand und wischte weg.

Die beiden Stühle hatte Leopoldine weggestoßen, laut sagte sie in deutscher Sprache, „er selber hat in seinem Haus Sklaven, so viele, daß sie nicht zählbar sind, und jede Woche kommen neue dazu. Er läßt einkaufen, genauso wie es hier, am Hof, geschehen ist; Diplomaten und Könige kaufen selbst keine Sklaven, dafür haben sie ihre Haushofmeister".

Brasilien ist nicht zählbar, wie viele Seelen hat Rio de Janeiro, noch sechzigtausend oder längst einhunderttausend? Nur mit José Bonifácio konnte sie darüber reden. „Unmöglich; keiner wird seine Sklaven bekanntgeben, eher erfahren Sie, wieviel Tischtücher und Trinkgläser die Hausfrau im Schrank hat."

„Bei uns in Boa Vista gibt es keine Dienstboten mit Plaketten mehr, alles Freigelassene, ich habe sie aufgeschrieben, hier; die Neugeborenen sind frei; Kinder dürfen nicht weggegeben, nicht verkauft werden."

José Bonifácio nickte, „wo liegt der Vorteil für die Herren, für die Patrons",

„im Casa de Saude werden alle, die in Familienbüchern erfaßt sind, kostenlos aufgenommen und gesundgepflegt",

„das ist viel zu wenig", Bonifácio schüttelte den Kopf, „wir müßten Geld geben, sie belohnen oder hart bestrafen".

Leopoldine verstand nicht, „es muß Gesetz werden; der Mutterleib der Sklavinnen frei, die Neugeborenen frei!"

„Gesetz! Sie werden einen Weg finden, es zu umgehen; trotzdem, bleiben Sie dabei, Dona Leopoldina – Rio de Janeiro muß zählbar werden."

José Bonifácio in Europa, als Verbannter; als könnte man diesen Hitzkopf durch Wegschieben zum Stillstand bringen. Vielleicht ist er gestern mit dem Schiff gelandet und spaziert am Hafen, die Hände am Rücken ineinanderverschlungen, das Ausladen seines Gepäcks kontrollierend. Niemand würde ihn erkennen. Beim Pferdeverleih neben der Markthalle läßt er sich ein Pferd herausführen; „Andrada", ruft der Bursche erschreckt. „Nein, ich sehe ihm nur ähnlich, die Andradas sind weg, für ewig", lacht er und prescht über die Straßen, durch die Cidade Nova bis herauf nach São Cristóvão.

José Bonifácio; das weiße Haar fiel ihm fast bis auf die Schultern, exakt in der Mitte war es gescheitelt. Das Gesicht mit unzähligen Linien, doch nicht eine davon machte das Antlitz gram oder greise, nein, die feinen Knitter und Runen waren nicht wegzudenken; als wären sechzig Jahre nötig gewesen, um endlich dieses

Gesicht, diesen Menschen zu formen, so, wie das Schicksal ihn gemeint hat. Wahrhaftig war alles an José und in Harmonie zueinander, seine Körpergröße, der sichere Schritt, der Blick, mit dem er blitzschnell abmaß und zuordnete. Über seine Eitelkeit wurde geredet, über seine vielen Jacken und Hosen aus kühlem Leinen, immer alles fleckenlos und akkurat gebügelt, nie hatte er Staub auf den Schuhen. Seine Ungeduld fürchteten viele, wenn seine Hände schon im Gestikulieren zuckten, weil er im nächsten Moment loslegte, laut und schneidend argumentierte, dabei stets versöhnlich sein wollte. Leopoldine fühlte sich sicher, wenn Dom José in der Nähe war, sie fühlte sich unverletzbar und unbedroht.

Seine Schritte hören, die nirgends anhalten, nur beständig ihrem Zimmer näherkommen; mit einem Ruck die Tür geöffnet und lachend im Türrahmen stehen; leicht und geschmeidig in das Zimmer kommen, daß Leopoldine wie beschwert auf ihrem Sessel sitzenbleibt. Nicht ohne die Palmeiras und die Lianen kann er leben, nicht ohne die Spiele des Lichtes und der Dunkelheit, dem fauligen Geruch, der sich über die Pflastersteine wälzt, und nicht ohne das Gezeter der Schwarzen, die überall sitzen und huschen wie Eidechsen. Leopoldine wird ihm erzählen, daß sie nicht weitergekommen ist. Der Cortiço Cabeça do Porco, das größte Elendsviertel, ist noch immer nicht geschlossen; die Ammen lassen sich nicht untersuchen, sie schlüpfen ihr mit hundert Ausreden weg; das Gelbfieber hat noch nie so viele hingerafft wie im letzten Sommer. Dom José redet über ihren Pflichtfanatismus, er redet in geschliffenem Portugiesisch, daß ihn außer der Aguiar keiner der im Zimmer sitzenden Dienstboten versteht. Ihre Ungeduld soll sie sich abgewöhnen. Was ist eine Generation, ein Menschenalter; große Schübe des Denkens bedürfen des Setzens, und dafür sei mehr als eine Generation notwendig. Sie, Leopoldine, will tatsächlich zurück nach Europa? Zuerst alles angenehm, kühl und fast geordnet, und schon nach wenigen Monaten wird sie zurückwollen; von hier weg, um drüben Atem zu holen, und dann von drüben weg, um hier Leben zu holen. In Europa ist jedes Leben zu erklären; hier zerrinnen Lebensjahre zu Geschichten. Sie, Leopoldine, ist nicht mehr herauszulösen aus dem Gewebe von Brasilien, hineinverknotet. „Der freie Mutterleib" wird Gesetz werden, in diesem Jahrzehnt, in einem der nächsten.

Leopoldine wird ihn unterbrechen; an Intrigen scheitere alles; Küchengeschichten sind es, die alles verhindern. Für ein paar alte Brokatschuhe der Herrin, einen silbernen Parfumflaschenstöpsel zieht jede Sklavin über den Haushalt der anderen Herrschaft her. In jedem Haus Streit und Zank; je weniger Sklaven, umso weniger Macht, also eine Schande. Sie reden alle, wie sehr sie für die Erfassung aller Haushaltsmitglieder sind, und bieten an, einstweilen noch die volle Verantwortung für ihre ganze Familie zu übernehmen; jede Familie, egal, wie viele Personen sie umfaßt, mit einer einzigen Stimme, der des Patrons. Die Augen von Dom José zucken, jetzt will er mit ihr um die Wette Schiller-Zeilen hersagen, schneller, noch schneller,

„blick hin und ahnde deines Ruhmes Fall",

„Gott der Allmächtige blies, und der Andrada, die Armada, flog nach allen Winden",

„schon ruft das schöne Weib – Triumph", und noch lange so weiter, bis Leopoldine damit aufhört, „der Teufel soll die Dichterei beim Hemdenwaschen holen".

Leopoldine lacht laut. „Haben Sie geträumt, Dona Leopoldina", fragt Doktor Navarro.

„Die Aguiar soll mir ein Buch bringen, sie soll mir vorlesen", antwortete Leopoldine; der Mediziner schüttelt den Kopf, „ein Buch, welches",

„es sind zwei dünne Hefte, die Hymne an den Unendlichen, sie liegen beim Leinen, in der obersten Kiste".

Navarro nickt, „natürlich, Marquise Aguiar wird Ihnen alles bringen; morgen, jetzt sollen Sie schlafen, Dona Leopoldina".

Leopoldine wird nicht schlafen; die Tagblüher öffnen jetzt ihre Kelche, den Finger in den Nektar tauchen, süß, giftig; die Kakteen, die am Tag blühen, sind Blutsauger, so hatte José Bonifácio gesagt. „Ich finde keine Ausdrücke, Eurer Königlichen Hoheit für die Zeichen der Güte und des Vertrauens zu danken, mit der Sie mich beehrt haben", das schrieb Bonifácio, und „meine gute und unvergleichliche Herrin, die der Himmel uns als seine Gabe und Geschenk ..."

Ein halbes Jahr nach ihrer Ankunft hier, im Juli 1818; mit der Schwägerin Maria Teresa war Leopoldine zum Morro da Conceição hinaufgeritten, die Wolken über ihnen grau-gelb, vollgestopft mit Wasser, die Steine auf dem Boden glitschig vom Naß der Luft.

„Nicht absteigen, sie haben eine Schlange erschlagen, und wo eine ist, ist die zweite nicht weit", hatte Maria Teresa hinter Leopoldine gerufen. Weiter und weiter hinauf, in Serpentinen, bis die Stadt unter ihnen im Dunstnebel verschwunden war. Sie banden die Pferde an die dicken Arme der Büsche. „Das Land ist reizend voll köstlicher Plätze, hoher Gebirge, grüner Prärien, Wälder der seltensten und prächtigsten Bäume die von den schönsten Blumen übersät sind um die herum Vögel mit unvergleichlichem Gefieder flattern. Man muss sagen das portugiesische Amerika wäre ein irdisches Paradies wenn es nicht diese unerträgliche Hitze gäbe", das hatte Leopoldine ihrer Tante geschrieben.

In Rinnsalen war Leopoldine der Schweiß über die Beine geronnen. Sie zog aus ihrer Leinentasche ein Heft, sie hatte es versprochen. Gedichte wollte die Schwägerin hören, und Leopoldine las auf deutsch, übersetzte die Ballade des Rousseau, „wo der Affe aus dem Tierreich geilet, und die Menschheit anhebt abzustehn" und „Brücken vom Instinkte zum Gedanken, angeflicket an der Menschheit Schranken".

Maria Teresa hatte versprochen, von Pedro zu erzählen.

Im November 1807, als die ganze Familie aus Lissabon abreiste, vor Napoleon flüchtete, war es eiskalt; am Abreisetag goß es in Strömen. Mehrere Schiffe waren zur Abfahrt bereit, Hunderte, Tausende Portugiesen, die mit dem König vor Napoleon flüchteten, das Heimatland verlassen wollten, rannten am Hafen von Belem durcheinander, alle durchnäßt und von Schlamm bespritzt. Für den neunjährigen Pedro ein herrliches Theater. „Ein ganz besonders hübsches Kind, er konnte lachen und weinen, von einem Moment auf den anderen, wie er es gerade für günstig hielt; Leopoldina, es gab kaum jemanden, der meinem Bruder nicht alles nachsah."

Die Kutschen kamen angefahren, in einer saß die Großmutter, Königin Maria, und schrie, „nicht so schnell, man könnte glauben, wir müssen fliehen". Sie mußten sie herausheben und die kreischende Frau auf das Schiff tragen. Pedro stand auf der ungepflasterten Straße und schaute dem Treiben zu; der Morast wurde dicker, tiefer, die Menschen versanken darin, die Regenschübe wurden schlimmer. Bretter legte man aneinander, damit die Reisenden darüber gehen konnten. Die Damen hatten sich schon für das Empfangsbankett zurechtgerichtet, waren in Abendtoiletten und flüchteten mit hochgezogenen Röcken über die Bretter Richtung Schiff. Die Hölzer lagen nicht eben, sie wippten, und wenn man sie etwas mehr zum Wippen brachte, klatschten sie in den Schlamm und spritzten Fontänen von Schmutz nach allen Seiten. Pedro hüpfte zu einem Brett, und bei jeder Dame, die in Brokat und Seide über den Schlamm flüchten wollte, sprang er wie auf einer Feder auf dem Holz; mit schlammverspritztem Gesicht mußten sie dazu lächeln, niemand hätte es gewagt, den Lausbuben zurechtzuweisen, zu strafen. Dann stolzierte Pedro noch zwischen den Kisten herum und befahl, „bleibt hier, kommt nicht mit, wird nicht gebraucht". Sein Lehrer, Antonio, holte ihn endlich an Bord, hielt ihm den Mund zu; der Neunjährige rief, „schau doch, wie dumm die sind, sollen hierbleiben, wozu brauchen wir die". Ein fürchterliches Durcheinander am Hafen und auf den Schiffen; überall schreiende Menschen, von denen einer den anderen suchte, sich nicht zurechtfand; jeder verfluchte Napoleon, kreischte um schnellere Abreise und jammerte Bitten zum Himmel. In den Regen mischte sich bald Schnee; später Nachmittag. Keiner hielt es in seiner Koje aus, wollte sich das Bild der Heimat einprägen; in Decken und Tücher gehüllt, standen die Menschen an Deck, an ihnen vorbei wurden die Rinder und Schweine in den

Bauch des Schiffes getrieben, sie würden auf der langen Reise zur Verpflegung geschlachtet werden. Der Tierdung dampfte auf den Gängen, zwei Musikkapellen spielten gleichzeitig, sie sollten die Tiere, die Menschen rascher auf das Schiff treiben, doch waren ihre Akkorde nur fetzenweise zu hören, weil der Wind die Musik zerstob. Antonio hielt Pedro fest an der Hand, mit großen, dunklen Augen saugte Pedro alles auf. Viele verbeugten sich vor dem Prinzen, wollten ihm die Hand küssen. Es gelang keinem. Pedro zuckte mit der Hand im letzten Moment weg, ballte die Kinderhand zur Faust und deutete einen Kinnhaken an, drehte sie blitzschnell um und klatschte dem Küssenden die offene Handfläche ins Gesicht. „Pedro", schalt der gute Franziskanermönch seinen Zögling. „Schaff ich ab, das schaffe ich alles ab", und Pedro gab Antonio die Hand, „so grüßt Napoleon, und die Engländer grüßen auch so." Bei den Worten „Napoleon" und „Engländer" hustete Antonio laut und begann eine unzusammenhängende Melodie zu singen. Pedro hatte nach ein paar Tagen seine Erzieher abgeschüttelt und hielt sich nur noch bei den Matrosen auf und bei den Musikanten. Er spielte im Orchester mit, er schlug die Trommel, er schrubbte mit den Matrosen den Boden um die Wette, lernte, rohen Fisch auf einen Schluck in den Schlund gleiten zu lassen, trank Alkohol und tanzte. Dom João lag wochenlang seekrank in seiner Koje; Dona Carlota ging den ganzen Tag mit den vier Schwestern und dem fünfjährigen Bruder Miguel spazieren. Dabei erzählte sie laut von ihren Verehrern und lachte über den dikken, gefräßigen Ehemann. Die Überfahrt dauerte mehr als drei Monate; Anfang März 1808 sind die ersten Schiffe der Flotte in Rio de Janeiro angekommen. Maria

Teresa, Dona Carlota, die meisten Frauen mit ganz kurzen Haaren. Eine Läuseplage war ausgebrochen, und sie mußten sich gegenseitig die langen Haare scheren. In Rio ahmten einige feine Damen der Gesellschaft diese neueste Kurzhaarfrisur aus Europa sofort nach und ließen sich ihr langes, geöltes und parfumiertes Haar schneiden. Maria Teresa schüttelte sich, und Leopoldine lachte,

„hat man Pedro auch das Haar abrasiert", fragt sie,

„ja, bis auf eine Locke, die hatte er fest in der Hand gehalten und der Aja in die Hand gebissen, als sie zu nahe kam".

Dunkel war es geworden, alles in dunkles Gelb getaucht, kein Haus, keine Kirche der Stadt, waren zu sehen, alles hinter dem Regenvorhang. Die rote Erde, Terra roxa, schwemmte den Berg hinunter; sekundenschnell schlossen sich die Blüten, ringelten sich ein und fielen ab; im nächsten Moment entrollte sich die neue Blüte, öffnete sich; die Kolibris saßen wie schwarze Steine im Geäst. Ein Chamäleon huschte ihnen über die Füße; Maria Teresa warf einen Stein nach dem Tier; die große Eidechse schaute die Frauen an, verfärbte sich sekundenschnell von Grasgrün in Erdbraun.

Maria Teresa aß Chamäleons. „Köstlich, man muß sie fast nicht würzen, sie haben schon alles im Fleisch." Pedro hatte Leopoldine diese Speise verboten, Leidenschaften würde sie anstacheln und zu Liederlichkeit verführen.

„Ich fragte den Botschafter, welche Studien Prinz Dom Pedro am meisten betrieben hat, und er antwortete, die Naturwissenschaften, die Mineralogie und die Botanik seien seine größte Neigung." Auch Marialva mußte ab und zu lügen, zumindest beschönigen.

Maria Teresa las „Emile". Der Schwiegervater hatte verboten, Schriften über die neumodischen, französischen Ideen zu lesen. Maria Teresa übersetzte sich Zeile für Zeile, schrieb sich Fragen auf; war Bildung wirklich nur verderblich für den Menschen, und war es richtig, daß mit dem Fortschreiten der Kultur der Verfall der Sitten kam?

Vater, Dom João, fürchte nicht umsonst das niedergeschriebene Wort, vor allem alle französischen Ideen. Sicher habe er deshalb, aus Verantwortungsbewußtsein, verboten, Zeitungen zu drucken; ja, erst seit er in Brasilien sei, dürfe Gedrucktes erzeugt werden. Ob Leopoldine auch glaube, daß für Naturmenschen Worte gefährlicher seien als Bajonette, ob es also richtig gewesen sei, im Kolonialland Bücher zu verbieten?

Leopoldine war in Eile, immer nur kurze zwei, drei Stunden konnte sie bei der Schwägerin sein, den kleinen Neffen durch das Zimmer tragen, mit dem Kind am Arm tanzen und ihm ein paar deutsche Worte beibringen.

Pedro hatte kaum Studien betrieben, das wußte Leopoldine nach wenigen Wochen. Man hatte ihm Lesen und Schreiben beigebracht; sein Französischlehrer Rademaker gab bald auf; Pedro mochte die Sprache der Diplomaten nicht, und hier in Rio hatte Rademaker kaum mehr Zeit für einen geregelten Unterricht. Der Lehrer kaufte sich ein großes Haus am Rocio-Platz, nahm sich eine reiche Portugiesin zur Frau, verstrickte sich in Liebschaften mit farbigen Freien aus den Cortiços. Angeblich bezahlte er seine Geliebten ungerecht, unterschiedlich; sie gerieten in Streit über ihre Liebeskünste; bald gab ihm eine Sklavin einen vergifteten Fisch zu essen, er starb.

Für den Geschichtsunterricht, die Mathematik, die Religion, blieb Pater Antonio, der Franziskanermönch. Der Schwiegervater bestand darauf, daß ein Franziskaner seinen Sohn unterrichtete; eine beständige Abbitte an die Franziskaner, vielleicht würden sie so ihren Fluch zurücknehmen. Vor vierhundert Jahren hatte ein Bragança-Fürst einem Franziskaner ein Almosen verweigert, dem Ordensmann einen Fußtritt versetzt; kein erstgeborener Sohn hatte seither überlebt.

Leopoldine wollte mehr über die Lehrer von Pedro erfahren; Ritter von Neukomm hatte ihn in Musik unterrichtet. Sie lud Neukomm nach Boa Vista ein, drei Monate nach ihrer Ankunft, im Feber 1818. Sie habe Noten mitgebracht; das Märchen vom Freischütz von Carl Maria von Weber, das könnte man in Rio aufführen. Pedro ließ Leopoldine mit dem Mann aus Salzburg nach ein paar Begrüßungssätzen allein; sie konnte Wienerisch mit dem eleganten Mann reden. Ja, er würde versuchen, diese Musik mit dem Orchester einzustudieren, und Pedro wäre sehr begabt; in der Harmonielehre könne er dem Prinzen kaum etwas beibringen, als wäre alles schon fertig in ihm drinnen, müßte es nur an den Tag gebracht werden. Als Neukomm eine Zeitlang schwieg, wurde Leopoldine ungeduldig; diese wenigen Minuten, die ihr blieben, sich mit einem Landsmann unterhalten zu können. „Reden Sie, erzählen Sie, ich weiß so wenig von meinem Gemahl; wer waren seine Lehrer, wie ist er als Schüler gewesen, reden Sie doch, ganz frei von der Leber." Neukomm verbeugte sich ein paarmal; er wisse natürlich auch nur, was die anderen erzählen, immerhin sei er erst seit zwei Jahren hier in Rio. Ein richtiges Gfrett sei es gewesen, den jungen Prinzen zu zähmen, zu den Büchern hinzuzwingen.

Pater Antonio habe alle Geduld gebraucht, um die Spannungen, die zwischen seinem Pflichtgefühl, den Anweisungen des Vaters und dem Temperament des Sohnes entstanden seien, auszutarieren. Der Vater, ihr Schwiegervater, habe eine solche Angst vor den französischen Ideen, daß er am liebsten dem Sohn nicht einmal das Lesen beibringen lassen wollte; und nun, als wolle das Schicksal den Vater besonders strafen, würde der Prinz den Napoleon überall als das größte Genie dieser Epoche bezeichnen. Trotzdem, die Franziskaner hätten ja den besten Zugang zur Seele der weichen, südländischen Menschen gefunden. Handwerklich habe der Prinz die allerbesten Fähigkeiten; ob sie, Leopoldine, wisse, daß er die schönsten Tischlerarbeiten, Drechslerarbeiten fertigen könne; Spielsachen, kleine Wagen, in denen die Kinder der Beamten fahren können, habe der Prinz fast allein gefertigt. Am besten kenne er sich bei Pferden aus; da könne ein Roß noch so widerspenstig sein, der Prinz würde es zureiten und aus ihm den frommsten Zieher oder stürmischsten Galoppierer herausdressieren. Leopoldine erzählte, daß sie mit dem Züchten von Haustieren beginnen wolle; in der Meierei unten bei den Blau-Weißen-Häusern wolle sie mit einer Rinderzucht beginnen. Sie würde nach Wien schreiben, daß man ihr Tiere aus Österreich schicke, gesunde Kühe; hier wären die Kühe bakterienverseucht, und man würde die Milch trotzdem verkaufen. Leopoldine verhaspelte sich beinahe; ob der gute Neukomm wisse, wie es um Pedros Kenntnisse in Mineralogie stünde, ob Pedro Lateinisch rede; für sie, Leopoldine, sei hier alles so neu und anders, und sie wolle ihren Gemahl bestimmt nicht vor den Kopf stoßen; denn das habe sie schon bemerkt, daß er eine gewisse Eifersucht habe auf ihre Erziehung und weil man vom Schulbuchwissen der Europäer hier soviel rede, obwohl sie ohnehin nicht glaube, daß ihr das hier viel nütze. Neukomm sagte lange wieder nichts. Sie werde wohl viel Geduld haben müssen; Pedro sei ein sehr musischer Mensch, ein Künstler in gewissem Sinn; einer, der nicht streng und unnachgiebig zu sich selber sein könne.

In diesem Moment waren drei Kammerfrauen ins Zimmer gestürzt. „Sie kommt, sie ist schon unten bei den Wachen, wie sie schreit und tobt, heute hat sie wieder ihren Blick, jeder ist verflucht, den diese Augen treffen", und die drei Frauen flüchteten hinter Leopoldine. Die Marquise von Aguiar erklärte, „Dona Carlota ist unterwegs zu Dom João; ein unangenehmer Zwischenfall, unten, in der Rua Direita. Botschafter Sumter hat Dona Carlota nicht die Hand geküßt, nur den Hut gezogen, wie es in den nordamerikanischen Staaten üblich ist; ihre Träger mußten die Säbel ziehen, sie sollten den Botschafter zwingen, sich vor ihr niederzuknien."

Leopoldine fragte, „was war weiter",

„der Botschafter hat die Königin und ihre Diener mit der Pistole bedroht; bis auf einen Träger sind die anderen geflüchtet, und Dona Carlota stand allein auf der Straße; bis zum Campo de Santa Ana wäre das Gelächter der Schwarzen hinter den Hausmauern zu hören gewesen; nun will sie sich Genugtuung holen".

Es dauerte nur Minuten, und Dona Carlota wurde von zwei Sekretären zum Wagen gezerrt, hineingeschoben und weggeführt.

Der Schwiegervater stand im Hof und schaute dem Wagen nach, wie er hinaus auf die Straße bog; Dom João täglich in derselben Kleidung, kaum, daß er den

Kragen wechselte. Leopoldine hatte in den ersten Wochen in Boa Vista mit der offenen Hand Wasser aufgeschöpft und daran gerochen, das Wasser atmete keinen Gestank aus. Die Augen, die Nase verschließen, um den Schmutz nicht wahrzunehmen; der Wagen vom Schwiegervater so schmutzig, so stinkend, wie sie nie in Wien, ja nicht einmal auf der Flucht vor Napoleon einen Wagen erlebt hatte; die Kleider von Ungeziefer zerfressen. Wenn Dom João sich den Audienzmantel über die Schulter legen ließ, mit Tinkturen aus den verschiedensten Flaschen beträufelt wurde, stieg Leopoldine Säure aus ihrem Magen hoch. Verdauungsprobleme bekam sie in den ersten Wochen und starkes Magendrücken, weil sie Angst hatte, die Retretta, den Abort, zu betreten; Gewürm und Ratten tummelten sich in den Extrementen; am liebsten erledigte sie deshalb ihre Darmgeschäfte in der freien Natur, das hatte sie rasch von Pedro gelernt, der ihr dabei Kunststücke vorführte. Er schwang sich auf einen wippenden Ast, ließ „die Eier baumeln und die Früchte fallen".

Nichts ist hier wie in Europa, in nichts eine Fortsetzung eines europäischen Zustandes gefunden; als der Schwiegervater endlich zugestimmt hatte, das erste Mal in Rio Mozart aufzuführen – „ich habe die Noten extra mitgebracht" –, hat Leopoldine die Töne, die Akkorde nicht mehr erkannt.

Man bringt die Kinder ins Zimmer. Der Marquis von Palma schiebt die fünf vor sich her; Francisca klettert in das Bett von Leopoldine. „Pedro will ich; morgen ist er ein Jahr alt", Leopoldine zieht das Kind zu sich; er raunzt leise und ist augenblicklich still, als Leopoldine ihn auf ihren Körper legt. Francisca ist mit ihren zweieinhalb Jahren ein Riechfetischist wie ihr Vater; selbst unter der Achselhöhle von Leopoldine verharrt sie und atmet tief ein und aus.

„Marie", Leopoldine bringt die Namen endlich laut über ihre Lippen, „Januária, Paula."

Der kleine Pedro hat das blonde, dünne Haar von Leopoldine, seine Augen sind nicht dunkel, sondern blau, nicht wäßrig-blau, tiefblau; er ist in seinem Äußeren am wenigsten ein Bragança, weicht beim Spiel zurück, gibt seine Stoffpuppen, seine bunten Hölzer sofort her, wenn eine seiner Schwestern darum schreit.

Isabel, das Kind der Mätresse, haben sie nicht ins Krankenzimmer gebracht. Das fast dreijährige Kind wird zusammen mit ihren Kindern erzogen. „Isabel", Leopoldine drückt die Hände ihrer Töchter, eins, zwei, drei, vier, der kleine Pedro auf ihrem Bauch. „Isabel ist nicht hier", beruhigt die Aguiar. „Das Kind kann nichts dafür, kann nichts dafür", wiederholt Leopoldine. Vier Wochen nach der Bahia-Reise, vor einem halben Jahr, hat Pedro sein außereheliches Kind schriftlich anerkannt. Die Santos gab ein Fest; alle Minister, alle Beamten küßten der Zweijährigen die Hand, der Herzogin von Goias.

Ende Dezember 1817, wenige Tage vor Jahreswechsel.

Leopoldine war noch verstört vom epileptischen Anfall von Pedro; alles wollte sie tun, um seine Nerven nicht zu strapazieren, um eine gehorsame Ehefrau zu sein, um nicht wieder ihre Herkunft hervorzukehren; nur nicht wieder diesen Schaum vor seinem Mund sehen und die fremden Geräusche aus diesem Körper hören.

Das Frühstück nahm sie mit Pedro oft bei José Cauper ein, ein guter Freund von Pedro, ein Jugendfreund; nein, eher ein väterlicher Freund, „was mir ihn aber erst werth und schätzenswerth macht ist, dass er seinen Freunden immer Freund bleibt mögen sie in Unglücke oder in Ungnade fallen", so hatte sie nach Hause geschrieben.

Pedro ging in den Speiseraum, setzte sich, ohne sich weiter umzusehen, trank den schweren Wein. Am Ende des Tisches saß sie. Sie war schon mit dem Essen beschäftigt; sie aß den weißen Käse, darüber legte sie dünne Mangoscheiben, und erst als sie sich den Mund vollgestopft hatte, stand sie auf, um Leopoldine zu begrüßen; die Wohnung von Cauper war das Zuhause von Noemi Thierry, der hochschwangeren französischen Tänzerin. Pedro nahm Noemi die Weinkaraffe weg, unterhielt sich mit ihr in schwerfälligem, portugiesischem Dialekt. Eine alte Frau schlurfte im Zimmer herum, die Pedro „Mutter" nannte, die ihm die Hand küßte und vor Leopoldine auf die Knie fiel und „Verzeihung" flüsterte. Leopoldine prägte sich das Zimmer ein, die Einrichtung mit den halbverschimmelten Möbeln, am Boden kroch Ungeziefer, mindestens sieben, acht Sklaven schlichen im Zimmer herum, standen an der Wand, wedelten Frischluft herbei, schauten zu Leopoldine, kicherten und wisperten.

Leopoldine ging aus dem Zimmer, in die Küche, wo der Kammerherr José Cauper den nächsten Gang, das fettgebackene Fleisch, auftürmen ließ.

„Wann, wann wird sie das Kind haben", brachte Leopoldine heraus.

Cauper fuhr herum, starrte sie eine Sekunde an, verengte die Augen, verbeugte sich. „So etwas weiß nur die Mutter genau, wir glauben, in zwei, drei Monaten", und er setzte nach, „frisches Obst, Süßigkeiten, wir haben nur bescheidene Gerichte hier; man lebt am Ende der Welt in diesem Land, auf alles müssen wir verzichten, nichts Französisches, nichts aus Italien oder aus den anderen Ländern, die voll Annehmlichkeiten und Luxus sind."

Im Mai waren sie getraut worden, Leopoldine in Wien, mit ihrem Onkel an der Seite, an der Pedro hätte stehen sollen. Pedro hier in Rio; im Juni hatte er dieses Kind gezeugt.

„Ich bin recht viel mit dem König den ich gleich einem Vater liebe und schätze. Ich wäre recht undankbar da er sehr viele Gnaden für mich hat und ich werde stets alles thun was ihm nur Vergnügen macht und ihn mit mir zufrieden stellt", hatte sie Louise mitgeteilt.

Der Schwiegervater mußte ihr aus dieser Situation heraushelfen. Dom João hörte ihr genau zu und nickte. Es sei vielleicht ein Fehler gewesen, das Theater nach dem Tod der alten Königin ein halbes Jahr zuzusperren. Die Schauspieler seien arbeitslos gewesen, die Tänzerinnen auch, eine davon diese Noemi. José Cauper habe nicht sein, Dom Joãos, Vertrauen; er gehöre der Partei des Prinzen an, und die würden alle gegen ihn, den König, arbeiten, obwohl er sie nicht so verachte wie die Partei von Dona Carlota, die gegen das ganze Königreich intrigieren würde. José Cauper habe trotzdem seine Aufgabe erfüllt. Daß sie, Leopoldine, nun einen zärtlichen Ehemann habe, verdanke sie dieser Liebschaft; erst bei Noemi habe Pedro gelernt, sich zu zügeln und Frauen nicht wie seine Pferde zu schinden; er sei heißblütig, und es habe bei ihm nur gezählt, wie oft er am Tag eine der Sklavinnen besteigen könne. Noemi habe sich geziert, und Pedro mußte lernen, sich zu beherrschen. Leopoldine beharrte; sie wolle die Gegenwart dieser Tänzerin nicht mehr spüren, alles andere sei ihr egal, sonst müsse sie wohl mit ihrem Botschafter reden, denn man habe sie über nichts informiert, nicht über die Krankheit des Prinzen, nicht über die Krankheit der Schwiegermutter; Dom João schaute auf, welche Krankheit sie meine. „Vielmännerei, Nymphomanie nennt man das", sagte Leopoldine fest. Nun war der Ungehorsam begonnen, jetzt redete sie frei, „ich habe Kinder zu gebären, und Pedro hat die Nächte bei mir zu verbringen. José Cauper muß versetzt werden, Noemi muß weg von hier." Der Schwiegervater schalt sie nicht, weil sie Dinge aussprach, die man nicht aussprechen durfte; er dachte nach. Pedro sei in tiefe Schulden geraten, durch Cauper; er habe für Noemi am Praça de Rocio ein Haus gekauft, einige Monate später das Haus hinter Boa Vista bauen lassen, damit er Cauper in der Nähe hatte, damit Noemi mit ihrer Mutter in der Nähe wohnen könne. Leopoldine hörte nicht weiter zu, der Zorn rauschte in ihren Ohren – „mein heftiges Temperament bändigen, meine Ungeduld in Zaum halten", das hatte sie sich für die Ehe niedergeschrieben. Sie rannte aus dem Zimmer des Schwiegervaters, jede Höflichkeit, fast jede Form mißachtend, und ließ sich hinunter nach Laranjeira zur Wohnung der Schwiegermutter tragen. Verfeindete Menschen gegeneinander ausspielen; sie versprach der heiligen Zita, das nie wieder zu tun. Gleichzeitig schalt sie ihre Kindheitsheilige, daß die nichts unternahm um sie abzuhalten von ihrem Vorhaben, „dann laß Dona Carlota nicht zu Hause sein, bis morgen ist meine Wut verraucht, hat mich die Tollkühnheit sicher verlassen". Dona Carlota war zu Hause; sie empfing Leopoldine besonders freundlich; sie streichelte ihre Schwiegertochter, lobte ihre Herkunft, ihren Geist, ihr gutes Benehmen; und als Leopoldine erzählte, forderte, man solle ihr Noemi und José Cauper vom Halse schaffen, blieb Dona Carlota freundlich und versprach, die Sache zu erledigen. Zwei Wochen später war Noemi an einen Offizier verheiratet und mit diesem nach dem Norden, nach Recife verschickt; zwei Dienstboten von Cauper starben an Fischvergiftung, die Schuldscheine Pedros wurden Leopoldine in einem Brief übergeben, und Dona Carlota lud ihre Schwiegertochter ein, sich die Verabschiedung des Kammerherrn und seiner Familie nach Lissabon, am Hafen persönlich anzusehen. Das sei sie ihrer lieben Mutter nun wohl schuldig, sie nicht allein am Hafen stehen zu lassen, sondern an ihrer Seite zu stehen; ein Schiff, das nach Lissabon fährt, würde doch auch in Leopoldine Wehmut hervorrufen, wenn es auch nur ein Post- und Frachtschiff sei.

Keine Aufzeichnung gibt es darüber in Leopoldines Tagebuch. Sie war mit Maria Teresa zum Hafen geritten, keine der Kammerfrauen hatte sie begleitet, nicht, wenn man sich mit Dona Carlota trifft. Der Schwiegervater hatte es ihr verziehen, beinahe; ihre Post wurde ab sofort zensuriert, und die Beamten, Sekretäre der österreichischen Botschaft, getrauten sich nicht mehr, mit Leopoldine allein zu reden.

Drei Parteien der Intrige am Hof; Dom João, Dona Carlota, Pedro. Alle von ihren Anhängern abhängig, als wären sie Mitglieder. Der Schwiegervater und die Neuankömmlinge aus Portugal; viele kamen ohne Vermögen, waren Spekulanten, wußten, daß sie sich hier jede Zahl von Sklaven halten konnten und nicht die Hand für das Füllen ihres Weinglases heben müßten. Dona Carlota und jene aus Europa, die es mehr mit den Spaniern hielten, sich lustig machten über die einfache, primitive Lebensweise des Königs. Pedro und seine Freunde aus der Kinderzeit, aus den Jugendtagen; Pedro hatte am wenigsten zur Tagesordnung zu sagen, zwanzig Jahre alt und außer Pferdeabrichten keine Beschäftigung, nur von einer Liebschaft zur anderen geführt, verführt werden.

„Um nicht die Aufmerksamkeit eines argwöhnischen und mißtrauischen Hofes zu reizen, gebe ich mir den Anschein, mich der Kronprinzessin nicht öfter zu nähern, als die strengste Schicklichkeit es erfordert", so lautete der Beginn des Berichtes von Baron Neveu, des österreichischen Gesandten, an Metternich. Leopoldine ließ ihn nicht aus dem Zimmer, bevor er dieses Schreiben ergänzte, „Ihre Kaiserliche Hoheit hat mir aufgetragen, Seine Majestät, den Kaiser, davon in Kenntnis zu setzen (was selbst zu schreiben, die strenge Überwachung ihrer Korrespondenz sie hindert), daß sie sich beständig in einer sehr schwierigen Lage befinde, daß Mißhelligkeiten zwischen dem König und dem Herrn Kronprinzen bestehen und daß von zwei Seiten Böswillige das Feuer schüren".

Paula Mariana und Januária sprechen kein einziges deutsches Wort; schweigen müssen ihre Kinder lernen, das wird sie ihrer Schwester schreiben; sie hat es Marie Louise sehr bald geschrieben, „wenn Du mich noch so leichtsinnig und unüberlegt wie in meinem Vaterlande glaubtest so bist Du getäuscht, nun bin ich wie ich sein soll. Aber mein einmal munterer Charakter leidet dabei den ich bin ganz melancholisch und nie lache ich mehr wie einstens."

Durch den Nachtwald reiten, bis hinunter zum Meer, sich in den Sand legen und von Sonnenblumen träumen, davon reden, wie die ihre Köpfe der Sonne zuwenden, ihr nachschauen. Von Himmel zu Himmel fliegen und Wolken werfen; das Nachtgewitter im Freien erwarten, nicht unter den Blitzen zucken, die Augen schließen und eine Muschel werden, mit der nächsten Welle hinausgespült werden, die Stimme von Pedro mitnehmen. Alles war verändert an Leopoldine, nach wenigen Wochen hatte sie einen anderen Gang, die Schultern mußte sie sich hinaufzwingen, in den Träumen sang sie, redete sie, und am Tag blieb ihr das Papier für die Briefe, blieben die Gespräche mit der Künburg. Gräfin Künburg war ihre Vertraute; die Künburg war unvorsichtig, hatte sich mit Dona Carlota und ihren Leuten gemein gemacht, sich sogar eine Wohnung von der Schwiegermutter vermitteln lassen. „Durch die Künburg kann ich dir nichts senden da mein Prinzenvater sie in grips hat. Sie ist beständig mit seiner theuren Ehehälfte die sich schandenvoll aufführt", mußte sie Louise schreiben.

Leopoldine war nicht mehr vertraulich mit den beiden Hofdamen aus Wien; sie werden sich gerächt haben; sie werden in Wien erzählt haben, wie rasch Leopoldine sich verändert habe, ihr Schweigen aus Kleinmut, als Hochmut, darstellen. „Glaube nicht die Hälfte dessen was sie sagen. Wenn sie sich über mich beklagen so müssen sie gestehen dass ich Recht habe, mit ihnen zu schmollen." Diesen Brief gab Leopoldine

Schäffer mit, damit der ihn in Europa nach Parma zu Louise weitersende.

Der zehnte Frühsommer hier; vor neun Jahren angekommen, am 5. November 1817. In aller Früh ist sie hinaufgelaufen, an den dösenden Besatzungsleuten vorbei; die Nani, Gräfin Künburg, konnte ihr kaum folgen. Rio de Janeiro lag vor ihr. Felsen wie Säulen, Wälder in Etagen, Hügel und Kirchen, das Meer so glatt wie ein Tischtuch. Die „Dom João VI" glitt hindurch, an den vielen Inseln vorbei, dem Hafen zu. Das waren also die Tropen; diese Farben der Blüten, dieses viele Grün; wie viele Worte für „grün" gibt es im Deutschen; das Weiß der Häuser, vor allem das Leuchten in allem, das Licht. „Der Ender, der Thomas Ender, er muß für den lieben Papa das hier malen." Er hatte schon gezeichnet, wochenlang; die „Austria" war schon vor drei Monaten mit den Künstlern, den Wissenschaftlern in Rio angekommen. Blaues Papier verlangte Ender, das mußten sie ihm beschaffen; das Weiße hier, das Ausgeleuchtete, er wollte es auf blauem Papier malen, die Residenz Boa Vista, den Bischofspalast, den Campo de Santa Ana. Nur ein Jahr war er hier; ein Jahr lang jeden Tag zwei Bilder gemalt; ständig nervös und in Erregung, einen Augen-Blick nicht festzuhalten, ihn zu verlieren.

Die „Dom João" erzitterte unter den Salven von Schüssen, am Hafen standen Musikkapellen, eine Menschenmenge, dichtgedrängt, Menschen in allen Hautfarben, die schwarzen Haare flimmerten in der Morgensonne. Das Schiff „Austria" schaukelte beflaggt mit portugiesischer und österreichischer Fahne. Alle Glokken läuteten; im hellblauen Kleid stand Leopoldine auf Deck, in Sonne und Hitze; der Schwiegervater, die

Schwiegermutter, der Bräutigam und seine Geschwister kamen in der Galeote auf das Schiff zu. Der Marquis von Castelo Melhor stand an Leopoldines Seite und sagte in einem fort, zu sich selber, „schau, schau". Der Schwiegervater, klein und mit Bauch; die Schwiegermutter so häßlich, daß Leopoldine die Augen niederschlug, dieses Bild wollte sie nicht sehen, die Pockennarben, die Frisur, Reihen von Perlen und Edelsteinketten waren in die Haare geflochten, die wie Schlangen aus den eingefetteten Locken krochen. Leopoldine kniete vor ihren neuen Eltern nieder. Die Schuhe von Pedro, seine Galauniform; der Schwiegervater zog sie hoch, und Leopoldine schaute ihrem Ehemann das erste Mal ins Gesicht. Das Porträt hatte nicht übertrieben, er schaute schneidig aus, und er lächelte mit den Augen wie die liebe verstorbene Mama; leicht zuckte ihm die Hand in die Höhe, ihre blonden Haare hatten es ihm angetan, die gab es hier nicht, sie sind alle dunkelhaarig. Ein Gerenne im Speisesaal des Schiffes, von allen Seiten wurden die frischen Früchte und die Getränke auf den Tisch gestellt. Leopoldine hielt ein Kästchen in der Hand, das Brautgeschenk von Pedro, alles in Gold und randvoll gefüllt mit Edelsteinen in allen Farbnuancen.

Pedro und Leopoldine waren ein fesches Paar, sie waren nicht voneinander enttäuscht. Pedro, einen halben Kopf größer als Leopoldine; über der hohen Stirn dunkle Locken, ein kecker Schnurrbart, unter buschigen Augenbrauen dunkel leuchtende Augen. Elegant hatte er den weißen Kragen um den Hals gefältelt, von einer Amethystnadel zusammengehalten. Mit seinem Augen-, seinem Mienenspiel konnte Pedro jeden für sich einnehmen, seinem herzlichen Lächeln konnte sich keiner entziehen. Pedro, ein brillanter Gesellschafter, ein aufmerksamer Kavalier, er konnte bescheiden und artig zuhören, er war imstande, jede trübe Stimmung durch harmlose, lustige Reden zu zerstreuen, er konnte seinen Blick so mit Sinnlichkeit und Sehnsucht verschleiern, daß Leopoldine die Knie zu zittern begannen. Pedro hat beide Kontinente aufgesogen, nervig und vollblütig in allem; Pedro, mit zackigem Gang, und obwohl nichts an ihm kraftstrotzend wirkte, war bei jeder seiner Bewegungen die Entschlossenheit zu spüren, zuzupacken, zuzugreifen. Ja, Pedro brauchte bei keinem Menschen ein zweites Zusammentreffen, er konnte jeden beim ersten Gespräch, beim ersten Händedruck für sich gewinnen.

An Leopoldine war alles rundlich, auch die Nase, das Kinn, die hellen Haare mit den Naturkringeln. Ihr Hals, fand sie, sei zu kurz und die Unterlippe zu voll, es sah oft aus, als würde sie schmollen. Mit ihrer Figur war Leopoldine zufrieden; sie brauchte keine Rüschen und eingenähten Falten im Mieder, die sie weiblicher machten. Leopoldine wußte, sie war nicht wunderschön, sie war nicht häßlich, sie war eine junge Frau, die gesund aussah. Daß viele sie als schön bezeichneten, verdankte sie der Annony. Die brachte ihr bei, sich zu bewegen, zu schauen, zu sprechen; ihre Stimme tönte in vollem Sopran wie die Stimme der lieben Mama. Auf Bällen, in Gesellschaft war sie nicht sofort von Kavalieren umgeben, doch wenn Leopoldine redete, lachte, sich im eleganten Kleid wiegte, zog sie die Blicke auf sich, man hörte ihr gerne zu, ging gerne an ihrer Seite.

Das hat sie nicht verlernt; noch in ihrem Sterbejahr, im Jänner vor der Bahia-Reise, schrieb ihr ein verliebter Söldner, „die bezaubernde Anmut, die aus allen Ihren

Worten und Mienen spricht, die wunderholde Stimme, in der nur Güte und Milde schwingen".

Das Schiff schwankte unter den Salven, dem Glokkengeläute; Leopoldine mußte sich an der Tischkante festhalten; die Stimme von Pedro, sie wollte sie genau hören, doch sie hatte sich in Geduld zu üben; erst am nächsten Tag wird sie mit ihm sprechen dürfen; auch sollte sie ihren Bräutigam, ihren Ehemann nicht so schamlos ansehen. Die Früchte ließ Leopoldine stehen, vom süßen Saft trank sie und wurde davon benommen wie von schwerem Wein. Ihre Schwägerinnen schauten freundlich zu Leopoldine, der jüngere Bruder, Miguel, tanzte in einer Ecke mit den Dienstboten. Plötzlich waren sie alle weg, und Leopoldine stand allein im Speisesaal; die Servierer räumten ab, lachten, spuckten, sangen, tanzten, Teller fielen ihnen aus den Händen, die Früchte schoben sie sich saugend in den Mund.

Ihre Rede, die Worte, die sie ihrem Schwiegervater in Portugiesisch sagen wollte, die Grüße ihres Vaters, die sie zu überbringen hatte, alles noch ungesagt. Leopoldine holte den Hut, den sie als Erinnerung an Schwester Clementine mitgenommen hatte; ein Kinderhut mit aufgenähten Vergißmeinnicht und Bändern, von Annony. Unter diesem Hut versteckte sie ihr helles Haar; sie ging nach oben, Menschenstimmen flirrten in allen Tönen, sie stolperte, weil sich ihre Augen noch nicht an die Helligkeit gewöhnt hatten. Eine Nische suchte sie, wo sie allein war. Vierundzwanzig Stunden waren noch zu warten, bis man sie endgültig an Land holte, bis sie endlich ihr weißes Kleid anziehen konnte. „Nichts, was ich bisher gesehen habe, läßt sich mit der Schönheit dieser Bucht vergleichen. Neapel, der Hafen von Bombay, deren Schönheit ich für vollkommen hielt, sie alle müssen dieser Bucht huldigen. Rio de Janeiro, die Bucht von Guanabara, ist das berückendste Schauspiel, das man sich vorstellen kann", Maria Graham hatte ihr Jahre später aus ihrem Tagebuch vorgelesen. Leopoldine konnte an diesem ersten Tag nicht die Augen von diesem Bild nehmen; wie beim Christkind, wo sie Angst hatte, daß, wenn sie einschläft, am nächsten Tag das Geschenk nicht mehr hier ist, konnte sie nicht aufhören zu schauen. Die erste Nacht in den Tropen, das Sternenbild fremd; diese erste Nacht hatte Leopoldine nicht erfrischt; niedergedrückt fühlte sie sich von der Wärme, die nicht aufhörte, nicht um Mitternacht, nicht in den Stunden des frühen Morgens. Ein Boot mit Wasserträgern kam, und ein Bad wurde für sie vorbereitet. Wochenlang, alle zweiundachtzig Tage der Überfahrt, hatte sie auf ihren Körper vergessen, und nun dachte sie seit Stunden an nichts anderes. Würde sie ihm vielleicht zu wenig füllig sein, wohin würde seine Hand zuerst tasten; sicher war er nicht zaghaft, und Leopoldine bekam eine Gänsehaut, während ihr die Künburg mit dem Krug Wasser über ihren Körper goß. Das weiße Kleid war schwer von den Silberperlen, mit denen es bestickt war, tief hatte sie den Schleier im Gesicht. Von der „Dom João" in die Galeote; den ersten Schritt auf Teppiche, in denen die Wappen der Häuser Bragança und Habsburg gewebt waren, der Pavillon mit Säulen wie aus Marmor, überall Gerüche voll Süße und Schwere, in riesigen Pfannen dampften über offenem Feuer die feuchten Kräuter; die Kutsche mit rotem Samt ausgeschlagen, außen in Gold. Durch die Luft schwangen Seidentücher und Damastpölster, kein Fenster, aus dem nicht bunte Stoffe wehten; weißer Kies knirschte unter den Rädern, ein Regen von Hibiskusblüten in allen Rot- und Gelbtönen ging nieder. Leopoldine am Arm von Pedro; fest fühlten sich seine Muskeln an, fest war sein Händedruck in der Kutsche, fest drückte er seine Oberschenkel an die ihren. Draußen wogten Menschenmassen, jubelten, übertönten die Kirchenglocken. Pater Luis Gonçalves las die Messe, fremd und fast wie ein Menuett klangen die Kirchenlieder; die Beine begannen in Tanzschritten zu zucken; Pedro sang. Nie hatte sie mit Louise darüber geredet, ob Napoleon eine Singstimme hatte.

Drei Triumphbögen in der Rua Direita bis zum Königlichen Palast, von den Künstlern aus Frankreich gestaltet. „Treue zum Staat", war in den letzten Bogen eingemeißelt. Jean Baptiste Debret, der Maler aus Paris, schenkte ihr das Bild zum Andenken: Leopoldine bei der Ausschiffung unter dem Pavillon am Arm von Pedro.

Nach São Cristóvão fuhren sie in kleinen Booten; die Stadt mit Lichtgirlanden, Tausenden von Lampions beleuchtet; Gräfin Künburg stand hinter Leopoldine; „wenn das Seine Majestät sehen könnte, alles für seine Tochter, ich werde es schreiben, wie gut Sie ausgesehen haben, in fließendem Portugiesisch haben Sie sich bei Ihren neuen Eltern bedankt; Ihr Gemahl ist vollkommen eingenommen von Ihrem blonden Haar, der weißen Haut; bis hierher spüre ich, wie er bebt, das ist wohl etwas Neues, das Hellhäutige; der Schwiegervater, er dreht sich um wie einer von der Gasse; ich werde schreiben, daß Sie alle für sich gewonnen haben, alles ist neu für die Menschen hier, daß Sie so leise reden, so still zuhören; Seine Majestät muß sich keine Sorgen machen; es ist ein Paradies, in das seine Tochter gebracht wurde".

Von überall kamen ihr Hände entgegen, mit Geschenken für Leopoldine; in offene Münder schaute sie, die sie anflehten, die Geschenke anzunehmen; Ketten aus glänzenden Steinen, Amulette aus Brasilholz, Krüge, Schalen, alles voll von fremden Gerüchen, die betäubten, Blumengirlanden legte man Leopoldine vor die Füße, dicht an dicht, daß sie beim zweiten, dritten Schritt nicht mehr ausweichen konnte, auf die offenen Blüten treten mußte.

Hineingeschoben wurde sie in die Gänge des Palastes Boa Vista; im Empfangszimmer stand die Büste des Vaters, des lieben Papa, und darunter lag das Album mit den Bildern aus Wien – Marie Louise, Clementine, die liebe Mama, die liebe zweite Mama. Neben Leopoldine stand Pedro und beobachtete sie; Dank stammelte sie und weinte. „Meine geliebte Tochter, das Glück meines Sohnes ist gesichert, ebenso das meiner Völker", das habe der Schwiegervater zu ihr gesagt; Debret hat es so berichtet. Pedro und sie wurden in ihre Zimmer geschoben, dabei wurde gesungen; von einem winzigen Raum in den nächsten, in den letzten, in dem das Bett stand. Gräfin Künburg sah Leopoldine erschreckt an – wollte man nicht endlich die Türe schließen; im Türrahmen drängten sich die Beamten, die Würdenträger, die Dienstboten.

„Ich mußte die Prinzessin auskleiden, ins Bett bringen und warten, bis sich der Prinz an ihre Seite in das Bett gelegt hatte; dann gestattete man mir glücklicherweise, daß ich mich zurückzog." So hatte sie berichtet; die Künburg hatte Leopoldine den Brief nach Wien vorgelesen.

„Die Sessel und Tische aus gelben und braunen Holz ganze Figuren eingearbeitet, die Tapeten von Samt, weiss und rosenfarben gefüttert mit Blumengirlanden und Gold verziehret, das Beth hat eine Decke von Brüssler Spitzen", so hat sie berichtet, beschönigt. Der Maler Frühbeck ist als erster von den Malern nach Hause gereist; er wird berichtigt haben.

„Geliebte Schwester, du wirst dich wundern, warum ich dir über Zustände berichte, die ich vor zehn Jahren hier wahrgenommen habe, über die ich doch nie berichtete. Der Empfang, dieser Prunk und die Freundlichkeit, die Liebesdienste, die man mir auf Schritt und Tritt in den ersten Tagen entgegenbrachte, sie müssen mich verwirrt haben, auch daß ich mir schon in der zweiten Woche befehlen mußte, zu schweigen, nicht zu auffällig zu schauen. Sie können die Gedanken erraten und haben viele Zaubersprüche, mit denen sie einem das Gehirn verwirren. Es war richtig, die Vorhänge waren von Mousseline und die Rosengirlanden, ich habe sie gesehen, die Aussicht von meinen Fenstern konnte ich dir nicht besser beschreiben, das Tröstende dieser Bilder. Nichts ist hier im Gleichgewicht; soviel Reichtum an Pflanzen, Blumen, an verborgenen Schätzen. Das Land ist zu riesig, als daß man es ordnen könnte, überschaubar machen; ständig ist in allem die Sonne, der Regen, das dampfende Wachsen vor dem Menschen da. Boa Vista ist ein Gebäudehaufen, dessen Mauern kaum dem Salzwind standhalten, die Ziegel zerbröseln zu Mehl, und die Lianen, die sich von den Mangobäumen lösen, greifen schon an vielen Stellen nach dem Haus. Insekten überall, Schwärme davon, die Holzkasten der Essensträger sind umsurrt davon, wenn sie den Weg zu uns heraufen. Oft habe ich mir vorgestellt, in die Tijuca-Wälder zu reiten, mich unter einen Orangenbaum zu setzen und zu warten, bis ich zugewachsen bin, sei sicher, es hätte nicht lange gedauert und niemand hätte mich wahrgenommen."

Leopoldine redet diesen nie geschriebenen Brieftext vor sich hin, niemand achtet auf ihr Sprechen; sie kann nicht sehen, wo die Aguiar steht, wo der Arzt ist. Schleier vor ihren Augen, alles grau, die Augen wollen keine Bilder mehr weitermelden.

Wasser schleppen sie herbei, verschütten viel davon in den Gängen, auf den Stiegen. Das Wasser, um ihren Körper zu baden, noch immer das Wasser vom Campo de Santa Ana, vergiftet und verfault. Nogueira pfeift schon draußen; aus allen Öffnungen der Blau-Weißen-Häuser schlüpfen sie jetzt heraus und stellen sich in langer Reihe aneinander; durchzählen, Werkzeuge entgegennehmen, und ein Gebet, das keiner spricht; sondern mit einigen Zischlauten in verschiedenen Tönen gesungen wird; Morgensegnung; hinüber zum Kessel mit dem Morgenkaffee, vorbei am Holztrog, in dem die Brote und die Früchte liegen, das getrocknete Fleisch.

Die Pferde wollte sie sehen, die Pferdestallungen, wo ihre Lieblingspferde „Rossino" und „Chili" untergebracht waren, Pedro hatte sie ihr geschenkt. Die beiden Assafatas zerrten sie am Rocksaum zurück – nicht weitergehen; diese Richtung ist verboten für Dona Leopoldina. Durch den aufgeweichten Schmutz, den Morast balancierte sie, an den Misthaufen vorbei, die ungeordnet überall lagen, Ratten huschten vor ihrem Tritt davon, Schwärme von Insekten ballten sich in der heißen, feuchten Luft. Die beiden Mädchen waren schon stehengeblieben, schrien wieder unverständliche Laute; „sie können kaum sprechen, das meiste verstehe ich nur durch ihre Gebärden".

Den Stallungen gegenüber die Blau-Weißen-Häuser der Dienstboten, nein, der Sklaven. Hütten aus Holz, ohne Fenster, mit Türöffnungen, blau-weiß gefärbelt, die Farbe, das Kennzeichen der Sklavenhütten, zum Teil nur mehr blaß erkennbar. Nogueira hatte sich auf sie gestürzt; Dona Leopoldina solle zurückgehen, sofort, sie dürfe nicht hierherkommen, sie dürfe nie hierherkommen, sie würden alle ausgepeitscht, würde er nicht verhindern, daß sie sieht, was sie nun sieht, wenn sie weitergeht. Ihr Kleid schlammbespritzt, das Gesicht wieder ungeschützt, die Haut brennend von der Sonne. Aus jedem Eingang der Hütten schlüpfte ein Mensch, schaute Leopoldine entsetzt entgegen. Sie waren kaum bekleidet, ihre Plakette baumelte an den Lederriemen um den Hals. Sofort waren sie wieder in das Hütteninnere verschwunden, schrien und stöhnten heraus. Die nächste Hütte, die nächste, eine der nächsten hat sie betreten. Dunkelheit und Gestank waren im Hütteninneren, Gestöhne in einer Ecke, und als sich ihre Augen an das Lichtlose gewöhnt haben, sah sie ein Brett, mit Blättern von Palmeiras bedeckt, zerrissene Tücher, überall Käfer und eine breite Straße von Wanderameisen. Nogueira nahm von den Brettergestellen die Blätter, die Tücher und warf sie in eine Ecke, in die Ecke, in der es jammerte und stöhnte. Leopoldine schob das Darübergeworfene weg. Eine Sklavin, vielleicht verletzt von einer Arbeit oder zu alt zum Arbeiten und deshalb wundgepeitscht, den Schädel kahlgeschoren, nackt, bis auf die Plakette um den Hals, in der zu lesen war, wem sie gehörte. Insekten stiegen über den Körper, das verkrustete Blut hinweg; den Mund weit offen, keuchte die Frau in den dunklen Raum. Leopoldine mußte erbrechen; in ihre Holzpantoffel waren Käfer gekrochen, es wimmelte und surrte in ihren Pantoffeln, die Zehen begannen zu brennen von den Bissen. Sie ging die Hüttenzeile zurück. Die verschlossene Hütte, die sollte man ihr öffnen, jetzt, sofort. Nogueira hat nicht mehr widersprochen und die beiden Mädchen, die sie vom Dunghaufen weiter drüben beobachteten, haben nicht mehr geschrien, gekreischt; sie haben Leopoldine beobachtet, die Köpfe mit ihren Schritten mit hin und her bewegt. Nogueira brach die Hütte auf; eine Sklavin lief heraus, wischte an Leopoldina vorbei, warf sich ein paar Schritte weiter weg in den schlammigen Boden und bat mit allen Gebärden um Verzeihung. Eine junge Frau, in Fetzen gewickelt, sie zeigte auf die Brüste, an denen dicke, gelbe Milchtropfen klebten. „Es ist noch nicht tot, sie muß drinnenbleiben, bis es nicht mehr atmet." Nogueira kam mit einem Säugling heraus, vom Geburtsschleim verklebt und übelriechend; „nicht gut zu verkaufen, ein schwaches Stück".

Leopoldine war zurückgegangen, hatte sich in ihr Zimmer eingeschlossen. Finster wollte sie es haben. Schon in den ersten Monaten hat sie damit begonnen, stundenlang im Dunkeln zu sitzen; vielleicht könnte sie schlafen, einige Stunden ihres Hierseins wegschlafen. Sie würde ein Jahr, höchstens zwei in diesem Land bleiben müssen, dann zurück nach Europa kommen, in ihre eigentliche, neue Heimat, nach Portugal, nach Lissabon; nur kurze Zeit würde sie die Bilder ertragen müssen, hinnehmen, wie Pedro achtjährige Kinder, Sklavenkinder, abrichtete, dressierte zum Reiten, zum Singen, zum Tanzen, sie vor sich herpeitschte; hinnehmen, daß er Nogueira, den Verwalter, hinunterschickte zur Agentura Central de Emigração, um neue, frische Sklavenware einzukaufen. Der Hof, Dom João, Dom Pedro, hat nie Sklavenhandel betrieben; das konnte Botschafter Marschall nach Wien melden.

Leopoldine war auch nach dem Besuch bei der Sklavenagentur in ihr Zimmer geflüchtet. Dreißig Schwarze waren an eine Kette gekettet, und in riesige Holzbottiche hielt man, drückte man ihre Köpfe, damit sie daraus Wasser tranken und mit vollen, scheinbar gutgenährten Bäuchen versteigert werden konnten. Sie galoppierte zurück nach Boa Vista, als sie den Cabeça do Porco besucht hatte. „Das sind Cortiços, dort leben die Freigelassenen", Pedro hatte ihr die Richtung gezeigt. Sie sind nicht freigelassen, sie müssen sich freikaufen, sie müssen jahrelang bezahlen, damit ihnen die Plakette abgeschnitten wird und sie für eigenes Geld arbeiten dürfen. Sie laufen zum Briefeschreiber, um ihre Kinder, Geschwister zu finden. Die Briefeschreiber nehmen ihnen das Geld, die Haarspangen, die Bastschuhe ab und malen fremde Zeichen auf Papier; oft und oft werden die Briefe nicht abgesandt, kaum wissen sie dem Briefeschreiber die exakte Adresse zu nennen; wohin hat man ihre Kinder verkauft, in den Norden, ins Landesinnere? Der Postdienst funktioniert noch nicht, er wurde doch erst vor zehn Jahren, als Dom João sich hier niederließ, verbessert. Um ein Stück Zeitung, das sie unter ihren Kopf auf der Bettstatt legen, raufen sie sich. Geschriebenes, Gedrucktes hat großen Wert, man kann es tauschen.

In den Bienenkörben, den Cortiços, leben die Freigelassenen mit ihren Haustieren in einem Raum. Rund um den Campo de Santa Ana haben sie hinter den Herrschaftshäusern ihre Hütten, ihre Hüttensiedlungen aufgestellt. Durch ein einziges Tor konnte Leopoldine in den Hof des Cabeça do Porco gelangen; zwei alte Wasserträger waren die Hüter. Sie kümmerten sich nicht um die Reiterin in der einfachen Männerkleidung, wahrscheinlich eine verkleidete Dame aus der Cidade Nova, die eine Amme suchte für ihr Kind, eine Amme für das Kind ihrer Mucama, ihrer Zofe; vielleicht hielt sie Ausschau nach einer schwangeren Frau, der sie das Kind abhandeln wollte. War es ein Mädchen, würde die Reiche es sich selber abrichten, war es männlich, kam es nicht in Frage. Es konnte auch sein, daß die Reiche sich für eine Zaubermesse, eine schwarze Messe interessierte, weil sie ihren Ehemann von einer zwölfjährigen Sklavin abbringen wollte oder weil sie sich einen halbwüchsigen Sklaven suchte, der die schweren Hausarbeiten zu verrichten hatte, der sie, die Herrin, mitzubetreuen hatte; schon fast dreißig und von ihrem Ehemann weggelegt, doch noch voll von heißem Blut, schließlich würde die Königin, Dona Carlota, dasselbe tun. Der Gestank im Hof des Cortiço bestialisch, die dürren Kühe wateten in Dunghaufen, wühlten in verfaulenden Tierkadavern nach Eßbarem; mit diesen Kühen wandern die Freigelassenen von Haus zu Haus, um frischgemolkene Milch zu verkaufen. Leopoldine band ihr Taschentuch um Mund und Nase, nur nicht die Bakterien einatmen, die hier in der Luft standen, Lungenschwindsucht, Gelbfieber und die Zamparine. Sind die Sklaven freigelassen, gehören sie keinem mehr, nur mehr sich selbst; sie stehlen vermorschtes Holz und bauen eine Hütte, eine an die andere. Wer will sie haben, wer will sie für sich arbeiten lassen, wenn jeder Haushalt über eine große, eine noch größere Zahl von

Sklaven verfügt, „umso reicher der Patron, der Haushalt, umso mehr Sklaven".

Noch haben alle Sklaven genug von ihrer Fröhlichkeit und Ausdauer im Blut; für ein paar bunte Hölzer, bemalte Steine, die sie auf Lianen fädeln und um den Hals binden, sind sie zum Lachen zu bringen. In den letzten fünfzig Jahren seien sie aufsässiger geworden, mürrisch; nicht, daß sie sich gegen die Herrschaft stellten; wie Maulesel würden sie stehenbleiben, und mit allen Hieben und Strafen könne man nicht mehr in ihr Inneres vordringen, es sei, als hätten sie ihre Seele schon voraus ins Jenseits geschickt und sich so unverletzbar gemacht.

Bonifácio hatte die Landkarte vor Leopoldine ausgebreitet und auf die rot bemalten Flecken gezeigt. „Es stimmt nicht, daß sie alles hingenommen haben; hier, im Norden, in Bahia wie in Pernambuco, und hier in Rio und in São Paulo, da gab es Aufstände. Mit den bloßen Händen haben sie gekämpft, ein paar hatten gestohlenes Werkzeug als Waffen. Zuerst sind sie nur zum Schlafen weggeblieben, dann haben sie sich bei jedem Einkauf, bei jedem Gang zum Wassertragen eine Stunde oder mehr in den Tavernen unterhalten, einander erzählt, wie man ihnen das Essen auf den Boden schüttet, in einer Ecke des Zimmers, daß es in Sekunden vom Ungeziefer durchlaufen ist und sie es mit Käfern zu teilen haben. Die Flucht ist ihnen geblieben, und daran wollte man sie hindern. Die Patrons hatten viel bezahlt für die Menschenware, also mußten sie wieder eingefangen werden. Vor hundert Jahren haben die Patrons begonnen, sich eigene Wächter für ihre Sklaven zu halten, eine kostspielige Angelegenheit. Trotzdem ist es denen mit der Plakette oft gelungen, auszubrechen. Der Geruch der verbrannten Lederriemen als erste Warnung, daß wieder ein Dutzend Sklaven davongelaufen war. Quilombos haben sie die Fluchtburgen genannt, die sie sich bauten, im Inneren des Landes. Da wollten die Weißen nicht hin, dort war es ihnen zu trocken oder zu feucht, der Urwald zu dicht, das Getier zu giftig. Zigtausende hatten sich in zwei Generationen in den Alagoas zusammengelebt, Palmares heißt das Tal. Sie brauchten die Weißen, die Herren nicht, sie hatten sich ihr Leben selbst organisiert, die Felder bestellt, ihre Hütten gebaut, Festungen und Aussichtstürme errichtet, um sich vor Eindringlingen zu schützen. Werkzeuge hat man nachher gefunden, die man hier nicht kennt, die sich die Schwarzen weigern, hier, in Unfreiheit, anzufertigen. Zuerst haben sie Zumbi getötet, ihren Aufseher; eingefangen haben sie ihn, mit einem Netz, dann erstochen und aufgehängt, seinen Kadaver auffressen lassen. Nein, Dona Leopoldina, es stimmt nicht, was man Ihnen sagt, daß sie sich nie wehrten; nur haben sie von einer Generation zur nächsten ihre Kräfte eingebüßt, vernebelt ist ihr Geist, sind ihre Seelen; von all den verinnerlichten Bildern; nichts mehr können sie unterscheiden – Unwissenheit, Fremdbestimmung, Armut. Sie wissen nicht mehr, ob sie nicht tatsächlich selber daran schuld sind, ob sie nicht tatsächlich umo coisa animal sind; wie Tiere dressiert, Minderwertigkeit hineindressiert, bis sie für sich, für ihr Selbst, nur mehr Minderes fühlen."

Krämpfe ziehen ihren Leib zusammen. Der Austreibungsakt der Frühgeburt; Leopoldine kann sich nicht dagegen wehren; sie zieht ihre Beine an, gibt dem Pressen nach; sich befreien, erleichtern. Keinen weiteren Bragança wird sie gebären, alle Kraft für sich behalten; ausstoßen, was sie aussaugt, damit sie morgen, übermorgen weiterarbeiten kann; die Bruchstücke der letzten neun Jahre ein anderes Mal zusammensetzen. Bald wird Nachricht von Pedro kommen; sie hat die täglichen Sitzungen, Audienzen abzuhalten; sie wird sich nicht wegbegeben; a dama morte wird den Bragança nehmen, das unfertige Kind.

Leopoldine hört das Füllen der Wasserkrüge; am Springbrunnen bei der Wasserleitung in der Cidade Nova baden sie, die Bediensteten, die Freigelassenen und die Sklaven; in allen Brauntönen bis ins tiefe Schwarz glänzen die nassen Körper, gegenseitig schütten sie einander das Wasser über die Köpfe, reiben ihre bekleideten Körper aneinander; die nassen Kleider lassen sie noch nackter aussehen. Leopoldine war vom Pferd abgestiegen, um zu Fuß bis zum Campo de Santa Ana zu gehen. Sie blieb stehen vor diesem Bild, vor dieser Fröhlichkeit; wenn sie einen Löffel voll haben könnte. Leopoldine stand und schluckte, bis die beiden Assafatas hinter ihr husteten. Die Wäscherinnen schlagen auf die Wäschestücke ein, keifen, beschimpfen einander, lachen. Sie schöpfen das Wasser aus dem Brunnen, das noch verschmutzt, mit Schaumflocken bedeckt, in der Morgensonne brütet. Das Wasser kann sich nicht mehr erneuern; an derselben Stelle wird Wasser für die Küchen geschöpft, wird Wasser für die Wäsche genommen. Die Wäsche kann auch nicht trocknen, die Luft zu feucht. Sie parfümieren die verseuchte

Wäsche mit Rosenduft, mit Jasminölen. Wäscherin will jede Sklavin werden; als Wäscherin kann sie wie eine Köchin frei auf die Straße gehen, ein, zwei Stunden in einem Cortiço eine Freundin besuchen, sich einem Beamten anbieten; dafür kein Geld nehmen, besser, ihn sich gefügig machen, später kann sie ihn kompromittieren und dafür viel mehr herausholen.

Die Reichen hier sagen, „Rio ist ein Ort des Unrates, wir müssen im Sommer weg von hier". In Petropolis, in Santa Cruz ist es kühl und gesund. „Die Armen rotten sich selber aus, sie stecken einer den anderen an in den Cortiços." Die Freigelassenen, die Freigekauften, sind nun nicht mehr die „ausgeschlossenen Armen", jetzt sind sie die „gefährlichen Armen".

Vor vier Jahren, Zamparine, das Fieber, das Marie schüttelte. „Zamparine", hauchte die Aguiar entsetzt, „Zamparine, unten in der Stadt sterben sie zu Hunderten daran." Lähmungsfieber; das verseuchte Wasser, die infizierte Wäsche. Die Aguiar rannte hinauf zur Glória-Kirche, um nach einem anderen Arzt, einem Zaubertrank zu fragen. José Militão kam, drehte das Kind hin und her, horchte in den Körper, ließ Tees kochen, wickelte die Vierjährige in Tücher, die er in verschiedene Öle getaucht hatte. Zwei, drei Tage lang, jede halbe Stunde wurde Marie neu eingebunden; die Lähmung arbeitete sich in alle Gliedmaßen; fühllos hingen Hände und Beine am Kinderkörper. José hatte seine Taschenuhr auf den Tisch gelegt, sie hämmerte die Zeit in den Raum; draußen, auf den Gängen, das Geschrei, das Gezeter der Dienstboten, weil sie, die Europäerin, Doktor Navarro, den Hofarzt, ablehnte. Sie beteten laut um eine gute Todesstunde für Maria da Glória. Feinstzerriebenen Amethyst in Milch gestreut, flößte

José dem Kind ein. Er scheuchte Pedro vom Bett, als der sich weinend, verabschiedend, über Marie beugte. Marie, wirklich schon fertig; waren ihre Kinder schon so früh fertiggewachsen in ihrer Seele, bevor ihr Körper die endgültige Gestalt bekommen hat. Um vier Uhr in der Früh setzte die Atmung aus, drei Atemzüge lang; bläulich wurde das Gesichtchen; die Lähmung hatte die Lungen erreicht; ein schwerer Atemzug, zwei, drei Atemzüge lang, nichts. „Jetzt, jetzt", hatte José auf den kleinen Körper eingeschrien; Marie atmete tief durch, schlug die Augen auf – „Mama, ich habe Hunger, durstig bin ich auch".

Der Marquis von Palma hat vom Theater gesprochen, den Schauspielen, die Pedro fasziniert verfolgt. Ein Konzert ließ Leopoldine unterbrechen und „Gelbfieber" spielen. Die Schauspielerin wehrte sich gegen die Rolle, die Götter würden sie strafen, wenn sie mit der Armenseuche am Theater auftrete. Leopoldine schrieb den Text, sie lud die Schauspielerin nach Boa Vista; Zeile für Zeile arbeiteten sie sich durch das Leben, das Vegetieren der Armen, der Freigelassenen, in den Cortiços, der Sklaven in den Blau-Weißen-Häusern. Als „Gelbfieber" wälzte sich Eugenia über die Bühne, klagte an, trauerte, schrie und wimmerte.

Zur Ilha da Cobra war Leopoldine hinausgeritten; der Arzt José Militão an ihrer Seite, die drei Stallburschen trabten hinter ihnen her. Eine neue Wasserstelle mußte gesucht werden, ein klarer Bach mit reinem Wasser, wie es der Carioca-Bach vor Jahrzehnten war. Rio mußte wieder eine saubere Stadt werden, in der man leben konnte, in der man gesund leben konnte. Leopoldine wußte eine Quelle, die wie auf der Rax aus der

Erde sprang, kühl und silbrig über Blätter und Steine hüpfte. Bis zu dieser Stelle mußte eine neue Straße gebaut werden, eine breite, geräumige Straße, und ein Kutscherdienst war einzurichten, damit die Wasserträger bequem das Frischwasser in die Stadt führen konnten. Drüben, auf der anderen Seite der Stadt, sollten sie Gräben, riesige Löcher ausheben, dorthin mußte der Abfall, der Unrat gebracht werden, Schichte um Schichte mit Erde und Pflanzen bedeckt; dort würde aller Unrat in Stunden, in Tagen, von Blüten überwuchert. Schwitzend saß Leopoldine neben José Militão, das Gesicht brannte; José redete von Florenz, von Paris, daß er dorthin zurückgehen wolle, um zu lernen. Er sei einer von hier, ein echter Brasilianer und halte es hier nicht aus; die Gleichgültigkeit, der Hochmut der Reichen und die Unterdrückung, die hier so selbstverständlich gelebt werde. „Die Ammen müssen untersucht werden, und nur wenn eine gesund ist, darf sie damit Geld verdienen." Der Arzt hatte gelächelt. „Sie werden sich nicht untersuchen lassen; die Reichen haben Häuser, die Armen haben nur ihren Körper, das einzige, das sie verteidigen können."

„Sie ist wahnsinnig geworden, die Europäerin", haben die Kammerfrauen getuschelt, als Leopoldine wieder einen Tag lang nicht aus ihrem Zimmer herausgegangen ist. „Die Reise erschrickt mich nicht, ich glaube, das ist mein Schicksal", hatte Leopoldine vor ihrer Abreise in Wien geschrieben. Ein Leben leben, in einer Welt, die bekannt ist, in der man sich nicht verliert; das suchen die Sklaven, die eingeschleppten Schwarzen seit Jahrhunderten, das suchte sie, Leopoldine, hier in Rio zehn Jahre lang.

„Man muß ihr Gefühl zugunsten der Armen wekken, die einzige Leidenschaft, die sie haben müssen, die der Humanität, des Mitleids und des Verlangens, ihr Volk glücklich zu machen", der Erziehungsgrundsatz von Großvater. Leopoldine konnte sich Pedro nicht begreiflich machen. Er sprach nach, was Lavradio sagte, ein Beamter. „Krankheit geht im Gleichschritt mit Unmoral, die Elendsviertel nähren die Verbreitung von Laster und Verderben, Ursache des Übels ist die Schlechtigkeit der Armen, davon kommt alle Krankheit."

Alle Autorität, alle Verantwortung über alle Familienmitglieder sind beim Patron, beim Ehemann, und sie haben ihm Gehorsam zu leisten. Sie haben Leopoldine darüber nicht aufgeklärt, sie wußten es selber nicht so genau, portugiesische Familientradition. Gehorsam leisten, im maurischen Sinn, blind und ohne angehört zu werden; das war kein Gehorsam nach habsburgischem Muster, „oberste Tugend ist die Achtung vor der bestehenden Ordnung, der Respekt gegenüber den Wünschen des Familienoberhauptes, dem in allen Dingen die letzte Entscheidung zustehe". Ungehorsam war sie, Leopoldine, als sie Pedro verweigerte, vor seiner Abreise nach Cisplatina beim Abschiedsempfang anwesend zu sein; er hatte das Recht, sich ihren Gehorsam, ihr Erscheinen, zu erzwingen. Leopoldine schreit; die wunden Stellen verdecken; man hält sie nieder, wischt ihre Stirn, die Aguiar weint, „das Attentat", flüstert sie. Der Staatsrat ist abzuhalten, Leopoldine muß das Familienbuch ergänzen; sie wird den Gesetzestext für „den freien Mutterleib" vorbereiten; und die Pläne für ein neues Rio wird sie zeichnen, nachzeichnen, aus den Büchern, die ihr Schäffer geschickt hat. Man kann

Löcher in die Erde graben, quer durch, und dahinter an der Copacabana einen neuen Stadtteil gründen, durchlüftet und sauber. Vom Corcovado aus kann sie den neuen Stadtteil schon sehen, über die Wildnis gelegt, den Urwald, der jetzt dort wuchert; breite Straßen, Wasserleitungen, Brunnen; hier in São Cristóvão das Krankenhaus und die Schule für die Dienstboten; ihren Namen müssen sie schreiben können, sie müssen lernen zu beten, zu grüßen.

Pedro bei der Morgensegnung der Sklaven. Leopoldine stand unter einem Mangobaum, fing die Früchte auf, die der Baum überreif fallen ließ. Nogueira redete mit seinem Herrn; vier, fünf, sechs Sklaven, Männer, wurden aus der Reihe herausgezählt, mit Stricken aneinandergebunden. Nogueira hatte sie hinunter in die Stadt zu treiben, dem Sklavenhändler zu übergeben; zu alt, zu schwach; keiner von den Sklaven sprach ein Wort, mit keiner Gebärde setzten sie sich zur Wehr. Pedro schritt die Reihen der Sklaven ab, drei Kinder waren neu, frisch dazugekauft. Pedro schrie ihnen ins Ohr, riß ihnen den Mund auf, ohrfeigte sie, weil sie kaum Zähne hatten, drehte ihnen die Arme nach hinten und ließ sie vor sich im Kreis laufen, tanzen. In den ersten Monaten führte Pedro Leopoldine seine Sklavendressuren vor; sieben-, achtjährige Kinder ließ er mit der Peitsche im Kreis laufen, auf Schreie und Peitschenhiebe hatten sie zu reagieren, zum Stall zu laufen, niederzuknien, sich zu verbeugen, das Weinglas zu füllen, sich blitzschnell in eine Ecke zu kauern, zu jubeln. Wie auf seine Pferde hieb Pedro mit der Peitsche auf die Kinder ein, jagte sie hinter sich her. Leopoldine hielt sich die Augen zu; die aufgesprungene Haut der Kinder, aus der Blut in den Sand rann, dazu ihr lautes Gejohle, das als Lachen zu gelten hatte; Pedro duldete kein unfreundliches Gesicht. Wieder getäuscht. „Der Prinz ist von edler Gesinnung und von derselben Bildung wie Sie, Prinzessin", Marialva konnte nichts dafür, er hatte einen Auftrag zu erfüllen, er mußte sie, Leopoldine hierherbringen.

Niemand in Wien hatte eine Ahnung vom Leben der Geistlichen hier; wie sollte sie es ihrer Schwester mitteilen, daß die Bordelle hier, und fast jede Taverne ist ein Bordell, voll sind von Geistlichen. Wie würde man in Wien die Meßfeier empfinden, wenn man dabei den Pfarrer kaum hören könne, zu laut wird in den Gängen geredet, gelacht. Sie sitzen auf mitgebrachten Decken, in Gruppen, essen ihre Süßigkeiten und lassen die Messe über ihre Köpfe niedergehen. Der Pfarrer redet selten vom Evangelium. Er erzählt Neuigkeiten, wo wurde eine Frau wegen Ungehorsam verstoßen, welcher Haushalt sucht eine Köchin, eine Amme; und erst die politischen Reden, die von der Kanzel kommen, die aufwiegeln, es einmal mit den Portugiesen, dann wieder mit den Brasilianern halten.

Auch den Kaufpreis der Sklaven predigt der Geistliche von der Kanzel; die „Rente", der Ertrag, den ein Mensch bringt; den Betrag, den sie im voraus bezahlen müssen, wollen sie sich freikaufen. „Unerschwinglich", nennen die Fazendeiros die Sklavenpreise. João Sabino hatte es Leopoldine erzählt. „Sie müssen sie jetzt selber züchten, ihre Sklaven, das kommt billiger als die teuren Menschen kaufen, wie Eier müssen die Frauen die Kinder ablegen."

Dezember 1824.

Brasilien ihre, Leopoldines, endgültige Heimat; den Kopf hatte sie voll mit Briefen, die sie schreiben wollte, damit Europa, damit Metternich endlich davon überzeugt werden konnte, daß dieses Land ein selbständiges Land ist, eines, das man mitzuzählen hat, wenn sie von den Ländern dieser Welt redeten. Fast jede Woche landeten irgendwo an einer brasilianischen Küste noch die Portugiesen, wollten die Cortes sich niederlassen; in Bahia, in São Paulo; und die Ausbildung der brasilianischen Soldaten ging zäh. Pedro mit Domitila beschäftigt, damit, das Leben von Ludwig dem XIV. nachzuleben. Leopoldine mußte einen Sohn haben, das nächste Kind mußte ein Sohn sein. Sabino hatte ihr die Frau genannt, die auf dem Kirchplatz der Glória-Kirche zu finden war, eine Französin, Madame Goufferteau de Longchamps nannte sie sich. Sie wüßte Rat, kannte die beste Zeit, die beste Körperstellung, die einen Sohn bringen würde – Pedro II.

Sie hat Madame Goufferteau sofort gefunden, am Kirchplatz wimmelt es von Priesterinnen. Die Mädchen in Gruppen beieinander, tuschelnd und kichernd; Amulette werden ausgetauscht, Kräuter, Gewürze verkauft; gegen einen gestohlenen Ohrring der Herrin können sie die Adressen für die Priesterin, die Iyalorixa, erfragen. Eine schwarze, eine weiße Messe kostet viel Geld, die Priesterinnen sitzen hinter Rauchschwaden versteckt, Hölzer und Kräuter werden verbrannt und in Verrenkungen Menschen verwünscht, verflucht, mit Segen beschenkt. Außer Rand und Band geratene Leidenschaft, das sollten alle Flüche, alle Wünsche, alle Amulette bewirken; die Santos. Leopoldine meinte, davon lese man nur in den Büchern. Vor zwei Monaten schrieb sie an Schäffer, der es sicher weitermelden wird, „hier geht leider alles verdreht. Nichtswürdige Frauen gleich einer Pompadour und noch ärger da sie keine Erziehung haben, regieren alles und die anderen müssen schweigen und nur große Einsamkeit bleibt einem übrig". Louise hat noch nicht geantwortet, ihr Brief vom September, „wir Prinzessinnen sind den Würfeln gleich, die man hinwirft und sagt: Glück oder Unglück".

Vom Afrikanischen hatte Leopoldine noch weniger Ahnung als von allem brasilianischen Leben. Dunkle Hautfarbe, was bedeutet sie, was ist das, was die Farbigen, die Schwarzen am meisten begehren. Das Schönheitsideal, drei schwarze und drei weiße Dinge; die schwarzen – Haare, Augenwimpern, Augenbrauen; die weißen – Haut, Zähne, Hände. Die weiße Haut, unerreichbar; Afrika und Amerika, die Kontinente auseinandergerissen. Weiß, das sind die Masters; der Weiße darf demütigen, befehlen, antreiben, der Weiße darf reden. In Schwarz ist ihre Haut gewebt, in Ketten wurden sie an den Schiffsmast gebunden, gefesselt den Weißen vor die Füße geworfen, um ihnen Paläste zu bauen, die Felder zu bestellen. Als wäre ihre Hautfarbe ein Faustschlag, der ihnen ständig in den Nacken fährt, ihnen das Genick gebrochen hat, haben sie ihre stolze Haltung vor den Weißen aufgegeben, lassen den Kopf hängen. Nur mehr in den Spelunken, auf dem Kirchplatz, wo sie unter ihresgleichen gehen, tragen sie ihre Häupter hoch und kerzengerade die biegsamen Körper. Am Pelourinho-Stein, dem Sklavenpfahl, sinken sie in sich zusammen, aus Angst, wovor; sie haben nichts als den Tod durch das Leben vor sich, haben zuzusehen, wie ihre Kinder geprügelt werden, ihre Frauen die Beine spreizen müssen, sie spüren die Spucke der Masters über ihr Gesicht laufen, sie müssen sich schlafend, schweigend stellen. Der Körper versiegelt durch die schwarze Haut, die Seele weggesperrt, die Welt der Gedanken zurückgelassen. Könnten sie die Farbe der Haut, die Haut ausziehen, sich im Bad am Springbrunnen häuten; das Dunkle der Haut wird ihnen nicht verziehen, es trübt alles Helle. Eine Mauer aus Fröhlichkeit und Gleichmut haben sie errichtet, dahinter können sie farbig sein, schwarz, dahinter sieht man ihnen ihre Farbigkeit nach; die Weißen, sind sie lilienfarben bis in die Gehirne. Klagen und Stöhnen nennen die Weißen die Geräusche der Schwarzen, sie hören nicht die Botschaften, die hinübergeschickt werden über das Meer, an das andere Ende des Ufers, wo man sie zusammengefangen hat; wenn sie zum Himmel schauen, diesem tiefen, blauen Himmel, suchen sie einen ihrer Götter, zu dem sie sich schwingen können und hinüberfliegen. Alles in ihren Adern ist Afrika, alles lebt; die Pflanze ist nicht Pflanze, die Blume nicht nur Blume, der Stein kein Stein, sie sind ein Ganzes, sie haben miteinander etwas zu sagen, sie beugen sich nicht den Gesetzen der Masters. Sie dürfen das nicht sagen, was sie wissen, daß sie es spüren, wie die Weißen herumirren in dem Garten, in dem sie, die Farbigen, sich auskennen. Ein Blick zum Nachthimmel, ein Blick in das Dickicht des Urwaldes, und sie ziehen weiter; der Ort nicht gut für eine Störung, ein anderer besser geeignet, reifer dafür, den Menschen mitleben zu lassen. Die schwarzen Ammen, die mit ihren schwarzen Liedern die weißen Kinder in den Schlaf singen; ein Herz wollen sie haben, mit dem sie Welten bewegen. „Ich bin ein Neger", schauen sie, und lassen sich vorführen, und immer wieder kommt es vor, daß einer seinem Herrn den Hals umdreht, sich dafür hängen läßt, wegwerfen. Was wird geboten für einen Negerkörper, für einen Negerschrei, ein Negerlächeln, das Keuchen einer Negerin, einer Mulattin; wieviel wird bezahlt für die Kost, die eine Schwarze zubereitet, für den Rat, den eine Schwarze gibt, den nur sie weiß. Frauen sind mächtig, Mutter Erde, hier, und sie zeigen zwischen die Beine, dafür haben sie alles zu tun, dafür wissen sie viele Mittel, Salben, Tees, Tinkturen; damit muß man die männlichen Schwächlinge knechten.

Marschall berichtete noch vor einem Jahr nach Wien, „glücklicherweise ist das gute Einvernehmen zwischen der Frau Erzherzogin und ihrem Gatten noch nicht gestört worden". Hätte sie, Leopoldine, gesagt, „Herr Botschafter, Exzellenz, berichten Sie meinem Vater, was Sie hier sehen, und schreiben Sie, daß ich nach Hause geholt werden will." Marschall hätte sich setzen müssen. Wie, welche Kinder würde sie wo unterbringen wollen, das Kind der Santos mit welchem ihrer Kinder zusammen erziehen lassen; Marie gleich nach Portugal schicken, den kleinen Pedro unter der Aufsicht von Chalaça erziehen lassen?

Lärm auf dem Gang. Die Marquise von Santos will ihre Aufwartung machen, nachschauen, ob sie, Leopoldine, noch lebt. Die Aguiar hält ihr ein Glas an den Mund; „spülen", sagt sie. Aus allen Körperöffnungen beginnt Leopoldine zu rinnen, nur Nase und Ohren noch trocken. „Blut", schreien sie um sie herum und heben und legen den versteiften Körper hin und her.

Steine möchte sie kauen und sich in den warmen Tropenwind legen, den Mund weit öffnen, sich auswehen lassen; wenn Pedro aus Cisplatina zurück ist, wird sie mit ihm spazierengehen, flanieren durch die Straßen. Nach Cisplatina wird er verstanden haben, daß der Krieg zu Ende sein muß, die Zeit des Krieges vorbei sein muß. Brasilien, die Menschen hier, werden nicht durch alle Höllen gehen, bis sie zum Punkt, wo die ausgebrannten Häuser stehen und auf die schwarzen Augenhöhlen der Menschen Raubvögel zufliegen, bis einer den anderen erschlägt, zum Himmel schaut und sagt „ich habe nichts mehr zu verlieren".

Metternich muß für den kleinen Pedro noch einmal eine Habsburgerin schicken; den Brasilianern noch einmal eine Habsburgerin zur Kaiserin; Marschall muß das nach Wien melden, ihren Wunsch weitergeben, und er darf nicht ein Wort davon streichen.

„Es darf keinen Krieg geben, nie, nie mehr", das hatte Poldl in Mähren gebetet, als sie mit der Mama auf der Flucht vor Napoleon war.

Fühllos beobachtet Leopoldine den Körper, den sie massieren; sie, eine reizlose Frau, mit überspanntem Interesse an allem Geschriebenen; das tuschelt man hinter ihrem Rücken. Ihre Tischkultur wurde lächerlich gemacht, zur Staatsaffäre aufgebauscht, bis sie selber mit den Fingern aß. Almosen geben und dabei in Schulden geraten, weil sie doch ihr Nadelgeld nie bekommen hat.

Eine Sklavin mußte ins Krankenhaus gebracht werden, man hatte ihr zur Strafe die Füße verbrüht; eine andere wollte ihr Kind zurückkaufen; ein Dienstbote war zwei Wochen lang ins Sterbehaus gesperrt gewesen, weil er einer Amme nachgestellt hatte, er war am Verhungern. Selten bringen diese Hilfen Gutes. Sie können nicht einer Einflüsterung standhalten; zuerst um das Geld für das Kind gefleht, und an der nächsten Ecke das Kind freiwillig verkauft, wenn ein hoher Beamter sie in seinen Haushalt aufnimmt, als Kammerfrau, als Prostituierte; mit letzter Kraft zu Brot und Bohnen und Wein gekrochen und schon beim Nachhauseweg in der Taverne zugekehrt und der Anführer für die nächste Dienstbotenmeuterei geworden; Masters bestohlen, verwundet, ermordet, gegenseitig verletzt und getötet.

Emanuela, zu alt für jede körperliche Arbeit; entsetzt war sie, als Leopoldine ihr die Plakette abschnitt. Wohin sie jetzt solle, was sei das für eine Freiheit, in die sie entlassen würde; sie gehöre nun niemandem mehr, was heißt das, sich selber gehören, was heißt das, tun können, was man will, sie wisse nicht, was sie tun wolle, das könnten doch nur die Höhergeborenen, die Weißen, von sich sagen. Den Katechismus hatte Leopoldine mit Emanuela besprochen, jeden Tag ein Gebot, einen Satz – „deinen Nächsten lieben". Sie hatte Emanuela von Vergebung, vom Verzeihen erzählt, daß Rache eine Sünde sei, der Mensch über dem Tier stehe und verantwortlich sei für seine Kinder, sie nicht weglegen dürfe.

Dezember, noch nicht der heißeste Monat des Jahres; doch ist es am besten, schon jetzt zu flüchten, Dezember und Jänner in den Bergen zu leben. In die Kleider huschen, zum Stall laufen und das Pferd nehmen; keine Hofdame wird sie begleiten, die Ausritte sind zu anstrengend für diese Frauen. Zwei, drei Tage lang bis hinauf zum Hof von Pater Correia, „wo ich in drei Tagen mehr als 35 deutsche Meilen ritt in Wegen wie ich nie so schlechte sah, Mannes hohe Felsen, Brükken, einen Fuß breit über einem Abgrund. In kurzem bekömst du eine schöne Sammlung Vögel und Pflanzen für Dein Museum". Louise hat keine Vorstellung von der niederringenden Natur, den Mangrovenbäumen mit den Luftwurzeln, die wie Tiere nach allem haschen, was sie beengt. „Vor einigen Wochen machte ich eine kleine Lustreise in die Tujuca-Wälder. Ich schwur aber nie mehr einen solchen pitresquen Spaziergang zu machen." Beinahe hätte sie nicht mehr zurückgefunden.

Leopoldine wird weiter Pflanzen und Blumen sammeln, Vögel schießen und Käfer einfangen. „Eine Wissenschafterin der Natur", hat die Künburg sie, Leopoldine, genannt. Sie hat nicht widersprochen. Nein, nicht herzlos wissenschaftlich hat sie gesammelt und nach Hause geschickt, eine Liebhaberin der Natur ist sie, nichts Tröstenderes hat sie gefunden. João Sabino hat ihr gezeigt, wie sie die Früchte der Kakteen zu schälen hat und auszusaugen, rasch und in einem Zug, damit sich nicht Insekten auf die Hände, auf die Frucht setzen können.

Die Mineiras würden am ehesten dem „freien Mutterleib" zustimmen; sie müssen ihre Sklaven gut ernähren, sie sauber halten und gesund, sonst halten sie das Schürfen nach Topas und Smaragd, diese unvorstellbare Plage, nicht aus.

Opale hatte man in Wien Leopoldine ins Brautkollier geschmiedet; Opale sind die einzigen Steine, die in diesem Land kaum vorkommen. Die Marquise von Aguiar hatte die Hände weggerissen, als sie die Kette sah, ein Tuch untergelegt und die Kette weggesperrt. „Opale, Gewalt, Gewalt", hatte sie voll Ekel dabei geflüstert. Sie wissen nichts von den Steinen, drüben in Europa; sie wissen nicht, welche Kräfte die Steine haben. Sie wollen alles sammeln, was fremd ist und exotisch, für die Rechenkunst und die Erklärkunst wollen sie alles verwenden, nachmessen, die Adern in den Steinen und daraus die Jahrtausende errechnen.

„Keine unnützen Ausgaben, die den Haushalt stören, fern von mir bleibe der schädliche Luxus, der unziemliche Putz, meine unentbehrliche Tugend sei stets die Bescheidenheit", das hatte sie, Leopoldine, sich in ihrem Vademecum niedergeschrieben. Mit der einfachen Wohnungseinrichtung von Boa Vista treibe sie, die Ausländerin, den Kaiser aus dem Haus, sagen viele. Nein, Dom Pedro braucht diese Umgebung mit den gekalkten, tapetenlosen Wänden, den Holzstühlen ohne Brokatpolster; hier kann der Volkskaiser die ausländischen Diplomaten empfangen, wie ein Jakobiner leben, der auf die Verfassung geschworen hat, Kaiser vom Volk erwählt, nicht von Gottes Gnaden.

Eine Mucama, eine Zofe der Santos, stolziert am Campo de Santa Ana herum, zwischen den Dienstboten, den Wasserträgern von Boa Vista. Sie erzählt, wie sie ihrer Herrin die goldenen Broschen vorlegt, die Ketten und Armbänder mit den Edelsteinen, sie erklärt, wie sie den silbernen Parfumstöpsel öffnet und schließt, daß Domitila zu jeder Tageszeit ein anderes Parfum benutzt; sie zieht aus ihrem Beutel die goldene Nähschatulle, in Elfenbeinschnitzerei ist das Monogramm der Santos eingelegt, goldene Nadeln läßt Marilene in der Sonne blitzen, mit denen hat sie kleine Mißlichkeiten an den Toiletten der Marquise zu nähen. Sie zählt die Dienstboten auf, die im Haus der Santos arbeiten, zum Kämmen, zum Massieren, zum Anziehen der Brokatschuhe, zum Fächeln der Bananenblätter; irgendeine der Wäscherinnen lacht dabei hysterisch auf über die arme Dona Leopoldina, die nichts davon versteht, einen Mann zu fesseln, die armselig dahinlebt wie ein Fazendeiro im Landesinneren; sie lachen darüber, wie Domitila ihre Dienstboten züchtigt, peitscht, sie spielen einander Domitila vor, schreien, „als hätte sie das Silber der Santos zerkratzt".

Die Santos schwimmt in Geld; will irgendeiner sich den Zoll ersparen, einen Betrugsprozeß zu seinen Gunsten entschieden wissen, sich um ein Amt bewerben, man geht zur Marquise von Santos. Sie hört sich jede Bitte, jeden Wunsch an, zieht sich zurück, um sich mit ihren Günstlingen über die Höhe des „Erfolgsgeldes" zu beraten, und man einigt sich. Sie zahlen alle, und Dom Pedro hat noch nie gezögert, eine Urkunde zur Beförderung, zur Verhinderung zu unterschreiben.

Im Jänner 1823 war Domitila aus São Paulo hierher übersiedelt, und in wenigen Monaten hatte sie sich alle gefügig gemacht. Maria Graham sah es ganz richtig, „zuerst weigerten sich verschiedene Damen, die Santos zu besuchen, bald sahen sie ein, daß ihre Widerspenstigkeit die Lage der Kaiserin nicht bessern würde, die ihrer eigenen Familien aber sicher ruinieren". Wenn eine der achtbaren Familien von Rio die Santos überging, sich nicht in ihrem Salon blicken ließ, der konnte nur mit großzügigen Geschenken die Paulistanerin wieder nachsichtig stimmen; da mußte Geschirr aus China angeliefert werden, eine Kutsche aus London. Die Diplomaten hielten sich lange zurück. Der Engländer war der erste, Botschafter Stuart; eine unangenehme Situation für Marschall; er spielte Leopoldine vorsichtig seinen Bericht nach Wien zu, er ließ diese Seite irrtümlich auf ihrem Schreibtisch liegen. „Sir Stuart hat der Favoritin einen Höflichkeitsbesuch gemacht, um ihr zu ihrem neuen Titel zu gratulieren; mehrere Ausländer hatten dieses Beispiel schon nachgeahmt, mir schien das nicht angebracht zu sein."

Um die Almosen, die Versorgung der arbeitsunfähigen, alten Hofdamen, der Söldner, die aus dem Heer entlassen wurden, hatte Leopoldine sich zu kümmern, und dafür war kein Geld vorhanden. Schlichthorst, der deutsche Wehrmann, konnte die Heimreise nicht bezahlen. Leopoldine borgte Geld, bei Flach; sie borgte all die Jahre bei Flach das Geld, und der junge Söldner schrieb ihr ein Sonett. „Ihrer Majestät der Kaiserin Leopoldine gewidmet, denn Herzensgüte hat die Kaiserkrone mit einer Himmelsglorie umgeben." Man wird es in ihren Papieren finden; sie wollte sich später, in ruhigeren Zeiten, an diesen Zeilen erfreuen; sie hatte keine Zeit. Sie müßte dringend an Flach schreiben, „Bester Flach, nur Ihnen als einen ehrlichen Mann kann ich trauen, und Sie können mir aus der Not helfen. Ich bitte geben Sie mir die Beweise Ihrer Freundschaft und senden Sie mir das Geld."

Den schweren Körper Leopoldines betten sie hin und her, stülpen ein frisches Hemd darüber, als könnten sie damit alle Unstimmigkeiten dieses wunden Leibes zudecken.

„Wenn du fertig bist, wenn die Seele fertiggewachsen ist, wenn wir hier getan haben, was unsere Aufgabe ist, können wir gehen", Maria Ludovica, die liebe Stiefmama, keine dreißig Jahre alt ist sie geworden. An einem Sonntag wurde sie, Leopoldine, geboren, am 22. Jänner 1797, ein Sonntagskind, ein Glückskind, hierherversetzt, wo der Himmel weiter ist. Die Musik zerbrochen, der Himmel zurückgewichen, im sandigen, roten Boden ist schlecht einwurzeln; bald wird wieder die heiße Nacht sich herunterwerfen, alles niederdrücken; Sterne und Mond hängen schief, nur sie, Leopoldine, sieht das. Sie stehen nur zwei, drei Stunden unbeweglich, die Palmeiras, Coqueiros, die Bäume in den Mangrovenwäldern; zu dieser Stunde zur Jagd reiten, schreiende Papageien auf den Schultern. Dezemberkälte, Tannenduft und den Harzqualm der Kerzen inhalieren, winterkalt, schneekalt, andere Heimatlose suchen, Bonifácio in Paris, in Frankreich. Louise nach Frankreich verheiratet, Frankreich ist Europa; Louise in Italien; Briefe schreiben, die ungeschriebenen Briefe endlich niederarbeiten, sich wundschreiben und die Tauben losschicken, sich mit Möwen verbünden. Welchen Geruch hat die Winterheimat, der Eisdezember; welche Essenz von Gerüchen liegt in Winterkälte, in der die Blüten fehlen, alles Lebendige, Winteraroma.

Sie tragen Essen herein, Krankenkost, die ihr Gedärm beruhigen soll, das Kind festhalten. „Ich werde immer dicker was mich freut", schrieb sie an ihre Schwester. Innerhalb weniger Wochen hatte sie ihre Mädchenfigur verloren. Dem Schönheitsideal hier entsprach sie nicht; eine Weiße mit rotblondem Haar und gerötetem Gesicht versteht das Dicksein nicht zu tragen, so hatte Bonifácio gemeint. Nein; er wollte ihr, Leopoldine, erklären, warum Domitila, warum die Santos, die noch viele Pfunde mehr auf ihre Knochen gepolstert hatte, nicht als dick, sondern als Vollweib galt. Stolz auf den Körper fehlt ihr, Leopoldine ist auseinandergegangen wie ein Germteig. Schinken und Selterswasser, Schäffer hat es bestimmt wieder besorgt; diese Köstlichkeiten lagern unten am Hafen, versteckt in den Kisten, der Schinken glitschig und fast verdorben, das Selterswasser schon trüb; ein paar Bissen davon, ein paar Schlucke, und ihr Körper würde sich beruhigen.

Maria da Glória wird ihnen heute wieder entschlüpft sein und zum Küchenhaus gerannt sein, das tut sie, wenn die Unterrichtsstunden vorbei sind und sie einen Moment lang unbeobachtet ist. Den Rohzukker rührt sie am liebsten, dabei ist sie geduldig wie bei keiner anderen Tätigkeit. Die zähe braune Masse mit dem Holzlöffel rühren und stampfen, bis sie weiß und trocken ist. „Er verwandelt sich, er wechselt die Farbe wie der Cameleão, wenn er erschrickt", jauchzt das Kind, wenn die Masse heller und heller wird. „Weiß wie Schnee ist er jetzt, der Zucker", erklärte Leopoldine der Kleinen. Marie hat nicht darauf reagiert, sie weiß nicht, was Schnee ist. Ihre, Leopoldines, Sinnesorgane eingestellt auf den Wechsel in den Jahreszeiten, den Tageszeiten, das Wachsen und Werden, das Ansteigen und Abfallen von Temperatur. Ihre Kinder werden das beständige Zuviel von allem hier nicht wahrnehmen; der Drang zum Bewahren, zum Sammeln, Ansammeln wird nicht in ihnen wachsen; keine kalten, finsteren Zeiten sind durchzustehen. Leopoldine hat für Marie Schneeflocken gezeichnet, Schneegupfen auf Zäunen und Bäumen; es war zu fremd; Marie hat sich gelangweilt und ist weggelaufen.

Noch immer 1. Dezember, keine Post von Pedro.

„Bei der Ankunft jedes Postschiffes hoffe ich sehnlichst auf Briefe aus Europa. Nur Deine Briefe durch italienische Schiffe erhalte ich und diese zu meiner großen Betrübnis nur alle Jahre ein mahl. Das macht mich oft recht weinen und es braucht alle Freundschaft von meinem Gemahl um mich einigermassen zu trösten."

III.
ALLEGRETTO

2. Dezember 1826

*Leopoldine erleidet Frühgeburt –
Rückreise der österreichischen Delegation, Mai 1818 –
Geburt von Maria da Glória, die Fehlgeburten –
Leopoldine muß Geld leihen –
Geburt von Kronprinz Pedro im Dezember 1825 –
Flucht nach Santa Cruz, Jänner 1822 –
Tod des erstgeborenen Kronprinzen João Carlos –
Abreisepläne des Schwiegervaters, 1820/1821 –
José Bonifácio übernimmt das Ministeramt –
Eröffnung der Kunstakademie im Dezember 1820.*

Es ist knapp nach Mitternacht. Die Wehen ziehen ihre Eingeweide zusammen, Leopoldine atmet im richtigen Rhythmus mit, um den Austreibungsakt zu unterstützen. Sie hat ihre Kinder im Gebärstuhl zur Welt gebracht und im Stehen, sich an Pedro klammernd; sie war bei Francisca in einer Wehenpause aus dem Bett gesprungen und hatte sich hingehockt. Nach der Geburt von Marie hatte sie bei jedem weiteren Kind die Position gesucht, in der sie sich am schnellsten ihrer Leibesfrucht entledigen konnte; wie die Stuten sich von einer Seite auf die andere wälzen, halb aufstehen, den Kopf zurückwerfen, die Vorderbeine einknicken, vor allem dabei in Ruhe gelassen werden und es besser haben als die Menschenmütter, denen von allen Seiten geholfen wird. Niedergehalten haben sie Leopoldine bei ihrer ersten Geburt und zerfleischt, als würden sie nach einem weiteren Kind in ihrer Bauchhöhle suchen. „Selbst noch zwey Monathe späther war die Rohheit des portugisischen Wundarzt, der mich mit seinen Händen abscheulich zerfleischte zu spüren. Hier ist es fast besser, wie die wilden Tiere im Walde sich seiner Last zu befreien", hatte sie ihrer Schwester geschrieben.

Leopoldine zählt sich die Wochentage auf, die Monate, sie benennt die letzten zehn Jahre; von einem Wehenkrampf zum anderen; 1817, das Jahr der Ankunft und das folgende Jahr der Eingewöhnung und des Lernens, das Jahr 1819, in dem Marie geboren wurde, und 1820, das Jahr des Wartens auf die Rückreise, 1821, das Jahr des Abschieds vom Schwiegervater, von der Schwägerin, und 1822, das Jahr des Entschlusses zum endgültigen Hierbleiben und der Tod des ersten Sohnes, João Carlos, 1823, das Jahr der Freundschaft mit Bonifácio, und 1824, das Jahr des Weggeschobenwerdens, 1825, das Jahr der Anerkennung von Brasilien durch die Weltmächte und der Geburt von Pedro, und dieses Jahr, 1826, das Jahr mit der Bahia-Reise; dieses Jahr, das bald zu Ende ist. Hochgejagt wird ihr Körper und durchgeschüttelt, der Kopf frei und nicht fiebrig umnebelt. Sie rennen um das Bett herum, tuscheln, reden und rufen einander zu, sie möchten das unausgereifte Kind zurück in ihren Körper drücken. Leopoldine zählt weiter, hilft mit aller Kraft ihren Muskeln; in den Verschnaufpausen kommen die Bilder aus Eger, aus Karlsbad – „lasset uns die Nacht erhellen, abermals mit bunten Feuern, die von Felsen, die von Wellen; auf denn, Muse, zu verkünden, was die Frau dir aufgetragen" – Herr von Goethe hatte diese Zeilen für die liebe Mama, die Stiefmama, gedichtet; die alte Fürstin Liechtenstein haben sie besucht. September 1808, und schon sehr kalt, das Haus mit dem wilden Wein überwuchert, der schon in allen Herbstfarben glänzte, und dann zurück über Mödling nach Laxenburg, Geographie war zu lernen, die Geographie und die Mineralogie lernte sie am liebsten.

„Einen Fötus männlichen Geschlechts ausgeschieden", Doktor Navarro diktiert, redet laut in den Raum hinein. Die Stille der Stunden von Mitternacht bis zum Morgengrauen, der 2. Dezember, und Leopoldine erleichtert und befreit; sie muß keine Rücksicht mehr nehmen auf das, was in ihr wächst; ihrem Körper befehlen, zu gesunden, sich zu kräftigen, die Post von Pedro abwarten, seine Rückkehr aus Cisplatina, aufstehen und ihm entgegengehen.

Der ganze Raum voll von Käfigen, die leer sind, die Vögel alle ausgeflogen, in ein Nichts gezogen; warum kann sie, Leopoldine, den Erdgeruch nicht vergessen, von dem sie weggegangen ist, die alten Sternenbilder; hinaus in die Landschaft laufen, die voll Sommerschwüle, voll Tropengrün ist, sich an Gegenstände klammern, an ihren Tisch und an die Wand, die sie gut kennen, von denen Zärtlichkeit zurückbekommen, die sie zum Sprechen bringt, zum Erzählen.

Der Dezember 1817, die ersten Wochen nach ihrer Ankunft.

Täglich war sie mit Pedro ausgeritten; in allem bemüht, sich dem ungewohnten Tagesablauf anzupassen. In nichts ähnelte ihr Alltag dem, den sie aus Wien kannte; der Umgangston barsch und knapp, meistens nur Handbewegungen; keine Gespräche voll Inhalt und Planung; die Sekretäre, die Beamten, die Bediensteten unterwürfig und schmierig, ständig darauf aus, sich eine Beförderung zu erkriechen. „In höchstem Mase sind sie unwissend, und voll neidischer Verachtung gegen alle aufgeklärten Männer, stolz gegen alle, die sie unter sich glauben, ohne jedes Ehrgefühl. Sie geben keine Gesellschaft und sie suchen keine", das hatte Graf von Flemming, der Preuße, nach Wien berichtet. Selten gab es Theateraufführungen, nie Bälle; der tägliche Besuch beim Schwiegervater am Vormittag, zum Handkuß, war das Ereignis, zu dem sie sich umzuziehen hatte, auf das sie sich freute. Um sechs Uhr in der Früh auf, in die Leinenhosen und Leinenblusen geschlüpft, den Strohhut übergestülpt und mit Pedro ausgeritten, die Kaffeeplantagen kontrolliert, den botanischen Garten besucht; auf den Lehrer für das portugiesische Recht gewartet; das gemeinsame Essen und anschließend die Siesta von Pedro, die Stunde des Tages, in der sie las. Am frühen Abend wieder ausgeritten, am späten Abend mit Pedro musizierend, seine neuesten Kompositionen hörend, ein Hochamt, ein Tedeum, kleine Walzermelodien, zu denen sie ein paar Tanzschritte machte. „So lebe ich still ganz für ihn und auf mich beschränkt, und auf diese Art entbehre ich leicht Zerstreuungen und Gesellschaften." Leopoldine hatte Marie Louise nicht geschrieben, wie schwer sie und Pedro es hatten, eine gemeinsame Sprache zu finden. Pedro sprach wenig, gab Befehllaute von sich; sein Portugiesisch war gespickt mit vulgären Ausdrücken; ihr Portugiesisch klang fremd, war mangelhaft; Pedro redete kaum ein Wort Französisch, Deutsch gar nicht, und Englisch lehnt hier jeder ab, vom Lateinischen kann er einige Sätze aus der Meßfeier sagen.

Im Feber 1818 fand die Akklamation vom Schwiegervater statt. Das Kolonialkind Brasilien wurde endlich zum „Königreich Brasilien" ausgerufen und zusammen mit dem Mutterland genannt – „Vereinigtes Königreich von Portugal, Brasilien und Algarbien".

Eineinhalb Jahre lang waren die Feierlichkeiten hinausgeschoben worden; das Trauerjahr von Königinmutter Maria war einzuhalten, die Verheiratung von Pedro abzuwarten. Ein Sommertag, vibrierend vor Hitze; Leopoldine in großer Galakleidung, dem grünen Samtkleid, mit dem Schmuck um den Hals, der Federboa auf dem Kopf. Neben ihrer Schwiegermutter hatte sie auf der Tribüne zu sitzen; der Saal voll mit Menschen, die ihr, der neuen Tochter des Hauses Bragança, zuwinkten, die sich vorbeugten, um sie besser zu sehen. Leopoldine hatte nach diesen ersten Wochen noch die helle Gesichtshaut ohne die roten Flecken, sie saß auf ihrem Stuhl, ohne sich anzulehnen, wie die Annony es ihr beigebracht hatte. Die Schwiegermutter lehnte im Sessel und schlief, die Schwägerin Maria Teresa hatte Stickzeug mitgebracht; der Schwiegervater saß auf seinem Thronsessel und döste. Die Künburg und die Sarntheim standen in der zweiten Reihe und lächelten; wie werden sie das zu Hause erzählt haben, und haben doch nicht erlebt, wie oft der Handkuß, der „Beija-Mão", für Stunden unterbrochen werden mußte, weil der Schwiegervater eingeschlafen war, mitten im Entgegennehmen von Huldigungen und Bittschriften.

Pedro und Leopoldine ließen sich in die tagelangen Feste anläßlich der Akklamation hineinfallen; Stierkämpfe, Prozessionen mit heidnischen und christlichen Tänzen; die Bilder in Leopoldine überwarfen sich; ruhelos wurde zu allem, was ihre Augen sahen, das Bild von Europa dazugestellt, darübergeworfen, eine Entsprechung gesucht und nicht gefunden. Leopoldine hatte ein Land verlassen, das Land hatte sie nicht verlassen; sie hat zurückgelassen, Menschen, Bilder und Worte. Der Palast, der Platz davor, zur Akklamation ausstaffiert; roter Samt leuchtet aus allen Fenstern, und Gold und Bragança-Grün an den Säulen und auf dem Boden, Menschenmassen in europäischer Kleidung, Spitzen, Rüschen, Sonnenschirme, Sonnenhüte, Rösser schmachten unter golddurchwirkten Decken, und weiter drüben, weit aus dem Osten, schwingen die Hofburg, das Hoftheater, die Kirchen und Palais von Wien herüber zu Leopoldine, mit einem anderen Aroma in der Luft, ohne Flirren im Licht.

Alle Konzentration in den folgenden Wochen auf Pedro, auf den Ehealltag, das Auffinden von gemeinsamen Zielen, „obwohl die Flitterwochen schöne Wochen sind, so bringt doch der heilige Ehestand viele Kumer, Verdrüsse und Aufopferung seiner selbst mit und dieses einmahl geduldig ertragen, ist genug", nur Louise konnte sie das anvertrauen. Doch, sie hatten ein Gemeinsames, ihre Lust an der Jagd, nach den Papageien, vor allem nach denen mit den blauen Hälsen; Leopoldine sammelte Insekten, Schmetterlinge, Pflanzen.

Natterer, der Präparator aus der Wiener Expedition, ist in São Paulo; Hunderte Kisten von Vögeln und Reptilien hat er schon nach Hause geschickt.

Leopoldine dachte im Feber 1818 nur an das Zurück nach Europa; muß es wirklich ein ganzes Jahr, vielleicht noch ein zweites sein? Pedro ohne Beschäftigung, ständig in Zwietracht mit seinem Vater, der ihm mißtraute, in allem, und dadurch Pedro zu ihr, Leopoldine, ungeduldig und oft sehr grob.

Der gute Frick, ihr geliebter Zeichenlehrer, war im

Feber 1818 verstorben, das Klima, die giftigen Insekten hatte er nicht verkraftet, und Schüch, ihr gütiger Lehrer Doktor Schüch, war zweimal bei Leopoldine vorstellig geworden und hatte um Geld, um Unterstützung für seine wissenschaftliche Arbeit gebeten. Leopoldine hatte kein Geld; Graf von Eltz von der Botschaft vertröstete sie von einer Woche zur anderen; Leopoldine war mittellos, sie konnte keinem etwas geben, und den Schweizer, Doktor Flach, kannte sie damals noch nicht. Schüch ging nach Minas Gerais, er ließ Edelsteine abbauen, man hatte ihr erzählt, er sei dort sehr reich geworden.

Mitten im Herbst, am 22. Mai 1818, fuhren die meisten, die mit ihr hier angekommen waren, zurück nach Europa. Leopoldine war tagelang schon zum Hafen geritten, hatte sich das Schiff angesehen, die Matrosen bei der Arbeit des Beladens beobachtet; vielleicht kann man Abschiednehmen üben, „mich macht das Abreisen meiner Landsleute recht melancholisch, den so bleibe ich ganz verlassen im heißen Amerika. Dieses ist zum Verzweifeln". Im Juli schifften sich dann noch Graf von Eltz, der Maler Ender und der schwerverletzte Blumenmaler Buchberger ein, alle mit ihren Gehilfen, alle matt und ausgelaugt, dabei voll Vorfreude auf die Heimfahrt. Ender hatte Kisten voll mit Aquarellen; so intensiv hatte er dieses eine Jahr gearbeitet, daß er in den letzten drei Wochen seine Augen immer mit einer Hand bedeckt hielt, entzündet und erschöpft vom Schauen, „ich zeichnete Tag und Nacht, fühlte aber bald die bösen Folgen. Eine Erschlaffung fisisch und moralisch bemächtigte sich meiner, dass ich ganz entkräftet dalag, das Klima war meiner Gesundheit und Fleiß so nachteilig".

Eine Woche, bevor Graf Eltz abreiste, besuchte er

Leopoldine, seinen Schützling. Der junge Baron von Neveu würde nun für sie als Sekretär, als offizieller Vertrauter, da sein. „Geschenke für den lieben Papa sind noch zum Hafen zu bringen", sagte Leopoldine, die Kompositionen von Pedro für seinen Schwiegervater und die Holzschnitzereien für die Geschwister. Eltz nickte; es war alles organisiert, und es gab nichts zu besprechen; trotzdem blieben sie beide im Zimmer stehen, schauten beim Fenster hinaus. Sie redeten über die Bäume, die Vögel, sie redeten über den Schatten der Palmeiras, sie redeten in Wienerisch. Ein Wort ist nicht nur ein Wort, ein Wort ist ein Bild; die Mango, der Apfel, das sind lange Geschichten, die sich beim Sprachwechsel anders erzählen.

Baron Josef von Neveu war groß, mit einer Locke wie der strenge Metternich, die Augen dunkel und immer traurig. Von Ordnung in den Büchern redete er oft zu Leopoldine, keine klare Weisung habe er aus Wien. Sollte er Feste veranstalten, damit man wußte, was Österreich zu bieten hat, oder war Bedürfnislosigkeit vorzuleben?

Eine Vierzehnjährige sei es, das tratschte man bald durch die ganze Stadt, der er Gedichte schrieb, die er mit Geschenken überhäufte, eine Tochter von Graf Seco. Wenn der Schwiegervater ein Festessen für ausländische Diplomaten gab, lieh er Porzellan und Silber von Graf Seco; ein Portugiese, ein Händler; Sklaven, Tavernen, Gerüchte, Seide, Porzellan, Dirnen, alles wurde von Seco beschafft, und in zehn Jahren hatte er sich zum Baron und zum Grafen hinaufgedient. Die Tochter einem Europäer, das sollte der Höhepunkt der familiären Karriere sein.

Am 22. Jänner 1818 wurde Leopoldines einundzwanzigster Geburtstag gefeiert, ihr erster Geburtstag in Rio; stundenlange Umzüge, am Abend Theater, an den nächsten Tagen Galaempfänge, Ordensverleihungen; sie, an Pedro geschmiegt, vom Trubel betäubt. Im Theater war Baron Neveu auf sie zugekommen; er habe Metternich geschrieben und um die Heiratserlaubnis gebeten, er wolle Madalena de Seca heiraten, möglichst rasch, er richte bereits eine Wohnung am Mata Porco ein.

Das Heiratsgesuch ging verloren, und erst im September bekam Neveu die schriftliche Erlaubnis zur Heirat. Die Vierzehnjährige hatte inzwischen bessere, teurere Geschenke bekommen, von einer höheren, höchstgestellten Person; niemand nannte den Namen – Pedro. Er war im Winter 1818 oft tagelang nicht zu Hause, Leopoldine in den ersten Wochen ihrer Schwangerschaft.

Neveu ließ sich bei ihr anmelden, mehrmals, sie wollte ihn nicht sehen. Nach zwei Wochen schickte er einen Sekretär, damit sie den Brief an Metternich lese – „ist es mir schmerzlich, mitteilen zu müssen, daß ich von dieser Erlaubnis keinen Gebrauch machen werde. Ich werde die Gründe nicht auseinandersetzen, die mich schon seit Wochen zwangen, auf eine Bindung mit Madalena de Seca zu verzichten." Leopoldine steckte den Brief zurück in den Umschlag, versiegelte ihn ohne ein weiteres Wort. „Überdiess vertraue ich niemand meine Gedanken an", hatte sie Marie Louise geschrieben, „Du glaubst, Brasilien sei ein Goldthron, wohl ein Eisenjoch ist es."

Wie die Tänzerin Noemi wurde auch Madalena hastig verheiratet und nach Pernambuco geschickt.

Das Jahr 1818, das Jahr ihres Beginnens hier; ihre stundenlangen Ausritte in die Umgebung, ihre Melancholie, ihre Freude, ihr Versenken in Blüten, Bäume, das Hinnehmen von Pedros Privatleben, das Warten auf die Post ihrer schreibfaulen Familie; eine Einübung, eine Eingewöhnung waren diese ersten Monate. „Das wird, das wird", murmelte sie im Takt des galoppierenden Pferdes; „das ist es", hätte sie rufen sollen, sich selber zurufen.

„Ich habe Heimweh was Brasilien mehr fähig ist als jedes andere Land zu erregen"; sie werden diese Briefe weggelegt haben, nicht an den Papa weitergegeben. So sehr hatte sich ein Teil von ihrem Selbst in das Schicksal gefügt, hatte ihre Seele vom ersten Tag an hier in Rio gespürt, daß dies ihr endgültiges Ankunftsland war, daß sie sich ihr Hoffen – nur für ein, zwei Jahre – bald selber nicht mehr glaubte. Die junge Frau Leopoldine, die zu allem schwieg, zurücklief, über alle Meere hinweg, die ausgewaschenen Straßen und Pfade zurück bis zur kleinen Seitenstiege der Hofburg, hinaufgeflogen, die zwei Gänge entlang, die Tür aufgerissen und sich mitten in die spielenden, lernenden Geschwister werfend – „ich bin wieder hier".

Im August 1818 waren fast alle, die mit ihr hierhergekommen waren, zurückgereist.

Leopoldine war endlich schwanger. „Ich hoffe, dieses Kind gibt Beschäftigung und neue Gefühle", schrieb sie ihrer Tante. Leopoldine ritt trotz ihrer Schwangerschaft mit Pedro aus; sie begleitete ihn zu Fazendas, wo Pferde gezüchtet wurden, zu den Plantagen. Im Dezember untersuchte Kammerlacher, ihr Leibarzt, sie zum letzten Mal. Er fühle sich krank und werde mit dem nächsten Schiff, im Jänner, zurückkreisen. Das konnte doch nicht sein; Kammerlacher sah überhaupt nicht krank aus, und man konnte ihr nicht drei Monate vor der Niederkunft ihren Arzt zurückschicken, wegintrigieren. Der Schwiegervater berief sich auf das Hausgesetz – „kein Ausländer darf bei der Geburt des Erstgeborenen dabei sein". Pedro bestimmte Picanco zu ihrem Geburtshelfer; ein Mann mit nur geringer medizinischer Ausbildung, ein Mann, der sich politisch betätigte, dem der Schwiegervater sein Haus verboten hatte. Indem Pedro diesen Wundarzt durchsetzte, bewies er seinem Vater, daß er Herr im eigenen Haus sei; „glaube mir, diese wenige Monathe mir selbst überlassen lernte ich Menschen kennen!"

Zwei Monate nach der Geburt von Maria da Glória meldete Botschafter Marschall eine neuerliche Schwangerschaft von Leopoldine nach Wien. Ihr Körper schied Nachgeburt, Eiter, Blut, Verkrustungen aus. Im Sommer 1819, Mitte Dezember, hatte sie tatsächlich eine Fehlgeburt, und bald darauf, im März 1820, verlor sie neuerlich ein Kind. Beide kaum drei Monate in ihrem Bauch festgewachsen und nach den langen Ritten, den Spaziergängen, aus ihrem Körper herausgeronnen.

Leopoldine schwach auf den Beinen, die Brüste schwer und schmerzhaft von verdickter Milch, mit Schmerzen in ihren Eingeweiden. Seit Tagen die minutenlangen Regenmassen, unterbrochen von grellem Sonnenlicht, alles dampfend, daß man beim Gehen gegen Feuchtigkeit ankämpfen muß wie gegen Schneesturm.

In großer Galauniform kam der Botschafter Marschall zur Audienz; geschickt wartete er ab, bis Dom Pedro der Höflichkeitsfloskeln müde war und hinausging. Vorwürfe machte Marschall Leopoldine, weil sie nicht auf ihre Gesundheit achte während der Schwangerschaft, weil sie weiterhin ausreite wie eine Amazonin, weil sie mit ihrem Gemahl wie ein Husar durch die Stadt fege und weit draußen Besuche abstatte, in Hitze und Feuchtigkeit ungeschützt saß. Marschall hatte weiße Strümpfe an, die an vielen Stellen schweißdurchtränkt waren, die Silberschnallen an den Schuhen waren kotverspritzt, und am grünen Samtrock waren die Schimmelflecken nur mangelhaft weggebürstet. Leopoldine redete auf Marschall ein. Ein Ende müsse es haben mit den diplomatischen Weisheiten; man, die Diplomatie, habe nichts unternommen, als man ihr Kammerlacher und all ihre Kammerfrauen knapp vor ihrer ersten Niederkunft weggeschickt habe; er, der Herr Botschafter, wisse ganz genau, warum sie ihren Gemahl so viel wie möglich begleite; was habe er über die Angelegenheit der Tänzerin, die Sache von Neveu nach Wien gemeldet? Sie erfülle ihre Pflicht als Ehefrau, sie habe gelernt, einem Pferd die Hufe zu beschlagen, um die Interessen ihres Ehemannes zu teilen. Eine Fremde sei sie hier und bemühe sich tagtäglich, dem Ehemann, dem Schwiegervater vertraut, heimisch zu werden. Was habe er, der Herr Botschafter, über das Verhältnis zwischen Vater und Sohn berichtet? Der Vater traue dem Sohn nicht; als Reaktion darauf müsse sie mit einem Arzt vorlieb nehmen, der das schwarze Kreuz der Hebammen nicht verdiene; so sehr sei ihr Körper nach der Geburt von Marie geschwächt gewesen, daß sie ihr Kind nur zwei Wochen lang selber stillen konnte, sie zusehen mußte, wie ihr Kind sein Gesichtchen in eine Ammenbrust vergrub, einen fremden Hautgeruch aufnahm. Marschall verlangte Papier und Feder und schrieb in ihrem Zimmer den Bericht.

Die Frau Kronprinzessin fühle sich auf die mißlichste Weise zwischen Vater und Sohn gestellt, sie leide darunter, daß sie in eine Familie verheiratet worden sei, wo jeder gegen jeden intrigiert und spioniert; sie bewältige diese schwierige Situation mit dem allergrößten Taktgefühl; ihr Gesundheitszustand sei durch die Überanstrengungen der Geburt, der Fehlgeburten höchst angegriffen, weshalb er, der Herr Botschafter, dringend Meerbäder und größte Schonung empfohlen habe.

Auf diesen Bericht, wie auf die meisten anderen, kam keine Antwort aus Wien; kein Brief des Vaters, keiner der Tanten mit tröstenden Worten. Sie gratulierten zur Geburt der ersten Tochter, sie ließen sich die Festlichkeiten zur Taufe von Maria da Glória berichten, sie schickten Spielzeug und Kinderkleidung. Zeichnungen von den Geschwistern kamen, Caroline als elegante Siebzehnjährige, der Bruder Franz, ein schneidiger, junger Soldat. Leopoldine zeichnete die kleine Marie; das erste Bild malte sie auf zu große Leinwand, es konnte nicht transportiert werden; „ich nehme mir die Freiheit das Portrayt meiner geliebten Marie zu senden, das ich selbst gemalt habe. Sie wissen dass die Augen einer Mutter blind für die Mängel ihrer Kinder sind", schrieb sie ihrer Tante. Marie war schön wie der kleine Herzog von Reichstadt; doch war sie nicht zerbrechlich wie der Sohn Napoleons. Marie war stark und ihrer Entwicklung um Wochen und Monate voraus; sie riß an sich, sie schrie, sie lachte; alles in diesem kleinen Körper schien fertig zu sein und wollte heraus.

Im ersten Jahr, im Jahr 1818, begann noch etwas, Leopoldines Geldnöte, ihre Schulden. Sie war noch kein Jahr hier, da mußte sie Geld borgen. Die gute Francisca

Branco, ihre erste Hofdame, schickte sie hinunter in die Stadt; unter den Händlern gab es viele, die gegen Wucherzinsen Geld liehen. Francisca erzählte nicht, wen sie als Schuldner genannt hatte, sie nannte nicht den Namen des Geldverleihers. Sie versprach, sie würde alles in Ordnung bringen, und sie, Leopoldine, solle nicht darüber nachdenken, auf ihre Gesundheit achten, an das erste Kind denken, das in ihr wachse. Teile ihres Silberbesteckes, eine Kristallvase verschenkte sie, Schweigegeld. Sie schrieb an den Vater, „ich bin recht traurig dass mir mein Gemahl ausdrücklich verbot, von hier aus Geld nach meinem Vaterlande zu senden, ich mich in der peinlichen Lage befinde, alle Pensionen, welche ich einigen mir liebgewesenen Dienern versprochen habe, nicht auszahlen kann". Ob Metternich diesen Brief überhaupt bekommen hat, und wenn, hat er ihn weitergeleitet? Nicht einmal an Kammerlacher konnte sie eine kleine Summe auszahlen; „ich bitte Sie, teuerster Papa, ihn in Ihren Gnaden aufzunehmen, da ich ihn weder unterstützen noch weiter behalten kann". Mit vierundzwanzigtausend Gulden hat ihr Schuldenberg begonnen. Francisca kam mit Schuldscheinen, ging mit Geschenken, kam mit neuen Schuldscheinen, holte sich mehr Geschenke, wurde frech, so daß Leopoldine immer mehr Angst bekam, Pedro könnte davon erfahren, sich in einen Wutanfall, in einen epileptischen Anfall steigern. „Unendlich schwer fällt es mir, Sie, teuerster Papa, in einer Geldangelegenheit um Ihren väterlichen Beystand zu bitten. Mein monatliches Geld wird mier nicht ausgezahlt und im erstgesetzten Fall behält es mein Gemahl, den ich es nicht entreissen kann." Aus der finanziellen Misere ist sie nicht mehr herausgekommen; „der Annony half ich schon aus ihrer Noth. Nicht so gut als ich es wünsche, den nun bin ich in der Vormundschaft mit meinem Gelde was mich recht ärgert", schrieb sie an Louise, und ein anderes Mal, „ich wäre vollkommen glücklich, hätte ich nicht öfters unter dem Zanken meines heftigen und misstrauischen Gemahls zu leiden, mich kränket dieses, da ich sehr geduldig und nachgebend bin".

Nie bekam Leopoldine eine Dotation bezahlt. Eine Schuldnerin war sie geworden in diesen neun Jahren, immer bedrückender wurde ihre Lage. Vor wenigen Monaten, im April des Jahres 1826, mußte sie an Flach schreiben. „Bester Flach. Soeben wurde entschlossen, dem Kaiser achthundert Conto de Reis zugeben. Mein Gemahl, dem leider Gott !!! gar nichts an Einem liegt, ließ mich nicht reden. Ich kann nicht anständig leben und muss ein sorgenvoles Leben führen, was ein mahl zeit wäre aufzuhören. Zu Liebe für Brasilien verlor ich den Gehalt einer Königin von Portugal", und zwei Wochen später schrieb sie, „Sie, der es wenigstens mit mir ehrlich meinen und mein einziger Freund sind, beschwöre ich bey allem was heilig ist, mir acht Contos de Reis zu verschaffen. Leider Gott meine Lage ist jedes mahl trauriger; mein Gemahl liegt nichts daran als an der verdamten Hexe und der anderen kann geschehen was will".

Der gute Flach hat geholfen, er hat vorgestreckt, er hat gebürgt; er hat vor allem geschwiegen. Er wird Ordnung in ihre Schuldscheine bringen, bringen müssen.

Die Wasserträger beginnen zu lärmen, zu streiten; ein Kind schreit, der kleine Pedro, er ist heute ein Jahr alt.

1. Dezember 1825.
Einen Tag lang wüteten die Krämpfe in ihrem Körper. Es regnete stundenlang, dann brannte die Sonne; Leopoldine schleppte sich vom Bett zum Stuhl, legte sich auf den Boden, irgendwo mußte ein kühler, trockener Fleck zu finden sein, noch nicht vollgesogen von Schweiß und Luftfeuchtigkeit. Zwei Hebammen schlurften im Zimmer hin und her, rannten abwechselnd um Doktor Navarro, um Wasser, um Essen. Sie verhängten die Fenster mit dunklen Tüchern, bis Leopoldine um Licht schrie; Gebete und Gesänge vor ihrem Zimmer, die Aguiar ließ stündlich den Raum ausräuchern, mit den scharfen Dämpfen alles Böse, Verzögernde verscheuchen. Nach Stunden der Wehen kam Dom Pedro; er blieb an der Tür stehen, es schüttelte ihn, als würde er wundes, zuckendes Fleisch, das offen lag, sehen. Die Aguiar wollte ihn zurückhalten, und die Hebammen preßten sich an die Wand, als er sich zu Leopoldine auf den Boden setzte. Am späten Nachmittag kam Pedro zur Welt, hockend auf den Boden gepreßt; sie kreischten, weil sie tausend Geschichten, Verwünschungen dazu wußten, wenn ein Prinz auf dem blanken Holzboden geboren wurde, nicht einmal weiße Leinwand darübergelegt. Leopoldine ließ ihn nicht aus dem Zimmer tragen, neben ihrem Bett mußten sie ihn waschen und ihn auf ihren Körper legen, so lange hielt sie das Kind an sich gepreßt, bis sie beide eingeschlafen waren. „... wurde ich von einem äußerst starken und gesunden Sohn entbunden, er erhielt den Namen Peter."

Domitila, die Santos, gebar ihren Sohn vier Tage darauf. Sie hat sich nicht lautlos wie ein Tier auf dem Boden gewälzt, alle Hilfe abgelehnt; geschrien hat sie, so laut, daß die Gebete und Gesänge nicht ausgereicht hatten, das Schreien der Vicomtesse von Santos zu übertönen.

Endlich der kurze Sommerregen, das Stöhnen in den Blättern, im Geäst. Drüben auf dem Tisch liegt der Bogen Papier, den sie vor zehn Tagen hingelegt hatte, vor zehn Tagen, als sie sich weigerte, Dom Pedro zum Abschiedsempfang zu begleiten. Heute wird sie die Worte finden; Vergangenes und Kränkendes hat sie in der Nacht mit dem Fötus ausgeschieden, sich zurückgeatmet zu den ersten Ausflügen hier.

Santa Cruz, Jänner, Feber 1818.
Die Luft zittert von Sonnenfedern und Regenbögen. „Ich habe schon alle Inseln und Sandbänke in der Bucht besucht und ich fischte einen Fisch der einer Schere gleichsieht", ihr Bruder Franz wollte genaue Schilderungen. Seitenlange Briefe schrieb sie ihm; wie sie mit Pedro in Ruderbooten von Insel zu Insel fuhr, wie sie stundenlang durch einen Wald von Riesenfarnen wanderten. Auf den Inseln gingen sie nur am Strand, es war zu gefährlich, sich zehn und mehr Schritte ins Innere zu wagen, es lebt und zischt unter jedem Blatt, jedem Stein, und alles Getier ist voll Gift. Im Sand sitzen und zurück zur Stadt schauen, nicht den Schmutz sehen und nicht die zerbröckelnden Mauern, nur das Grün und das Weiß und das Blau.

Ender war nach drei Monaten zusammengebrochen. Am Hafen neben der Markthalle hatten sie ihn gefunden; er könne sich nicht losreißen von diesen Bildern, erzählte Eltz, hineingezogen in diese Landschaft fühle er sich, zur Arbeit, zum Malen angetrieben, ja, er fürchte hier einen besondern Einfluß der Gestirne, vielleicht sei die Luft voll von Giften, die wie Arsen anstacheln und töten.

Santa Cruz, der Bauernhof mitten im Grünen, ein viereckiger Bau mit einer kleinen Hauskapelle; blauweiße Hütten rundherum verstreut, Rinder grasten, einige Felder voll Tee, Kaffeebäume, Orangenbäume, fast geordnet im Spalier, irgendwann hatte man Rosen um das Haus gepflanzt, sie waren verwildert, sie blühten und dufteten; große Wassertümpel glänzten. Von den Bediensteten kümmerte sich keiner um den anderen, auch nicht um einen Master; sie lebten jeder für sich, ohne Geschrei, Gekeife. Auf Santa Cruz gab es keinen Verwalter, der die Dienstboten antrieb, der auf Gewinn, auf Ertrag achtete. „Wie in Laxenburg", hatte Leopoldine gedacht. „Tag täglich gehe ich schon früh 8 Uhr mit meinem Gemahl auf die Jagd zu Pferde, nachmittags zu Fuss. Pflanzen und Bäume sehe ich mit schönsten Blüthen überseet die noch in Europa unbekannt sind", hatte sie an ihren Vater geschrieben. In Santa Cruz war die Luft frischer, dorthin ging der Schwiegervater im Sommer, wenn es in Rio zu heiß, zu brütend war.

Sommer, Jänner 1822.

Der König, der Schwiegervater, war vor neun Monaten nach Lissabon zurückgekehrt. Pedro und Leopoldine waren allein in Brasilien; die politische Situation verfahren und bedrohlich; die einzelnen Kapitanien waren von den Cortes aufgewiegelt, wollten sich loslösen. Von einer Woche zur anderen konnten Aufstände, konnte ein Bürgerkrieg gerade noch zurückgehalten werden. Das riesige Land Brasilien war kaum mehr zu einem einzigen Staat zusammenzuhalten.

Am 9. Jänner 1822, der wichtige Tag „fico", „ich bleibe".

Das bereits aufgeteilte Brasilien wieder eine Einheit. Pedro hatte den Cortes zuwidergehandelt, er war nicht nach Portugal abgereist, er hatte sich von den Cortes nicht wegschicken lassen.

„Ich bleibe"; die Cortes würden das nicht hinnehmen; sie würden mit einem Aufstand antworten. Leopoldine schickte den Marquis von Palma mit seinen Leuten in die Stadt. Alles sei ruhig, meldete er, die Friseure würden ihre Kunden auf der Straße bedienen, in der Markthalle gäbe es heute günstig junge Schweine zu kaufen, auch in den Tavernen würde niemand gegen Dom Pedro reden, über die Preise für eine Cortiço-Hütte würden sie sich streiten – alles wie immer. Für den 11. Jänner war der Theaterbesuch angesetzt; ein Tanzprogramm, Balladen zu Ehren von Dom Pedro, dem Retter. Leopoldine ließ bei der grünen Robe die letzten Nähte auftrennen; im siebenten Monat war sie schwanger.

Wie bei der Fahrt mit der lieben Mama nach Mähren betete Leopoldine auf der Fahrt von São Cristóvão hinunter in die Stadt, ins Theater. Von jubelnden Menschen wurden sie empfangen; Tanz, Gesang, Kostüme in allen Farben auf der Bühne und in der Pause Gemurmel; Beamte drängten sich zu Pedro und Leopoldine – die Aufführung müsse unterbrochen werden. In der Stadt seien Brände gelegt worden, die Straßen seien übersät mit Schmähschriften gegen Dom Pedro; das Schiff sei vorbereitet, mit dem man Pedro und Leopoldine mitsamt den Kindern nach Europa abtransportieren wolle, heute noch, in dieser Nacht. Die Menschen begannen sich umzudrehen, zum Ausgang zu streben, ihre Gespräche wurden schriller. Leopoldine ging auf die Bühne; entsetzt drehte sich die Menge zu dieser hochschwangeren Frau, „jetzt dürfen wir keine Angst zeigen, sondern Courage, mein Gemahl hat alles unter Kontrolle", rief sie und blieb stehen, bis alle im Saal wieder saßen, bis Sänger und Tänzer ihre Plätze eingenommen hatten. Stehend verfolgten sie und Pedro das Programm.

Zum Schluß blieb der Vorhang offen, die Künstler stoben ohne Verbeugung nach allen Richtungen davon. Die gelegten Brände zogen wie Lichtgirlanden über die Stadt, Rauchsäulen arbeiteten sich in den dunklen Himmel, johlend zogen die Truppen der Cortes durch Rio. Pereira, ein Minister der neuen Regierung, ein Getreuer von Pedro und den Patrioten, den Brasilientreuen, kam ihnen ungeduldig entgegengelaufen. Er zog Leopoldine hinaus zum Wagen und schob sie hinein. Pedro war schon nicht mehr zu sehen, in der Nebengasse verschwunden; dort hatte Pereira die Truppen der Patrioten formiert. Endlos lang war die Fahrt hinaus nach São Cristóvão, immer wieder mußte in eine Seitengasse abgebogen werden, in einen Hauseingang geflüchtet; Leopoldine lag auf der Bank, Decken hatte der Kutscher über sie geworfen. Beim Haupteingang von Boa Vista blieb er stehen und riß sie aus dem Wagen, stellte sie auf die Erde und fegte zurück in die Stadt. Abgedunkelt und menschenleer waren die Küchenhäuser, die Stallungen, die Blau-Weißen. Leopoldine stolperte hinauf zum Wohnhaus, das Kind in ihrem Bauch drehte sich und trat, sie erbrach, minutenlang mußte sie stehenbleiben; niedersetzen, für einige Momente ausruhen – „im Schnee darf man nicht einschlafen, dann erfriert man".

Nogueira huschte hinter einer Tür hervor und die Aguiar, alle anderen Dienstboten waren geflohen. „Die Kinder", hatte Leopoldine gekeucht; Marie und der kleine Carlos schliefen. Körbe sollte Nogueira bringen, sie mit Decken und Papier auslegen; nach Essensresten schickte sie ihn, während ihr die Aguiar aus dem Samtkleid half. Im Finstern tappte sie nach ihrer Reitkleidung; sie sollte besser Männerkleidung tragen, eine Hose von Pedro, die würde zu eng sein; die Aguiar brachte Arbeitskleidung von Nogueira. Wehenkrämpfe schnitten plötzlich durch ihren Körper, das durfte jetzt nicht sein, das Kind war noch nicht fertiggewachsen. Leopoldine legte sich auf den Boden; in ganz kurzen Abständen kamen die Wehen, keine zwei, drei Minuten konnte sie durchatmen. Nogueira warf den Korb mit den Kleidern, den Decken zu Boden und rannte hinaus. Marie und Carlos hatte er auf dem Arm; die dreijährige Marie starrte in den nachtdunklen Raum, kein Muckser kam aus ihr; der kleine Carlos begann zu weinen, zu schreien; Nogueira hielt ihm den Mund zu, mit seiner großen Hand bedeckte er das Gesicht des Kindes. „Er erstickt" schrie Leopoldine. Nogueira hob die Hand gegen seine Herrin, zu schweigen hatten sie, vielleicht waren die Soldaten schon im Hof, versteckt hinter einem der Misthaufen; allen drei und den Kindern würden sie die Halsschlagadern durchtrennen und verschwinden. Ein neuerlicher Wehenkrampf zog Leopoldine die Beine hoch, sie konnte ihrem Körper nur mehr nachgeben. Nogueira murmelte – „zu früh" und stürzte hinaus.

Insekten surrten, das Holz knarrte, draußen Zischlaute, ein Stein, der auf einen anderen fiel, vielleicht von einem Tier losgetreten, warum waren die Fensterläden offen, es knirschte und schlurfte, Nachtgeräusche. Plötzlich stand Nogueira wieder im Raum. Das Kleiderbündel warf er auf den Boden und hielt Leopoldine den Krug an den Mund, „trinken", befahl er und ließ den schweren Wein in ihren Mund rinnen; dann wühlte er in den Kleidern, hatte einen Onyx in der Hand und preßte diesen Stein zwischen die Beine von Leopoldine. Der Onyx mit der Kraft des Saturn, der Verzögerer; auf dem Kirchplatz verborgen die Sklaven die Steine, den Amethyst und den Rosenquarz; noch drei-, viermal krampfte sich der Leib von Leopoldine zusammen, dann machte das Kind in ihrem Bauch Schwimmbewegungen, und ihr Körper, ihr Fleisch lag ruhig da, benommen und schwer, wie zum Schlaf gebettet. Nach ein paar Atemzügen zog Nogueira sie hoch; Leopoldine schwankte, sie mußten ihr helfen, die Kleider von Nogueira anzuziehen; Brot und Orangen und Mangos legte die Aguiar in einen Korb, weißen Käse hatte Nogueira noch gefunden, doch es gab kein frisches Wasser im Haus, nur abgestandenes, verfaultes, ungeeignet für die Kinder. Ein paar Schluck Wein gab Leopoldine der kleinen Marie zu trinken, flüsterte – still solle sie sein, sie würden nach Santa Cruz reisen, dorthin würde Vater nachkommen.

Einen Korb mit Nahrung und Kleidungsstücken für die Kinder, einen Korb, ausgelegt mit Tüchern; da hinein wurde Marie gesetzt, ihr kleiner Bruder neben sie gelegt. Mit einer Roßdecke wurden die Körbe zugedeckt. Minutenlang schrie Marie, sie hatte Angst zu ersticken, kletterte heraus, wurde hineingedrückt; bis herauf nach São Cristóvão waren die Kämpfe zu hören, der Himmel rosa beleuchtet; drei Uhr früh. Leopoldine wollte die Aguiar, Nogueira umarmen, sie wichen weg und knieten nieder; als wäre Zeit für das Gebet der Morgensegnung, sprachen beide zeilenlang ihre Bitten und ihre Dankesworte und huschten weg. Chili und das zweite Pferd trabten los, Leopoldine nahm einen Umweg, um der Stadtstraße auszuweichen. Die rote Erde noch aufgeweicht vom Regen des Vortages, zentimetertief sank der Wagen in den roten Sand. Die Pferde galoppierten, rissen das Gefährt über Steine und vertrocknete Kakteenstümpfe; Marie begann zu schreien, und von ihr angesteckt schrie Carlos. Der Korb mit den Kindern war nicht befestigt und schaukelte wie eine leere Tonne hin und her. Viel zu selten hatte Leopoldine selber einen Wagen gelenkt, sie hatte das Reiten erlernt, sie war eine bessere Schützin als Pedro, doch das Führen eines Gespannes hatte Pedro ihr nie überlassen. Nun war sie kaum imstande, die Zügel gleichmäßig festzuhalten, die Pferde durch ihr ungleiches Ziehen nicht zu immer schnellerem Galopp anzufeuern. In ihren Handgelenken brannte es schon nach wenigen Kurven wie wund, in den Fingern hatte sie Krämpfe, daß sie das Leder der Zügel nicht mehr fühlte. Zwölf Meilen waren die kürzeste Strecke nach Santa Cruz, sie hatte nun eine gewählt, die mindestens eine Meile länger war. Mit mehreren Rucken brachte sie den Wagen zum Stehen; Leopoldine nahm ihre Schnur vom Bauch und band damit den Korb mit den Kindern fest. Sie legte Carlos seiner Schwester in die Arme, „bitte schrei nicht, ich bitte dich, halt ihm den Mund zu", flüsterte sie zu Marie; fremd sah ihre Tochter aus, das Gesicht angstverzerrt. Im Gebüsch neben dem Wagen schlurfte es, die Pferde rissen sich los und sprengten ohne Leopoldine davon. Antas waren es, kleine Wildschweine, keine Soldaten, die über den Weg wollten, ein Muttertier mit vier Jungen. Leopoldine lief ein paar Schritte dem Wagen nach; unmöglich war es, diese Strecke zu bewältigen, zwölf Meilen; wäre es nicht das beste, hinunter zur Guanabara-Bucht zu fahren und sich mit den Kindern im Schiff der Cortes niederzulassen, auf Pedro zu warten; nach Hause, nach Europa, weg von hier, wo man sie, Leopoldine, wo man Pedro nicht haben will. „Der große Metternich ist ziemlich in Sorge; er spricht es sogar offen aus, er fürchtet, daß sich hier die Tragödie Ihrer Tante Marie Antoinette wiederholen könnte", gelacht hatte Leopoldine, als Schäffer ihr das erzählte.

Sie ging langsam dem Wagen nach, die Pferde waren weit vorne stehengeblieben; es begann zu regnen, die Pferde stampften ungeduldig. Sie sollte schneller gehen, laufen; nicht nur ihr unförmiger Körper war ihr im Weg; sie wollte nicht, sie konnte den Befehl nicht weitergeben; unzählige Schritte sollten es noch sein, vielleicht nahm man sie und die Kinder hier gefangen, bestimmt wimmelte es im Wald rechts und links von Soldaten, die als Späher ausgesandt waren; die dicken Regentropfen platschten in den Sand und spritzten den Schlamm hoch, der Saum ihrer Hosen war nach wenigen Schritten schmutzverklebt und schwer. „Du weisst nicht wie verzweifelt ich bin, daß sich das Glücksrad umänderte und wir noch auf unbestiemte Zeit hierbleiben, daher wenig Hoffnung besteht Dich wiederzusehen", im vorigen April schrieb sie an ihre geliebte Schwester. Den Wagen umdrehen, Richtung Stadt, hinunter zum Hafen fahren. Leopoldine blieb einige Male stehen, jetzt müßte sie aufgehalten werden, der Regen so dicht fallen, daß sie nicht weiterfahren kann. Marie saß im Korb, so, wie Leopoldine sie hineingesetzt hatte, den Bruder an sich gepreßt, der Kleine schlief. Ein

Schüttelfrost zitterte durch das kleine Mädchen, sie klapperte mit den Zähnen, als würde Eiswind sie peitschen, Tränen rannen über das Gesichtchen, und ohne einen Laut hauchte sie immerfort, „papai, papai". Leopoldine zuckte vor diesem Bild zurück; sie öffnete die Kanne mit dem Wein, tauchte Brot ein und schob es Marie in den Mund, ein Stück nach dem anderen. Nie sollten sich ihre Kinder ängstigen, sich unsicher fühlen und verlassen, nicht nach einem Elternteil rufen müssen, weil der andere weggehen will, sich wegstehlen, das hatten sie und Pedro einander versprochen, bevor Marie zur Welt gekommen war.

Leopoldine kaute die weichen Brotstücke vor, befeuchtete sie mit viel Speichel und schob Carlos diese Masse in seinen schlafenden Mund. Bananenblätter brauchte Leopoldine, um den Korb der Kinder zuzudecken, Bananenblätter ließen den Regen nicht durch. Mit einem Stein arbeitete sie an den astdicken Blättern, konnte eines und ein zweites vom Stamm schlagen.

Leopoldine war noch keine Meile gefahren, noch keine Stunde unterwegs. Von den Ärmeln der Jacke riß sie zwei Streifen herunter, sie biß Lianen ab und spuckte ihr Gift aus; mit den Streifen und den Lianen bandagierte sie ihre Handgelenke; den Hut mußte sie abnehmen, er war zu schwer vom Regenwasser, die Jacke, die Tunika, die Hose, alles vollgesogen und ihren Körper niederziehend. Sie stellte sich auf den Kutschbock, „nicht niedersetzen", befahl sie sich; beim leisesten Zügelgriff zogen die Pferde wieder los, ungleichmäßig wie vorher. Der Weg ging eine Meile geradewegs auf die Stadt zu, wenn eine Gruppe Palmeiras zu sehen war und dahinter das bischöfliche Landhaus schimmerte, mußte sie nach Osten wenden. Vier Uhr früh; sie fuhr durch schwarze Luft, vor sich die weißen Regenvorhänge; der Frühwind bog die Bäume in den Weg, daß die Pferde beinahe scheuten, immer mehr Wassermassen wurden heruntergeschleudert, schwemmten den Sand weg; Regen und Wind heulten und pfiffen, daß Leopoldine nicht hören konnte, ob es im Korb mit den Kindern schrie oder still war. Ihre Augen hatten sich bald an den Grautönen festgekrallt, Leopoldine konnte die Bäume, die Kakteen nicht mehr unterscheiden; die wippenden Äste, verbarg sich dahinter ein Mensch, ein Soldat, wurden die Pferde tatsächlich langsamer, vorne, am Ende des Weges, stand da nicht die gebückte Gestalt ihrer lieben Großmutter aus Sizilien, Maria Caroline, „es ist für das wahre Glück unserer Kinder nötig, sie ferne von der Welt zu halten. Wenn sie keine Vergleiche anstellen können werden sie jene liebenswürdig finden, die Gott ihnen beschieden haben wird". Konversation mußte Leopoldine lernen, damit Marialva sie auch für würdig befand, eine Tochter für die Braganças zu werden. Einen Amethyst hat Marialva der Gräfin Lazansky, der strengen Erzieherin, geschenkt, so groß, daß sie ihn auf den Schreibtisch stellte, und das war eines der kleinen Geschenke, die Marialva verstreute. Leopoldine würde in ein Land kommen, in dem Milch und Honig fließe, in dem das ganze Jahr über Sommer sei, in dem alle Früchte gedeihen.

Der Regen hatte aufgehört, der Morgen dämmerte; die Wagenräder arbeiteten sich fast bis zur Mitte in den Schlamm. Leopoldine mußte geschlafen haben, sie erkannte die Gegend nicht, war nicht imstande, durch den Morgennebel hindurchzusehen, „nein", schrie sie, der Wagen durfte hier nicht steckenbleiben. Sie knickte ein dünnes Ästchen ab, und die Pferde sprangen hoch, scheuten und rissen den Wagen die Erhebung hinauf; oben blieb das Gespann stehen. Leopoldine lag im Schlamm. Sie ging dem Wagen nach, sie wich Käfern und Schlangen aus, erst im Gehen verspürte sie Schmerzen in den Armen, im Rücken; ein Regenbogen blendete sie. Der Korb mit den Kindern, bedeckt mit den Bananenblättern stand unverändert auf seinem Platz; Marie keuchte erschöpft im Schlaf, Carlos hatte die Augen weit offen und lächelte Leopoldine an. Die Pferde waren genau bei der Gruppe von Palmeiras stehengeblieben, hinter denen das rosarote Gebäude des Bischofslandhauses zu sehen war. Jetzt nach Osten, der Weg ziemlich gerade, den Weg nicht verlassen, um nicht in die Sümpfe zu kommen, Pedro hatte es oft erklärt. Wahrscheinlich war es nun sechs Uhr, die Sonne brannte, ätzte bereits. Sie trank einen Schluck Wein, ein paar Bissen vom Brot nahm sie; an den Orangen, den Mangos, roch sie; eine Orange aufbrechen und den Saft in den Mund pressen, das Fruchtfleisch aussaugen, die Mango auseinanderreißen und die Fruchtfasern in die Zähne ziehen und lange an ihnen saugen; schwindlig von Wein und Licht zog Leopoldine sich wieder auf den Kutschbock, sie stülpte sich den nassen Strohhut auf den Kopf, langsam trabten die Pferde los. Sie hieb auf die Pferde ein, daß sie galoppierten und ihnen nach wenigen Minuten der Schaum aus den Hinterbacken troff. Drei Reiter kamen ihr entgegen, nahmen sie wahr, hielten an, ließen den Wagen auf sich zukommen. Soldaten der Cortes, schoß es Leopoldine durch den Kopf und trieb die Pferde weiter an, auf die drei Männer zu; vielleicht eine Sonnenspiegelung, drei Coqueiro-Bäume. Die drei Pferde machten Platz für die rasende Kutsche; Leopoldine schaute die Männer nicht an, nichts war zu hören als das Rumpeln der beiden Körbe. Carlos weinte, schrie, Leopoldine achtete nicht darauf; nur weiter, weiter, sie konnte nichts mehr voneinander unterscheiden, vor ihren Augen blitzte jedes Blatt, jeder Stein blendete sie wie ein Spiegel, die Kinder im Korb schrien, wimmerten, weinten; Leopoldine blieb nicht stehen.

Marschall wird nun an seinem Bericht arbeiten, er wird in seinem durchfächelten Zimmer sitzen und von den Straßenkämpfen berichten, daß man im Sinne von König João in jedem Fall zu trachten habe, daß Brasilien dem Mutterland Portugal nicht verlorenginge, wäre es doch sonst als Zufluchtsstätte für die Braganças verloren. „Schlecht wird der hochwohlgeborene Schwiegervater in Lissabon behandelt, ganz übel", hatte er bei seinem letzten Besuch bei Leopoldine gesagt; regiert werde Portugal von den Cortes, eine Verfassung habe man dem Schwiegervater bei seiner Rückkunft im Vorjahr vorgelegt, damit er nachlesen konnte, was seine Rechte waren – keine. Ein Bruder-Verhältnis zwischen den Ländern soll errichtet werden; einem Bruder schreibt man nicht vor, an wen er seine Waren verkaufen darf. Vor vierzehn Jahren, 1808, sofort nach seiner Ankunft hier, hat der Schwiegervater die Häfen geöffnet, freier Handel für alle Brasilianer, ein Ende der englischen Kuratel, der willkürlichen Zolleinhebungen.

Wer war hier eigentlich der Kolonialherr, England oder Portugal? Nicht genug konnten sie bekommen, die Engländer; teuer ließen sie sich die Unterstützung des Bragança-Hofes bei der Flucht hierher, der Flucht vor Napoleon, bezahlen.

Der französische Botschafter hatte mit Leopoldine gesprochen, im Theater, vor wenigen Wochen,

„schlechte Nachrichten, die Cortes haben es durchgesetzt, brasilianische Waren nur mehr über Portugal in die ganze Welt; Strafzölle sind zu bezahlen". Knecht, Sklave; Brasilien, immer Knecht, immer kontrolliert, nie frei, ausgesaugt, ausgeblutet.

Leopoldine mußte sich an den Zügeln festhalten, so schwankte sie in der Sonne, im Rhythmus, in dem sie hin und her, auf und ab geworfen wurde. Wie viele Stunden waren vergangen, seit die drei Soldaten ausgewichen sind. Leopoldine hat die Richtung verloren, das Gras war höher, der Weg kaum zu finden.

„In der festen Überzeugung dass man, wenn man den Willen seiner Aeltern erfühlt, gewiess glücklich ist in jeder Lage, denn du weisst dass eine Prinzessin nie handeln kann, wie sie will", das hatte sie als Braut an Marie Louise geschrieben. Für Marie Louise waren keine Geschenke von Marialva abgegeben worden, Louise in Parma, zu weit weg. Weggeschoben, in die Heimlichkeit gedrängt; Neipperg ist der Mann von Louise, wie viele Kinder haben sie gemeinsam, sie darf nicht darüber reden, nicht darüber schreiben, nicht einmal ihrer Schwester Leopoldine darf sie darüber ein Wort berichten; abzubüßen hat Louise ihre Ehe mit Napoleon. Großmutter hat mit ihrem Stock aufgestampft; wenn sie, Louise, dieses Ungeheuer liebe, dann werde sie wohl wissen, wo ihr Platz sei. Leintücher solle Louise zusammenbinden und flüchten, von Baden nach Helena, in Männerkleidung.

Die Pferde standen plötzlich still; Leopoldine konnte keinen Pfad erkennen, nur eine Lichtung, das mußte der Weg sein. Sie hieb auf die Pferde ein, bis die sich aufbäumten und in die freie, grüne Fläche ritten, zwei, drei Wagenlängen lang, dann begann Chili am

Stand zu galoppieren, zu traben. Sie waren in den Sumpf geraten, sekundenschnell sanken die beiden Pferde bis zum Bauch in die schwappende Wiese, die Räder des Wagens sanken den Pferden nach, verschwanden in der grünüberwucherten, aufgeweichten Erde. Leopoldine starrte auf die Tiere, sie standen reglos mit zurückgelegten Ohren, sie sanken nicht tiefer, auch der Wagen bewegte sich nicht; drei, vier Schritte entfernt sah Leopoldine jetzt den Weg, unter dem überhängenden Geäst bog er in den Wald. Fast Mittagszeit, sie standen schutzlos in der Sonne; Leopoldine bewegte sich vorsichtig nach hinten, zu den Körben, nahm die beiden Kinder heraus; mit Händen und Füßen hefteten sich Marie und Carlos an ihre Mutter, Marie mit aufgesprungenen Lippen, auf denen winzige Blutstropfen standen, Carlos mit fiebrigen Augen. Keine Möglichkeit für Leopoldine, von hier wegzukommen; nun würde sie mit ihren Kindern verbrennen, vielleicht noch rechtzeitig versinken. Die Finger tauchte sie ein, und saugte Wasser; sie holte die Orangen aus dem Korb, den Wein, preßte den Kindern Saft auf die Lippen, in den Mund, schob ihnen Farofaklumpen nach, kaute das Fleisch der Orange. Schwärme von Insekten tanzten plötzlich über ihnen, daß Leopoldine die Decke über sich und die Kinder ziehen mußte; zu Tode gestochen, vom Gift der Tropen getötet, in der Sonne verglüht, im Sumpf versunken. Ein vollkommen unbewohnter Flecken Natur hier, für Jagdausflüge deshalb ideal. Leopoldine drückte die Kinder an sich; welche Vergehen waren von ihren Kindern begangen worden, von dem ungeborenen Kind, dem Nogueira das Leben gerettet hatte.

Zuerst war ein Puris, ein Indianer, allein gekommen. Er hatte Steine auf die Decke geworfen, gab entsetzte Laute von sich, als er eine Frau hervorkriechen sah. Er rannte weg; Leopoldine rief ihm nicht nach, sie war zu matt; die Kinder deckte sie zu; sie selber hatte es ja kühl, sie hatte Schneebilder vor sich, die Eisblumen, die da vorne tanzten.

Zwei Männer sägten an einem Baum und ließen ihn zum Wagen fallen; über den Baumstamm, auf dem Baum rutschte einer auf sie zu und nahm ihr Marie weg, er kam wieder und nahm ihr Carlos weg. Leopoldine ließ sich die Kinder abnehmen; dann stieß einer sie von ihrem Platz und schob sie, schleifte sie zum Stamm, daß sie sich darüberarbeiten mußte, wie der Indianer sich auf den Wagen zugeschoben hatte. Sie schütteten Wasser über Leopoldine und ihre Kinder, betteten ihr Marie und Carlos wieder in die Arme, sie schoben und zogen den Baumstamm unter den Bauch der Pferde, bis die anfingen zu schlagen, zu wüten und bald mitsamt dem Wagen neben Leopoldine standen. Die Körbe schwammen im Wasser; ein Pferd schirrten die Indianer ab, Chili. Dann setzten die Puris Leopoldine auf den Wagen, banden die beiden Kinder mit Lianen an ihren Leib. Der Puris auf Chili galoppierte voraus; Leopoldine sah verschwommen das Pferd die Kurven ausreiten, stehenbleiben, auf den Wagen warten. Zeigte Pedro den Weg, wanderte sie mit den Schwalben heimwärts, wer zieht, wer hält sie am Wagen fest; da unten, Laxenburg, Santa Cruz.

Alles leer, alle geflohen; die Wasserkrüge waren leer.

Die Zimmer durchwühlt, sie hatten alles, was zu tragen war, mitgenommen; in der Küche fand Leopoldine ein paar Tücher, verschmutzt und schimmelig, sie fand in einem Holzteller Farofa; das Mehl bewegte sich, war von Ameisen und Insekten durchwühlt. In einer Kanne war Öl; nichts Trinkbares fand sie. Die Zisterne im Hof fiel ihr ein, Leopoldine rannte hinaus; tief unten glänzte es silbrig, doch unmöglich, an das Wasser heranzukommen. Leopoldine nahm die Liane, mit der sie ihr die Kinder umgebunden hatten, sie reichte nicht, der Holzbottich schwang über dem Wasserspiegel in der Zisterne. Leopoldine fand nichts, womit sie das Wasser heraufschaffen könnte. Sie war nicht in der Wüste, alles grün und zum Platzen voll Leben, jede Pflanze, jeder Baum, jede Blüte hatte Wasser aufgesogen; Marie weinte; fremd war die Stimme des zweijährigen Mädchens. Das Weinen dröhnte in ihren Ohren, hinunterklettern und Wasser heraufholen, Leopoldine schrie in den Brunnenschacht; das Grün, das vollgesogene, vollgefressene Grün solle aufhören, sich ihr entgegenzustrotzen, was war das für eine Welt, die alles an sich riß und vergiftete, nichts mehr losließ. Sie riß Blumen aus, die am Rand des Brunnenschachtes wucherten, sie riß daran, bis sie blutete. Die Halme, die Farne, die schlingenden Pflanzen, die tausend Grün, alle hatten Wasser in sich, hatten das Wasser in der Hitze in ihre Gifte umgebrütet; Fliegen setzen sich sofort auf ihre blutenden Finger. Zurück zum Haus; in der Mittagshitze schwankte der Boden; über frischgefallenen Schnee ging Leopoldine, tausend Kristalle blendeten sie, weit drüben an der Tür steht die liebe Mama, nein, der liebe Papa; er lächelt nicht, er schaut Leopoldine mit dem Schreibtischblick entgegen. Leopoldine stolpert, liegenbleiben will sie, im Schnee; das darf sie nicht, der liebe Papa bewegt sich nicht, er streckt nicht die Hand entgegen, kommt keinen Schritt auf sie zu; weggehen soll er, den Weg freigeben, was hat dieser Vater mit seinen Kindern vor; sie hat ihre Pflicht erfüllt, die Expedition ist abgeschlossen, die Reputation für Österreich gerettet, immer war sie gesessen, ohne sich anzulehnen, nie hatte sie sich beklagt; Wasser braucht sie jetzt, für sich und ihre Kinder. Leopoldine versuchte aufzustehen, sie war zu matt, kroch weiter dem Vater entgegen. „Sie können sich nicht ausreden, der Metternich hätte Ihnen die Briefe nicht weitergegeben, Vater, Sie haben es selber angewiesen, nur Wichtiges wollen Sie wissen – der Schwiegersohn von den portugiesischen Cortes niedergemetzelt, die Tochter mit den Enkelkindern umgekommen, eine Messe für alle vier gelesen und Trauerflor an den Bildern befestigt; Vater, Wasser muß ich haben, die Zisterne ist voll; hat Metternich das Kästchen noch, randvoll mit den Edelsteinen; das hat allen wohlgetan, diese Ströme von Gold und Silber, was für ein Schwiegersohn, welches Land; Vater, in Dresden habt ihr euch von Napoleon mit Geschenken überschütten lassen; da war kein Schmerz mehr, daß Louise die verlorene Schlacht von Wagram hatte bezahlen müssen; die silberbeschlagenen Pferde mit den golddurchwirkten Decken, überall, wo Marialva auftauchte, Topas, Smaragd, Gold, Silber, Kristall, Seide, Porzellan, da jubelten die Wiener; die Poldl kommt in ein Märchenland, die Poldl ist ja ein Sonntagskind."

Leopoldine kroch weiter auf die Tür zu; das Pferd war mit dem Wagen zu einem Tümpel getrabt, dort waren Kakteen mit reifen Früchten, die mußte sie haben, die waren voll Flüssigkeit, voll Fruchtsaft. Ohne nach Marie und Carlos zu sehen, tastete sich Leopoldine durch das Gras zum Tümpel; sie zog ihre Jacke aus, ihre Hose, das Leibhemd, tauchte alles ins Wasser, sammelte die eiergroßen Früchte. Mit ihren nassen Kleidern deckte sie Carlos zu, kühlte den fieberglühenden Kinderkörper; das Fruchtfleisch vermengte sie mit dem Farofa und schob es den Kindern abwechselnd in den Mund.

Mehr als zwölf Stunden war Leopoldine nach Santa Cruz unterwegs gewesen. Sie schlief, erwachte, taumelte zum Tümpel, um ihre Kleider, die fieberheiß waren, in Wasser zu tauchen, und um den Körper von Carlos zu wickeln; ihr Kopf war ohne Bilder; manchmal sagte sie laut „Santa Cruz" in das Zimmer. Marie saß auf dem Bett, neben ihrem Bruder, sie stellte keine Frage, verlangte nicht nach Essen, nicht nach Trinkbarem, sie öffnete den Mund, wenn Leopoldine ihr Farofakügelchen hineinschieben wollte, und schluckte und schlief. In der zweiten Nacht kam Pedro; er hatte einen Soldaten mit und Stricke, damit schöpfte er Wasser aus der Zisterne, er holte aus den Satteltaschen Brot und getrocknetes Fleisch und stapelte es vor Leopoldine auf den Tisch; er brachte Blätter vom Jabuticaba-Baum, die Leopoldine dem fiebernden Carlos auflegte.

Sie gingen zu dritt geschäftig im unbeleuchteten Haus herum; Leopoldine begann den Boden aufzuwaschen; Ordnung wollte sie plötzlich haben und keinen Käfer an der Wand sehen; Pedro badete die Kinder, sang ihnen Lieder vor. Leopoldine verschloß den Raum, in dem sie mit Pedro und den Kindern war, alles an seinem Platz, der Tisch und der Stuhl abgewischt, über dem Bett die Pferdedecke, in allen Gefäßen Wasser, frisches Wasser, und auf den Tellern das Brot und das Fleisch; jedes Geräusch, das vom Gehilfen im Hof hereinkam, steigerte ihre Wohligkeit, ihre Behaglichkeit; das Kind in ihrem Bauch dehnte sich, reckte sich;

Pedro roch nach Schweiß, Alkohol, nach Regen, er war nicht auf Lust aus, nicht auf ihr Stöhnen; sie fielen ineinander, nicht mehr verlassen wollten sie sich fühlen, spüren wollten sie, daß sie lebten, einer brannte es dem anderen in die Haut, ins Fleisch, daß sie leben wollten, weiterleben.

Eine Stunde vor Sonnenaufgang standen Leopoldine und Pedro auf, 14. Jänner 1822. Sie gingen ins Freie und überschütteten einander mit dem frischen Wasser, rieben ihre Körper mit ihren Kleidern trocken. Der Gehilfe hatte Kannen voll Wein gefunden: Leopoldine bereitete ein Frühstück, das getrocknete Fleisch und das Brot, sie bissen abwechselnd davon ab, noch immer schwiegen sie, schoben einander die Weinkanne zu. Die Kinder wurden wach, sie nahmen sie sofort zu sich, Pedro den fiebernden Carlos, Leopoldine die kleine Marie. Sie fütterten die Kinder, trugen sie ins Freie, frische Morgenluft sollten die Kinder in die Lungen bekommen. Der Gehilfe war weggeschickt, er würde am Abend wiederkommen mit Arzneien, Wäsche, Speisen; bald würde auch Pedro zurückreiten.

Wo die Cortes, die Truppen der Cortes nun seien, fragte Leopoldine endlich. Pedro erzählte; die Cortes zurückgeschlagen, hinuntergedrängt Richtung Guanabara, die Brände werden mittlerweile gelöscht sein; viele verletzte Soldaten, bei den Patrioten, bei den Cortes. „Sie werden nicht aufgeben, nur lauern auf einen neuen Schlag, in jeder Cortiço-Hütte ein Cortes-Soldat", sagte Pedro; „und jetzt", er zuckte mit den Schultern; wie der Bruder Franz, wenn er nicht weiterwußte. Eine Regierung war zu bilden, Minister brauchte Pedro.

„Einer reicht; man braucht nicht viele Wegweiser,

die verwirren; am Rand soll er stehen und nicht hinauf in die Lüfte weisen, die Richtung soll er zeigen, dann finden sich von selber jene, welche die gleiche Richtung gehen wollen." Das hatte Schüch Leopoldine erklärt, ihr Lieblingslehrer, die Hand immer unter der Jacke ans Herz gedrückt.

„Der Andrada", sagte Leopoldine, und Pedro nickte, sofort begann er alles zum Aufbruch vorzubereiten; sie solle am Tag das Haus nicht verlassen, sich um kein Geräusch draußen kümmern, im Haus warten, bis er, Pedro, wiederkäme; zurück nach São Cristóvão könne sie erst in ein paar Tagen, und dafür würde er ihr Wagen schicken. Einer von Andradas Leuten habe ihn, Pedro, nach Leopoldine, nach den Kindern gefragt und ihm gesagt, daß Bonifácio Andrada nach Sepetiba kommen werde, das sei ganz in der Nähe, keine halbe Reitstunde von hier. Der Andrada werde sie sicher aufsuchen; Leopoldine solle mit dem Andrada reden, ihn überreden, das Ministeramt anzunehmen.

Pedro hielt den kleinen Carlos im Arm, mit leerem Blick schaute das zehn Monate alte Kind den Vater an, am Vater vorbei; „wird er bald reden", fragte Pedro, und Leopoldine schüttelte den Kopf. Pedro sang, tanzte mit dem Kind am Arm, „du wirst dir meine Stimme einprägen, und die Stimme deiner Mutter, deiner Schwester"; Leopoldine drückte Marie an sich; ein Stück der Haut dieses Mannes behalten können, den Kindern diesen Vater hierbehalten.

Leopoldine aß von den Brotrinden, trank das Wasser; sie hatte Pedro nicht nachgeschaut; die Kinder schliefen, wie er sie gebettet hatte. Ihr Hemd zog sie nicht über die Schulter, ließ es, wie seine Hand es weggeschoben hatte. „Poldl, in jedem Leben ist alles drinnen, gescheit soll man sein und es wahrnehmen, zur rechten Zeit", die liebe verstorbenen Mama. Leopoldine ließ alles auf seinem Platz, legte sich auf den Boden, wo noch die Jacke von Pedro lag; nicht schlafen, befahl sie sich.

2. Dezember 1826.

Die Aguiar lächelt, „kein Fieber mehr"; sie setzt Leopoldine auf. Leopoldine wird gewaschen; das Weiß der Wände flimmert, so schnell dreht sie sich in ihrem Bett und um diese Wände, daß die zersplittern und Leopoldine zurückzuckt, um nicht in die Zacken zu greifen. Das Zimmer voll Licht, voll Menschen; sie breiten frische Tücher über sie, auch über den Kopf; sie kehren, sie wischen den Boden, sie schließen die Ritzen im Boden mit aufgeweichter Seife; endlich bringen sie das Essen. Der Reis ist nicht frisch gekocht, er riecht modrig, sie haben ihn mit Wein noch einmal aufgekocht, das ist gut gegen Fäulnis; frische Rosinen und Datteln sind daruntergemischt; den Hühnerschenkel stellt Leopoldine weg. Kaffee will sie; sie tuscheln mit der Aguiar, mit dem Palma und werden hinausgeschickt, um den Kaffee zu holen. Wie Sirup rinnt das schwarze Getränk in das Glas, dick vom Zucker. Sie stellen sofort Schüsseln bereit und Tücher; im nächsten Moment wird sich wieder alles aus ihr herausarbeiten. „Nein", Leopoldine schüttelt den Kopf; ab heute wird sie essen und trinken, ausschlafen. Sie muß bei Kräften sein, wenn Pedro aus Cisplatina zurückkommt, und er wird bald kommen; wie er nach dem Aufstand der Cortes nach Santa Cruz geprescht war, wird er von Cisplatina hierher zurückreiten, die Stiegen herauflaufen und in ihr Zimmer stürmen.

Sie bringen die Kinder; zum ersten Geburtstag vom kleinen Pedro alle herausgeputzt und in weißen Rüschenkleidern; Leopoldine fährt Januária über die Haare, sechs Wochen nach der Flucht nach Santa Cruz war sie zur Welt gekommen; Leopoldine nimmt Francisca den Finger aus dem Mund, streichelt Paula Mariana; „Mamãe", singt die Dreijährige. Leopoldine trägt Marie auf, heute ihre Geschwister zu zeichnen, „es muß alles geordnet sein, wenn Dom Pedro, wenn euer lieber Papa kommt", sagt sie.

„Ein neues Fieberdelirium", ruft die Aguiar und stürzt hinaus.

Zwei Tage war Leopoldine mit Marie und Carlos in Santa Cruz allein; Marie begann langsam wieder zu reden, zu lachen, zu singen.

Die Puris kamen immer wieder; sie schlichen wortlos um das Haus, spießten eine Schlange auf, die ins Haus kriechen wollte, sie verscheuchten die Affen, die vom Essensgeruch angezogen waren, sie legten ihr Kräuter und Blumen vor die Tür, stellten Holzteller mit zerriebenen Wurzeln auf den Tisch; sie solle dieses Pulver Carlos ins Essen geben.

Am Morgen des 17. Jänner klatschte es vor dem Haus; José Bonifácio und ein General standen vor der Tür; wie in Friedenszeiten, als würden sie einen Freundschaftsbesuch abstatten, klatschten sie, um sich bemerkbar zu machen. Eine Assafata hatte Dom José mitgebracht, die würde die Kinder beaufsichtigen. Leopoldine rannte zum Pferd; sie hatten immer alles zu Pferd besprochen, auf ihren Ausflügen. General Rendon schaute weg, als sie, die hochschwangere Frau, sich auf das Pferd schwang. Dom José fegte voraus; beim Spaziergang redeten sie über die Geschichte des Landes, als wäre Zeit für Unterrichtsstunden; wann der nächste Brasilianer komme, fragte Dom José; Leopoldine griff auf ihren Bauch, „in sieben, acht Wochen", lachte sie.

Leopoldine fragte, wie es in Rio sei, ob man wieder sicher dort leben könne; Bonifácio hob die Hände; alle würden auf die nächsten Taten von Dom Pedro warten. Neun Monate sei der König, sei Dom João nun weg, und die politische Situation sei in Brasilien verworren wie noch nie. Dom João hätten die Cortes noch geschont, es ihm hoch angerechnet, daß er Brasilien endlich als Fluchtland herzeigte, ein erwachsenes Kolonialkind, auf das man sich verlassen konnte. Was für eine Zeit sei es; was soll das Volk von seinem Prinzregenten halten, wenn sich der von Beamten aus Lissabon die Dotation streichen läßt, wie man einer Mucama, einer Zofe, das Einkaufsgeld kürzt. Wohin kann es führen, wenn Dom Pedro, und Dona Leopoldina möge verzeihen, daß er ihren Gemahl angreife, wenn Dom Pedro den Kardinal absetzen ließe; wird er zusehen, wenn sie als nächsten Schritt die Kirchen plündern und die Geistlichen köpfen; hat sie, Leopoldine, sich den 21. September 1821 eingeprägt? Den Prinzregenten per Gesetz aus dem Land zu weisen, zur Rückkehr nach Portugal zwingen; Dom Pedro wie einem Rotzbuben Bildungs- und Erziehungsreisen vorzuschreiben, damit er den Unterschied begreife, Chef eines freien Volkes oder Tyrann von Sklaven zu sein; solche Angriffe habe sich Dom Pedro gefallen lassen müssen. Er, Bonifácio, wisse, Dom Pedro habe keine Erziehung genossen; eine jahrhundertealte Rechnung des Bragança-Hauses müsse Dom

Pedro bezahlen, was für ein Hochmut, Höhergeborenen nicht Disziplin und das Bewußtsein zur Pflichterfüllung hineinzuerziehen. Ob Leopoldine glaube, daß sie hierher, in dieses Land gestellt sei, um eine romantische Ehe zu führen, sich mit einem treulosen Ehemann über Nadelgeld und die Ausgaben für seine Mätressen zu streiten; im September habe sie sich den Cortes nicht gebeugt, sie sei nicht nach Europa zurückgereist. Sie habe wie Dom Pedro vor zwei Wochen, „fico" gesagt, nun dürfe sie nicht zaghaft werden und von der Ferne beobachten wollen; in ihrem edlen Haus, im Hause Habsburg, sei sie zum Handeln erzogen worden.

Leopoldine schaute in das Gesicht des Mannes, in die vielen Falten, die alle nach oben wiesen, die dunklen Augen, in denen es lächelte. Sie ließ sich durchschütteln von den Tränen, die endlich aus ihrem Körper herauswollten. „Leider Gott ist die Hoffnung, für so schnell nach Europa zu segeln verschwunden. Brasilien ist in aller Hinsicht ein so reiches Land, dass es unumgänglich ist es zu erhalten. Der Allmächtige leitet alles zum Besten der Menschen und das allgemeine Beste geht den Privatwunsch so heiss er noch seyn mag, vor"; das hatte sie vor einigen Monaten an ihren Vater geschrieben. Nicht mehr zurückkreisen, nie mehr die Jahreszeiten riechen, nie mehr Frühling mit längeren Tagen und Winter voll Nebel und Eis erwarten, herbeiwünschen, nie mehr Familienfeste und Musikabende, wann würden ihre Kinder die Großväter sehen. José nahm Leopoldine in den Arm; nichts Tröstendes war in dieser Umarmung, nicht das Versprechen, ihr etwas abzunehmen, kam auf sie zu; ausruhen sollte sie sich, sich erholen.

Ende Mai 1821.

Vor fünf Wochen war der Schwiegervater abgereist; Pedro seit fünf Wochen Prinzregent; Pedro, ohne jede politische Erfahrung. Wie entsetzt war sie gewesen, als Pedro Graf Arcos wegjagte, ihn aus Brasilien verbannte. Arcos, der erste Minister, ein Jugendfreund von Pedro, der Steuergesetze vorlegte, die gerechter waren; Arcos, der ein Gesetz erließ, damit die grausamen Züchtigungen der Sklaven geahndet werden. Arcos arbeitete Pedro zu langsam an der Verfassung für Brasilien, Arcos kümmerte sich nicht um die Cortes, und vor diesen Liberalen hatte Pedro Angst, sie wollte er mit Entgegenkommen ruhigstellen, von den Liberalen wollte er bejubelt werden.

Leopoldine hatte sich in den ersten Wochen nicht eingemischt; endlich hatte sie „Quinta Boa Vista", alle Räume von Palast Schönblick, ganz für sich und ihre Familie; sie ließ die Räume neu auskalken, die Möbel umstellen, eine neue Zimmerordnung, nur zwei Räume für Repräsentation mit Brokatvorhängen und gepolsterten Möbeln, alle anderen gescheuert, gefegt, gelüftet. Über die offene Treppe ein Dach mit Wasserspeiern; die Dienstboten begann sie zu erziehen, still sollten sie sein und nicht auf dem Boden sitzen, Waschschüsseln ließ sie aufstellen, damit sie sich oft und oft die Hände wuschen; als nächstes wollte sie endlich ihre Aussteuer auspacken, die Tischdecken und Servietten, die Bettwäsche mit den Spitzen und Monogrammen, das Porzellan und das Silber. Vier Wochen lang hatte sie Hausfrau gespielt; Marschall ließ sich anmelden; nicht bei Dom Pedro, mit seiner Landsmännin Leopoldine wollte er sprechen. „Er ist vollkommen unwissend und übertrieben arrogant, der Kronprinz hat in Wahrheit keine

Erziehung genossen, er hat wenig gelesen", so hatte der Botschafter an Metternich geschrieben.

Leopoldine wollte nichts mit Marschall zu tun haben. War es nicht der Herr Botschafter, der ihre Post verzögerte; zwei, drei Monate lang ließ Marschall sie liegen. Leopoldine ließ Marschall warten; Carlos war drei Monate alt und schrie, das Trommeln des Regens riß das kleine Kind aus dem Schlaf; so sehr ängstigte er sich, daß er sekundenlang aufhörte zu atmen und die Lippen bläulich wurden. Leopoldine band ihm die Ohren zu; ihr Sohn war gesund, er litt nicht an Epilepsie, das durfte nicht sein. Mit dem schreienden Kind am Arm empfing sie Marschall; „hat der Kronprinz auch", sagte er und verbeugte sich. Leopoldine verneinte. Marschall begann zu reden; er redete sehr leise, bald lauter, noch lauter. Sie, Leopoldine, und Dom Pedro dürften Brasilien nicht verlassen, das wäre für die Cortes das Signal zur Revolution, zur Loslösung vom Mutterland, und damit wäre Brasilien für den Schwiegervater, für die Braganças, keine Zufluchtstätte mehr. Er spreche nicht als Botschafter zur Kronprinzessin, er erlaube sich zu raten; die Europa-Portugiesen dürften hier nicht länger das Sagen haben; sie, Leopoldine, müsse es doch wissen, daß Dom Pedro keine Idee von einer politischen, gesellschaftlichen Zukunft für Brasilien habe, ja, er gehöre einfach keiner geistigen Welt an, er rede von liberaler, demokratischer, monarchistischer Welt! Worte seien es für ihn und Abenteuer – Revolution, Krieg; Leopoldine müsse auf ihren Gemahl einwirken.

Leopoldine setzt sich im Bett auf, „glücklicherweise ist das gute Einvernehmen der Ehegatten nicht gestört worden", das schrieb Marschall vor einem Jahr, Dezember 1825. Pedro war nur mehr ein-, zweimal wöchentlich hier in Boa Vista, und vor vier Monaten, im August, schrieb Marschall, „die kleinen Differenzen, die es gegeben hat, sind durch die Kinder hervorgerufen worden"; da war Pedro in Santa Cruz mit Domitila und der kleinen Isabel.

Bonifácio in Santa Cruz, im Jänner 1822; José Bonifácio de Andrada e Silva, Universitätsprofessor, Forscher, Wissenschafter, Politiker, Vizepräsident der Region São Paulo. „Mein Gemahl braucht einen Minister für alle in- und ausländischen Angelegenheiten, einen Minister, der ihm alle anderen auswählt; ich darf doch sicher sein, daß dieser Minister Sie sind", Leopoldine sagte es auf deutsch, auf französisch und auf portugiesisch. Sie ritten zurück; drei Wagen waren inzwischen angekommen, um die Rückreise von Leopoldine nach São Cristóvão vorzubereiten.

José Bonifácio kam am späten Abend wieder; er werde das Ministeramt nicht annehmen, unmöglich könne er mit einem Mann wie Dom Pedro zusammenarbeiten, unmöglich könne er zurücknehmen, was er über Dom Pedro gesagt habe.

José Bonifácio hat das Ministeramt angenommen; „er lehnte es zwar ab, übernahm es schließlich doch, weil er es der Prinzessin versprochen hatte", schrieb Marschall.

Am 19. Jänner 1822, nach Mitternacht, wurde Leopoldine mit den Kindern zurück nach São Cristóvão gebracht. Die Wagen beleuchtet, voraus die Soldaten der Patrioten, die den Weg wiesen. Die Nachtluft kühl und feucht; am späten Vormittag kamen sie in Boa Vista an, wie von einem Ausflug zurückgekehrt. Die meisten Dienstboten wieder an ihrem Platz, mit Lachen, Liedern, Gekeife und Geschrei. Ihr Geburtstag sollte vorbereitet werden, Empfänge, Galas, Theater. Leopoldine sagte alles ab. Carlos nahm kaum Nahrung zu sich, erbrach ständig, das Fieber war zwar gesunken, doch der Kinderkörper hörte nicht auf zu zucken. Nach einer Amme schickte Leopoldine die Aguiar hinauf zur Glória-Kirche, eine junge Frau, möglichst vom Land, eine Schwarze mit dicken Brüsten solle sie bringen. Ärzte kamen und gingen, sie legten das zuckende Kind hin und her, abgemagert war der Kinderkörper, die Äderchen am Kopf herausgequollen. Am Gezeter und den Verwünschungen, die auf dem Gang geschrien wurden, hörte Leopoldine, daß die Amme im Kommen war. Eine Fünfzehnjährige, sie lachte über das ganze Gesicht, kniete vor Leopoldine nieder und legte Carlos sofort an ihre Brust. Stundenlang schmiegte sie ihn an ihre Haut, Carlos reagierte nicht; am nächsten Tag ging die junge Frau weg, sie ließ das Geld liegen. Am 3. Feber 1822 bekam João Carlos einen epileptischen Anfall; einen ganzen Tag, eine ganze Nacht und noch weitere vier Stunden wurde sein Körper von Krämpfen geworfen, bis das kleine, geschwächte Kind endlich gestorben ist.

„Von einem Bürgerkrieg, Revolution und Aufruhr bedroht, sah ich mich mit meinen zwei Kindern gezwungen, zwölf Meilen von hier weg zu fahren an einem sehr heissen und sengenden Tag; wobei der arme Kleine, der ein schwaches Nervensystem besaß ...", schrieb Leopoldine an ihre Tante, und dem Vater berichtete sie, „starb unser Sohn, ich bin unfähig, Ihnen meinen Schmerz zu schildern".

Pedro sperrte sich mit dem toten Kind stundenlang ein; er schrie alle hinaus; sein Sohn, getötet von den Cortes, ob diese Tiere nun sattgefressen seien und bereit, aus diesem Land zu verschwinden.

Ein Fest, eine Gala, wurde vorbereitet; Leopoldine sollte dem Herrgott dankbar sein, daß der ihr Kind, das nun ein Engel sein konnte, zu sich genommen hat. Sie bereiteten ein Festessen vor und begannen die Fenster mit Tüchern zu beflaggen, sie holten ihre Feiertagskleider und probten den Umzug mit den Tänzen. Leopoldine ging zwischen den lachenden, fröhlichen Menschen herum, bis hinunter in den Hof, den Weg weiter zu den Küchenhäusern. Dort lehnte der Züchtigungsstock am Dunghaufen; mit dem hieb sie auf alle ein, die sich ihr in den Weg stellten, die ihr „schweig, schweig", nicht auf der Stelle verstanden. Als sie zurückkam ins Wohnhaus, war es still.

Im Kloster Santo Antonio wurde João Carlos begraben; Pater Sampaio las die Messe, nur Pedro und Leopoldine knieten vor dem Sarg. Später Abend; sie fuhren allein nach São Cristóvão zurück. Pedro schrieb an den Cortes-General Avilez – er habe auf der Stelle mit seinen portugiesischen Truppen das Land zu verlassen. Avilez höhnte, er sei dem portugiesischen König verpflichtet und keinem Prinzregenten. Pedro ritt mit seinen patriotischen Soldaten zur Wohnung des Cortes-Generals, und ohne weiteren Widerstand ging der Portugiese Avilez am 10. Feber 1822 auf das Schiff nach Europa. Eine Woche später war das wichtigste Dekret der neuen Regierung von Bonifácio und allen Ministern unterschrieben – die Landung von portugiesischen Truppen in Brasilien war verboten.

Eine Suppe schieben sie ins Zimmer, mit Fischstücken und dem grobgeschnittenen Gemüse, die Fettaugen haben sie abgeschöpft; das Zimmer riecht sofort nach der Suppe, nach der süßen Soße, die ihr die Aguiar hinhält, weiße und dunkle Schokolade ineinandergeronnen, halb gestockt, so hatte Leopoldine diese Nachspeise am liebsten. „Die Post, Nachrichten aus Cisplatina?" fragt Leopoldine; die Marquise von Aguiar lächelt, fragt sie, ob sie aufstehen wolle, zum Fenster gehen.

Die Pferde grasen im Hof, es ist Siestazeit; die Christuskakteen haben ihre weißen Blüten halb geschlossen, die Kriech- und Schlingpflanzen sind schon überwuchert mit frischem Frühlingsgrün, kaum mehr sind die salzverdorrten Herbstblätter zu sehen. Leopoldine öffnet ihr Hemd, schiebt die entsetzte Aguiar beiseite; schweißüberströmt steht sie am Fenster; die Meeresluft, die bis hier herauf nach Boa Vista weht, soll ihren Körper heilen, jede Pore auswehen. „Ich werde von Herzen immer Brasilianerin bleiben", das hatte sie ihrem Vater geschrieben, vor drei Jahren; fast zehn Jahre lang den Heimwehworten ausgewichen, die lassen sich nicht zähmen; Dotterblumen und weiches Gras, ein Konzert im Palais Lobkowitz, die zugigen Kutschen, die Eiskristalle, Mehlspeisen aus Germteig, Walnüsse, das Taschentuch von Louise, das nach Äpfeln riecht.

Doktor Vicente Navarro stößt die Aguiar beiseite, er schiebt Leopoldine zum Bett; „ein Skandal", pfaucht er. Ein dünner Blutfaden liegt auf dem Boden. Er untersucht Leopoldine, klopft ihren Körper ab, hört in sie hinein, riecht an den ausgeschiedenen Flüssigkeiten. Leopoldine will den Bericht über ihren Krankheitszustand nicht hören; sich auf die eigene Wahrnehmung verlassen und morgen mit der Arbeit beginnen. „Geliebter Pedro; man hat mir unseren Sohn nicht gezeigt, der Körper war noch nicht entwickelt, seine Seele hängt an mir, nun habe ich zwei Seelen, eine noch ganz unverbraucht; José Rodrigues habe ich ihn genannt."

Das Jahr 1820.
Marie war im April ein Jahr alt gewesen. „Ich habe den ganzen Tag meine geliebte Kleine auf den Knien, sie ist das schönste Kind, das ich kenne und ich beobachte jeden Tag mit Freude irgendeinen neuen Fortschritt", schrieb sie ihrer Lieblingstante Amalie nach Frankreich. Für das Zeichnen, das Malen nahm Leopoldine sich Zeit, das Angeln lernte sie und das Einfangen von Schlangen und Eidechsen. Sie hatten viel freie Zeit, doch war alles ein Provisorium; Pedro und Leopoldine in Warteposition; wann würden sie zurückreisen; aus Lissabon kamen Nachrichten von Aufständen, die Liberalen seien dabei, die Monarchie zu untergraben. Was war davon wahr, was erfunden, wollte man damit die Spannungen zwischen Pedro und seinem Vater schüren?

Leopoldine wollte nach Europa, und man hielt sie von allen Nachrichten fern. Pedro traf sich regelmäßig mit Graf Arcos; sie mußte mit diesem Mann reden.

„Würden mein Gemahl und ich uns freuen, würden Sie uns zu einem Jagdausflug begleiten –"; Arcos kam, Pedro war am Hafen, nicht in Boa Vista. Arcos war verlegen. Leopoldine sagte ihm rundheraus, daß sie zu dieser List greifen mußte. In völliger Verwirrung über die Zustände hier wisse sie nicht, mit wem sie reden solle;

Pedro sei der beste Gemahl, den sie sich wünschen könne, doch kenne ihn wohl niemand besser als er, sein Jugendfreund; eine einzige Frage nach der politischen Situation würde den aufgestauten Groll gegen den Vater auf sie, Leopoldine, entladen. Der Graf solle nicht weggehen, sie rede ja nicht allein mit ihm, der Palma, Francisca und die anderen Dienstboten seien ja hier. Arcos zwinkerte mit seinen blauen Augen; ein Vergnügen sei es für ihn, mit Leopoldine zu reden.

Arcos redete, so, leichthin, wie über die letzte Theatervorstellung; ein System, das jahrhundertelang funktioniert habe, sei zusammengebrochen, Portugal sei wirtschaftlich am Ende. Alle Waren, Gold, Holz, Edelsteine, Gewürze, wurden von hier, von Brasilien, nach Portugal geliefert, dort mit hohen Zöllen belegt, ja mit Wucherzinsen, und weiterverkauft; damit waren die Portugiesen reich geworden, sie mußten sich dafür nicht schinden, sie betrieben ausschließlich Handel an Tavernentischen, in den Schreibstuben der Schiffswerften. Brasilien hatte keine Wahl, die Häfen gesperrt und bewacht von portugiesischen Schiffen. Mit dem guten Dom João hatte sich das Blatt gewendet; die Häfen offen, Rio de Janeiro Sitz des Monarchen. Es seien genug pfiffige Händler aus Portugal mitgekommen, die handelten mit aller Welt, nur nicht mit Portugal; am meisten müssen die Brasilianer an die Engländer liefern, der Lohn für die Fluchthilfe; davon wollten die Portugiesen einen Teil mitkassieren, eine Steuer, etwas Zoll, immerhin sei es doch ein Reich. Seit der Öffnung der Häfen habe sich die Abhängigkeit umgekehrt, das Kolonialkind Brasilien betreibe seinen Handel allein, Brasilien habe den König, den Prinzen und die Habsburgerin.

Leopoldine nickte; „ja, und weiter"; Arcos fuhr fort, „die Portugiesen schreien nach einer Verfassung, haben sie schon keinen König, wollen sie auch den Engländer weghaben; sie schreien nach Republik! Deshalb", und Arcos packte Leopoldine an den Schultern, „ist es wichtig, daß Dom João endlich zurückreist."

Schon im Mai 1818, ein halbes Jahr, nachdem Leopoldine hier angekommen war, hatte sie an ihren Vater geschrieben, „wollen Sie die Gnade haben, durch Ihren Einfluss auf Seine Majestät den König zu bewirken, dass wir nach Portugal zurückkehren. Es ist unumgänglich nothwendig, meinen Gemahl sein einziger Wunsch und daher auch der meinige". Vater, Metternich, Marschall, niemand hatte darauf reagiert.

Wenn Leopoldine mit dem Schwiegervater zu reden versuchte, sagte er, „ich bin schlecht eingerichtet, nichts lasse ich instandsetzen, bald sind es zwölf Jahre, daß ich in Brasilien bin und immer bereit, abzufahren", und sofort stellte er sich dösend.

Graf Arcos war schon auf der Treppe, als Pedro ihm entgegenkam.

Er wolle ihn zu einem Ausflug zum Morro Formiga einladen, lachte Arcos, zog Pedro ein paar Schritte mit; neue Tänzerinnen, Schauspielerinnen aus dem Süden seien angekommen, ein Begrüßungsfest finde heute am Abend statt. Pedro schüttelte Arcos ab; er ließ den Freund stehen und stürzte ins Zimmer von Leopoldine. Die Mucama lief mit Marie hinaus; Pedro schrie und tobte. Arcos sei ein Frauenverführer, ein Angeber, der mit Wissen und europäischer Herkunft prahle, der ihn, Pedro, erniedrigen wolle, indem er sich allein mit der

Frau seines Freundes unterhalte; ob sie am Ende in einer fremden Sprache miteinander geredet hätten. Die Assafatas zogen die Köpfe ein, beschworen die Götter; Leopoldine antwortete: „Wir haben Portugiesisch miteinander geredet", und es sei kein Gespräch gewesen, Graf Arcos habe die kleine Marie bewundert; keine fünf Atemzüge wäre der Graf im Zimmer gewesen.

„Von meinem Vermählungstage an will ich alle Mühe anwenden, immer die reine Wahrhaftigkeit zu sprechen", das hatte Leopoldine als Braut in ihr Vademecum geschrieben, in Wien.

In allen Jahren blieb Pedro voll Eifersucht und Mißtrauen gegen Leopoldine. Zu Weihnachten 1824 kamen aus Italien Postpakete; „herzlich danke ich dir für die Kleider und Stoffe, meine Töchter sind überglücklich mit ihnen, ich bin dankbar dass du mir keines sandest; den mein Gemahl liess sie mich gewiss nicht tragen, er bildet sich ein, wenn man nach der Mode sich kleidet, hat man Böses im Sinn und um den lieben Haus-Frieden zu erhalten, schweige ich".

Im Spätsommer 1821, am 6. März, kam João Carlos zur Welt. Carlos war groß, hatte breite Schultern. Warten wollten die Hebammen auf eine nächste Schmerzwelle, bis Leopoldine schrie, sie sollen das Kind herausziehen. Sie haben ihr Wasser über den Kopf geschüttet, um sie zur Vernunft zu bringen. Leopoldine war nicht vor Schmerz wahnsinnig geworden, nicht von bösen Geistern besessen; sie hatte genug vom Warten, vom Hin- und Hergerissenwerden.

Das ganze Jahr 1820 vom Getrenntwerden geredet. Die Ausflüge mit Pedro, das Sammeln der Vögel, Affen, der Insekten und Käfer für das brasilianische Museum in Wien, alles nur ein Auffüllen der Zeit bis zur Abreise; zur Abreise des Schwiegervaters, zur Abreise von Pedro, zur Abreise von Pedro und Leopoldine.

Pedro in Schriften vertieft, die ihm Avilez, der Cortes-General, gab; über Verfassung und Parlament diskutierte er mit dem Portugiesen. Bei den gemeinsamen Mittagessen redete er ungeniert vor seinem Vater, daß Brasilien längst Freiheit und Fortschritt verdient habe. Je mehr der Schwiegervater dazu schwieg, umso heftiger steigerte sich Pedro in seine politischen Reden. „Der Charakter meines Gemahls ist heftig überspannt. Durch viele harte und ungerechte Behandlung ist er zu allen Veränderungen geneigt und er wünscht alles, was Freyheit auch nur andeutet. Ich kann nur schweigend beobachten und weinen", das hatte sie an Louise geschrieben.

Im September 1820 kamen die ersten Nachrichten vom Aufstand in Portugal, in Porto; nun müßte der Schwiegervater abreisen, rasch, jeden Tag konnte es zu spät sein und in Portugal die Republik ausgerufen werden. Dom João überlegte tagelang, dann ließ er Pedro ausrichten, daß er vorhabe, ihn, den Kronprinzen, nach Lissabon zu schicken; Pedro allein, denn Dom João traute seinem Sohn nicht, vielleicht riß er in Portugal die Macht an sich; deshalb war Leopoldine als Geisel notwendig, in Rio.

Leopoldine schickte nach Sekretär Kast von der Botschaft. Nie würde sie sich von ihrem Ehemann trennen lassen, gemeinsam würden sie reisen und je früher, desto besser. Theodor von Kast beruhigte Leopoldine; man müsse abwarten. Dom João oder Dom Pedro, einer müsse hier im Land bleiben, die Sklaven seien zu aufgebracht, zu allem entschlossen; wäre kein Monarch im

Land, sie würden die Masters niedermetzeln und einen Sklavenkönig ausrufen wie in Haiti. Davon wollte Leopoldine nichts hören; sie könnte vielleicht bald zurück nach Europa reisen; nichts anderes beschäftige sie; welche Dinge würde sie mitnehmen, welche Tiere, welche Pflanzen fehlten noch für das Museum, schneller sollten die Gehilfen einsammeln, sie beschenkte sie mit Damast- und Spitzentüchern.

September, Anfang Oktober 1820.
Keinen so farbigen Frühling hatte sie vorher erlebt. Leopoldine veranstaltete eine Gala für die französische Künstlergruppe. Jean Baptiste Debret, der Maler, legte seine Zeichnungen über die brasilianische Geschichte vor, ein Katalog sollte erstellt werden, Assistenten dafür solle er nennen. Die Academia das Belas-Artes von Rio de Janeiro mußte weltberühmt werden; an die Escola de Pintura mußte eine Architektenklasse angeschlossen werden, die Landschaftsmalerei blieb dem Franzosen Felix-Emile, die Klasse für Plastiken und Skulpturen bekam ein Professor aus Porto Alegre, Joaquim Alão. Im Dezember 1820 wurde die Akademie mit einer großen Ausstellung aller bisherigen Arbeiten eröffnet.

Der Schwiegervater zögerte noch immer. Seine alte Taktik, zuerst die Minister anzuhören und dann das Gegenteil zu tun, ging diesmal nicht auf. Seine Minister waren sich nicht einig, wer nach Lissabon zurückkehren sollte.

Leopoldine, nun im sechsten Monat schwanger, Marie eineinhalb Jahre alt. Sie bat Pedro, in ihrem Schlafzimmer zu schlafen, wer weiß, wie viele gemeinsame Nächte sie noch hätten, und das ungeborene Kind solle seinen Vater jetzt spüren; sie glaube, diesmal sei es ein Sohn. Nächtelang diskutierte Leopoldine mit Pedro die Möglichkeiten der Rückreise. Wie man ein Kind mit Zärtlichkeit überschüttet, um aus ihm den guten Engel herauszustreicheln, ließ sie Pedro nicht von ihrer Haut. Nach ein paar Tagen sah Pedro die freigeistigen Ideen in anderem Licht – werden die Cortes nicht die Rechte des Königs einschränken, weiter und weiter, bis zur Verweigerung des Vetorechts? Am Beispiel Frankreich könne man das nachlesen; Revolutionen sind immer von zwei Strömungen getragen; von den Idealisten, die der Vision von Freiheit und Gleichheit folgen, und von den Mitstreitern, die sich in Massen anschließen, denen es nur um Rache geht, Rache für ihr unwürdiges Leben; ein Volk denkt nicht in Begriffen – Unterdrückung, Versklavung, Elend; wenn Begriffe einen Namen bekommen, gerät alles aus den Fugen, und sie metzeln und morden, und jeder ist jedes Feind, „Schneid muß man haben, und Entscheidungen muß man treffen".

Pedro hatte ihr zugehört, und er erklärte seinem Vater, nie würde er ohne Leopoldine abreisen, sich nicht von ihr trennen, auch nicht für Monate.

Ende Jänner 1821 ließ der Schwiegervater seinem Sohn ausrichten, daß er in den nächsten zwei Wochen abzureisen habe. Der Marquis von Palma kam mit der Nachricht zu Leopoldine; der österreichische Diplomat, Baron Stürmer, habe sich einverstanden erklärt. Leopoldine schrieb einen Brief an Stürmer, „soeben erfahre ich, dass mein Gemahl in wenigen Tagen abreisen soll. Gott weiss welchen Einfluss das auf meinen jetzigen Zustand haben kann. Ich werde kein Mittel versäumen meinen Gemahl zu begleiten. Mit bitterem Schmerz sehe ich, dass sich meine österreichischen Landsleute sehr schlecht benehmen und darauf bestehen das ich hier gelassen werde. Seien Sie versichert, dass Sie sich meinen ganzen Zorn und Haß zuziehen und es früher oder später bezahlen werden". Sie konnte kaum die Feder gerade halten, der Briefbogen war voll Kleckse.

Schon Stunden später stand Stürmer vor ihr. Leopoldine ließ ihn nicht zu Wort kommen; er, Stürmer, habe keine Ahnung vom Leben hier, er sei vor einem Monat hier angekommen; er finde das Land herrlich, schreibe seitenlange Naturschilderungen nach Hause, könne nicht genug bekommen von den lyrisch-einfachen Menschen hier; er, der Baron, würde wieder zurückreisen, mindestens einmal im Jahr. Sie schmachte hier seit drei Jahren, vom Vater habe sie seit zwei Jahren keine Postzeile bekommen. Stürmer begann eine Erklärung, redete von Wochen, Monaten. Leopoldine bat ihn, er möge sie allein lassen, sie fühle sich nicht stark genug, minutenlang diplomatische Floskeln anzuhören; sie erwarte in Kürze ein Kind, und mit dem Schwiegervater werde sie morgen nach dem Handkuß reden; der Baron solle kommen, damit er berichten könne.

Leopoldine stellte sich in die Reihe der Bittsteller, sie ließ sich nicht vorschieben, nur einen Sessel nahm sie an. Vier Stunden rückte sie zentimeterweise ihrem Schwiegervater entgegen. Leopoldine küßte ihrem Schwiegervater die Hand; sie ließ sich, wie alle Bittsteller, dreimal auf die Knie fallen und flehte Dom João an, sie und Pedro nicht zu trennen. Die Diplomaten, die Beamten, hatten aufgeschrien; wer hatte diese hochschwangere Frau, die jeden Moment niederkommen konnte, vorgelassen, ein Tumult entstand; erst als Pedro vortrat, sich neben Leopoldine stellte, erkannte man in der Frau im langen grauen Leinenkleid die Kronprinzessin. Der Schwiegervater umarmte Leopoldine und sagte, „wie konnte jemand annehmen, daß ich Mann und Frau gegen ihren Willen trenne, das würde gegen alle Gebote der Religion verstoßen". Baron Stürmer berichtete. „Der König gab dem Wunsch der Frau Kronprinzessin nach, und diese Schwäche ist verhängnisvoll gewesen."

Die Zusage des Schwiegervaters war Leopoldine zu unsicher; sie schrieb in der zweiten Feberwoche an Schäffer; er solle auf dem Schiff, das im Hafen bereitlag, nach Portugal abzusegeln, Kabinen für sie, für zwei Hebammen und eine Amme, vorbereiten, „aber unter dem grössten Geheimnis das keine Seele es ahnen kann, alles für das Kind, das ich auf dem Meere zur Welt bringen werde".

Dom João hatte durch sein Zögern die Kontrolle über die politischen Ereignisse verloren; am Morgen des 26. Feber 1821 wurden Leopoldine und Pedro von Wagenlärm und Geschrei geweckt. In der Cidade Nova, am Largo do Rossio hatten die Cortes eine Menschenmenge versammelt; eine liberale Regierung wurde gefordert, der König solle auf der Stelle auf die Verfassung schwören, das Volk würde sich die Minister selber auswählen.

In Schreiduellen wurden von den Balkonen die Petitionen verlesen: Der Schmutz von Rio habe sich in den letzten dreizehn Jahren verhundertfacht, die Krankheiten würden die Menschen wie die Fliegen wegraffen, der König wage es nicht, gegen die englische Handelskuratel aufzutreten, seit einem Jahr sei die Armut gestiegen wie nie zuvor, weil sich in diesen unsicheren Zeiten niemand in Geschäfte einlassen wolle, die ganze Stadt voll Spekulanten, die Gold und Edelsteine an sich raffen und sich mit dem nächsten Schiff nach Portugal absetzen wollen. Die Menschen wurden aufgefordert, von diesen Wucherern keine Möbel, keine Sklaven zu kaufen.

Der Schwiegervater ließ sich verleugnen; Arcos und Pedro packten Dom João in den Wagen und fuhren mit ihm zum Rossio-Platz; dort schob Pedro seinen Vater auf den Balkon, der erhob die Hand zum Schwur; zum Schwur auf die Verfassung, auf die Souveränität des Parlamentes. Am Nachmittag brachte Pedro seinen Vater zurück, in eine Ecke des Wagens gelehnt, geduckt, daß niemand ihn sehen konnte, ließ sich Dom João herausheben, auf den Boden stellen.

Baron Stürmer kam nach Boa Vista, ließ sich bei Leopoldine anmelden; er fragte nicht nach ihrem Befinden, er sagte, er überlege, wie er es für Wien formulieren solle, daß die Frau Kronprinzessin offensichtlich ihrer politischen Aufgabe nicht gewachsen sei. Sie stelle Privatinteresse vor das Interesse zur Erhaltung der Monarchie, sie unterstütze Dom Pedro in liberalen, freigeistigen Ideen, sie untergrabe jedes monarchische Denken. Leopoldine wollte nach der Glocke greifen, sie griff zweimal daneben; Stürmer schwieg im Moment; unmöglich konnte Leopoldine ihn wie einen Dienstboten hinausläuten, hinausbefehlen. Leopoldine läutete mit der Glocke, sie läutete, bis Stürmer aus dem Zimmer war, über die Stiege, sie ihn im Hof sah.

Erst zwei Tage später, am frühen Morgen des 6. März, fand sie die Worte, die Ruhe, an ihren Vater zu schreiben. „Harte Tage waren diese Wochen für mich, mann wollte mich von meinem Gemahl trennen. Glauben Sie nichts was Stürmer schreibt, den er hat sich sehr schlecht benommen."

Carlos war ein besonders schönes Kind, er hatte tiefblaue Augen, milchweiße Haut und Haare, dunkelbraun, lang und lockig, daß man sie in einer Rolle auf den Kopf legen konnte. Fahrig und nervös war er, reagierte auf Stimmen und Laute überempfindlich; als hätten sich die Aufregungen, die Ängste von Leopoldine in diesem kleinen Menschen geballt; mit angespanntem, frühreifem Augenausdruck lag er in seinem Körbchen; mit zwei Tagen lächelte er Leopoldine und Pedro bereits an, griff nach den Fingern der Eltern, konnte sie unterscheiden; Carlos wuchs seinen Säuglingstagen voraus; ein Leben in elf Monate gepreßt.

Drei Wochen später kam der Schwiegervater, um nach seinen Enkelkindern zu sehen; er ließ sich Kaffee und Früchte anbieten; Leopoldine und Pedro konnten nichts essen; was würde er ihnen nun sagen, was ihnen vorwerfen? Erst an der Tür sagte Dom João, daß Dom Pedro nun Prinzregent werde und er selbst mit Dona Carlota noch in diesem Monat zurück nach Portugal reise, „für immer, weg von hier, wo ich König war". Der Schwiegervater weinte; Rio und die Straßen und Plätze, auf denen die Töpfer, die Schuster nach Kundschaft riefen, die Wasserträger Flüche schrien, Santa Cruz, die Jagdausflüge, das Theater und die Feste, nichts davon würde er in Lissabon wiederfinden.

Am späten Nachmittag dieses 2. April 1821 kam Doktor Pohl; der junge österreichische Botaniker war dreieinhalb Jahre durch das Innere von Brasilien gereist, um Pflanzen und Tiere zu erforschen, zu sammeln. Entsetzt blieb er stehen, als er Leopoldine sah; sie war in Sandalen, sie trug das graue, weite Kleid mit einem Lederriemen unter der Brust zusammengefaßt, ihr Gesicht aufgedunsen und fremd; im nächsten Moment aber lachte er, zeigte auf seine kuriose Kleidung, an der die Hosen nicht zur Jacke, die Strümpfe nicht zu den Schuhen paßten; alles andere habe er im Laufe der Jahre verbraucht. Pedro erkundigte sich nach den Erträgen seiner Reise und ob die Straßen von Minas nach Rio befahrbar seien; er fragte Pohl auch, ob er hier gut untergebracht sei, vor allem sicher. Pohl nickte, er habe schon gehört, daß es hier Aufstände gäbe; Pedro fiel ihm ins Wort, es sei alles unter Kontrolle, Rio de Janeiro sei eine sichere Stadt.

Pohl wollte die Tochter, den Sohn sehen, damit er in Wien berichten könne. Pedro war bald gegangen.

„Erzählen Sie", bettelte Leopoldine, „wie ist es im Landesinneren, wird der gestrenge Hofrat Schreibers zufrieden sein mit Ihnen; ein paar schöne Stücke habe ich Ihnen zum Hafen geschickt, ein paar besonders schöne Papageien."

Pohl setzte einige Male an, räusperte sich, „Sie haben es wohl ziemlich schwer hier, nicht", meinte er. „Dona Leopoldina, ich habe versucht, es niederzuschreiben, was in diesem Land wächst und kriecht und zischt; es liest sich wie der Bericht aus dem Paradies; nach einem Jahr habe ich damit aufgehört, nur mehr gesammelt, präpariert. Das Ziehende hier, das Verschlingende, das Gift, das hier zittert, das kann man nicht mitteilen, und doch ist es in allem, in jeder Blume, in jeder Wolke, in jedem Menschen; das mitzuteilen, dafür reicht unsere Sprache nicht."

Leopoldine spürte, wie er sie anschaute, um sich Dona Leopoldina einzuprägen; das blonde Haar, verklebt und in zwei Knoten hochgesteckt, ihr Gesicht verschwollen von den geweinten und den zurückgehaltenen Tränen, die Haut braun-fleckig, ihre Brüste schwer.

„Soll ich Ihrem Vater etwas bestellen", er sagte es mehr zu sich selber. Leopoldine schüttelte den Kopf. Nichts solle er sagen, Wichtiges würde sie schreiben, sie bekäme ohnehin kaum Antwort, und jetzt sei es egal. Sie würde mit ihrer Familie hierbleiben, ihre Heimat sei Brasilien; sie würde wenigstens nicht getrennt von Ehemann und Kindern. „Heute eröffnete mir der Schwiegervater, daß er unsere beiden Kinder mit sich nach Portugal nehmen wolle, den drei Wochen alten Carlos und die Marie; er wird es nicht tun, ich werde es nicht zulassen. Manchmal bin ich so müde; dieses vergangene Jahr war wohl zu chaotisch für so eine Krämerseele, wie ich sie habe; es macht uns Europäer, die wir die Ordnung so sehr brauchen, halt nervös, wenn wir nicht wissen, wo wir morgen schlafen, wohin wir gehören. Doktor Pohl, erzählen Sie nichts drüben, sagen Sie, Sie hätten mich nicht angetroffen." Tränen rannen dem Botaniker über die Wangen, Tränen, die er nicht spürte.

Leopoldine rannte hinaus, ins Arbeitszimmer von Pedro, und holte die beiden Karaffen mit dem Wein. „Können Sie überhaupt noch Wienerisch, kommen Sie, trinken Sie." Leopoldine und Pohl tranken den Wein und sangen im Walzertakt die Inventarliste der Ausbeute für Wien – der Säugetiere an der Zahl hundertneunundneunzig, von den Vögeln über zweitausend, mehr als dreihundert Schlangen und Echsen, Zigtausende Insekten; dann spielte Leopoldine am Flügel Themen aus Symphonien von Beethoven, sie spielte sie im Walzertakt, sie spielte sie als Marsch. Spät am Abend verabschiedete sich Doktor Pohl; „schade, daß ich Sie nicht angetroffen habe, Dona Leopoldina", sagte er. Die leeren Weinkaraffen waren am nächsten Morgen weggeräumt, die Stühle auf ihren Plätzen; vielleicht war Pohl nicht hier gewesen.

Drei Wochen später reiste der Schwiegervater ab. Der 25. April 1821 war ein schöner Herbsttag. Leopoldine war bald nach Mitternacht aufgestanden und im Hof spaziert. Katzen wischten an ihr vorbei; diese Nacht könnte, sollte ihre letzte Nacht hier sein; sie war vierundzwanzig Jahre alt, seit dreieinhalb Jahren hier; die vier Kisten wären vollgepackt; die Kinder würden unruhig schlafen, schnell noch alle Gerüche und Geräusche aufnehmen, Steine einsammeln, die Nachtblüte von einem Kaktus abbrechen. Die vergangenen drei Wochen hatten sie wie eine schwere Krankheit niedergezogen; „der König geht nach Portugal und nimmt mit siech meine zwei Kinder was mich ausserordentlich kostet, da wir verdammt sind, noch unbestimmte Zeit hier zu bleiben", hatte sie geschrieben. Leopoldine rannte weg, wenn eines der Kinder weinte; beim gemeinsamen Mittagessen griff ihre Hand nach dem Messer; der Schwiegervater nahm nicht wahr, daß sie, Leopoldine, hinausgestürzt war und weggeritten.

„Ist Baptiste Debret schon unten?" fragte Leopoldine und ging Pedro voraus. Debret würde die Abfahrt des Königs skizzieren, zeichnen, damit ein Dokument davon in die Akademie kam. Endlos fuhr die Wagenkolonne durch die Straßen, in die Stadt, zur Guanabara-Bucht; beflaggt waren die Häuser, Musikkapellen spielten, Frauen warfen sich auf den Boden und schrien, der König dürfe das Land nicht verlassen, ab nun würde in Rio Nacht sein. Dona Carlota war während der Fahrt stumm geblieben; bevor sie in die Galeote stieg,

schlüpfte sie aus ihren Schuhen und warf sie ins Meer –
mit diesen Schuhen würde sie nicht europäischen Boden betreten; sie jauchzte, wie glücklich sie sei, das
Land der Neger und der Affen nun zu verlassen.

Bevor der Schwiegervater ins Boot stieg, zog er
Pedro und Leopoldine zu sich – „wenn es auf die Republik zugeht, erklärt Brasilien für unabhängig von Portugal", das sagte er in Portugiesisch und wiederholte es in
Französisch.

Beim Nachhausefahren zitterte Leopoldine, als wäre
plötzlich Kälte eingefallen.

25. April 1821, der letzte Tag eines Wartejahres. Leopoldine berichtete ihrem Vater, „das jetzige Paquebott
wird Sie von vielen Sachen unterrichten, die Ihnen unglaublich erscheinen werden und mir selbst scheint alles ein Traum, bloss Wirklichkeit ist, dass ich leider
noch hier in Brasilien bleiben muss, was für mich aus
vielen Gründen höchst hart und schmerzlich ist".

Sie bringen das Buch, in dem die Post eingetragen
ist; die Aguiar liest Zeile für Zeile; der zweite Brief muß
von Pedro sein; 2. Dezember 1826, später Abend; Pedro
seit neun Tagen weg, Pedro hat geschrieben, er hat immer geschrieben, „Geduld, man muß bis zum Schluß
tapfer und beständig bleiben, eine heilige Pflicht verlangt es von mir", sie hat es sich aufgetragen, vor zehn
Jahren.

IV.
ANIMATO

3. Dezember 1826

*Die französische Künstlergruppe –
Freundschaft mit Dirk van Hogendorp –
Beginn des Einflusses der Mätresse Domitila, 1823 –
Abreise des Schwiegervaters nach Lissabon, April 1821 –
der Tag „fico" („ich bleibe") – Freundschaft mit José Bonifácio –
Krönung Dom Pedros zum Kaiser von Brasilien, Oktober 1822.*

Drei oder vier Uhr früh; sie schlafen alle noch. Die Marquise von Aguiar wohnt seit einer Woche in Boa Vista; im Zimmer mit den Bücherkisten wollte sie schlafen; sie könne nur in einem Zimmer mit Büchern schlafen. „Viele Bücher, die ich noch nicht gelesen habe, brauche ich, Bücher, die mich antreiben, die ich alle noch zu lesen habe; Dona Leopoldina, ich war sechs Jahre alt, als wir hier in Rio angekommen sind; geschockt war meine Mutter von allem, was sie hier zu sehen, zu leben bekam, und bald bewegte sie sich nur mehr von einem Raum in den anderen, hob die Arme, die Beine, damit man ihr ein neues Kleid, neue Schuhe überstreifte; sie fürchtete jeden nächsten Tag, der wieder stundenlang nicht enden wollte, nicht von der geringsten Verpflichtung unterbrochen war; nach zwanzig Jahren hatte sie das Lesen und Schreiben verlernt, ja, meine Mutter ist als Analphabetin gestorben."

Die Handschrift der Aguiar ist ein genaues Abbild der Oberhofmeisterin, klar, ohne Schnörkel; sie läßt sich nicht hetzen, wenn Doktor Navarro diktiert, „daß ihre Krankheit mit einer Erkältung begonnen hat, dieser folgte hartnäckige Schlaflosigkeit, worauf sehr häufiger Gallendurchfall folgte, Rotlaufschwellung in Beinen, Füßen, Schenkeln, weiters eine schleimige Zunge, Krämpfe in Magen- und Darmgegend, Zittern am ganzen Körper, Delirien in Schüben und ein ziemlich beschleunigter Puls".

Zu so früher Morgenstunde nach Santa Teresa reiten. Die Maler Debret und Taunay haben sich mit ihren Frauen und den anderen französischen Künstlern dort angesiedelt. In Pavillons auf Pfahlbauten haben sie ihre Ateliers eingerichtet, in meterlangen Holzrinnen leiten sie das Wasser vom Tijuca-Gebirge in ihr Dorf, und nur das Rinnen dieses Wassers war zu hören. Bäume und Gräser standen in der Mittagsstunde still; acht, neun Indianer sind als Gehilfen herumgehuscht, waren über Zeichnungen gebeugt. Die Frau, mit der Debret lebt, spazierte mit Leopoldine und Pedro durch die Künstlersiedlung. „Jean Baptiste hat das Sprechen verboten; wir reden drei, vier Tage lang kein Wort; am Abend machen die Gehilfen Musik, damit die Ohren nicht austrocknen; es ist leicht, einander denken zu hören, wenn man nicht abgelenkt ist; man verändert sich hier so rasch, sieht anders aus, erkennt die Schrift nicht mehr, die Sprache, den Zeichenstrich; alles wird nervöser, fahriger; der Eintönigkeit will der Körper entkommen, der Fülle und der Üppigkeit; die Zeitrechnung geht verloren, und darüber verlieren wir Europäer fast uns selbst. Dort, in der Hütte im Sumpf, zieht Jean Baptiste sich um." Leopoldine schaute auf die Hängebrücke; die Frau ging ihr voraus, und Pedro und Leopoldine folgten ihr über den Tümpel, den Sumpf, zur Umkleidehütte von Debret. Jacken, Hemden, Hosen hingen dort und Perücken, Stiefel mit glänzenden Schnallen; auf dem Boden waren Mappen gestapelt, darin Zeichnungen – der Campo de Santa Ana, der Rossio-Platz, Pläne von Häusern, Außen- und Innenansichten; „Schülerzeichnungen", sagte die Frau. Leopoldine wollte Debret sehen; ob er hier sei?

Im dritten Pavillon kam ein Mann auf sie zu, in kurzen Leinenhosen und weitem, bemaltem Leinenhemd. Debret umarmte Leopoldine und Pedro; der glattrasierte Kopf hatte viele Ausbuchtungen und Erhebungen, die Augen, sonst halbverschlossen, maßen Leopoldine, lächelten. Eine Reise würde er malen, eine Reise, in Bildern die Geschichte und Geschichten erzählen, „Viagem pitoresca ao Brasil". Wasser tranken sie und aßen rosarote Mangos und sonnengetrockneten Fisch.

Im November 1826 wurde das neue Gebäude der Academia das Belas-Artes eröffnet. Dankesreden, die Listen der vornehmen Schüler verlesen, Zeichnungen erklären. Pedro war mit Domitila hingegangen; Jean Baptiste stellte sich vor den Kaiser hin und sagte, „wir danken Ihrer Majestät, der Kaiserin Leopoldina, die mit ihrer Kenntnis über die Künste die Gründung dieser Akademie unterstützt hat"; diesen Satz wiederholte Debret mehrmals; die Beamten räusperten sich, Schüler lachten, Jean Baptiste hörte nicht auf zu reden, ja, er redete immer schneller, immer lauter, bis Domitila hysterisch zu schreien begann. Da hat Pedro sie weggestoßen, Domitila mußte allein weggehen; Pedro verließ den Raum in anderer Richtung.

Die Aguiar hat das Leopoldine erzählt, vielleicht wollte die gute Aguiar sie nur trösten.

Die Jahre 1818, 1819, die ersten Monate von 1820; ihr Tagesablauf war nicht gejagt von Verpflichtungen, trotzdem voll Hast; Leopoldine ständig bestrebt, für die nächsten Tage, die nächste Woche Ausflüge zu planen und so Pedro von seinen Abenteuern abzulenken, „du hast wohl recht, wahres Glück giebt es in dieser Welt nicht, und ich zittere beständig, erwarthend einen Verdruß oder Kummer", hatte sie an Louise geschrieben. Freunde wollte sie für ihn finden, ihn den Schmeichlern entreißen.

Im Laranjeira-Tal hatten sich Einwanderer angesiedelt, Schweizer, Holländer, Deutsche; auf Bauernhöfen mit riesigen Kaffeeplantagen und Bananenwäldern lebten sie. Zu Kaffee und Kuchen wurden Leopoldine und Pedro eingeladen, Schlagrahm gab es wie in Laxenburg, der Tisch gedeckt mit Besteck und Servietten. Pedro aß wie zu Hause, mit den Händen; als der Dienstbote des Schweizer Kaufmannes ihm nicht auf der Stelle Wein in sein Glas nachgoß, trat Pedro gegen den Neger, befahl ihn hinaus. Der Schweizer meinte, daß es üblich sei, sich den Wein selber nachzuschenken, und daß niemand seine Dienstboten züchtigen dürfe, er selber tue das auch nicht. Pedro schrie mit dem Gastgeber, nannte ihn einen europäischen Parasiten, der sich hier in diesem Land vollfressen wolle, allen seine Überlegenheit vorleben wolle, um bald mit vollen Taschen wieder abzusegeln; in Europa würde er sich ein fettes Leben einrichten, auch noch über die dummen Wilden hier lachen.

Beim Holländer nahm Pedro zwei Silberkannen mit, die auf einer Anrichte standen und ihm besonders gut gefielen. Das glaubte er zu dürfen; gemäß seiner Erziehung durfte er alles nehmen, was er wollte, durfte er alles sagen. Leopoldine war am nächsten Nachmittag hinausgeritten und hatte die Stücke zurückgebracht. Man war höflich zu ihr, fast freundlich; die Frau des Holländers drückte ihr lange die Hand, „Sie Arme", murmelte sie. Beim Deutschen, bei dem sie geräuchertes Fleisch und Meerrettich gegessen hatten, nahm Pedro eine Porzellanvase mit.

Der Streit war fürchterlich; Pedro hatte die Vase gegen die Wand geworfen; die Scherben müsse sein Bursche wohl nicht zurückbringen. „Ich könnte auch sagen, ich stehe allein da, den ich sehe oft so widersprechende Handlungen, dass ich nicht richtig schliessen kann ob ich in meinem Gemahl einen Freund habe und wirklich geliebt werde", vertraute sie Marie Louise an.

In Lissabon würde Pedro rascher lernen, hatte sie sich getröstet, und sie würden bald, 1820, spätestens 1821, nach Europa zurückreisen.

Zu ihrem dreiundzwanzigsten Geburtstag, im Jänner 1820, brachte Marschall einen Brief von Vater; der zweite Brief, seit Leopoldine in Rio war, seit November 1817. Caroline hatte vor einem halben Jahr geheiratet, den Sachsenprinzen, den schönen Fritz, Friedrich August. „– er würde zwischen allen deutschen Prinzessinnen wählen, über diess wisse man, dass ich ihm nicht gefallen habe", so hatte sie Louise berichtet, im September 1816, als Papa sie wählen ließ – Pedro von Bragança und die Reise nach Brasilien oder den Sachsenprinzen.

Leopoldine konnte kaum erwarten, bis Marschall gegangen war; die Kiste mit den Bildern ihrer Geschwister mußte raschest geöffnet werden, sie schlug mit dem

Hammer auf die verrosteten Scharniere, Schlösser, andere Werkzeuge mußten gebracht werden. Die Dienstboten standen alle um Leopoldine und schauten ihr zu, wie sie Bücher, Mappen mit Zeichnungen durchwühlte und endlich ein Blatt herauszog. Sie hatte Caroline gezeichnet, ein paar Wochen, bevor sie abreiste; Caroline mit sechzehn Jahren; die Nase hatte Leopoldine idealisiert, und die Lippe war nicht wahrheitsgemäß, die Augen stimmten, Caroline hatte keine aufgerissenen, wasserblauen Augen, und das Haar war dunkler als das ihre und fülliger. „An Carolines Glück zweifle ich nicht", schrieb sie an den Vater, und sie berichtete über Marie, die zehn Monate alt war, „sie fängt nun an zu gehen und zu sprechen".

Kast, der Botschaftssekretär, wurde geschickt, den Brief abzuholen; Leopoldine hatte die Bögen hin- und weggelegt, „es kostet mich Tränen, überlegend, dass mir so wenig Hoffnung bleibt, Sie wiederzusehen", fügte sie hinzu. Kast wunderte sich, ihre Schrift habe sich verändert, und Leopoldine erzählte ihm, daß sie keine Freunde finde, mit ihren Blumen und Papageien rede; ihr Gemahl sei ziemlich unbeherrscht, es sei auch wegen seiner Krankheit, daß man ihn nicht aufregen dürfe. Leopoldine unterbrach sich, sie hatte wieder zu lange deutsch geredet. Kast versprach, er werde in Wien mündlich berichten; er redete noch von Tröstungen, die der Himmel immer schicken würde; ob sie, Leopoldine, wisse, daß Dirk van Hogendorp in Cosme Velho lebt.

Der Franzose Hogendorp, der Gesandte von Napoleon, vor dem sich alle Geschwister fürchteten und den Poldl unbedingt sehen wollte. Die Annony hatte ihn gezeichnet; mit spitzer Nase, einem Buckel und löchriger Jacke. Zwei oder drei Wochen nachdem die liebe Mama verstorben war, im Mai 1807, lief Poldl über die kleine Hinterstiege hinauf zum Büro von Papa. Sie war mit ihren Hausaufgaben fertig und wollte vor der Tür auf Papa warten; sie wollte Papa fragen, ob er auch überall die liebe Mama spüre, ob in seinen vielen Büchern etwas über die Seele stand, ob sie schwebe oder gehe oder fliege. Kalt war es im Gang und die Steinstiege naß von den vielen Besuchern, die mit ihren Mänteln und Stiefeln Regen und Schnee hereingetragen hatten. Was sie hier wolle, flüsterten die Beamten entsetzt und riefen nach der Annony. „Ich warte hier auf den lieben Papa", sagte Poldl und blieb auf der Stiege sitzen. Einer der Beamten sagte zu einem anderen, „wie lang ist der Franzos' schon drinnen". Poldl vergaß auf der Stelle, daß sie zu Papa wollte, nun würde sie warten, bis der Franzose herauskam; der sah Napoleon bestimmt ähnlich und war sicher auch ein durch und durch böser Mensch.

Ein kleiner Mann kam aus der Tür, mit ziemlich gekrümmtem Rücken, rundem Gesicht und Augen, die gut dreinschauten. Er kam auf Poldl zu, „das ist die Tochter, Kronprinzessin Louise, oh, nicht nur intelligent, auch schön", sagte er in Französisch, Poldl verstand jedes Wort. Er ging rasch davon, die weiten, weißen Spitzen seiner Hemdsärmeln wehten, er hatte einen Ring am linken Mittelfinger mit einem riesigen Stein, in Blau und Rot oder Grün oder Violett.

Eine Woche lang behielt Leopoldine ihr Geheimnis, die Verwechslung, für sich. „Ich habe den General von Napoleon gesehen", erzählte sie Louise; keines der Geschwister glaubte ihr; sie lachten sie aus, und Poldl war bald selber nicht mehr sicher, ob sie sich das Bild vom guten Gesandten Napoleons nicht nur eingebildet hatte.

Im Jänner 1821, zwei Monate bevor João Carlos zur Welt kam, drei Monate bevor der Schwiegervater zurück nach Europa reiste, war Leopoldine nach Cosme Velho geritten; nur zwei Dienerinnen begleiteten sie. Fast zwei Stunden war sie unterwegs.

Drei kleine Hütten, zwei aus Holz, eine aus Ziegelsteinen, das ist das Anwesen von Hogendorp. 1815 war er aus Europa geflohen. Nichts mehr wolle er von Europa, von der Welt wissen; er habe seine Notwendigkeit abgelebt. Hogendorp mußte gebückt gehen, sein Rückgrat zog seinen Kopf nach unten, die Stimme war unverändert; Leopoldine schaute auf seine Hände, seine Finger; „sie wollten den Ring haben, er war zu tief eingewachsen, deshalb haben sie mir den Finger abgetrennt". Schon bei der Ankunft hat man ihn ausgeraubt, später sind die Piraten noch einmal gekommen; „Zierat hatte ich mit, aus Silber, aus Gold; meine erste Fluchtstation war Lissabon, dort habe ich Französisch gelehrt, man hat mich gut bezahlt; ich wollte das Geld für die Überfahrt, etwas Hausrat; nur weg aus Lissabon, nicht noch einmal das Ausbrechen von Revolution erleben, die fürchterlichen Zeiten von radikalem Vorwärtsdrängen und zaghaftem Zurückweichen der Liberalen erleben; in Lissabon, in den Ämtern nur Adelige, die Gerichte korrupt, die Kirche in allem überlegen und mächtig; der Stand einer Bürgerschaft nirgends zu finden." Er holte Teller und Becher; Leopoldine tunkte mit Farofafladen eine Gemüsesuppe, „ich habe nur mehr Holzlöffel, die werden Ihnen zu grob sein, ich tunke mein Essen, man braucht fast kein Gerät und lebt bequem", sagte Hogendorp; er brachte noch Branntwein, den er selber aus Maracujafrüchten braute.

Niemals dürfte sie, Leopoldine, sich mit einem Napoleon-Getreuen treffen, unterhalten; Marschall würde es entsetzt nach Wien melden. „Napoleon wird das heurige Jahr nicht überleben; Menschen wie er können sich wegbefehlen, und das wird er tun. Er hat es selber oft gesagt – solange ich notwendig bin, wird keine Kraft, kein verhängnisvoller Zufall etwas gegen mich vermögen; sobald ich erreicht, umgesetzt habe, was in meiner Zeit zu geschehen hat, wird ein Hauch genügen, um mich zu zerschmettern."

Leopoldine wälzt sich aus ihrem Bett heraus, lautlos läßt sie sich auf den Boden gleiten, kriecht hinter dem Paravent zum Tisch, auf dem die Poststücke liegen, auf dem auch der Brief von Pedro sein muß. An einem Tischbein zieht sie sich hoch, sackt zu Boden, versucht es wieder, bis die festen Hände der Aguiar sie hochziehen und in den Sessel lehnen. Die Aguiar schiebt Leopoldine die Briefe zu, sie schüttelt den Kopf. Der erste Brief, die Schrift vom französischen Botschafter, der nächste, die Schrift von Nobrega, dem Holzhändler, der nächste, mit der Schrift von Pedro; nein, es ist nicht seine Schrift. Buchstabe für Buchstabe arbeitet sich Leopoldine über die Zeile; der Brief ist von Marschall, adressiert an den Arzt, an Doktor Vicente Navarro. Sie reißt ihn auf, „besaß jenen Charakter, die passiv leiden, bis sie zerbrechen; deshalb sehr ernste Neuigkeiten, die Behandlung, die man anwandte, war nicht erfolgreich. Es ist eine moralische Ursache, die den wahren Sitz der Krankheit anzeigt. Die Ärzte sagen, daß von dort die größte Gefahr kommt, denn das ist ein Übel, für welches sie kein Mittel haben. Das Fieber verläuft infolge dieses Klimas und in dieser Jahreszeit fast immer tödlich". Diesen Bericht nach Wien soll der Arzt nun bestätigen; er kommt nicht selber, der Herr Botschafter, er läßt sich über Boten berichten.

Kein Brief von Pedro dabei, endgültig; am anderen Ende der Holzplatte, meilenweit entfernt, sitzt die Aguiar und starrt Leopoldine an. Uhren schlagen, es ist sieben Uhr früh; einen Brief will Leopoldine schreiben, „Pedro, ist Dir mein Name schon verloren, mein Körper schon vergessen, hörst du nicht, wie ich als Fremde meinem abgelaufenen Leben folge; Erziehungsarbeit sollte ich nachholen an dir, an meine Pflichten mich halten; nie haben wir uns einen Traum geteilt". Leopoldine spürt das Blut warm ihre Oberschenkel hinunterrinnen, Blut stürzt aus ihrem Körper; sie schreien nicht mehr, sie ziehen sie auf das Bett, legen Gegenstände, feste, weiche, unter ihr Becken, sie bleiben stumm, die Aguiar streichelt sie wie ein Kind.

Sie bringen Suppe, Reis, sie schoppen sie wie ein Huhn; ein Schüttelfrost vibriert durch ihren Körper; Tee und Wein lassen sie in ihren Mund rinnen, sie schluckt ab und zu, das meiste rinnt über ihren Hals; sie schleichen um das Bett herum und lauschen; welche Leopoldine wird laut in den Raum reden?

Es gibt hier keine Amseln, die schwarzen Vögel heißen Kolibris, die Luft im Wald ist nicht frisch, gesund, sie dampft voll Gift, die Sterne sind größer, näher, und der Himmel ist nicht ohne Hinterhalt, aufgeladen ist er von Millionen von Schatten; hat er die, die ihr vorausgegangen sind, fallenlassen, wird sie keinen von ihnen da oben finden? Nie hätte sie mit Pedro Schwüre austauschen dürfen; auf eine Umarmung, auf eine letzte Umarmung hat sie vergessen.

Sie beten jetzt, hinter dem Paravent und auf dem Gang; in allen Kirchen beten sie jetzt, auf der Straße, in den Cortiços, in den Tavernen; heute haben die öffentlichen Gebete für Dona Leopoldina, nossa mãe, begonnen. Schon wieder Streit und Zank vor der Tür; eine fremde Stimme ist dabei, bestimmt wollen wieder Besucher hineindrängen, Dona Leopoldina sehen.

„Frau Marquise, beruhigen Sie sich, Sie können nicht eintreten", der Paranaguá weist Domitila hinaus; die Mätresse tobt, Glas zersplittert. Domitila will in das Krankenzimmer, in das Sterbezimmer; sie will diesen Triumph; man hat sie bis hierher gehen lassen, niemand hat sie aufgehalten; in aller Früh, wie die Monarchin selber, über den Hof gegangen, die Stiegen herauf, am Kniefall der Dienstboten vorbei, bis zur Tür, wo der gute Marquis von Paranaguá, der Marineminister, sich ihr in den Weg gestellt hat.

Leopoldine schlägt die Hände, die sie abreiben, weg; sie will keine Tinkturen, keine Salben mehr spüren; sie wird sich dem Schlaf anvertrauen, mit dem Herzpendel noch eine Zeitlang schwingen und alles Erlebte durchhecheln; mit den flüchtenden Stunden laufen; in sechs Wochen wäre sie dreißig Jahre alt; wehe, wenn die Schweigsamen aufhören, verschwiegen zu sein. „Ich darf Eurer Kaiserlichen Majestät nicht verbergen, dass das Volk murrt, sehr murrt über die Ursache der Krankheit Ihrer Majestät, die es moralischen und nicht körperlichen Ursachen zuschreibt"; Paranaguá diktiert so laut, um sie zu trösten; mutig werden sie jetzt, die Minister und die Beamten; bisher haben sie aus Angst vor der Mätresse geschwiegen.

Jänner 1823.

Drei Monate nach der Krönung von Pedro war Domitila aus São Paulo nach Rio de Janeiro übersiedelt. In einem Haus am Mato Porco war sie untergebracht; zuerst in zwei Räumen, dann wurde ein Beamter mit seiner Familie hinausgeworfen; Domitila benötigte drei weitere Zimmer, bald reichte das Stockwerk nicht mehr aus, ein weiteres Stockwerk mußte von Mitbewohnern befreit werden, damit alle, die Domitila aus São Paulo folgten, Platz hatten; ihre Eltern, ihre Brüder, ihre Schwestern, ihre Schwager, ihre Bekannten, die Dienstboten, die Beamten. Mato Porco, Schweinefeld, eine üble Adresse; zwei Jahre später bekam sie in der „Kaiserstraße" ein eigenes Haus, und am Meer, in Botafogo, ein Landhaus.

Pedro in Leidenschaft und Überschwang, wie Napoleon ließ er sich die Locke in die Stirn frisieren, wie Napoleon suchte er nach einem Polizeipräsidenten, der Ruhe und Gehorsam garantierte. Texeira de Aragão, einer der Beamten, die mit Domitila aus São Paulo gekommen waren, bekam diese Position. Aragão, nun Polizeipräsident, der erste Posten, den Domitila durchgesetzt hatte, zwei Wochen, nachdem sie in Rio angekommen war.

Aragão, der die Andradas, José wie seinen Bruder Martim, verachtete, der es in São Paulo mit den Cortes gehalten hatte. Ein hagerer Mann mit schlaffem Händedruck, der sofort mit der Bespitzelung der Minister begann, sich sehr bald viele Beamte gefügig gemacht hatte. Freiraum wollte Pedro sich damit erarbeiten für die Stunden mit Domitila; verängstigt und verunsichert mußten die Beamten sein, daß sie darüber schwiegen, was sich unter ihren Augen vollzog, daß sie einander nicht mehr trauten und von den Sitzungen, der Tagesordnung des Staatsrates, nach Hause hasteten und sich einsperrten.

Leopoldine wies Aragão zweimal ab; sie fühle sich nicht wohl. Eine Woche, bevor Paula Mariana zur Welt kam, brachte sie dieses Zusammentreffen hinter sich. „Mein angebeteter Gemahl ist leider in Geschäften auswärts", doch er könne den Kindern und ihr, Dona Leopoldina, für eine Nachmittagsstunde die Aufwartung machen. Leopoldine hat keine Erinnerung an das Gespräch; eine spröde Stimme, welche die kleine Januária zum Weinen brachte, redete auf sie ein. Gemustert wurde Leopoldine; kein Gemeinsames war zwischen den Worten und den Blicken dieses blutleeren Mannes. Er beantwortete sich mit den Augen einen ganzen Fragenkatalog, während er die Kinder lobte, das Heim bewunderte, die Stadt Rio de Janeiro verherrlichte. Wie weit würde sie, Leopoldine, wegzudrängen sein, wann konnte man Domitila aus der dunklen Ecke ihrer Schäferstündchen erlösen und an die Öffentlichkeit bringen, an die Seite von Dona Leopoldina stellen, hatte Leopoldine schon Brasilianisches an sich oder war sie eine ausgetrocknete Europäerin, kalt im Denken, berechnend im Fühlen? Leopoldine konnte sich von diesem Blick nicht befreien; zwei Assafatas stritten in einem Nebenzimmer, da verließ sie grußlos den Raum. Die Aguiar erzählte, hinausgeglitten sei Aragão, die Tür nur einen Spalt geöffnet, weggeschlüpft. Leopoldine hatte ihn auch beobachtet; er sah in die Wasserkrüge, er riß den männlichen Bediensteten den Mund auf, um ihre Zähne zu sehen, und er war nicht zum Wagen gegangen, sein Kammerherr mußte ihn zu den Küchenhäusern begleiten, die er auch noch inspizierte.

Leopoldine holte die Kinder und zeichnete für sie, sang mit ihnen; sie hatte nun den Dämon ihrer nächsten Jahre, die Ereignisse, die auf sie zukommen werden, gesehen; das mußte sie wegsingen.

Die Liebschaften von Pedro hatte sie mit Gleichmütigkeit hingenommen, stets dasselbe Rezept; sich nichts anmerken lassen, das geht vorbei wie Tropenregen. Trotzdem war sie in den vergangenen fünf Jahren von Mal zu Mal melancholischer geworden, keine Übung, keine Praxis hatte sie darin entwickeln können, zu übersehen, zu schweigen. Es wurde für sie nicht zur Gewohnheit, kein selbstverständliches Bild, sich Pedro, ihren Pedro, über eine andere Frau gebeugt vorzustellen, seinen Mund in andersriechender Haut vergraben. Am 17. Feber 1823 kam Paula Mariana zur Welt; das Mädchen hatte einen großen Kopf, daß die Hebammen schon riefen, „ein Sohn". Aufgerissen, zerfetzt war ihr Körper, die Säfte brannten in ihren offenen Wunden. Vicente Navarro mußte kommen, Verbände anlegen, sie mit Salben und Tees behandeln; sie bekam Fieber, Schmerzen in allen Gliedern. Bei den ersten Kindern, bei Marie, bei João Carlos, bei Januária, war sie Stunden nach der Geburt aufgestanden und hatte Briefe geschrieben; sie hatte die vorbereiteten Briefe um Geschlecht und Namen des Kindes ergänzt. Nach Paula Mariana lag sie zehn Tage im Bett und überließ die Benachrichtigung über „die glückliche Geburt einer weiteren Tochter" dem Botschafter. Paula Mariana sah aus wie Pedro, schon als Neugeborenes den neugierigen Blick, dunkle Locken, gierig verbiß sie sich fast in die Brust; sie wimmerte nie, sie schrie tränenlos.

Pedro war wieder der zärtliche Vater, der sich gratulieren ließ, der Marie und Januária die neue Schwester zeigte, der vor dem Bett von Leopoldine kniete und vom Lebensweg dieser Prinzessin schwärmte, von den Spitzenkleidern, den Tanzlehrern und den Kavalieren. Leopoldine ließ sich in diese Träumereien fallen, als Vater ihrer Kinder liebte sie Pedro am meisten. Die ehelichen Kinder konnte Pedro herzeigen, die konnte er an sich drücken, ihnen Sonette schreiben; die anderen, es gab 1823 schon mindestens drei oder vier, die kannte er kaum, wußte nur von seinen Kammerherren von deren Existenz.

Die Besuche bei Domitila waren inzwischen regelmäßig geworden; jeden Tag kam Pedro erst spät in der Nacht nach Hause, jeden Tag hatte der Bote zwei, drei Briefe zum Mato Porco zu bringen, das Geld für den Haushalt in Boa Vista wurde knapper, das Getuschel über die Geschenke für Domitila begann.

Ausflüge waren in den vergangenen Jahren die beste Zerstreuung für Leopoldine gewesen, solche Wochen, Monate zu überstehen; seit Domitila in Rio war, seit der Geburt von Paula Mariana, gelang das nur schwer, „meine Munterkeit die mir so viele fröhliche Stunden machte hat sich in Melancholie verwandelt", schrieb sie an Louise, und an den Vater, im Mai 1823, „ich bin gestern von einer dreitägigen Reise auf dem Weg nach São Paulo, gesund und stark, und etwas aufgeheitert, da diese wilden bergigen Gegenden ganz Steiermark und den Apenninen gleichen. Die Wege sind aber zum Halsbrechen. Ich glaube in der ganzen Welt gibt es keine schlechteren. Meine Kinder sind alle Tage stärker und herziger. Marie leset schon und nun will ich ihr deutsch lernen."

Das Zusammenleben mit Pedro wurde im Winter 1823 schwieriger; er schrie wegen der kleinsten Kleinigkeit, sperrte sich in sein Zimmer ein, um Liebesbriefe zu schreiben; er wurde kühner und ließ die Rechnungen für Düfte und Tüllvorhänge nach Boa Vista schicken. Er herzte die Kinder und bestieg Leopoldine, um sie neuerlich zu befruchten; das Essen kritisierte er, die Tischsitten. Schließlich kündigte er an, allein sein Essen einnehmen zu wollen; neue Hemden ließ er sich nähen, mit Rüschen und Spitzen an Ärmeln und Kragen, parfümiert und gepudert verließ er das Haus, daß Marie vor ihm zurückwich, ein fremder Vater.

„Geduld", sagte Leopoldine oft stundenlang in die Finsternis, bis sie einschlief und vom harten Schritt Pedros, dem Knarren seiner Schlafzimmertür geweckt wurde.

Schwarzes, langes Haar habe sie, Domitila, milchigweiße Haut; sie sei korpulent, sie sei so dick, daß man ihre ständigen Schwangerschaften gar nicht bemerke, und schwanger fühle sie sich am wohlsten, behaupte Domitila. Leopoldine hörte aus allen Ecken in São Cristóvão, auf der Straße, am Kirchplatz, am Hafen, das Gerede von Domitila und Pedro; als Hexe bezeichneten manche sie, „von der kommt er nicht mehr los", riefen die Wäscherinnen, und es klang erleichtert und stolz, so, als hätte ein Verirrter endlich heimgefunden.

Bis September 1823 redete Leopoldine mit keinem Menschen darüber; die Aguiar wollte oft davon beginnen; sie habe zu arbeiten, wies Leopoldine die treue Frau zurecht. Dem Schäffer vertraute sie sich an, sie schrieb ihm, „es geht leider alles verkehrt denn aufrichtig gesprochen, nichtswürdige Frauen regieren alles und die anderen müssen schweigen und nur Einsamkeit und jedesmal mehr der Wunsch sich frei und ruhig zu wissen bleibt einem übrig".

Eine Gala im kleinen Theater „São Pedro" fand statt, letzte Septemberwoche 1823.

Domitila war auch zur Vorstellung gekommen, man wollte sie wegschicken, sie war nicht eingeladen, wer war sie überhaupt? Pedro und Leopoldine unterhielten sich mit dem englischen Botschafter; aus der Vorhalle war das Geschrei von Domitila zu hören. Die Heimlichkeit war zu Ende. Pedro war hinausgestürzt, die Besucher drehten sich zu Leopoldine, sie lächelten verlegen, redeten schnell weiter, warteten, bis einer mit dem Weggehen begann, weg wollten sie alle, flüchten. Diese schreiende Frau in der Halle war keine Liebschaft mehr, über die sich amüsant plaudern ließ, die wollte sich nicht länger verstecken lassen. Minister Drummond war neben Leopoldine stehengeblieben; an der Wand lehnte Aragão; er notierte mit seinen Augen die Reaktion jedes einzelnen über diesen Vorfall.

Am nächsten Morgen fand Leopoldine einen Brief von Pedro auf ihrem Tisch: – habe sie die ehrenwerte Dame Domitila de Castro als Hofdame anzuerkennen; bei jeder Audienz, bei jeder Gala würde sie nun in Leopoldines Nähe stehen.

„Er hat das kleine Theater schließen lassen wegen des gestrigen Eklats", flüsterte die Aguiar, „das Gebäude sei einsturzgefährdet, behauptet Aragão." Leopoldine antwortete nicht; sie zog sich zum Ausreiten um, ging zu den Küchenhäusern und nahm aus dem Bottich, in dem die Küchenmesser steckten, eines heraus, sie klemmte es in ihren Stiefelschaft und ritt hinunter zum Mato Porco.

Mit dieser Frau reden; nicht über Pedro und wie sie sich das vorstelle, Hofdame. Nein; über die Schwierigkeiten, mit den Dienern zurechtzukommen, die korrupten Zollbeamten, die alle Waren am Hafen zurückhalten, über die Frühlingsschwüle, und dabei ihren Geruch und ihre Stimme aufnehmen, wie sie durch den Raum wogt, hinter ihr hergehen und sich die vielen Zimmer zeigen lassen; Domitila, mit dem Rücken zu ihr, mit dem Gesicht zu ihr.

Am Campo de Santa Ana mußte Leopoldine stehenbleiben, Menschenmengen schoben sich über den Platz, sie hielten Zeichnungen in den Händen – Pedro wie ein Hündchen auf dem Schoß von Domitila sitzend. Leopoldine stieg vorsichtig vom Pferd, das Messer im Stiefelschaft behinderte sie, nur humpelnd konnte sie in eine Seitengasse gehen. Die Schauspieler des kleinen Theaters hatten Stühle, Vorhänge, Tischchen aus dem Fundus auf die Straße geworfen, ein paar waren vorausgeeilt und hatten die Menschen zusammengetrommelt. So schnell konnte nicht einmal Aragão reagieren; Pedro, der Volkskaiser, auf dem Schoß seiner Mätresse.

Die Menschenmenge formierte sich, in einem langen Zug begannen sie um den Platz zu marschieren, die Wäscherinnen stießen die Körbe mit der Wäsche ihrer Herrschaft weg, die Holzstöcke, mit denen sie sonst im Takt auf die gerüschten Laken schlugen, schwangen sie in der Luft, und in Minuten wurde aus Gemurmel ein geschlossener Chor. Das sei nicht die Monarchie, die sie haben wollten; der Kaiser, von einer Dirne aus São Paulo befohlen, heute Hofdame, morgen Marquise, übermorgen Kaiserin; warum sie, warum Domitila, warum eine Paulista, eine Paulista wie die Andradas; wir haben einen Kaiser, der von einem weißhaarigen Mann, von José Bonifácio, und einer Hure regiert wird.

Einer aus der Menge sprang auf den Rand des Wasserbeckens, scheitelte sich das Haar, wie Bonifácio es trug, und hielt mit hochnäsiger Miene eine unverständliche Rede; sofort sprang ein weiterer zu ihm hinauf, duckte sich, machte sich klein, klebte sich das Haar mit Speichel in die Stirn – Pedro, „etwas mehr Macht bitte", winselte der Kleine zu Bonifácio, und der ließ Kieselsteine aus seinem Hosensack fallen, nach denen „Pedro" sich bückte und vom Brunnenrand fiel; die Menge kreischte vor Vergnügen, wie eine Brandung schwappte sie immer wieder zum Brunnen, mehr wollten sie hören. Zwei, drei Frauen spielten Domitila, sie überschrien, übertrumpften sich in ihren Forderungen – der müsse verschwinden und der und der; alles Unwürdige, die keine Geschenke geben, wenn sie ihnen Audienz gewährt; neue Sklaven wolle sie, jüngere, kräftigere, wie solle sie mit zehn Dienstboten ein nobles Haus führen; ein Bett wolle sie, mit Seide ausstaffiert; zusperren werde sie Pedro ihr Zimmer, wenn sie nicht auf der Stelle die Stoffe für die Handbekleidung bekäme, Handschuhe aus Spitze, aus feinstem Leder wolle sie haben, die werde sie zu Dutzenden im Empfangssalon auflegen, dort hinein sollen die Bittsteller ihre Bittschriften, ihre kleinen Geschenke gleiten lassen; Bücher wolle sie haben, worin man nachschauen könne, wie eine Kaiserin, eine Dona Domitila, zu leben habe, Bücher aus Europa; „aus Frankreich", schrie die Menschenmasse. Die Gesichter der Menschen fratzenhaft, die Schreie tierische Laute, die Masse nur darauf wartend, daß einer den Wäscheschlagstock hebt und in Richtung São Cristóvão vorausläuft; eine Welle würde ihm folgen, alles niederwalzen, was ihnen unter die Füße kommt.

Leopoldine lehnte am Tor eines Hauseinganges; das Pferd zupfte Gras im Hof; kein Mensch war außerhalb dieses Trubels zu sehen; die Türen zu den Cortiços geschlossen, Säuglinge schrien verlassen dahinter. Später Vormittag. Pedro mit den Ministern im Staatsrat, Bonifácio hielt eine Rede zur Erhöhung der Einfuhrzölle für ausländische Waren, „eine Schande ist es, wenn dieses Land sich nicht selbst ernähren kann, wir brauchen nicht Bohnen aus Europa und Tee aus Asien, hier gedeiht alles, wir können mit fast allem Handel betreiben".

„Marmelade von Erdbeeren will ich", schrie es vom Brunnen; Leopoldine konnte nicht wegreiten; es war unmöglich, von hier wegzugehen, ohne wahrgenommen zu werden. Sie war wieder ohne Begleitung weggeritten, die Aguiar hatte die Hände gerungen, „Dona Leopoldina, die Zeiten sind so unsicher, ich bitte Sie"; die Kinder würden nach ihr rufen, ihre Brüste näßten.

Die „Domitilas" wurden angefeuert, „aufeinanderhetzen die beiden Paulistas", schrien sie, „zeigt, wer der Stärkere ist, Domitila oder Bonifácio"; die drei Domitilas jagten ihre Stimmen hoch, eine stieß die andere von sich, bis nur mehr die Älteste von ihnen am Brunnenrand balancierte.

Plötzlich Knarren, das Quietschen von Wagen; im nächsten Moment bogen sie um die Ecke; Polizisten zu Pferd, die Ehrengarde von Pedro. Aragão stieg aus dem ersten Wagen, er stellte sich an den Rand der Straße und beobachtete unbeweglich; dem Wagen folgten Menschen in Prozessionsordnung; weiter und weiter zum Campo de Santa Ana wurde der Umzug getrieben; es wurde getanzt und gesungen, zwei Musikkapellen hämmerten die Akkorde in die Menschen, bis sie das Schreien am Brunnen übertrumpften.

Eine Frau löste sich aus dem Gefolge; sie war gekleidet wie Domitila gestern im Theater, sie hatte das schwarze Haar zu einem Turban hochgesteckt, kleine weiße Rosen waren hineingeflochten; eine zweite zog sie hinter sich her, eine Mulattin, in Arbeitsuniform; alle wichen zurück, um den beiden Frauen Platz zu machen. Diejenigen, die dem Geschehen am Brunnen zugejubelt hatten, verstummten und strömten den Marschierenden entgegen. Die Weiße, die als Domitila verkleidet war, sang und redete, die Mulattin folgte nur ihren Bewegungen; was sei es für ein Land, in dem seit ein paar Jahren fremde Sitten gelebt würden, die Menschen sich die Seelen zuschnüren müßten und verleugnen, daß sie genährt werden von Sonne und Sternen und einem Regen, der fruchtbar macht wie nirgends; einsam und hungrig sei Dom Pedro an ihr Ufer geschwemmt worden; sie sei dafür da, ihm die fernen Wege, die engen und verlockenden der Körper zu zeigen; jahrelang war er zurückgehalten von Pflicht, Verpflichtungen, die aus einer anderen Welt kommen, mit Kältegraden, die wir hier nicht messen können; auf sie, Domitila, sei er zugekommen; Nacht ist hier Nacht, und Tag ist Tag; beides voll Geschrei, voll Wut, voll Hingabe; sie, Domitila, wird ihm die Genüsse, die erlesenen Früchte dieses Landes geben, die Schmerzen und die Freuden wird sie ihn wieder lehren, die Kämpfe der Männer, das Dulden der Frauen wird er fühlen; mehr und mehr wird er allen Kummer, alle Bitternis mit jedem hier spüren, wird Freude und Gelächter teilen können; unsere Zukunft aus unseren Ziegeln bauen, den ätzenden Kalk der Ungerechtigkeit verstehen, den Schlamm der Demütigung; am Saum des Meeres die Kraft für den nächsten Tag holen, nicht eine Nacht ohne ihren Sinn weglegen, mit Geschrei und Musik die Hütten füllen, keinen

Schmerz fürchten, nicht den Tod, tausendmal das Sterben üben, wenn die Lust die Gewalttätigkeit dazugerufen hat. Wie verabscheuen wir die klare Welt hinter den Fransen des Horizonts, diese Welt ohne Geheimnis; an die Peitschenhiebe des Regens haben wir uns gewöhnt, uns mit dem Funkenflug des brennenden Salzwindes angefreundet; friedlich sind wir und geschwätzig, wenn wir wollen; stumm und verstockt, wenn wir Ruhe, Rache, brauchen; dieser Ruhe bedarf Dom Pedro. Kaiser Pedro muß einer von uns werden, nosso imperador Pedro.

„Nosso imperador Pedro", Jubel brach aus, Vivarufe, sie umarmten einander, sie tanzten über die Papierbögen, auf denen Pedro mit Domitila gezeichnet war.

Vor dem Torspalt, hinter dem Leopoldine saß, stand ein Mann; in grauen Stiefeln, schwarzen Hosen, den Rock nicht in Bragança-Grün, sondern in hellem Frühlingsgrün; Aragão.

Leopoldine ließ das Pferd stehen und schlüpfte aus dem Hauseingang auf die Straße. Es kümmerte sich kein Mensch um die Frau in den groben Leinenhosen. Sie ging den langen Weg durch das Viertel Santo Cristo; menschenleer die Straßen, nur alte Sklaven, die keinem gehörten, saßen auf dem Pflaster; die meisten wirr von Fusel, sie schauten kaum auf. „Nossa mãe", rief einer und stolperte auf sie zu, als er sie nahe genug glaubte, kniete er nieder; Leopoldine sagte, „komm mit", und sie führte den Mann bis zu den Küchenhäusern von Boa Vista; zu essen sollen sie ihm geben und in einem Korb Fleisch und Bohnen einpacken für die anderen, die auf der Straße leben und sterben müssen. Keines der Küchenmädchen, auch nicht Nony, die Masterin, sagten ein Wort, sie nickten und begannen sofort in eine Schüssel Fleisch und Reis zu schöpfen.

Pedro war in die Stadt geeilt, um sich dem jubelnden Volk zu zeigen.

Leopoldine versorgte die Kinder; Paula Mariana behielt sie im Arm, sieben Monate war sie alt und ertrotzte sich fast jeden Tag, einige Stunden von Leopoldine getragen, gehalten zu werden. Die Assafatas scheuchte sie hinaus, der Aguiar befahl sie zu bleiben. Sie wollte einen Brief an Louise schreiben. Vor einem Jahr, im September 1822, hatte sie mit ihrer Unterschrift unter die Unabhängigkeitserklärung endgültig die Rückkehr nach Europa aufgegeben; Brasilien sollte ihr Auftrag sein; mit Freude war sie an die Arbeit gegangen; die Kinder gesund, Pedro und sie hatten im Guten miteinander gelebt, „dadurch wird klar daß mein ganzes Sein gewiß nur Dir gehört und die große Sehnsucht die ich nach Dir habe", hatte sie Pedro geschrieben.

Nun, im September 1823, hatte sie keine Wahl mehr; nie mehr würde sie Louise wiedersehen, nie mehr die Brüder, die Schwestern Clementine und Caroline, bei keinem Namenstagsfest vom lieben Papa würde sie dabeisein.

Revolution, Krieg, Chaos sollte den Brasilianern erspart bleiben, deshalb war Leopoldine in Brasilien geblieben. Die Ordnung im Zeitenwechsel, hatte sie eingegriffen in unverrückbare Gesetze? „Alles hat seine Stunde, die Zeit des Krieges, die Zeit des Friedens."

Sie schrieb an Louise, „wenn ich bloss meinen Wunsche nacheilen könnte, so würdest du mich in weniger Zeit in deiner Nähe finden. Ich kann leider nicht ausweichen, viele Sachen zuhören und sehen die ich mit meinen Grundsätzen anders wünschte. Glaube mir, beste Louise, ich habe seit einiger Zeit den menschlichen Dencken nie erwarthede Dinge sich ereignen sehen"; Leopoldine schrieb den Brief ein zweites Mal, ein drittes Mal; ihre Schrift war beinahe unleserlich, die Feder, die Finger gehorchten ihr nicht, zuckten jedem Wort voraus, hintennach.

Eine Woche später war Domitila, Titilia, wie Pedro sie in seinen Briefen nannte, Hofdame; auch ihre Schwester Ana war zur Hofdame erhoben worden. Zum Geburtstag von Pedro, am 12. Oktober 1823, hatten diese beiden neuen Hofdamen ihren ersten Auftritt; sie ließen sich von den Damen und Herren der Gesellschaft hofieren, sie sprachen Einladungen aus, und keiner der Diplomaten wagte es, abzulehnen.

Marschall wollte nach Wien berichten, „der Einfluss, den diese Frau auf Seine Kaiserliche Hoheit gewonnen hat, ist wahrhaft erstaunlich, und es ist zu befürchten, daß er noch zunimmt". Wahrscheinlich hat der Herr Botschafter diesen Bericht doch nicht abgeschickt.

Sie wollen Blutegel auflegen, Leopoldine tritt nach den Assafatas, bis sie weggehen. Farofaschleim flößen sie ihr ein.

„Die Kinder", Leopoldine setzt einige Male an, bis die Aguiar sie versteht. Als hätten sie hinter dem Paravent gewartet, so rasch stehen alle fünf neben ihrem Bett; Leopoldine breitet die Arme weit aus, man hilft ihr, sich aufzusetzen, sie umarmt ihre Kinder, alle auf einmal; sie weichen nicht zurück vor dieser Frau, die sie fiebrig-heiß an sich drückt; Pedro und Francisca klettern ins Bett, werden weggeschoben; ihre Kinder sind fröhlich; „– befindet sich Dona Leopoldina seit der Fehlgeburt in einem fast ständigen Delirium, das nur momentan unterbrochen wird. Ihre Gedanken kreisen um die Sorge für ihre Kinder, die man ihr mehrere Male zeigen muß, um sie zu beruhigen", Doktor Navarro läßt an Marschall schreiben.

Am 25. April 1821, mit der Abreise des Schwiegervaters, hatten Leopoldine und Pedro begonnen, ein Ehepaar zu sein. Sie spielten nun nicht mehr das verheiratete Paar, ständig kontrolliert und überwacht vom Schwiegervater, von der Schwiegermutter, der Schwägerin; Leopoldine mußte Pedro nicht mehr über das Mißtrauen seines Vaters hinwegtrösten. Fast dreieinhalb Jahre lang hatten sie sich gewünscht, allein leben zu können, hatte sie, Leopoldine, alles, was sie bedrückte, auf den gemeinsamen Haushalt mit dem Schwiegervater, auf seine Unentschlossenheit, auf seine Unnachgiebigkeit Pedro gegenüber geschoben. Am 25. April 1821 war der Terror des Wartens, der Trennungsängste vorbei.

Pedro, dreiundzwanzig Jahre alt, Leopoldine vierundzwanzig. Pedro saß nicht selber auf dem Kutschbock, als sie vom Hafen zurück nach São Cristóvão fuhren; er ließ sich neben Leopoldine in den Sitz fallen; er schrie nicht den Befehl zur Abfahrt. Sie redeten nichts, sie wurden bejubelt, sie winkten; sie saßen jeder in seiner Ecke, ohne einander zu berühren. Leopoldine wollte in ihr Zimmer, die Tür verschließen und einen Moment, eine Nacht allein sein. Jetzt hatte sie alles erreicht, was sie wollte; keine Trennung von Pedro und den Kindern, Pedro nun Prinzregent, also mit einem

Tagesablauf, wie der liebe Papa ihn hatte. In Boa Vista war das Speisezimmer umgestellt; ein kleiner Tisch mit nur zwei Stühlen stand in der Mitte; die Bänke an der Wand, an denen die Kammerherren von Dom João gesessen waren, hatten sie weggetragen; dort stand ein niederer Schrank, auf den sie die Waschschüsseln und die Teller stellen ließ; ein weiterer Tisch war noch hier für die Kammerfrauen; die Kinder wurden ab sofort im Speisezimmer gefüttert, Leopoldine wollte Marie und João Carlos nun immer um sich haben.

Was war jetzt anders? Leopoldine wühlte im Kleiderschrank, sie fand keines der Kleider, die sie vor dreieinhalb Jahren, im November 1817, mitgebracht hatte; die Samtvorhänge hervorholen und die Brokatdecke für das Bett, einen Brief an Louise schreiben, mit demselben Inhalt wie drei Tage nach ihrer Ankunft hier, „mein lieber Pedro der überdiess sehr gebildet ist". Sie setzte sich auf den Boden, solange würde sie sitzen bleiben, Boden unter sich gewinnen, bis die Leopoldine von November 1817 aufstehen würde. Nach Mitternacht zog Pedro sie vom Boden weg, half ihr beim Auskleiden.

Monate wie Jahre; Leopoldine krempelte Boa Vista um, brachte Marie die ersten französischen Worte bei, ging stundenlang mit João Carlos am Arm die Schatten des Hauses, der Bäume entlang spazieren. Mindestens einmal in der Woche besuchte sie Dirk van Hogendorp; sie sammelte bei ihm Insekten, Käfer, Eidechsen in allen Grün- und Grautönen, sie brachte ihm Zeichnungen ihrer Kinder; sie bekam von Hogendorp Setzlinge von Jabuticaba-Bäumen für Boa Vista und brachte ihm Stöcke von Copo de leite, weiße Callas, die er besonders liebte, die ihn an die weiße Lilie Frankreichs erinnerte.

Nachdem Pedro Graf Arcos verjagt hatte, ihn aus dem Land gewiesen hatte, war er ohne Freund, ohne ersten Minister. „Hier ist ein wahres Elend; alle Tage neue aufrührerische Auftritte. Die wahren Brasilianer sind gute, ruhige Köpfe, doch die portugiesischen Truppen sind von den schlechtesten Geist beseelt, und mein Gemahl, leider Gott, liebt die neuen Grundsätze und schlägt nicht mit strengem Beyspiele ein, wie es nöthig wäre; ich fürchte, mit seinem eigenen Schaden wird er zu späth klug werden und ich kann nur schwarz für die Zukunft sehen", schrieb sie an ihren Vater.

Leopoldine mischte sich wochenlang nicht ein; Pedro kannte das Land besser als sie; er war nicht verblendet von Heimwehbildern, träumte nicht von Schnee, den Geburtstagsfesten in Laxenburg. Zweimal begleitete er sie zu Hogendorp; er mochte den buckligen Zwerg nicht; Hogendorp redete von „den guten Brasilianern" und „Sie als Brasilianer", und er warnte Pedro vor den Cortes; „sie wollen das Land zerschlagen und unter sich aufteilen, sie reden heute von gleichen Rechten für alle, reden voll Verachtung über Besitz, predigen Aufteilung und wollen nur selber an die Schätze heran, dort würden sie wüten wie kein Despot vor ihnen". Auf der Stelle hatte Leopoldine sich zu verabschieden und mit Pedro heimzureiten.

Im August 1821 wußte Leopoldine, daß sie neuerlich schwanger war; im nächsten März würde sie wieder ein Kind zur Welt bringen. Ihre Beine wurden dick, sie bekam Hautausschläge, Insekten hatten ihre Zehen zerstochen, und der Körper war so geschwächt, daß er das Gift kaum abwehren konnte, sie fühlte sich fiebrig, und mit jedem Schweißausstoß rann mehr Kraft aus ihr. Getrieben und geschoben fühlte sie sich, oft rannte sie zum Spiegel im Speisezimmer, um sich anzuschauen, sie drückte ihre Kinder an sich, so fest, bis sie schrien.

Ohne Kopfbedeckung ritt Leopoldine nach Cosme Velho; Chili sank zentimetertief in den Schlamm, scheute vor großen Wasserlachen, sie mußte Umwege reiten, fürchtete, den Weg, die Richtung verloren zu haben; Chili spürte, wohin es ging, trabte durch den Regenvorhang auf die Hütten von Hogendorp zu.

Er schüttelte den Kopf, das sei nicht gut, das dürfe sie nicht; einer seiner Neger wurde von ihm losgeschickt, daß er in Boa Vista melde, wo Dona Leopoldina sei. Decken brachte man, in die sie sich wickeln konnte, ein trockenes Kleiderbündel legte man neben sie. Hogendorp stellte Fladen auf den Tisch und schenkte den Becher mit Branntwein voll. Sie solle trinken, sie solle alles trinken. Leopoldine ließ das süße Likörgetränk hinunterrinnen; tief niedergezogen saß Hogendorp auf seinem Sessel und schaute auf die geschwollenen, eitrigen Zehen von Leopoldine.

Pedro habe das Haushaltsgeld fast um die Hälfte gekürzt, begann sie, das sei die erste Tat gewesen, nachdem der Schwiegervater abgereist war. Das Geld fehle überall; Pedro sage, sie solle sparen, er sei ein Regent des Volkes; dabei reiche es nicht für die Küche, schon gar nicht für Almosen, die Renten, die sie an die alten Bediensteten zahlen sollte. Sie komme aus dem Borgen nicht mehr heraus. Auf ihre brieflichen Bitten bekäme sie keine Antwort, und der Botschafter würde ständig bedauern, er könne selber kaum seinen Haushalt bestreiten; die Aguiar habe ihr gesagt, daß ein junger Arzt aus der Schweiz in Eugenho Velho wohne. Ja, sie habe ihn besucht, schon im Jänner, noch bevor João Carlos zur Welt gekommen war, noch bevor der Schwiegervater abgereist war.

Dirk van Hogendorp richtete sich auf, sein Rücken wurde fast gerade, das runde Gesicht schmal und ernst wie das Gesicht vom Vater. Er solle sie nicht tadeln, weil sie heimlich den Arzt besucht hatte, es sei ja die Aguiar dabei gewesen; sie habe mit einem Menschen aus Europa reden wollen, ein Philanthrop sei der junge Flach, und schon drei Tage später habe er geschrieben, Hilfe angeboten, und nun habe sie Schulden bei Flach, Schulden, von denen Pedro nichts erfahren dürfe. Schreiben dürfen sie einander nicht, es würde doch jedes winzige Poststück von Pedro kontrolliert; also war sie weiter heimlich nach Eugenho Velho gefahren, nicht wegen des Tees aus den Tassen von Wiener Porzellan. Flach ist Freimaurer; man habe ihr zu Hause nichts über die Freimaurer beigebracht; ist nicht Metternich in aller Heimlichkeit auch Freimaurer? Hogendorp solle sich nicht wegdrehen, oder redet sie mit dem lieben Papa? Flach konnte die Freimaurerei erklären – Arbeit, die der Erfüllung unserer Bestimmung dient, Verbrüderung ohne Unterschied von Rang, Stand und Religion, das Bauen an der Vollendung der Menschheit, ständiges Mühen um die edle, innere Gesinnung, um das Freiwerden von Vorurteilen; das seien auch ihre Lebensgrundsätze. Sie dürfe ja mit keinem Menschen darüber reden, doch jetzt müsse ihr der liebe Papa, nein, Hogendorp zuhören. Der Schwiegervater abgefahren, zwei, drei Tage lang sei Pedro verstört herumgegangen; sein Schatzmeister habe ihm mitgeteilt, daß Rio nun rasch eine heruntergekommene Stadt sein werde; die Reichen seien mit allem Hab und Gut mit dem König nach Portugal gereist, sie haben alles mitgenommen.

Alle Büros in der Stadt habe Pedro aufgelöst und in Boa Vista untergebracht, für die Pferde dürfe kein Futter mehr gekauft werden, nur was die eigenen Felder hergeben, würde verfüttert. Die meisten Kammerherren, Zofen, Kammerfrauen seien auch mit dem Schwiegervater abgereist, sie wurden nicht ersetzt; Diener und Sklaven haben deren Stelle eingenommen. Pedro unternehme wöchentlich Inspektionstouren; vom Bau der Kunstakademie ließ er sich Rechnungen vorlegen, und über Unstimmigkeiten sei er so in Rage geraten, daß er den Beamten mit dem Stock geschlagen habe; sie, Leopoldine, habe dazu geschwiegen, sie habe auch geschwiegen, als die Affäre mit der Frau seines Generals, des Cortes-Generals Avilez, zum Skandal geworden war; auf der Straße habe man General Avilez verhöhnt; was hätte der gedemütigte Mann tun sollen, seine Frau hatte sich mit dem Prinzregenten eingelassen, nahm ungeniert Geschenke von ihm an, empfing Briefe. Der liebe Papa, nein, Hogendorp könne beruhigt sein, sie habe die Sache in Ordnung gebracht. Sie habe der Frau von General Avilez ein Billett geschickt und sie nach Boa Vista eingeladen; mit der hennaroten Frau sei sie, Leopoldine, zum Campo de Santa Ana gefahren und dort mit ihr flaniert, mehrere Runden, bis alle Wäscherinnen und alle Damen in den Tragesesseln sie gesehen haben. Louise habe sie es geschrieben, „jetzt habe ich nichts als Kummer und Verdrusse, die ich heimlich hineinfresse, den sich beklagen, ist noch schlechter. Ich sehe leider, dass man mich nicht liebt. Mein Herz sucht einen Gegenstand dem es seine Liebe und Freundschaft mittheilen möchte, meine Gesundheit ist gut bis auf die Melancholie, die kein Wunder ist bey allen häuslichen Verdrüssen die ich habe. Mein Gemahl hat die – liebliche – Gewohnheit, sich gerne auf alle Art zu unterhalten so du verstehst." Ob Metternich den lieben Papa darüber unterrichtet habe, wie weit Pedro schon vor den Cortes zurückgewichen sei; in vier Monaten haben sie alles hier auf den Kopf gestellt; die Gehälter der Hofleute gestrichen, den Kardinal abgesetzt, in Prozessionen verhöhnen sie die Braganças, stellen sie dar als dumme, gefräßige Tiere, sie haben Pedro die Dotation gestrichen, die Kapitanien Bahia und Para, auch Maranhão haben sie als selbständige Provinzregierungen erklärt, denen sie geraten, ja angewiesen haben, ihre Steuern nach Lissabon zu zahlen; die Ämter hier in Rio seien aufgelöst worden, die Beamten nach Hause geschickt, die bekämen keine Pension, auch dafür habe sie, Leopoldine, Geld borgen müssen. Pedro habe keinen Überblick mehr, vor einer Woche habe er eine Petition unterschrieben, in der er die Provinzen ersuchte, sich mit allen Anliegen direkt nach Lissabon zu wenden; der liebe Papa solle zur Kenntnis nehmen, Brasilien habe aufgehört zu existieren; viele kleine Provinzen seien nun die Kolonialkinder von Portugal, überall dort würde demnächst die Republik ausgerufen und sie und Pedro und die Kinder weggeschickt, hoffentlich noch rechtzeitig weggeschickt. Sie habe es schon nach Wien geschrieben – „wie glücklich ich mich fühle, dass die liebe Noth mich zwingen wird, vielleicht in kurzer Zeit zu meiner Freude viel näher von Ihnen, bester Vater, zu seyn".

Leopoldine mußte geschrien und geschluchzt haben, denn sie hatten ihr Wasser über den Kopf gegossen, viel Wasser. Sie lag in Decken gewickelt auf dem Boden im Haus von Dirk van Hogendorp; die Tür war offen, die Sonne blitzte herein. Der alte Mann mit dem verkrümmten Rückgrat zog sie hoch, „setzen Sie sich auf, Dona Leopoldina". Sie wollte fragen, wie viele Stunden sie schon hier sei, oder waren es Tage, hatte man sich um die Kinder gekümmert? Hogendorp hob ihr Kinn, so weit, daß er ihr ganzes Gesicht sah, er mußte sich winden und verrenken, „Sie sind sehr krank, Dona Leopoldina; an Unentschlossenheit kann man sterben; Sie sollten sich entscheiden, wohin Sie gehören und welches Land Ihre Heimat ist; Kindheit, Mädchenjahre, das sind Bilder; Sie stehen hier, Sie haben Kinder geboren, die Brasilianer sind; ist nicht einer der Grundsätze Ihres Hauses die Humanität, das Mitleid und das Verlangen, das Volk glücklich zu machen? Dona Leopoldina, Sie werden sich entscheiden müssen, und jetzt reiten Sie zurück." Hogendorp gab ihr trockene Kleider; eine Hose, ein Hemd. Einer seiner Gehilfen kam mit einer Schüssel frischgemolkener Milch; Leopoldine wollte Hogendorp widersprechen. Sie mochte dieses Land, sie hatte es oft genug geschrieben, sie liebte die Menschen hier, doch sie wollte nicht hierbleiben. Sie wollte herausgeholt werden, zurückgeholt, sie wollte ihren Tagesablauf auf viele Wochen, Monate und Jahre im voraus wissen; mit den Kindern über Wiesen laufen, sie zu den Lernstunden mahnen, sich von ihren Lehrern den Fortgang ihrer Studien berichten lassen, ihnen selber das Zeichnen, das Musizieren beibringen und Geburtstagsfeste veranstalten, in der Kirche mit betenden Menschen stehen, knien, zu ihrem Kindheitsherrgott reden, Pedro erwarten und mit ihm den Bau eines Krankenhauses, einer Architektenschule diskutieren; angstlos sein, wenn Pedro sich mit Freunden und Beratern trifft, sich sicher fühlen, wenn er in ihrer Nähe ist. Hogendorp kam mit Brot, das tunkte er in die Milch und schob es Leopoldine in den Mund, kuhwarm und schaumig war die weiße Flüssigkeit, sie schluckte die weichen Brotbrocken; es mußte bald Nacht sein, und sie konnte unmöglich in der Nacht zurückreiten. Hogendorp schaute auf ihre zuckenden Hände, auf ihren Bauch, auf die nackten Beine; der alte Mann konnte ihr nicht in das Gesicht schauen, zu schmerzhaft waren für ihn die Verrenkungen, die er dabei machen müßte. „Gehen Sie, Dona Leopoldina, Sie können nicht wählen, gehen Sie"; und Hogendorp umarmte sie, er drückte seinen Körper an ihre Brust, er hielt den Kopf tief, bis in ihren Schoß, und Leopoldine fiel auf den gekrümmten Rücken, lag auf Hogendorp wie ein Sack, der sich wegtragen ließ, zurücktragen.

Die Sonne stand tief, in wenigen Augenblicken würde sie untergehen; Hogendorp blieb im Haus, als Leopoldine zum Pferd ging. Ein Gehilfe begleitete sie; Leopoldine sah nicht nach dem Farbigen, sie preschte davon; den ersten, besonders schlammigen Teil des Weges mußte sie noch bei Tageslicht schaffen. Sie trieb das Pferd an, durch alle Wasserpfützen durch, am Largo Boticario vorbei; Karawanen von Sklaven kamen ihr entgegen, die von den Feldern nach Hause getrieben wurden, unter einem Busch lagen zwei verletzte Männer, die sich in die Halme duckten. Im Rhythmus des Galoppierens stieß Leopoldine heraus, „nach Hause, nach Hause"; sie schrie es so laut, daß der Gehilfe, der an ihrer Seite ritt, sie entsetzt ansah; Wasser rann aus ihren Augen, die Luft war zum Schneiden feucht; finster war es geworden, und sie hatte den Prazeres-Berg noch nicht erreicht; dieses Mal suchte sie nicht den Weg, ängstlich, zu tief in die Sümpfe zu kommen; sie war hier zu Hause, sie kannte hier jeden Stein, jeden

Halm; bei der zweiten Weggabelung saß sie ab und zog das Pferd die Abkürzung durch die überhängenden Äste. Sie würde diesen Weg und alle anderen hier immer wieder finden, sie müßte sich nichts einprägen für später, weil sie ihrem Bruder davon erzählen wollte; so sicher, wie sie im Halbdunkel den Weg über die kleine Stiege zum Arbeitszimmer des Vaters gefunden hatte, so sicher zog sie das Pferd durch die Nachtschwüle; dann saß sie wieder auf. Ohne sich umzusehen, nahm sie eine weitere Abkürzung; sie hetzte das Pferd durch den Morast, sie ließ das Tier nicht verschnaufen; sie hatte genug Zeit vertan. Jahre hatte sie mit Warten vertan, Warten auf Briefe, auf Besuche, auf ein Ereignis, das sie wegholte; die Kinder geboren, sich in Träume über die Heimfahrt fallen lassen, Schmutz, Affären hingenommen, alles nur vorübergehend, sie, Leopoldine, nicht wirklich betreffend. Der Stadtteil São Cristóvão war zu sehen; Leopoldine hielt an und schaute auf die spärlichen Lichter; aus den Tavernen gehen sie nun nach Hause; im Haus eines Beamten findet ein Konzert statt; zwei, drei männliche Sklaven ziehen auf einem Wagen gestohlenes Baumaterial zum Campo de Santa Ana, sie werden heute nacht eine Cortiço-Hütte bauen; der Gehilfe von Dirk van Hogendorp stand neben Leopoldine und schaute zum Himmel, zeigte auf die Palmeiras, wie sie sich bogen. Er sagte ein paar Sätze, er sang sie mehr; afrikanische Worte, die Leopoldine nicht verstand, doch sie paßten gut zum Wind, zur Dunkelheit. Bei den Stallungen von Boa Vista drehte der Farbige um und ritt zurück. Leopoldine führte das Pferd zur Tränke und ging hinauf zum Wohnhaus.

Sofort schrieb Leopoldine einen Brief an den Botschafter; raschest möge Seine Exzellenz nach Boa Vista kommen, sie habe dringend mit ihm zu sprechen. Leopoldine lächelte; sie würde keinen Grund für diese dringliche Aussprache angeben; Seine Exzellenz solle nur erschrecken; vielleicht hat Leopoldine einen Beweis, kann einen entflohenen Dienstboten präsentieren, der bestätigt, daß der Herr Botschafter ihre Post zensuriert und zurückhält; vielleicht verlangt sie von ihm, auf der Stelle nach Lissabon gebracht zu werden, mit dem Ehemann und den Kindern.

Marschall war sofort gekommen; er hatte zwei Sekretäre mit, die vor Leopoldine Bücher und Briefbögen ausbreiteten. Marschall legte los; er versuche seit Wochen, mit Dom Pedro zu sprechen; doch entweder habe sein Bote Dom Pedro nicht angetroffen oder er sei, was er nur auf die Unerfahrenheit des Kronprinzen zurückführen wolle, ohne Antwortbillett zurückgeschickt worden. Nach Wien habe er bis jetzt davon nichts gemeldet, nur, daß Frau Kronprinzessin sich wieder im glücklichen Zustand einer Schwangerschaft befinde. Er schaute an Leopoldine vorbei, als er fortfuhr; selbstverständlich könne er verstehen, daß sie auf dem schnellsten Weg nach Europa gebracht werden wolle; doch möchte er zu bedenken geben, welche Folgen sich daraus für das ehrwürdige Haus Bragança, für Brasilien ergeben. Leopoldine wisse, daß die Europa-Portugiesen nur auf die Abreise von König João gewartet hätten, um hier alles nach den übelsten, liberalen Grundsätzen auf den Kopf zu stellen; die Gerichtsbarkeit sei unter der Kontrolle der Cortes, in der Kirche werden flammende Reden über die Souveränität des Volkes gehalten; und alles sei von Dom Pedro unwidersprochen geblieben. Er müsse es leider offen aussprechen, seit Dom Pedro Graf Arcos verbannt habe und sich damit selber eines erfahrenen Beraters beraubt habe, biete der Prinzregent ein geradezu entwürdigendes Schauspiel, wie ein Mensch aus Unkenntnis und mangels Erfahrung vor der angemaßten Machtausübung der Cortes mehr und mehr zurückweiche. Nun wollen die Cortes, als letzten Akt ihrer frechen Aktivitäten, Dom Pedro nach Europa schicken, damit er sich dort bilde. Sich wegschicken lassen, für Brasilien bedeute es – Auflösung, Revolution, Krieg.

Der Botschafter kramte in den Papieren; hier habe er den Bericht, wie der gute König João in Lissabon nun behandelt werde; das Volk dürfe ihm nicht mehr zujubeln, ins Gefängnis würde man die Königstreuen sperren, alle Berater, alle Sekretäre habe man ihm ausgetauscht, nur mehr von Beamten der Cortes sei er umgeben. Offiziere, die ihm jahrzehntelang treu gedient hatten, würden nun in Lissabon Bettler sein, und der König müsse alles mit sich geschehen lassen, um seinen Kopf, das Leben der Seinen zu retten. Hier, in Brasilien, könne man sich den Cortes nur widersetzen, wenn man sich den Richtlinien der Paulistas anschließe; São Paulo sei die einzige Provinz, welche die Auflösung Brasiliens nicht akzeptiert habe – die Erhaltung, die Wiederherstellung von Brasilien als Königreich, die Gleichstellung mit dem Königreich Portugal sei das Ziel. Marschall ließ sich vom Sekretär drei engbeschriebene Seiten geben; hier sei alles eben Gesagte niedergeschrieben; etwas wolle er noch hinzufügen; nun sprach Marschall in Deutsch – er fürchte, Dom Pedro begreife nicht, Dom Pedro habe keine guten, moralischen Grundsätze, keine echte Religiosität, im Grunde keine Vorstellung von Begriffen Recht, Ordnung und Pflicht ...

Leopoldine unterbrach Marschall, „ich danke Ihnen,

Herr Botschafter, wir reisen nicht ab, das wollte ich Ihnen mitteilen, wir hatten das nicht vor, wir werden das nicht tun". Sie öffnete den Fensterladen, „wie herrlich es regnet; ich mag den August; für uns Brasilianer ist der Winter wirklich die schönste Zeit. Herr Botschafter, wir werden uns in den nächsten Monaten wohl öfter und regelmäßig treffen; ich wünsche das, und zwar so, wie der gestrenge Metternich wünscht. Was macht der Haushalt, fehlt noch immer eine Dona; ein stattlicher Mann wie Sie muß sich doch eine reiche Braut finden; ich danke Ihnen, Exzellenz, ich danke Ihnen sehr".

Marschall küßte ihr die Hand, ging ihr bis zur Tür nach, er hielt die Hände offen, als wollte er noch etwas mitnehmen.

Ein Sekretär hatte Leopoldine den Bericht nach Wien zugeflüstert – „fand ich die Frau Kronprinzessin in völlig veränderter Haltung zu ihrem neuen Vaterland; nicht niedergedrückt und verunsichert, sondern ruhig und stark, wie es in ihrem erhabenen Haus üblich ist, folgte sie meinen Ausführungen; in keiner Weise zagend und sich ihres Entschlusses, zu bleiben, absolut sicher, stimmte sie mit mir in der Beurteilung der politischen Situation völlig überein".

Es muß später Nachmittag sein; sie haben ihr Bett weggeschoben, jetzt kann sie nur mehr in Wände schauen; niemand ist im Zimmer, sie sitzen nicht in ihren Ecken; Leopoldine wird sie nicht mehr zu sich rufen; dort drüben die Lebenden, wie viele Tote wohnen in ihrem Körper. Zu verworren waren die Wege für sie beide, für Pedro und Leopoldine; die Schlange einschläfern, sich noch einmal überwinden; nein. Die

Augen will Leopoldine sich verbinden lassen, sie will nicht gesehen haben, wie Pedro auf sie zukam und auf sie einschlug, wie Domitila sich im Lachen bäumte, vor zehn, dreizehn Tagen.

Doktor Navarro drückt ihr die Hand; „Dona Leopoldina, hören Sie mich; die Menschen von ganz Rio flehen um Ihre Gesundung, nur Mut"; die Aguiar hält das Buch in der Hand, dort hinein schreiben sie ihre Namen, diejenigen, die sich nach Dona Leopoldina erkundigen.

„Macht, daß es Nacht wird", ruft Leopoldine, „bald, bald", flüstert die Aguiar.

Die Nacht vom 8. auf den 9. Jänner 1822; eine heiße Sommernacht; die Insekten hörten auch in der Finsternis nicht auf, zu schwirren und Haut und Blut zu suchen. Diese Nacht durchwachen, das hatte Leopoldine sich befohlen.

Am 8. Jänner 1822 war Leopoldine im siebenten Monat schwanger; erschöpft keuchte Pedro im Schlaf; keine Minute wollte sie ihn aus den Augen lassen, kein Mensch, kein Traum durfte an ihn herankommen, der ihn vom morgigen Entschluß abbringen würde. Seit April des vorigen Jahres, seit 25. April 1821, seit der Schwiegervater nach Lissabon abgereist ist, haben sich die Richtungen ihrer Lebensfäden fast getrennt, sind nebeneinander hergelaufen; Leopoldine, die vergangenen acht Monate in rasendem Tempo durchgezogen; sie durften Brasilien nicht verlassen, sich vor den Cortes nicht beugen. Das Symbol des Prinzregenten für ein einiges, einheitliches Brasilien durfte nicht verlorengehen.

„Ich glaube, es ist mein Schicksal", das hatte sie als Braut geschrieben; ab Mai 1821 waren ihr nur mehr Menschen zugeführt worden, die für den morgigen Tag wichtig waren; alles in ihr umgemodelt, die Bilder – von vorübergehend auf dauernd und zukünftig – neu geordnet, einen Graben gezogen zwischen Vergangenem, Mädchenhaftem und dem Morgen, zwischen Europa und Brasilien. Dabei hatte sie Pedro beobachtet; dressieren mußten seine Berater sich lassen, wie er seine Sklaven zum Reiten und Tanzen dressierte, honigsüß hatten sie ihm zu raten, mit jedem machte er sich gemein, und kam ihm einer zu nahe, näherte sich jemand zu sehr seiner „hohen Geburt", wurde er zum Teufel gejagt. Pedro liebte Portugal, dort hatte er seine ersten zehn Lebensjahre verbracht, dorthin wollte er zurück.

Marschall schickte er weg, es sei keine Zeit für Besprechungen, er habe zu packen; die Berichte von Bonifácio warf er Leopoldine auf den Tisch; was er wolle, der alte Alleswisser.

Die Provinz Minas Gerais hatte sich den Paulistas, den Patrioten, angeschlossen, und die sagten, Pedro dürfe nicht abreisen, er sei es seinem Vaterland, dem Haus Bragança schuldig.

Pedro zum Brasilianer umerziehen; die Aguiar schüttelte den Kopf, sie konnte keinen Namen nennen, niemand würde es wagen, Dom Pedro zu widersprechen. „Francisco de Sampaio", sagte Leopoldine, die Aguiar schrie auf; das sei kein Pater, das sei ein Redner, einer, der die Menschen zu hypnotisieren versuche. Sampaio sei kein Geistlicher, der in der Stille bete, sondern ein eingebildeter Mensch, der darauf aus sei, daß in der Kirche seine Reden beklatscht werden. Leopoldine ritt sofort zum Kloster Santo Antonio; zwei Neger an der Tür sagten mit Gebärden, daß sie niemals das Kloster betreten dürfe; sie lachten über die Männerkleidung, die Leopoldine anhatte. Warten werde sie wohl dürfen, fragte sie, und die Neger ließen Leopoldine auf einer Steinbank niedersitzen. Früher Nachmittag, die Dienstboten, die den Klostergarten bearbeiteten, schliefen unter Gebüschen; aus dem Haus kam einer, brachte zerstoßene Eukalyptusblätter, die er in nasse Tücher gewickelt hatte; „nossa mãe", flüsterte er, half ihr aus den Schuhen und band die Eukalyptusumschläge um ihre Füße. Francisco Sampaio war in Arbeitskleidung, er kam vom Zuckerrohrfeld.

Was sie wünsche, fragte er Leopoldine, ob eines der Kinder krank sei. Sie wolle mit ihm reden. Der junge Pater mit dem schwarz-gekrausten Haar dachte nach; in eine Klosterzelle führte Sampaio sie. Hier würden sich doch auch die Patrioten treffen, fragte Leopoldine; in Klosterzellen würden sie ihre Petitionen ausarbeiten; José Bonifácio habe es ihr erzählt. Sampaio antwortete nicht; er stellte frisches Wasser und getrocknete Bananenstücke vor Leopoldine hin. „Wann werden Sie reisen?" fragte der Pater und ließ sie nicht aus den Augen; die Zeiten seien unsicher, ein Europäer könne nicht rasch genug davoneilen. Viele der Patrioten seien verschwunden, sie schneiden ihnen die Kehle durch und versenken sie im Sumpf, auf den Schiffen nach Europa sei kein Platz mehr frei, weil die Portugiesen nur mehr flüchten wollen, keiner wolle das Gemetzel erleben, und das werde kommen; die Segel des Schiffes, mit dem sie, Leopoldine und Pedro reisen, werden noch zu sehen sein, da werden sie hier übereinander herfallen. „Wir reisen nicht, wir werden nicht reisen", unterbrach Leopoldine den Pater. Sie habe es schon ihrem

Vater geschrieben, „leider werde ich verkennet, was mich tief schmerzt da ich gute, wahre Wünsche für das Wohl der Brasilianer habe".

Sie sei hergekommen, um den Pater als ihren Verbündeten zu gewinnen, und nun müsse sie sich als Ausländerin zurechtweisen lassen; er als Brasilianer müsse am besten verstehen, wie schwierig die Situation sei, wie solle sie als Frau vor alle hintreten und „fico" – „ich bleibe" – sagen. Der Pater brauche sie nicht auszufragen, sie habe in den letzten acht Monaten die Situation studiert. Was sei es für eine üble Unterscheidung der höheren Schichte hier, sich ständig als Europa-Portugiesen zu bezeichnen und Feste, Bankette der Brasilien-Portugiesen nicht zu besuchen, im Krankenhaus würden sich die Europa-Portugiesen weigern, von Brasilianern behandelt zu werden; die Dienstboten der einen Gruppe dürfen nicht mit den Dienstboten der anderen Gruppe reden; die Beamten seien alle Europa-Portugiesen; kein Blatt Papier würden sie verrücken, ohne sich dafür extra bezahlen zu lassen, selbst für die Schiebekarren der Wasserträger würden sie Lizenzgebühren verlangen. Sie könne verstehen, daß so viele Menschen den Gesetzen der Cortes zujubeln – alle Rechte dem Volk, alle Macht dem Volk. Die Cortes werden sie von den korrupten Beamten befreien und von den Präsidenten der Kapitanien, die ständig mehr aus den Untertanen herauspeitschen, die sich die Wände ihrer Häuser mit Halbedelsteinen bepflastern würden, in denen sich das Sonnenlicht zum Regenbogen ballt; mit drei, vier Frauen leben sie dort und halten sich einen Hauspfarrer, einen katholischen Hauspfarrer, der ihnen die Messe zu lesen hat, für ihr Prassen den Segen herbeizubeten habe. Von diesen Menschenschindern und Ausbeutern erwarten die Brasilianer, durch die Cortes befreit zu werden. Das ganze Land werden sie zum Sklaven machen, alle Waren nur mehr nach Portugal; die Zuckerrohrplantagen werden sie vergrößern; schiffeweise werden sie Zucker nach Portugal und Menschen aus Afrika über die Meere führen, und wenn sie erst die Kirchen geplündert haben, die Kirchenväter ermordet oder verjagt, die Zeitungen verboten, werde niemand mehr wagen, aufzumucken. Sie, Leopoldine, könne nichts anderes tun, als auf ihre bevorstehende Niederkunft hinweisen und so vielleicht die Abreise bis in den nächsten April verschieben.

Sampaio lächelte, „José Bonifácio hat in den allerhöchsten Tönen von Ihnen gesprochen, Dona Leopoldina; ich wußte nicht, daß Sie auf unserer Seite kämpfen; wir werden darauf trinken", er holte eine Wasserkanne, roch daran und goß schweren Rotwein in Kaffeetassen. Leopoldine sog das süße Getränk ein, „werden Sie ihn also in die Kur nehmen, Pater, meinen Herrn Gemahl, ihm beibringen, daß er ein Brasilianer, ein Brasilien-Portugiese zu sein hat; Sie haben ihn in Religion unterrichtet, Sie kennen sein Temperament; ich werde morgen mit ihm herkommen, und dann dürfen Sie ihn nicht weglassen, bis er begreift". Sampaio nickte; „ich werde Dom Pedro zu unseren Sitzungen hier in den Zellen mitnehmen", versprach der Pater.

Still, ruhig war es in der Stadt, als Leopoldine zurückkritt, sie hastete nicht an den Einkäufern vorbei, sie blieb stehen, schüttelte Hände, ließ sich Kinder zeigen und neues Haushaltsgerät; „mamãe", sagten sie und betasteten ihren Bauch.

Pedro war einverstanden, den Pater zu besuchen; er besuchte ihn täglich; nach zwei Wochen schrieb Leopoldine nach Wien, „er ist jetzt besser gestimmt für die Brasilianer. Die portugiesische Truppe will ihn zur Abreise zwingen dan waere alles verloren".

„Fico", „ich bleibe", sagte Leopoldine in die Dunkelheit, schon Mitternacht vorbei, 9. Jänner 1822. Die Beine brannten von Insektenstichen, der Bauch juckte, an den Armen trieben Pusteln auf; nichts würde sie über ihren nackten Körper streifen, nackt den Morgen erwarten, hierhergeboren, hiergeblieben. Ein Kolibri verflog sich, er stach mit dem spitzen Schnabel gegen die Schranktüre, gegen die Wand, sie half ihm nicht aus dem Zimmer, sie schaute ihm zu, wie er im Kreis flog und erst im Morgengrauen, als die Morgenluft durch den Raum wehte, hinausflog.

Am 9. Jänner 1822, nach schlafloser Nacht, begleitete sie Pedro in die Rua Ouvidor zum Stadtschloß. Die Straßen von Rio im Vormittagstrubel, Sklaven, Handwerker, Wasserträger überall; kaum jemand, der dem Wagen aus Boa Vista zuwinkte, zurief; um diese Zeit fuhr Pedro oft durch die Stadt. José Clemente Pereira, der große hagere Mann, verlas die Petition, die Bittschrift von fast siebentausend Patrioten unterzeichnet – Pedro möge bleiben, Brasilien solle dem Mutterland Portugal nie verlorengehen, doch wolle es in einem Bruderverhältnis zu Portugal leben. Pedro schaute Leopoldine an, und er sagte den einstudierten Satz, „da es zum Wohle aller und zum allgemeinen Glück der Nation gereicht, bin ich bereit – sagen Sie dem Volk, ich bleibe". Jubel brach aus, Männer stürzten auf Pedro und Leopoldine zu, umarmten sie, hielten Reden. „Fico", hämmerte es Leopoldine im Kopf, sie konnte das Wort nicht mehr wegschieben, sah eine Menschenmenge mit geöffneten Mäulern, vor Freude, vor Genugtuung auf sie zukommen; sie erwachte in einem Nebenzimmer, von fremden Frauen umgeben, die ihr aus Schalen stechenden Rauch in die Nase trieben.

Zwei Tage später schlugen die Cortes zurück; Leopoldine mußte mit Marie und João Carlos flüchten, die Flucht nach Santa Cruz, es gab bei den Soldaten Verletzte, keine Toten; João Carlos ist daran gestorben.

Sie ziehen ihr ein frisches Hemd über für die Nacht; sie schieben ihr nichts Eßbares mehr in den Mund; liegen darf sie, ohne Rechenschaft über ihr Nichtstun abgeben zu müssen. Zögernd kommen Schritte auf den Paravent zu; die Stimme von Marschall, er läßt sich sofort zurückhalten. Furchtbar schaue Dona Leopoldina aus, der Leib aufgetrieben, die Wangen tief eingefallen, die Haare müsse man ihr abschneiden, sonst würde sie noch verlausen, kämmen könne man die verfilzte Haarmasse nicht mehr. Von den Prozessionen berichtet der Botschafter, davon, daß die Menschen dabei nicht tanzen und Beamte verhöhnen, daß sie still hintereinander gehen und mit ihren Göttern handeln.

Hat sie sich schon herausbegeben, aus dem unförmigen, schmerzenden Fleisch und läßt sich von den Menschen mittragen, leicht und luftig? Wie alles hier weitergeht, wer zusammenhält; davor ängstigen sie sich. Wer ist der Schlußstein, wer hat es zu sein; Pater Sampaio hatte den Kopf geschüttelt, „Dom Pedro, nein".

Nach der Bahia-Reise im Feber war Leopoldine vier-, fünfmal zum Kloster Santa Teresa hinausgeritten;

sich dort einquartieren, warten, bis José Bonifácio zurückgekommen ist, bis die Verirrung von Pedro sich erschöpft hat. Bonifácio würde Berater, neue Minister bringen; den „freien Mutterleib" und das Familienbuch gesetzlich niederschreiben, einen neuen Brunnen schlagen, die Cortiços schließen, mit dem Bau der neuen Wohnsiedlungen hinter dem Corcovado beginnen, Wohnungen in frischer, unvergifteter Luft; Mätressen sind austauschbar.

Sie war bis zu den Mauern des Klostergartens geritten, jedesmal ein Stück weiter; hinter den weißen Mauern war das Singen der Sklaven bei der Feldarbeit zu hören; Früchte schenkte man Leopoldine, und man griff sie an, im Gesicht, an den Händen. Sie wollen die Haut derer spüren, die sie beschützen sollen, denen sie sich anvertrauen. Ammen, Feldarbeiter, Dienstboten für die Küche, Wasserträger boten sich sofort an; eine Menschentraube klammerte sich an Leopoldine; auf Boa Vista wollen sie arbeiten, wenigstens für kurze Zeit, dort könne man nähen lernen und kochen, Werkzeuge lerne man zu reparieren, und damit könne man Geld verdienen und sich freikaufen. Zwei Sklaven hatte Leopoldine mitgenommen, sie hatten kein Zuhause mehr; der Mann mit verkrüppelten Beinen, vielleicht hatte man ihn als Kind gequält, vielleicht war er neben ein Pferd gespannt worden; die Frau, zu alt für alles, wertlos. In der Küche hilft der Mann jetzt, schleppt die Körbe mit dem Holz, dem Gemüse, sie mögen ihn, die Küchenmädchen, er weiß viele Geschichten, die er singt, die er vorspielt. Die Frau beaufsichtigt die kleinen Kinder bei den Blau-Weißen-Häusern, sie zieht raufende Sklavinnen auseinander, sie läßt die verschlossene Tür aufstemmen, wenn sich wieder eine Sklavin heimlich zum Gebären hinlegen, das Neugeborene sterben lassen will.

Als Hirngespinst hätte Marschall ihr Hoffen auf eine Rückkehr von Bonifácio abgetan, als undurchführbar ihre Idee, in einer Klosterzelle auf ein geordnetes Familienleben zu warten. Er schrieb zwar über Pedro und Domitila nach Wien, „diese unglückliche Verbindung läßt den Kaiser täglich mehr an Ansehen und Vertrauen verlieren, die Kaiserin gewinnt dieses hingegen, sie gewinnt dies durch eine grenzenlose Geduld und eine gleichbleibende Güte gegen jedermann".

An den Marquis von Marialva wandte sich Leopoldine im Jänner dieses Jahres, noch vor der Bahia-Reise. Er lebt zurückgezogen auf einer Fazenda; Pedro hat ihn wie die anderen Beamten von sich gewiesen. Marialva, der die Ehe mit Leopoldine eingefädelt hatte, war ein treuer Freund von Bonifácio. Ein Jahr lang, bis Dezember 1823, mußte Marialva seinem Kaiser französische Lebensart vorleben, von den Schwelgereien Ludwigs des XIV. erzählen; wie die Damen in Seidenwolken von Negligés die Bittsteller empfingen und die Herren sich tagsüber von den Festen der letzten Nacht erholten; kaum einer kannte Paris, wie es am Morgen und zur Mittagsstunde aussah, wenn sich, wie hier in Rio, die arbeitenden Menschen durch die Straßen wälzten. Marialva war in Paris Diplomat gewesen; daß das zur Zeit Napoleons und darnach war, daß die stolzen Bürger sich zu keinem Kniefall vor einem höheren Stand mehr niederreckten, daß in Paris Lieder von Gleichheit und Brüderlichkeit gesungen wurden, davon wollte Pedro nichts hören.

Marialva war nach Boa Vista gekommen; die weiße

Bluse mit Spitzen und in kunstvolle Fältchen gelegt, ein Stück Schokolade zog er aus der Tasche, Bonbons aus Europa, und minutenlang lobte er das Aussehen von Leopoldine, der wunderschönen Kinder, des herrlichen Heimes. Er erschrak, als sie ihm rundheraus sagte, sie wolle Boa Vista verlassen und im Kloster weiter abwarten. Niemals solle sie das tun, sie würde sich noch mehr schaden, Dom Pedro hätte den größten Trumpf in der Hand; sie, Dona Leopoldina, habe das gemeinsame Heim verlassen. Nicht nur der Skandal sei es und wie die Kinder darauf reagieren würden; die Mineiras, die Paulistas würden dem Kaiser endgültig den Rücken kehren, ihn die öffentliche Meinung spüren lassen, das gäbe Revolution.

Marialva schwirrte im Zimmer herum, er wollte gehen, es tat ihm leid, daß er gekommen war; er fürchtete, jeden Moment könnte die Tür aufgehen und Dom Pedro vor ihm stehen. Leopoldine ging mit ihm in ihr Eßzimmer, in den Durchgang, den man ihr als Eßecke überlassen hat. Sie wollte Marialva etwas schenken, ihm eine Freude bereiten; aus der Kiste mit dem Porzellan aus Wien nahm sie die winzigen Tassen für Mocca, die Kanne und die Zuckerdose; sie wickelte die Stücke einzeln in die Damastservietten mit dem aufgestickten Monogramm. Marialva, der vor zehn Jahren in Wien aus jeder seiner Taschen kleine Lederbeutel geholt und daraus Edelsteine in die Hände der Damen, in ihre, Leopoldines, Hände, gleiten hatte lassen, Marialva stand im dunklen Durchgangszimmer, vor einem Haufen verpackter Porzellanstücke, hörte einen Wasserträger hinter sich kichern, spürte, wie die Kammerfeger sich aufstellten und zuschauten. Von ihrem Bett zog Leopoldine ein Leintuch, dort hinein gaben sie das Moccaservice, und gemeinsam trugen sie das Bündel zum Wagen von Marialva. Ohne ein weiteres Wort ging Leopoldine zurück zum Haus und setzte sich auf die unterste Stufe der Stiegen, um dem Wagen von Marialva nachzusehen, zu warten, bis die letzten, vom Wagen hochgewirbelten Staubkörnchen sich gesetzt hatten.

Am 10. Jänner 1822, einen Tag nach „fico", einen Tag, bevor Leopoldine mit den Kindern nach Santa Cruz flüchten mußte, kam der Marquis von Marialva nach Boa Vista, um ihr zu danken, daß sie in Brasilien geblieben war. Im großen Empfangszimmer unterhielten sie sich, sie naschte von den Süßigkeiten, die Marialva vor sie hinstellen ließ, dankte für die Geschenke für die Kinder, die herrlichen Seidenstoffe für Marie, das Hutschpferd für João Carlos, hörte sich an, daß der Marquis nie eine schönere Frau im Zustand der gesegneten Erwartung gesehen habe.

Marialva hatte sie über Pedro nicht richtig informiert, als er Leopoldine als Braut umwarb; er hatte über das Land nur das Honigsüße gesagt. Marialva wollte seine Bilder, seine Welt so sehen; er konnte nicht leben ohne Eleganz, ohne Spitzenhemden, ohne Komplimente. Leopoldine hatte am 10. Jänner 1822 einen Brief vorbereitet. Wichtiges konnte sie Marialva nur schriftlich mitteilen; selten bekam sie schriftliche Antwort; Schriftliches hatte für Marialva etwas Kämpferisches, Bedrängendes, auch unvornehm Unwiderrufliches. Leopoldine schrieb, „es ist ein wahres Glück, dass über unser Bleiben nun ein Entschluß gefaßt ist. Ich kann Ihnen versichern dass ich völlig zufrieden bin. Glauben Sie mir, daß wir Brasilianer niemals fähig sein werden, die Auswüchse des Mutterlandes zu ertragen."

Bei der Einweihung des Gebäudes der Academia das Belas-Artes am 5. November 1826 hatte Marialva gefehlt. Leopoldine schickte sofort Nogueira nach Cosme Velho. Der Marquis von Marialva habe sich die Haare abschneiden lassen; in grober Arbeitskleidung sitze er vor dem Haus und zeige auf einen Baum, wenn man nach dem Marquis von Marialva frage; wie Judas, so hänge die bestickte Uniform am Strick. Es fehle ihm an nichts, er habe ein paar Dienstboten, auch eine Frau um sich, die das Haus versorgen; er rede andauernd von einem Schiff und einer Frau, die er zurückschicken hätte sollen.

Leopoldine unterbrach Nogueira, er solle gehen. „Ich habe eine unruhige Nacht verbracht und Husten gehabt sowie Hitze in Händen auch Kopfschmerzen. Ich glaube, dass alles nervös ist, und werde auf dem See spazierenfahren, um zu sehen, ob die Zerstreuung mir gut tut", sie schrieb diesen Brief an Louise nicht zu Ende.

In der Mittagshitze ritt sie zum Meer und watete im seichten Wasser des Ufers; bald waren ihre Hosen bis über die Knie naß; aus einer Gruppe von Feldarbeitern kam ein Farbiger und band ihr Pferd fest; er winkte sie unter eine Palmeira, dort boten sie ihr Kokosnüsse an. Sie trank das Wasser, schälte mit einem Holzstück das Fleisch heraus; eine Schlange wurde gehäutet, alles Nasse, Glitschige von der Haut geschabt und in die Sonne zum Trocknen gehängt.

Leopoldine spürte, wie das Schwere, Beschwerte mit dem Schweiß, dem Meerwasser an ihren Beinen vertrocknete; die Farbigen erzählten einander Geschichten, fast alle mit demselben Inhalt – den Master erstochen, dann selber von seinen Türstehern erschlagen worden und als Geist ins Haus des Masters eingezogen, endlich in jeden Raum eindringen können, die Wasserkrüge umwerfen, den neugeborenen Sohn des Masters ersticken, die Ehefrau zur Unfruchtbarkeit verfluchen, in die Keller die Ratten locken und den Master vom Pferd stürzen.

Ein Holzprügel flog in die Menschengruppe; sie hatten wieder auf die Felder zu gehen; sie rannten vorher noch ins Meer, tauchten unter, und wasserglänzend liefen sie davon.

In den letzten Augusttagen 1821, nach ihrem Besuch bei Hogendorp, stürzte sich Leopoldine in die Arbeit, sie wollte Pedro eine politische Beraterin sein. Die Rechte der Militärs studierte sie, die Abkommen über die Zölle und Steuern, die Petitionen der Cortes, die Petition der Paulistas; sie traf sich mehrmals mit Marschall, um mit ihm zu diskutieren. „Schmole nicht mit mir, Werthe, wenn ich nur wenig schreibe; Du weisst nicht meine Gute wie viel ich zuthun habe. Ich helfe meinem Gemahl in den Geschäften", schrieb sie ihrer Schwester.

Pedro absolvierte sein Tagesprogramm, erledigte Ansuchen, hörte Reden der Cortes an, empfing die Bittsteller; die Mittags- und Abendstunden verbrachte er im Kinderzimmer, spielte mit Marie, trug Carlos auf und ab, bis das fünf Monate alte Kind in seinen Armen einschlief. Nicht unterbrechen, nicht stören wollte Leopoldine diese familiäre Harmonie. Pedro stellte keine Fragen nach dem Tagesablauf von Leopoldine; sie war nun hoffnungsfroher, sie weinte nicht mehr, wenn wieder keine Post für sie mit dem Postschiff gekommen war. Pedro redete nur davon, wie sehr er sich auf die

Heimreise freue. Nach Wien, nach Florenz würde er mit Leopoldine reisen und nach Parma zu ihrer geliebten Schwester Louise.

Die Beamten, die Minister der Europa-Portugiesen, demütigten ihn täglich mehr; sie redeten in seiner Gegenwart französisch, jeden Schritt von ihm ließen sie bespitzeln, sie erarbeiteten täglich neue Ergänzungen zur Verfassung, die sie demnächst von Pedro neu beschworen haben wollten. „Ich bitte Eure Majestät bei dem Heiligsten was es in der Welt gibt, dringend, mich von dieser peinlichen Aufgabe, die mich noch töten wird, zu befreien", schrieb Pedro an seinen Vater. Zur gleichen Zeit teilte Leopoldine ihrer Schwester mit, „Brasilien ist in aller Hinsicht ein so reiches Land, dass es unumgänglich ist es zu erhalten. Das allgemeine Beste geht den Privatwunsch so heiss er noch seyn mag, vor." An den Papa schrieb sie, daß sie hoffe, daß Pedro einen Berater finde, daß ein Ereignis eintrete, das ihn umdenken lasse und ihn von seinen Reiseplänen abbringe.

Seit Leopoldine von Hogendorp weggeritten war, fühlte sie sich wie gezogen, einem Ziel entgegen, das sie nicht kannte; einer Kraft nachgebend, die ihr Furcht einflößte. Im Hafen lag das Schiff, das Pedro und Leopoldine nach Europa bringen sollte; auf diesem Schiff verbrachte Pedro seit zwei, drei Wochen seine Freizeit. Er half den Handwerkern bei den Holzarbeiten, er inspizierte die Räume, bestellte mehr Spieltische, er lud die Arbeiter zum Mittagessen ein.

Leopoldine ritt hinunter nach Botafogo. In Laranjeiras blieb sie in einer Seitengasse stehen, sie mußte sich auf den Boden setzen; das Kind in ihr bewegte sich, drückte gegen den Magen. Wasserträger mit den vollen

Abwasserfässern keuchten an ihr vorbei, eine Wäscherin zog einen Korb mit nasser Wäsche die Straße hinauf, aus einem Haus drangen Schreien und Schlagen, Sekunden später wurde eine junge Sklavin, vielleicht dreizehn, vierzehn Jahre alt, auf die Straße gestoßen. Ein paar Momente blieb das Mädchen liegen, dann stand es auf, rannte weg, kehrte wieder um und warf einen Stein nach Leopoldine, „du bist auch so eine", stieß es hervor. Aus einem Tragesessel glitt eine gepflegte, beringte Hand, die Sklavin wurde abgetastet, wortlos ließ sich das Mädchen von den Trägern an die Kufen des Sessels binden, trottete mit der Prozession davon.

Am Hafen das Vormittagsgewimmel, die Schiffe aus Santos wurden entladen, die Einkäufer standen den Matrosen im Weg, schrien, brüllten Preise; Hühner, Ferkel, Ziegen rannten, zum Verkauf angeboten, an langen Stricken angebunden, durcheinander; ein Töpfer warf die Scherben seiner umgestoßenen Wasserkrüge nach einer Sklavin. Leopoldine blieb auf dem Pferd sitzen, sie konnte das Schiff nicht sofort sehen; drei Männer in Ausgehkleidern standen diskutierend in der Menschenmenge; einer schaute auf, sah sie und kam auf Leopoldine zu.

„Kronprinzessin Leopoldine Caroline Josepha", rief er und half ihr vom Pferd. Er stellte sich vor, „José Bonifácio de Andrada e Silva", setzte leiser nach, „José Bonifácio".

Ohne sich weiter um die beiden anderen Männer zu kümmern, führte Bonifácio sie an den Ständen, den aufgetürmten Waren vorbei zum Schiff der Portugiesen. Sie suche wohl ihren Gemahl, sagte Bonifácio in Deutsch.

Marschall hatte von den Andradas erzählt; eine einflußreiche Familie, die Brüder seien Freimaurer, die Schwester Erzieherin bei europäischen Familien. Die Unterschrift von José Bonifácio hatte sie unter der Petition der Paulistas gesehen. Bonifácio lief den Steg hinunter zum Schiff, Leopoldine solle im Schatten der drei Seringueira-Bäume warten. Nach ein paar Minuten war Bonifácio zurück; „Dom Pedro ist heute nicht hier, er ist in der Stadt", sagte er und brachte Leopoldine zurück zu ihrem Pferd. Über den Schmutz schimpfte Bonifácio und daß man die Menschen dazu erziehen müsse, sich mit ihren Waren nur in aller Früh und am späten Nachmittag auf die Straße, in die Hitze zu begeben.

„Besuchen Sie uns doch einmal", Leopoldine suchte nach den Worten, „mein Gemahl und ich, wir würden uns freuen, ja, wir würden uns sehr freuen", brachte sie endlich heraus.

Jetzt, in ihrem Zimmer, hinter dem Paravent auf dem Bett liegend, kann sie sich die Bilder mit Bonifácio verdoppeln, sie in die Luft werfen und neu ordnen.

Sein Haus in Botafogo war geräumig; es hatte riesige Räume und kaum Möbel, nur ein Diener war für José da. Er konnte Dienstboten nicht vertragen, man würde zuviel Zeit damit vertun, sich mit ihnen zu streiten.

Mit der Zeit, den Stunden müsse man haushalten, nicht mit Geld und Haushaltsgerät. Bonifácio war nach Boa Vista gekommen. Ein Abendessen; Pedro war nervös, stieß ein Glas um, fand kaum Willkommensworte bei Tisch; mit Mühe schwieg er, als Bonifácio von seinen Wander- und Studierjahren in Europa erzählte, ihm die Methoden des modernen Bergbaus erklärte, von seiner

Vision sprach, mitten im Land, im Innern von Brasilien, eine Stadt zu errichten, in der Form eines Kreuzes angelegt.

Pedro sprach voll Verachtung und voll Bewunderung von dem Mann; Bonifácio könnte für ihn wichtig sein; der Mann, der sechs Sprachen beherrschte, der ein Zimmer voll Bücher hatte, der Leopoldine Noten von Klaviersonaten schenkte; dieser Mann, der Vizepräsident der Provinz São Paulo war. „Er ist ein ehrenwerter Mann, besitzt aber eine Bissigkeit und eine zu ungezügelte Zunge", sagte Pedro von ihm.

Leopoldine will sich an den Bildern festhalten, mit der Stimme von Bonifácio aus ihrem Sterbezimmer in alle Richtungen fliegen.

Für Leopoldine hatte sich eine andere Welt geöffnet; fast täglich kam Bonifácio nach Boa Vista, sie ritten ins Tijuca-Gebirge, durch die Turano-Wälder, machten Spaziergänge; die „Römischen Elegien" brachte er mit, und die „Venetianischen Epigramme", las er ihr auf den Spaziergängen vor.

Oktober, November, Dezember 1821, Leopoldine war hochschwanger; sie traf sich mit Pater Sampaio und seinen Leuten, alles hatte zu geschehen, damit Pedro sich nicht von den Cortes wegschicken ließ. Äußerlichkeiten waren diese Verpflichtungen, sie ermüdeten Leopoldine nicht, sie wurde nicht ungeduldig; sie wartete ständig auf das Kommen von Bonifácio, auf einen Brief von ihm, auf freie Minuten, ihm einen Brief zu schreiben – „mit besonderer Wertschätzung und unveränderlicher Freundschaft", schrieb sie ihm, „sei er von all meiner Freundschaft und Wertschätzung überzeugt, von seiner Ama und Prinzessin". Ama – Herrin, Amante – Liebende.

„Die Lebhaftigkeit seines Mienenspiels, sein ermutigender Gesichtsausdruck, die zeitlichen Umstände, alles dürfte dazu beigetragen haben; der Eindruck den José Bonifácio auf mich gemacht hat, ist derart, daß ich ihn nicht erklären kann", das wollte Leopoldine ihrer Schwester Louise schreiben; sie tat es nicht.

Eine Woche vor Weihnachten 1821; Bonifácio hatte zwei ihrer Billetts nicht beantwortet, war seit drei Tagen nicht nach Boa Vista gekommen. Die Aguiar war hinter Leopoldine hergerannt, als sie die Kleider aus dem Schrank nahm und auf den Boden warf, alles zu eng. Sie könne nicht diesem Mann nachreiten, er würde wohl deshalb einige Tage fernbleiben, um Dona Leopoldina nicht in eine immer heiklere, delikatere Situation zu bringen. Leopoldine zog das Leinenkleid aus, plagte sich in weite Hosen, ein weißes Hemd zog sie an, die Tunikajacke, dann bürstete sie ihr Haar und band es mit einem grünen Stoffstreifen, den sie aus der Bettwäsche geschnitten hatte, zusammen. Die Aguiar hörte nicht auf; als Leopoldine die Stiefel anzog, drückte die Kammerfrau, Marquise von Aguiar, sie auf den Sessel, „ich verstehe Sie ja, Dona Leopoldina; ausgehungert nach Gesprächen, nach europäischer Lebensart, zerrissen von Heimweh und dabei ständig gegen das eigene Wollen reden müssen; ganz niedergedrückt waren Sie schon, fast hilflos; alles müssen Sie verleugnen, Ihre Herkunft, Ihr Wissen, kein Mensch, mit dem Sie sich wirklich besprechen können, keine Zärtlichkeit, die ganz Ihnen und nicht nur Ihrem Körper zugewandt ist. Dona Leopoldina, gehen Sie, und bleiben Sie, bis es ruhig geworden ist in Ihnen, nehmen Sie sich, ein für alle

Male, leben Sie die Augenblicke zu Stunden und Tagen aus; gehen Sie, ich kümmere mich hier um alles."

Leopoldine ritt ohne Begleiter nach Botafogo, sie nahm einen längeren Weg, nicht den üblichen, schnellsten wollte sie zum Hafen reiten. Aus der Bahn getreten, und Chili bockte, wollte die Richtung nicht erkennen.

José saß über einem Buch; er rief nach dem Diener, er redete bahianischen Dialekt. Mit Armen voll Copo de leite, der weißen Calla, kam der Diener zurück, er stellte die Blumen in Vasen, legte sie in Schüsseln, bald war das ganze Zimmer mit weißen Blumen ausgesteckt. Früchte in Wein schwimmend aßen sie, einen Schemel schob José unter ihre Füße. Die Sonne schien stillzustehen; das Herz aufgefangen und zugehört, wie es nach langem Stillstehen wieder sachte zu klopfen anfängt, weiße Wände, weiße Blumen, weißes Haar; sich gehäutet und wieder die Geräusche gehört, aus denen Stille, vertraute Stille gewoben ist, die Seufzer, das Stöhnen, das Atmen mit dem Lächeln im Gesicht. José trug sie über die Straße und stellte sie in den Sand. Sie wichen den flüchtenden Eidechsen aus und suchten sich den Baum, der am stärksten im Meerwind zitterte; in ein Stück rotes Brasilholz hatte José ein Herz geschnitten. In Laxenburg hatte Poldl gesagt, „ich weiß genau, was der Mann, den ich lieben soll, tun muß – ein Herz in einen Baum muß er mir schnitzen"; Louise hatte Poldl ausgelacht, „du willst wohl einen Minnesänger haben, ein Mann, ein richtiges Mannsbild, tut dir das nie".

José begleitete Leopoldine am nächsten Morgen nach Boa Vista; bis in das Besuchszimmer ging José mit, dort saß die Aguiar; „daß Sie zurückgekommen sind, daß Sie nur zurückgekommen sind", stammelte sie. Das

Frühstück für Leopoldine sei bereit, Dom Pedro habe die Nacht im Stadtpalais verbracht, er habe ihr Wegbleiben nicht bemerkt, und bei den Kindern sei alles in Ordnung.

Am Nachmittag kam ein Bote von Marschall; ein Bericht wurde ihr übergeben – „hatte die Kammerfrau der Frau Kronprinzessin nach mir geschickt. Ich fand die Marquise von Aguiar völlig aufgelöst und außer sich. Sie fürchte die Reaktion des Prinzregenten, sie fürchte, Ihre Kaiserliche Hoheit, Dona Leopoldina, würde diese Nacht nicht zurück nach Boa Vista kommen; offensichtlich hatte die Kronprinzessin dieses Vorhaben schon mehrmals angekündigt. Ich ließ meinen Kammerjungen im Schloß, daß er mich sofort hole, sollte es zu einer ernsten Auseinandersetzung der Ehegatten kommen", ein weiteres Billett lag noch dabei, „werde ich diesen Bericht zu den Akten legen; in der derzeitigen brisanten politischen Situation scheint es mir nicht ratsam, diese einmalige Eigenmächtigkeit im Privatleben der Frau Kronprinzessin gegenüber irgend jemand zu erwähnen".

Die Aguiar muß kommen, Leopoldine versucht zu rufen. Sie redet auf die Aguiar ein; den Brief, den sie vorbereitet habe, den Brief an José Bonifácio, sie müsse ihn abschreiben und an die verschiedensten Adressen schicken. Die Aguiar müsse ihr versprechen, daß sie nicht aufhöre, den Brief zu versenden, bis José Bonifácio antworte; den kleinen Pedro müsse Bonifácio erziehen. Die Aguiar nickte, zeigt auf ihre Hüfte, dorthin, wo sie in ihren Kleidertaschen die persönlichen Dinge von Leopoldine versteckt hatte, auch den Brief an Bonifácio.

Nach der Bahia-Reise im Feber 1826 hatte Leopoldine sich in ihrem Zimmer eingeschlossen; der Körper erschöpft, daß das Fleisch nur mehr im Dunkeln liegen wollte, im Gehirn Bilder, die sich nicht verscheuchen ließen. Sie werden Dom Pedro von hier, von Brasilien verjagen, wenn sie verarmen, noch mehr verelenden, wenn der Handel nicht genug Geld und Ware bringt, wenn sie genug haben vom Zuschauen an seinem ausschweifenden Leben; und dann sind ihre Kinder allein; Maria da Glória als Königin von Portugal; Januária, Francisca, Paula Mariana von der Aguiar beschützt. Der kleine Pedro, Pedro II. von Brasilien, ohne Vaterbild, ohne Strenge, ohne Grundsätze, „haben wir stets dort zu sein, wo wir notwendig sind, flehe ich Sie an sich der Erziehung des Sohnes, Pedro II., anzunehmen. Auf kein Versprechen kann ich zurückgreifen als auf einen Abend eine Nacht einen Morgen im Dezember 1821 will ich Ihre Erinnerung lenken –"

Beinahe Nacht; sie klappern mit dem Eßgeschirr, Waschschüsseln haben sie in der Hand, zu voll gefüllt, sie schwappen das Wasser auf den Boden, eine wischt sofort hinterher. In zehn Jahren haben sie nicht gelernt, das Waschwasser in der richtigen Menge, in der richtigen Temperatur vorzubereiten; zu heiß ist es und zu viel. Mit dem Streit über das Waschwasser beginnt der Tag und damit endet er. Die Dienerin für das Zimmer bestimmt, wieviel Wasser genommen wird, und der Wasserträger muß zweimal gehen, um das Abwasser wegzutragen; dabei verschüttet er die Hälfte, dann streiten sie eine Stunde lang, wer aufwischt; bis zu Mittag speien sie einander Giftworte hin, sie gehen mit Küchengeschirr, Abwasserfässern, Besen aufeinander los, bis die Aguiar oder Francisca sie auseinandertreiben, eine von ihnen hinunter zu den Blau-Weißen schickt und zur Feldarbeit abkommandiert. Schluchzend wischen sie dann durch die Räume, afrikanische Flüche murmelnd, und sie umarmen einander, wenn sie sich beim Füllen der Wasserkannen, beim Kehren treffen.

Kühl ist die Hand der Aguiar; „Dona Leopoldina, Sie haben fast den ganzen Tag geweint, daß Augen soviel Wasser hergeben können", die Aguiar redet mit sich selber.

Die Seele noch zu wenig gelitten; den Körper zu verbrauchen, das war leicht, nicht ganz dreißig Lebensjahre haben ihn aufgezehrt. „Die Angst und die kummervollen Sorgen, wegen der höchst wertvollen Gesundheit der Kaiserin, die heißen Wünsche für die Beendigung einer Krankheit, die unglücklicherweise sich so sehr in die Länge zieht", die Aguiar liest aus der Zeitung, sie hat ein grünes Kleid an, dunkelgrün, bragança-grün; Leopoldine reckt sich aus dem Bett, sie will die gelben Borten sehen, die gelben Stickereien in der Form von Palmen- und Kaffeeblättern.

Oktober 1822.

Zum Geburtstag von Pedro sollte seine Akklamation stattfinden, und später, am 1. Dezember, die Krönung und Salbung. Feste, Theateraufführungen wurden vorbereitet, Reden geschrieben, die Roben für die Hofdamen und Kammerherren genäht, alles in Bragança-Grün und Habsburg-Gold.

Die Einladungen waren zugestellt; von Botschafter Marschall kam keine Antwort. Leopoldine schickte den Boten zu Baron von Stürmer; er war vor Jahren österreichischer Vertreter in Rio gewesen. Nun lebte er zurückgezogen mit Frau, Kindern und Dienstboten auf einer kleinen Fazenda in Cosme Velho; junge Männer aus Rio bildete Stürmer zu Diplomaten aus. Verächtlich hatte Marschall darüber gesprochen; „der aus Cosme Velho", und als der erste Brasilianer, Antonio da Silva, von Stürmer ausgebildet, als Bote nach Wien geschickt wurde, wartete Marschall auf das vernichtende Urteil von Metternich und darauf, daß Antonio nie mehr einen Auftrag aus Österreich bekäme. Metternich, der schlaue Fuchs; Antonio da Silva wurde in Wien vorzüglich behandelt; er bekam den Auftrag, über wirtschaftliche Möglichkeiten in Rio zu berichten; Antonio, der Sohn eines Kaffeehändlers!

Baron von Stürmer kam nach Boa Vista. Ob er glaube, daß Marschall es wage, den Feierlichkeiten zur Akklamation, der Krönung von Pedro, fernzubleiben, fragte Leopoldine ihn. Der elegante Baron schaute auf seine gelackten Schuhe; schwirig, sehr schwierig, sei die Situation für den Botschafter. Dom Pedro nehme einen Titel an, Kaiser von Brasilien, durch den der Vater endgültig zurückgesetzt würde; die Rechte des Familienoberhauptes der Braganças sind verletzt. Wie habe man zu reagieren? Stürmer ging auf und ab. Er überlege; unmöglich könne Österreich und damit der Botschafter dazu seine Einwilligung geben, das Prinzip der Heiligen Allianz, die Grundfesten aller Ordnung würden hier umgestoßen; sicher, es handle sich um europäische Ordnungsbegriffe, das sei das Dilemma. Kaiser, nicht von Gottes Gnaden, Kaiser nach dem Willen des Volkes; Pedro, der Napoleon von Brasilien, die Krönung von Pedro, eine Wiederholung des Schreckensschauspiels eines Napoleons, ein Kaiser, der auf eine Verfassung den Schwur ablegt – Marschall könne nur zur Kenntnis nehmen, unmöglich könne er bei den Feierlichkeiten dabei sein.

„Schneid müßte er zeigen, umso rascher würde man in Europa begreifen", Leopoldine war aufgesprungen, hatte sich Stürmer in den Weg gestellt. Er lächelte; das sei richtig, und Schneid solle sie, Leopoldine, weiter haben. Er, Stürmer, sei nicht mehr im offiziellen, diplomatischen Dienst, er würde zu allen Feierlichkeiten kommen.

Der 12. Oktober 1822 war ein Regentag; Leopoldine fuhr mit Marie im Wagen zum Campo de Santa Ana, zum kleinen Palast; Pedro ritt und ging die letzten Straßen zu Fuß. „Ich nehme den Titel eines konstitutionellen Kaisers und ständigen Verteidigers von Brasilien an", antwortete Pedro auf die Rede, die Ansprache von José Bonifácio; Vivarufe und Jubel. Im strömenden Regen stand Leopoldine mit Maria auf dem Balkon, eine wogende Menschenmenge rief nach dem Kaiser, wollte ihn besser sehen, ihn näher spüren. Klitschnaß saß Leopoldine im Wagen und wurde zur Kapelle geführt; sie hatte Pater Sampaio überredet, die Messe zu lesen und zu predigen.

Sampaio legte in seiner Predigt los; die Brasilianer verglich er mit den Römern, den Assyrern, daß dieser 12. Oktober 1822 der glücklichste Tag der Nation sei, „majestätisch erhebe sich dieses Imperium, leicht fähig, mit den bedeutendsten Reichen Europas zu wetteifern". Die Menschen applaudierten; Leopoldine hielt Marie die Hände zusammen, bis die Kleine vor Zorn laut schrie und mitklatschte. Marschall war nicht anwesend, er sei krank, hatte er im letzten Moment mitteilen lassen. Er kam auch am Abend nicht ins Theater; „Josef II.", hatte Leopoldine sich gewünscht, ihr Großonkel, der Reformator, der Arbeitsbesessene, der Leidende. Bonifácio drängte darauf, daß der Arbeitsalltag beginne. „Warum auch noch Krönung, Salbung, das war bei keinem Bragança bisher üblich." Fahrig und ungeduldig schob Dom José seine Papiere auf dem Tisch hin und her. „Nichts ohne den Segen Gottes", sagte Leopoldine. Die Zeiten seien sehr veränderlich, man solle sich nicht mit Äußerlichkeiten aufhalten, stieß Bonifácio heraus; seine dunklen Augen waren zu Sehschlitzen verengt. Was sei es für ein Hohn, für einen Reitknecht wie Pedro einen göttlichen Segen erflehen wollen, wer wäre dieser Bursche denn, hätte er nicht sie, Leopoldine, und alle anderen Berater. Eine Reiseliebschaft aus São Paulo wolle er sich nachkommen lassen, Domitila heiße sie; dafür ließe er die Wagen heimlich wegschicken; eine Wohnung suche er, dafür verwende dieser Bursche Zeit; vierundzwanzig Jahre alt und Kaiser von Brasilien. Leopoldine stammelte, „José, es tut Ihnen leid, daß alles so gekommen ist, daß wir geblieben sind und Brasilien nicht mehr zu Portugal gehört?",

„Dona Leopoldina, ich kann mir selber nicht mehr folgen; es war leicht, zu wissen, was zu tun ist; es war richtig, was wir getan haben, kein anderer Weg war möglich",

„aber Ihre Seele ist noch nicht nachgekommen", sprach Leopoldine für ihn zu Ende. Das hatte Nogueira zu ihr gesagt, als João Carlos begraben war. „Nossa mãe, daß der Sohn tot ist, wissen Sie, jetzt müssen Sie sich auf die Erde legen und warten, bis die Seele es auch weiß, bis sie nachgekommen ist. Das muß man immer tun, auch wenn man zu schnell reitet, zu schnell spricht, warten muß man."

José Bonifácio hatte sich an seinen Tisch gesetzt; vollkommen in sich zusammengesunken, in sich selbst zurückgezogen, saß er mit dem Rücken zu Leopoldine. „Gehen Sie, Dona Leopoldina, Sie haben recht, in veränderlichen Zeiten muß man an die Unveränderlichkeiten erinnern, Religion sollte eine davon sein."

Weggehen, sich entfernen; unvorstellbar für Leopoldine, daß José Bonifácio nicht in Rio wäre, sie nicht mit ihm sprechen könnte; dieser starke Mann, weggedreht, das weiße Haar gebürstet, daß es bei der leisesten Bewegung noch knisterte.

Eine Krönung, eine Salbung, alles nach europäischem Muster, die Roben in den neuen Farben, Grün und Gold, Äußerlichkeiten seien es, wichtige für das Land und Täuschungen für sie; sich mit Festen und Arbeit hinwegtäuschen; irgendwie mußte die Zeit verarbeitet werden, bis Marie und die anderen Kinder, die noch kommen werden, erwachsen seien, alle Brasilianer. Eine Reiseliebschaft, ob sie Domitila heiße oder anders, interessiere sie nicht, das gebe sich; sobald Pedro eine verantwortungsvolle Aufgabe habe, wäre sie vergessen. Leopoldine sagte laut, „am ersten Dezember wird Pedro gekrönt, der Jahrestag der Befreiung Portugals von Spanien, und wie es seit zweihundert Jahren im Hause Bragança üblich ist, wird nur der Kaiser gekrönt, nicht die Kaiserin".

Wie ein Luftzug war Abschiednehmen hereingeweht, Leopoldine konnte es sich nicht erklären, und doch war sie sicher, José Bonifácio würde bald weggehen, vielleicht nur einem Reisebedürfnis folgen. Leopoldine wollte in ihn hineinreden, solange er noch hier war, ihm zuhören. Was immer sie miteinander geredet hatten, war frei von hämischen Seitengedanken und Stichen; selbst der „Reitknecht" war ein Wort, keine Bewertung, die Leid zufügen sollte. Bonifácio drehte sich um, er lächelte, so, wie man jemandem mit einem Lächeln aus der Verlegenheit hilft. „Dona Leopoldina, wir gehören nicht derselben Generation an, unsere Muttersprache ist nicht dieselbe, doch wir haben eine Sehnsucht gemeinsam, wir wollen Frieden für dieses Land; ein Experiment ist das, und Sie sind darin beharrlicher und im richtigen Moment nachgiebiger, zurückweichender; Sie ahnen nicht, wie brasilianisch Sie schon reagieren."

Der Krönungstag war voll Pomp; Pedro in seinem Ornat in Grün, Weiß und Gelb, ein fesches Mannsbild. Der Festzug wurde angeführt von Indianern, Negern und Mulatten; die Kaiserliche Kapelle geschmückt mit Draperien und Blumen; alle Minister waren anwesend, die Beamten, die Mitglieder des Klerus, die in Rio tätigen Diplomaten; der österreichische Botschafter Marschall fehlte; Baron von Stürmer saß bei den Zeremonienmeistern. Die Messe dauerte sehr lange, Marie wurde ungeduldig, sie spielte mit ihrem Fächer, mit ihrem Taschentuch, bis ihr beides von der Loge hinunterfiel. Nach der Salbung, der Krönungszeremonie zog Pedro das Schwert und schnitt damit in die Luft – „daß man sogar einen Brauch benutzt hat, der nur in Ungarn üblich ist, mit dem Schwert die Luft zu spalten, als Titel fortwährender Verteidigung", das hatte Marschall entsetzt nach Wien gemeldet. Bestimmt hatte er auch berichtet, daß Leopoldine den Vorsitz über die Krönungskommission hatte, daß alles Europäische ihre

Vorschläge waren. Leopoldine schrieb an ihren Vater, „Baron Marschall wird Ihnen Nachrichten von allen geben daher schweige ich nur bietend, es in einen anderen Gesichtspunkt zu beachten und fest zu glauben es konnte nicht anders seyn um den Volcksgeist von republikanischen Ideen abzuwenden", und an Louise schrieb sie hastig, „ich erwarte von Deiner Freundschaft und schwesterlichen Liebe wenn möglich ein gutes Wort mit Deiner Klugheit bey unsern theuren Vater und Fürst Metternich, der Dir geneigt ist, einzulegen, um dass er als unser Alliierter auftritt und Brasiliens Regierung anerkennet".

Eine Woche nach der Krönung bat Botschafter Marschall um einen Empfangstermin auf Boa Vista. Schäffer schmunzelte, als er Leopoldine diese Bitte vortrug; „sagen Sie Seiner Exzellenz, in ein paar Wochen wieder, er hat sich ungehörig benommen, und er kann es ruhig als Hausverbot sehen; das werden Sie sich doch trauen, ihm zu sagen". Schäffer spielte ihr die Szene sofort vor. Marschall aus seinem Sessel fast herausschießend, „wie hat sie das gesagt, die Frau Kronprinzessin, wiederholen Sie, war der Kaiser dabei, also hat sie das als Dona, als Frau des Hauses gesagt, oder hat sie als Kaiserin gesprochen, war die Stimme schneidend; sie selber, die Frau Kronprinzessin, nervös und flattrig wegen der bevorstehenden Niederkunft; wohin hat sie geschaut, zu ihrem Lieblingsfenster mit dem Mangobaum, oder hielt sie Prinzessin Januária im Arm".

Als acht Wochen später Paula Mariana zur Welt kam, war Marschall der erste, der persönlich kam, um zu gratulieren, „der Prinz empfing mich sehr gnädig und führte mich zu dem neugeborenen Kind", so hatte er geschrieben. Marschall verstand es, all die Jahre die Anrede „Majestät" zu vermeiden; sogar nach der schriftlichen Anerkennung im November 1825, nachdem alle Welt zur Kenntnis genommen hatte, Brasilien ist ein Kaiserreich, „Majestät" kam ihm nicht über die Lippen.

V.
FORTE

6. Dezember 1826

Tod des Schwiegervaters –
Politische Zusammenarbeit mit José Bonifácio –
Reise von Dom Pedro nach Minas –
Parteienkämpfe in der Freimaurerloge –
Metternich-Befehl zur Rückreise –
Leopoldine ist Prinzregentin und unterschreibt die
Unabhängigkeitserklärung, September 1822 –
Sklavenaufstand –
Verbannung von José Bonifácio, November 1823 –
Einwanderungsprogramm.

Leopoldine hört die Stimme von Navarro, er flüstert, „auch weiterhin von Krämpfen heimgesucht, wobei ihre Schwäche jeden Augenblick zunimmt und ihr seit eineinhalb Tagen nur gestattet, leichte Seufzer von sich zu geben".

Nach Marie will Leopoldine rufen, sie hat nicht die Kraft für ein ganzes Wort. Pedro wollte die kleine Marie, das siebenjährige Mädchen, nach Portugal schikken, sie sollte den Erbanspruch sichern, Königin von Portugal. Im März dieses Jahres 1826 war der Schwiegervater verstorben, „noch bin ich ganz erschütert über den Tod meines achtenswerten und hochgeliebten Schwiegervaters"; Miguel, der Bruder von Pedro, der Lieblingssohn von Dona Carlota, stellte nun Ansprüche auf den Thron, das wollte Pedro verhindern.

„Marie ist die Perle aus dem Regiment meiner Kinder, so ein gutes, lebhaftes und talentvolles ist selten vereint zu finden. Die Portugiesen, die sie in ihrer Mitte besitzen wollen bekommen eine gute Regentin obwohl mein Herz bricht bei der Trennung. Gott gebe wenn vielleicht in Europa sich selbst überlassen die Schmeichelei sie nicht verdirbt", schrieb sie an Louise; sie schrieb auch an den Vater, er möge die Erziehung des Kindes überwachen lassen, Lissabon war von Wien nicht so weit weg.

Marie ist hiergeblieben; bis jetzt.

„Die Kinder sind gesund; Marie und Januária haben Sie gezeichnet, hier, Dona Leopoldina", sagt die Aguiar. Leopoldine kann die Oberhofmeisterin riechen, Thymian und Lemone. Welche Leopoldine werden ihre Kinder wohl gezeichnet haben, eine müde Frau in grober Leinenkleidung, die zu den Kindern flüchtet, um sich Zärtlichkeiten zu nehmen, für sich zu holen, oder die fröhliche Mutter, die mit den Kindern singt, für sie malt.

„Meine Befürchtungen über die Gesundheit der Erhabenen Prinzessin werden von vielen geteilt, und wenn ich einen Wunsch auszudrücken hätte so wäre es der, dass die Kaiserin ein wenig sich schonte und sich selbst mehr pflegen würde. Ihre täglichen Ritte von acht bis neun Stunden in diesem Klima können die erstere angreifen, und ein Kostüm das nichts Weibliches an sich hat ..."; Marschall hatte ihr diesen Bericht nach Wien zukommen lassen, zufällig. „Exzellenz, ich habe kein Geld, mir andere Kleidung kaufen zu können, ich habe seit Jahren kein Geld dafür, und die Ausritte, sie sind meine einzige Zerstreuung; ich kann nur in der Natur Trost und etwas Seelenruhe finden"; sie hat den

Brief nicht abgeschickt; sie hat mit Marschall nicht darüber geredet.

An einem Körperteil wird gezogen, sie schütten Flüssiges in sie hinein; sie sollen weiterschütten, ihr Gedächtnis in Schwung bringen, die unverläßliche Erinnerung bewegen; soll die Vergangenheit endlich Flügel kriegen; ist noch immer Sommer, noch immer Anfang Dezember, hat sich der Mangobaum im Zimmer ausgebreitet; in diesem Land sind Bäume und Pflanzen die Auserwählten, auch die Vögel.

Im Jahr 1822, vier Tage vor der Geburt von Januária am 7. März, schrieb Leopoldine an Louise, „es mag geschehen, was will, wir bleiben in Amerika und ich lernte mich seit meiner frühen Jugend in alles schicken so sauer und herb es kostet. Von unserer Trennung spreche mir um Gottes Willen lieber nicht den da ich nun einmal den Entschluss gefaßt habe in Brasilien zu bleiben und so die Hoffnung aufgebe, theure Freunde und Vaterland wiederzusehen ist besser mir nicht diese so geschwollene Wunde aufzureissen".

Bonifácio klopfte an die Tür; mit der Aguiar kam er herein, in einem neuen Überrock aus leichtem grünen Leinen, „die Farbe der Bragança", lachte er und erzählte von den ersten Arbeitstagen in seinem Ministeramt, daß es zuwenig gute Schreiber in Rio gäbe, er müsse sich wohl seine Gehilfen aus São Paulo nachreisen lassen. Ob man Leopoldine schon erzählt habe, daß er schreie und mit Büchern um sich werfe, er könne Unordnung am Schreibpult nicht vertragen; er müsse andererseits, nach einem Tag voll Papierstaub und Tintengeruch, zum Campo de Santa Ana reiten und dort den Wäscherinnen zuhören; ihre gegenseitigen Beschimpfungen täten ihm wohl, und erst ein Besuch in einer Taverne in Botafogo würde ihn endgültig von der schnurgeraden, präzisen Aktenwelt säubern; erst dann könne er sein Haus betreten. Leopoldine gab Bonifácio den Brief an Louise, er solle ihn lesen.

„So sehr leiden Sie", fragte Bonifácio, und er redete in Deutsch mit ihr. Die Aguiar sagte, „leise, bitte", sie schickte die beiden Assafatas hinaus, Cafezinho und Früchte sollen sie bringen und frisches Wasser.

Leopoldine ging zum Schrank und nahm Wickeltücher heraus. „João Carlos war darin gebettet; es sind erst acht Wochen vergangen seit dem 9. Jänner, seit fico, seit meiner Flucht nach Santa Cruz, seit Sie das Ministeramt übernommen haben; vor zwei Wochen haben wir unseren Sohn begraben. José, liegt es am Licht, an dem Tropenregen, an dieser bestialischen, sich nie verändernden Natur, daß mich alle Ereignisse jahrzehnteschwer bedrücken; es müssen Jahrzehnte vergangen sein seit dem 9. Jänner; Jahrzehnte, seit ich am Tod meines Kindes leide; oft rede ich in die Finsternis hinein und starre in alle Ecken, um zu sehen, wer hier redet. Ich habe mir als Braut ein Vademecum geschrieben, zu Hause, in Wien – will ich mich befleißigen, mit Eifer an meiner Ausbildung zu arbeiten. Warum, José, ist Heimat so schwer zu erarbeiten; zielstrebig bis zur Herzlosigkeit sind sie mir vorgekommen, die sogenannten Weltbürger, die Kosmopoliten; egoistisch nur auf das Weiterkommen und das Durchsetzen ihrer Vorstellungen beharrend. Ein Heimatloser kann sich in keine Sicherheit fallen lassen, kann nicht erschöpft in ein Nest zurückkriechen, wenigstens für kurze Zeit der Erholung, nur einen Abendkakao lang. José, ich bin mir selber abhanden gekommen, ich hätte auf die Rückreise drängen sollen, darauf beharren; Pedro fühlt sich als Regent eines Weltreiches, und ich weiß nicht mehr, was mir wichtig ist."

Leopoldine starrte in die Luft. José Bonifácio lehnte am Fenster; „mein Bruder Martim ist hier, meine Schwester Francesca; in Santos leben Vettern und Basen, eine Häuserzeile voll von Verwandten, die ich alle meide. Mit meinem Bruder Martim habe ich oft Streit, er will eine andere Köchin, einen anderen Schreiber, und wenn er Finanzminister ist, wird er Steuern erhöhen, die ich senken würde. Ich wünsche mir alle vom Hals, wäre am liebsten von Mutter Erde geboren; ist Heimat ein ganz bestimmter Raum, welcher, der himmlische; entbehren sollen wir, Dona Leopoldina, entbehren, das schärft die Sinne. Die Daheimgebliebenen gewöhnen sich rasch an unsere Abwesenheit, sie füllen die Lücke der Weggegangenen mit beliebigen Menschen, austauschbaren. Für Sie, Dona Leopoldina, wird jeder, ihre Schwester, ihr Bruder, zum Schutzengel. Wir sind eine Übergangsgeneration, für uns ist alle Sicherheit verlorengegangen, die, die nach uns kommen, werden es besser haben, Ihre Kinder, die nächste Generation Brasilianer. Denken und Antworten suchen, sich in Versponnenheiten flüchten; wir sollen tätig sein, uns verbrauchen, wie es sich ergibt; Sie suchen Ihr Bild, es wandelt sich, ständig, und erst mit dem Sterben ist es vollständig, das vergessen wir; vor diesem letzten Bild fliehen wir. Dona Leopoldina, vielleicht wäre es leichter gewesen, Ihnen in meiner Muttersprache zu antworten, das Deutsche ist so sperrig". Leopoldine sah zu Bonifácio, ein Tisch war zwischen ihnen; „ist ja schon gut, José", rief Leopoldine hinüber, „in ein paar Tagen komme ich nieder, und in diesen letzten Tagen werde ich jedesmal weinerlich, ich will mein Kind nicht loslassen, nehme so den Abschiedsschmerz vorweg".

Sie setzte sich ans Fenster und schaute José Bonifácio nach. Dann holte sie die Briefbögen, die sie nach dem Besuch bei Hogendorp beschrieben hatte, und ergänzte sie, „bessere Beobachtung der Erfüllung meiner Pflichten, der Erziehung der Kinder, der Beratung von Pedro, und, schweigen, schweigen". Sie schrieb an ihren Vater, „kann ich Sie versichern dass ich jetzt zufrieden und glücklich bin in Brasilien zu verbleiben", und an Tante Amalie, „ich muß das Opfer, in Amerika zu bleiben, bringen, ich bin gezwungen es zu tun und mich damit auf immer von all meinen Freunden in Europa zu trennen um der Ruhe und des Glückes meiner Familie willen".

Die folgenden drei Tage verließ Leopoldine Boa Vista nicht; sie schrieb Reden für Pedro, erledigte seine Korrespondenz mit den Diplomaten, schickte einen Sekretär in den Staatsrat, der die Tagesberichte übergab. Nichts Unerledigtes lag im Zimmer, lag auf dem Tisch, als sie am 10. März spät am Abend ins Bett fiel. Sie schlief nicht, es war Zeit, das Kind zur Welt zu bringen; um drei Uhr in der Früh ließ sie Pedro holen. Sie schrie die Aguiar an, als die um den Wundarzt schicken wollte; spazierengehen wollte sie und in Ruhe gelassen werden. Die Gänge schleppte sie sich auf und ab, die beiden Stiegenaufgänge hinunter in den Hof; Pedro erzählte von seiner Großmutter, wie sie schrie, „der Teufel ist in mich gefahren", er raufte sich wie die alte Frau die Haare, schielte wie sie nach dem fettesten Stück Fleisch auf dem Tisch, säuselte wie die wahnsinnige Großmutter Wiegenlieder. Je mehr Leopoldine über die Grimassen und Verrenkungen Pedros lachte, umso mehr schmückte er seine Erzählungen aus, duckte sich an das Stiegengeländer, wie er als kleines Kind am Boden gekauert und auf die nächste Raserei der Großmutter gelauert hatte; völlig in sich versunken saß die Großmutter auf ihrer samtgepolsterten Bank, wenn Dona Carlota sie besuchte; plötzlich sprang sie auf, hob die Röcke von Dona Carlota und schrie, „die Bourbonin ist ein Mann". Die Wehen kamen in kürzeren Abständen, und um fünf Uhr in der Früh brachte Leopoldine ein Mädchen zur Welt; am Gang zu den Speisezimmern, und stehend, ohne die Hilfe einer Hebamme, eines Arztes. „Als sie spazierend durch das Haus ging, hielt sie sich an meinem Hals fest und so, stehend, entband sie", schrieb Pedro an seinen Vater. Die Geburt von Januária war die leichteste; wie ein Tier hatte sie geboren; das glitschige Kind gehalten, vorsichtig war sie zum Bett gegangen, hatte sich hingelegt; das Kind, noch an der Nabelschnur hängend, sich auf den Bauch geschmiegt. Als die Hebammen und Wundärzte sie von Januária getrennt hatten, sie gewaschen war und man ihr das schlafende Kind in den Arm legte, verspürte Leopoldine keine Müdigkeit, keine Erschöpfung. Das Mädchen war schön, doch es hatte dieselben nervösen Zuckungen im schlafenden Gesichtchen wie João Carlos; nur einen Tag blieb Leopoldine im Bett liegen, dann stand sie wieder am Schreibpult, saß am großen Speisetisch und schrieb für Pedro die Berichte, die Briefe.

Der 5. Dezember 1826, oder ist es schon der 6. Dezember; sie hat alle Wegstücke zusammenzusetzen; nicht mehr kämpfen um ein Wort, um einen Brief. Das Bett holt sie von allem zurück, es hält sie fest; die Sterne und die Wunden zählen, die Sterne verraten sie nicht; auf das Blühen der Astern warten, die Eisblumen mit warmem Atemzug vertreiben; nicht hundert Jahre lang sterben, längst eingeweiht in das Schicksal und die Angst gelöscht.

Juni 1822, Leopoldine fünfundzwanzig Jahre alt. Sie war mit drei Dienstboten nach Santa Cruz gefahren. Nur zwei, drei Tage wollte sie ohne alltägliche Verpflichtung sein, um das Haus spazieren, bei der Kaffee-Ernte zusehen, die kirschroten Früchte im Korb zählen und mit den Pflückern Lieder summen.

Einen Aufruf, der in der Zeitung abgedruckt wurde, hatte sie eine Woche zuvor verfaßt; die Unsicherheit der letzten Monate, der Monate vom Tag „fico" im Jänner bis Juni, mußte beendet werden. Die Menschen taumelten zur Arbeit, noch nie so geschunden. Die Patrioten, ständig in Reisekleidung, nur noch herausholen aus dem Land, aus den Menschen, was möglich war; die Preise für Brot, für Mehl, unerschwinglich; jeder, der etwas zu verkaufen hatte, was wichtig war, lebenswichtig, jeder spekulierte, hielt die Ware zurück, bis sie für einen Sack Mehl die Möbel für ein ganzes Zimmer bekamen. Die Cortes waren überall; wer von den Patrioten hielt es in Wahrheit mit den liberalen Grundsätzen, traf sich am Abend mit den Aufsehern, den Dienstboten, redete ihnen ihre Rechte ein, zahlte ihnen Schnaps, bis sie schwelgten in Zukunftsvisionen, voll von Freiheit und Gleichheit, und bereit, jedem, der sie ausbeutete, die Gurgel durchzuschneiden. Zählbar wollten sie sein, jeder ein Teil einer Zahl; eine Familie mit sechzehn Köpfen und einer davon er, der Wasserträger, der Türhüter, der Feldarbeiter, nicht mehr unter einer dunklen Decke, hinter der Hausmauer lebend; herausgetreten, in einer Zahl genannt, und bald auch mit einem eigenen Namen.

Zwei Wochen nach der Geburt von Januária kamen die Nachrichten aus Minas. Marschall erfuhr noch vor Bonifácio und vor Pedro davon; der Botschafter hielt sich nicht mit Förmlichkeiten auf; er müsse Dona Leopoldina sprechen, könne sich nicht abweisen lassen.

Die Mineiras wollen sich den Cortes beugen, sie wollen sich abspalten und innerhalb von einem halben Jahr die Republik ausrufen. Leopoldine verabschiedete den Botschafter sofort, sie wisse, was zu tun sei. Die Kammerherren rief sie zusammen, die Dienstboten; auf der Stelle sei alles für eine längere Reise von Dom Pedro vorzubereiten; Gepäck soviel, wie in seinen Satteltaschen Platz habe, die ausgeruhtesten Pferde solle man tränken und füttern; sie selber ritt hinunter zum Regierungspalast. In wenigen Sätzen war Pedro informiert, er mußte nach Ouro Preto reiten, der Hauptstadt von Minas. Würde diese Provinz für Brasilien verlorengehen, würden die Paulistas folgen, und alles Bisherige, das Hierbleiben, war umsonst; flüchten müßten sie und sich wegstehlen. Bonifácio stand bei dem Gespräch dabei; er nickte zu allem, was Leopoldine sagte, ergänzte es um das Wichtigste, „es ist die reichste Provinz, wir dürfen Minas nicht verlieren". Die fruchtbarsten Felder, Minen mit allen Edelsteinen, Berge, in denen die Goldadern freizulegen sind – Minas. Bonifácio winkte Minister und Beamte zu sich, stehend wurden sie informiert, daß der Prinzregent nach Minas reite, um die Mineiras von der Wichtigkeit eines einigen Brasilien zu überzeugen, um ihr Mißtrauen zu zerstreuen. Pedro stand neben Leopoldine, in Reitstiefeln und goldbetreßtem Überrock, noch keine vierundzwanzig, die schwarze Haarlocke in die Stirn frisiert, die Koteletten exakt geschnitten, unruhig trat er von einem Fuß auf den anderen; die erste Tat, die Pedro zu setzen hatte, seit „fico", seit dem 9. Jänner.

Leopoldine ging zu Bonifácio, „Dom José, Sie sind davon überzeugt, daß Dom Pedro allein die Situation bewältigen wird?" fragte sie ihn; er murmelte, „ist ein couragiertes Mannsbild".

Dann möge er, Dom José Bonifácio de Andrada, zum Zeichen, daß er als erster Minister mit dem Prinzregenten einer Meinung sei, einen Brief schreiben, den Dom Pedro den Mitgliedern der Provinzregierung vorlesen könne. Bonifácio schrieb zwei Seiten lang, „von der prächtigen Zukunft, die das Imperium Brasilien böte, von seinen Hilfsquellen und Reichtümern, von der absoluten Notwendigkeit Portugals, dieses armen und begrenzten Landes, sich auf Brasilien stützen zu können; alle wollen Brasilien frei sehen, so frei wie möglich, doch unter einer wirklichen Monarchie".

Noch ein gemeinsames Mittagessen in Boa Vista; die zwei Wochen alte Januária in den Arm genommen und mit der kleinen Marie am Rücken durch das Zimmer galoppiert; dann gingen Pedro und Leopoldine hinunter zu den Stallungen. Ein trüber April-Herbsttag voll Schwüle, dicke Regenwolken standen über der Stadt.

Nach dreitägigem Gewaltritt war Pedro in Ouro Preto eingelangt; er besuchte Behörden, ließ sich Arbeitsberichte vorlegen, das ungerechte Besoldungssystem erklären. Er ging durch die Straßen, wie Leopoldine das in Rio tat, redete mit den Menschen; er übernahm die Bürgschaft für kranke Dienstboten und ließ sie ins Krankenhaus bringen, unterschrieb einen Schuldschein, damit ein Freigelassener die Pacht für ein Stück Land bezahlen konnte; vor allem grenzte er die Machtbereiche der Ämter ein und damit die Willkür der Beamten im Eintreiben von Steuern, Zöllen und Feldabgaben. Ab sofort hatten sie nach Rio de Janeiro zu berichten, von dort hatten sie Entscheidungen abzuwarten. Kreuz und quer durch die Provinz Minas Gerais ritt Pedro, überall wurde er bejubelt und gefeiert; und er hatte seine Reisetechtelmechtel; die Begleiter sorgten für zufällige Begegnungen. Für Leopoldine flogen diese vier Wochen dahin; eine Verfassung mußte ausgearbeitet werden, den Brasilianern eine eigene Verfassung. Eine Verfassung nach dem Muster von Nordamerika sollte es sein, „er möchte mir die versprochenen Schriften senden nebst der Regierungsform der nordamerikanischen Freystaaten", schrieb sie an den Schreibers, an den Herrn Hofrat in Wien; und sie korrespondierte mit Pedro. „Wenn ich rachsüchtig wäre dürfte ich nicht schreiben weil ich viele Gründe habe, gekränkt zu sein. So lange Zeit keine Nachricht wo ich doch durch einen Viehtreiber weiss, dass mein Gemahl in Gesundheit ist." Dann kamen zwei, drei Briefe auf einmal, Pedro schickte Pferde zum Geschenk, „ich danke sehr für die Pferde die elende Klepper sein könnten wenn sie aus Deiner Hand kommen teuer und wertvoll sind. Uns geht es gut, ich bin aber untröstlich von

Dir den ich zärtlich liebe getrennt zu sein. Deine Leopoldine die dich furchtbar liebt".

Aus Lissabon kamen Briefe, von den Ministern, vom Schwiegervater persönlich; zurückkommen sollen sie, Brasilien verlassen. Leopoldine schrieb an Bonifácio, „ich habe Dom Pedro Mitteilung zukommen lassen dass ich Briefe aus Lissabon erhalten habe in denen alle Anstrengung gemacht wird zwischen uns beiden Zwietracht zu säen, aber sie werden sich täuschen".

Januária wurde mit jedem Tag lebhafter, sie lächelte schon mit sechs Wochen ihrer Schwester zu, jauchzte, wenn Leopoldine sie aus dem Körbchen hob.

April 1822.

Ein Tagesrhythmus, der geordnet war; das Frühstück, die Stunde mit den Kindern, das Lesen in Gesetzen, Satzungen und Verfügungen, die brieflichen Gespräche mit Pedro; und Bonifácio, „meine gute und unvergleichliche Herrin, die der Himmel uns als sein Geschenk geben wollte", hatte er ihr geschrieben. Ruhig wurde sie, ohne Hast erwartete sie den nächsten Tag; alles, was sie umgab, hatte seinen Namen, war nicht verzerrt von Gedanken aus der anderen Welt, aus den ersten Jahren des Wartens hier. Ausatmen, im Ausatmen um João Carlos weinen, die Tränen rinnen lassen und keine Antwort mehr suchen. Eine Überraschung für Pedro wollte sie vorbereiten, seine Ehrengarde mit neuen Uniformen ausstatten. „Die guten Brasilianer brauchen Bilder, wenn sie an etwas wirklich glauben sollen", hatte sie zur Aguiar gesagt, und sie entwarf Hosen, Überröcke, Helme. Nach dem Muster der Böhmischen Garde ihres Vaters, des guten Kaisers Franz I., sollte die Uniform sein; roter Federbusch am goldenen

Helm, weißer Überrock mit Kragen aus roten Aufschlägen, goldene Litzen, goldene Achselstücke. Die Minister waren begeistert, sofort wurden die Uniformen in Auftrag gegeben, und noch bevor das erste Stück fertiggenäht war, hatte man es dem österreichischen Botschafter hinterbracht. Marschall reagierte verwirrt; was Leopoldine damit bezwecke, wie das zu verstehen sei, offen gesagt, was er nach Wien melden solle. Sie hatte sich die Antwort gut zurechtgelegt, „Euer Exzellenz, schreiben Sie halt, alles für die Brasilianer, und alles für meinen Vater". Marschall atmete tief; ging im Zimmer hin und her. Leopoldine meinte, sie wisse ja, er habe keine leichte Mission, doch einmal werde der Herr Botschafter es dem gestrengen Metternich wohl mitteilen müssen, daß sie, Leopoldine, mit der Ausarbeitung einer Verfassung beschäftigt sei, und da könne die Uniform vielleicht helfen, den lieben Papa, den rigorosen M milde zu stimmen. Marschall schüttelte den Kopf; das allein sei es nicht; die Cortes sagen, „die Brasilianer sind schon keine Portugiesen mehr, sondern Österreicher", „und Österreich steht für reaktionär, auf keinen Fall für liberal", ergänzte Leopoldine.

Bestimmt wußte man in Wien auch nichts davon, daß Pedro der Freimaurerloge „Großer Orient von Brasilien" beigetreten war, José Bonifácio war der Vorsitzende dieser Loge. Der Botschafter hatte mit Leopoldine lange nicht darüber geredet, dabei hätte sie sich das gewünscht. Sie hätte Marschall gesagt, sie könne nichts Gefährliches an den Zielen der Freimaurer erkennen und sie, Leopoldine, würde dafür sorgen, daß Pedro davon nicht zuviel einsauge; er habe Freunde gebraucht, einen anspruchsvollen Freundeskreis, von denen er lernen könne, von zu vielen Schmeichlern und

Heuchlern sei er umgeben. Marschall ließ sich von seinen Sekretären berichten, Marschall beobachtete.

Nach vier Wochen, am 25. April 1822, kam Pedro aus Minas Gerais zurück. Leopoldine war ihm bis zum Corcovado entgegengeritten. Die drei Kammerherren, die sie begleiteten, konnten ihr kaum folgen, so fegte sie durch die Stadt, nahm jeden abkürzenden Seitenweg, hinein in den Wald, schlüpfte unter den ausladenden Ästen durch. Sie achtete nicht auf den minutenlangen Herbstregen, der sich wie ein Netz über sie legte. Pedro erwartete sie schon; Wiedersehensfreude, mit Umarmungen und dem hastigen Reden, Erzählen, Berichten, daß alles gut sei, daß die letzten vier Wochen nur das Warten auf diesen Spaziergang gewesen sind, auf dieses Aneinanderflüchten. Leopoldine hatte weißen Käse und Melonen mitgebracht, frische Farofafladen und die Süßigkeiten, gewälzt im braunen Zucker. Pedro erzählte von Ouro Preto, von den kleineren Städten mit den gepflasterten Straßen, daß die Mineiras alles sauber hätten und überall genügend Wasser, das nicht verseucht sei. Sie spazierten um den Corcovado, unter ihnen Cosme Velho, wo Dirk van Hogendorp seine Fazenda hat; weiter im Osten Santa Tereza und die Kirche des Klosters, die weißgetünchten Klostermauern blitzten bis herauf; die vielen Buchten und winzigen Inseln weit draußen im Meer. Pedro und Leopoldine schauten hinunter in die Stadt, und alles Fremde, Unerklärliche im Lebenstakt des anderen war weg, weggeblasen von der frischen Luft, hoch oben über der Stadt; nur das Gemeinsame spürten sie; den Geruch jeder Gasse kennen, und die Dienstboten an den Ecken; wohin sie beide sich auch hinbewegen, hinentwickeln, diese Stadt mit den Bergen, den Wasserfällen, den Buchten ließ sich nicht mehr abstreifen.

Drei Tage dauerten die Festlichkeiten zur Rückkehr von Pedro, drei Tage lang wurde er gefeiert, der Held eines einigen Brasilien; Theaterbesuche, große und kleine Galas, die Diplomaten und Beamten veranstalteten Bankette, und Leopoldine taumelte mit, als hätte Pedro sie seit dem Wiedersehen am Corcovado noch nicht aus seinen Armen gelassen, noch nicht zurückgestellt auf den ungepflasterten Boden des Hofes von Boa Vista.

In der Freimaurerloge kam es zu Rivalitätskämpfen; zwei Gruppen bildeten sich – die überzeugten Monarchisten und die liberal Denkenden. José Bonifácio, der überzeugte Monarchist, hatte seinen Bruder Martim Francisco zum Finanzminister ernannt, und das alte Vorurteil gegen die Andradas, die überheblichen Paulistas, brach wieder aus. Gonçalves Ledo war der Liberale; ein kleiner, wendiger Mann aus Bahia, ein Brasilien-Portugiese, der Portugal nie gesehen hatte; er hatte in São Paulo studiert, „der dumme Bauer aus dem Norden", sagte Bonifácio von ihm. Ledo wollte es endlich in einem Artikel der Verfassung niedergeschrieben haben, daß Brasilien mit Portugal auf einer Stufe stehe. Ledo formierte Truppen; sein Freund und Gesinnungsgenosse Clemente Pereira erledigte die Arbeit mit den Militärs; für Pedro eine heikle Situation. Pereira hatte Pedro nach seiner Rückkehr aus Minas zum „Beschützer und ständigen Verteidiger des Königreiches Brasilien" ausrufen lassen; Pereira kannte Pedro von Kindestagen an, er wußte, daß man Pedro schmeicheln mußte.

Am 13. Mai 1822, an ihrem Hochzeitstag, am Geburtstag des Schwiegervaters, nahm Pedro diesen Titel an – Pedro, der Verteidiger des Königreiches Brasilien. Ledo drängte auf die Unterschrift unter die Verfassung. Bonifácio lehnte es ab, über einen solchen Verfassungstext zu reden.

Von Santa Tereza ritt Leopoldine zur Stadtwohnung von José Bonifácio; er war nicht zu Hause; sie hatte zu warten, stundenlang. Bonifácio war schwer zu überzeugen, sparte nicht mit Bissigkeiten über Pedro und seine Unerfahrenheit; Leopoldine wich nicht vom Thema; niemals dürfe es zu einem Bürgerkrieg kommen. Ein Schritt in Richtung Liberale sei nicht so gefährlich; was sei es für ein eitles Beharren auf einem Standpunkt, wenn man damit Chaos, Tote und Verletzte riskiere. Bonifácio überlegte lange, „Dona Leopoldina, ich werde unterzeichnen; doch ich weiß, daß damit der erste Schritt zur Loslösung getan ist; schwer vorstellbar, Brasilien ohne Portugal; doch Portugal wird Brasilien verlieren, die Liberalen werden mit neuen Forderungen kommen". Für Leopoldine war das im Mai 1822 unwichtig; sie wollte Krieg verhindern, wollte verhindern, daß Menschen flüchten müssen, daß Familien auseinandergetrieben werden, unversorgte Verwundete auf der Straße schreien und Tote zu beweinen sind. Als sie sich von Bonifácio verabschiedete, meinte er, „noch etwas verabscheue ich, Mehrheitsbeschlüsse; welche Zeiten, ein Prinzregent als Werkzeug einer Volksversammlung".

Zwei Tage später wurden die Dokumente unterzeichnet, Dom Pedro und Bonifácio, der erste Minister, ratifizierten, was Gonçalves Ledo und Clemente Pereira ausgearbeitet hatten. Leopoldine stand bei dem feierlichen Akt hinter Pedro; die Beamten, Minister, die kirchlichen Würdenträger drängten an den Tisch; sie wollten sehen, wie Bonifácio seine Unterschrift auf das Papier setzte, sie konnten es nicht glauben. Der weißhaarige Hitzkopf lächelte, nachdem er unterschrieben hatte, stand auf und küßte Leopoldine die Hand, dann umarmte er Pedro und sagte, für viele, zu viele hörbar, „danken Sie ihr". Stille; und im nächsten Moment Jubel. In der Reihe der Gratulanten Botschafter Marschall; er verbeugte sich, er beugte leicht das Knie vor Leopoldine, „ich werde mir erlauben, der Erhabenen Kronprinzessin noch heute meinen Bericht zur Einsichtnahme vorlegen zu lassen", und er sagte noch, er sei sehr verwundert, daß es in diesen aufgeheizten Zeiten gelungen sei, Minister José Bonifácio, einen Mann, der antimonarchistische Grundsätze verabscheue und heftig bekämpfe, zur Unterschrift zu bewegen.

Zwei Wochen später fuhr Leopoldine nach Santa Cruz; Juni 1822, Winter. Ordnung wollte sie in ihre Gedanken bringen; war nun nicht alles niedergeschrieben und geregelt, könnte man nicht endlich beginnen, zu verändern, zu verbessern, den neuen Brunnen zu schlagen, die Menschen von Rio durchzuzählen und an das Krankenhaus den neuen Seitenflügel zu bauen. Ein paar Fastentage in Santa Cruz würden ihr guttun, das klare Wasser aus der Zisterne trinken und die Wurzeln kauen, die ihr von den Sklaven gebracht werden; keine Briefe schreiben, keine Berichte, das Grün beobachten, wie es sich stündlich über das Mauerwerk hinaufarbeitet; Insekten und Käfer nicht einfangen, um sie nach Wien zu schicken und auszustellen; den Fuß heben und ihnen ihren Weg freihalten.

Wieder zurück in Boa Vista wurde Leopoldine sofort von den Ereignissen mitgezogen; der Streit im „Großen Orient" eskalierte, und José Bonifácio und sein Bruder Martim traten aus der Loge aus. Leopoldine hatte in der Zeitschrift des „Großen Orient", im „Regulador", Artikel veröffentlicht. Sie hatte unter anderem Namen geschrieben, doch die meisten wußten, von wem sie stammten; „Brasilien, das unter dem niedrigsten und schändlichsten Joch des despotischen Hochmuths seines europäischen Mutterlandes geschlafen hat, Brasilien, ein Reich welches dank seiner Ausdehnung und natürlichen Kräfte fähig ist Portugal zu regieren denn als unterjochte Provinz und Kolonie dem ersteren zu dienen".

Ledo und die Cortes hatten die nächste Forderung vorbereitet – das Vetorecht von Pedro in allen Beschlüssen der Regierung sollte beseitigt werden; und Pedro wollte darauf verzichten, er wollte liberal sein, die Liberalen am liebsten mit freigeistigen Ideen überflügeln. „Hier ist die wahre Verwirrung, überall herrschen beliebte modische Grundsätze der hochgepriesenen Freyheit und Intependenz. Auf mich ist man misstrauisch. Wenn alle Stricke reissen und wie ich fürchte es den Gang der französischen Revolution nimmt sehe ich meine theure Heimat mit meinen Kindern. Ich hoffe dann Sie werden mier die Anstellung des Mineralien-Direktors geben welche mier einmal scherzend beym Mittagsmahl die Gnade hatten zu versprechen", schrieb Leopoldine an ihren Vater.

Leopoldine ließ zwei Körbe packen, mit Decken ausstatten, es könnte sein, daß sie wieder fliehen müßte; Wasserkannen hatten neben den Körben zu stehen, zweimal am Tag mußte frisches Wasser in die Kannen gefüllt werden, nie mehr würde sie ohne Wasservorrat flüchten.

Bonifácio gründete eine neue Partei, einen neuen Geheimbund, das „Apostolat des edlen Ordens der Ritter vom Heiligen Kreuz"; eine Gegenpartei zum „Großen Orient". Monarchische Grundsätze hätten sie als Inhalt, erklärte Bonifácio, und Marschall warnte Leopoldine; eine Partei der Andradas sei es, und jeder Paulista wisse, wie diese Familie, diese beiden Brüder, es verstehen, Macht auszuüben. Leopoldine wollte keine Warnungen hören, sie wollte Rat für Pedro, eine politische Richtung für die nächsten Monate; sie wollte den Tagesablauf einteilen können, nicht allein das Mittagessen einnehmen, die Kinder dem Vater schlafend für ein paar Minuten in den Arm legen müssen. Sie wollte die Schritte auf den offenen Gängen nicht fürchten müssen, schon wieder ein Bote mit neuen Forderungen der Cortes, die Nachricht einer beschlagnahmten Schiffsladung, Möbel, Stoffe, Werkzeuge, europäische Ware, die man hier nicht annahm. Sie fürchtete die Sekretäre der Kaufleute, die sich verzweifelt an Dona Leopoldina wandten, weil sie Holz und Zucker nicht an ihre Kunden in Genua, in China, liefern konnten, sondern alle Schiffsdokumente nur für Lissabon und Porto bekamen. Sie schickte Sekretär Schäffer nach Botafogo; Bonifácio möge kommen, sofort.

Müsse sie ihn wirklich an sein Versprechen erinnern, für Pedro ein väterlicher Ratgeber, ein Freund zu sein. José beruhigte sie; es sei alles vorbereitet, Dom Pedro werde zum Oberhaupt des neuen „Apostolats" gekürt. Leopoldine erschrak; das war eine Ungeheuerlichkeit dem „Großen Orient" gegenüber. Vier Tage später reagierte Gonçalves Ledo und bot Pedro im „Großen Orient" die Stelle des Großmeisters an. Anfang Juli 1822 war Pedro Mitglied beider Parteien; er war Großmeister der Freimaurerloge und Oberhaupt des „Apostolats". Pedro, vernebelt von Eitelkeit und keinem Gespräch zugänglich; er ließ sich von beiden Parteien feiern, er wollte nicht wahrhaben, daß er für eine Intrige verwendet wurde.

Juli 1822.

Januária war vier Monate alt und konnte schon sitzen; Marie, dreieinhalb Jahre, spielte das Mutter-Kind-Spiel mit ihrer Schwester. Leopoldine und Pedro saßen jeden Abend vor den beiden Kindern und schauten zu; Marie zog Januária an den Händen hoch, wie Leopoldine das tat, „so groß wirst du"; sie zog die kleine Schwester vom kleinen Sessel und schleppte sie wie eine kleine Katze zum Fenster, dabei versuchte sie, wie Pedro zu singen und der Schwester den Himmel, die Wolken, die vielen Blau zu erklären. Leopoldine war schwanger, im nächsten Feber, im Jahr 1823, würde sie wieder ein Kind haben; ein Sohn sollte es sein. Das Familienleben im Juni, im Juli 1822 wie ein gespieltes Bild. Pedro voll Enthusiasmus; er las Leopoldine die Briefe vor, die er an seinen Vater schrieb, „Brasilien ist kein Sklave der elenden, despotischen, pesttriefenden Cortes, die Eure Majestät in schändlichster Gefangenschaft halten"; er war überzeugt davon, daß Brasilien und Portugal untrennbar miteinander verbunden seien, er schrieb, „Portugal, ein Land vierter Ordnung, arm und daher abhängig", abhängig von Brasilien.

Einen gütigen, wissenden Vater hatte Pedro sich in

den Monaten seit Jänner, seit „fico", zurechtgedacht; einen Vater, dem er Brasilien erhalten würde, einen Vater, der sich auf seinen Sohn verlassen konnte. Von Bonifácio schwärmte Pedro, „wenn alle Fürsten, die überstürzt handeln wollen, einen Freund hätten, wie ich mich preise ihn zu besitzen. Gott sei gedankt, daß mir dies gewährt wurde".

Zwei, drei Wochen heiteres Nebeneinander; in der letzten Juliwoche drängte Schäffer darauf, daß Leopoldine Marschall empfange oder besuche.

Leopoldine ritt mit dem Sekretär und der Aguiar hinunter in die Cidade Nova. Marschall war nervös; der sonst aufgedunsene Mann hatte eingefallene Wangen, und er roch nach Alkohol. „Na, was schreibt er denn, unser Metternich", lachte Leopoldine; der Botschafter blieb gleich beim Wienerisch. „Seit vorigen Dezember habe ich es aufgeschoben, mit Ihrer Kaiserlichen Hoheit darüber zu reden. Zurückfahren sollen Sie, mit den Kindern; zurückfahren hätten Sie schon im Dezember des vorigen Jahres sollen – er, Metternich, wünscht das!" Leopoldine antwortete nicht; sie wartete, schaute dem Botschafter zu, wie er sich Wein einschenkte, seine Hände zitterten. Eine fürchterliche Situation sei es, redete er weiter, was hätte er tun sollen, er mußte nach Wien berichten, wie hier die Dinge stehen, daß seit Jänner 1822, seit Jänner dieses Jahres, alle paar Wochen ein Aufstand drohe, und nun wünsche Metternich, daß Leopoldine zurückreise. Der Kaiser, ihr verehrter Herr Papa, sei in allergrößter Sorge um sie; alle in Wien seien in allergrößter Sorge.

Leopoldine schüttelte den Kopf, „Exzellenz, Sie wissen doch, daß ich hierbleibe; der Metternich ist weit weg, und er wird Schwierigkeiten haben, so ist das eben; zwei Jahre lang hat er meine Briefe an den lieben Papa zurückgehalten, sonst wüßte Papa doch, daß ich nicht mehr wegfahren kann. Metternich hat dem Papa diese Brasilienexpedition vorgeschlagen; grau war der liebe Papa im Gesicht, als er es mir sagen mußte; unser guter Papa hätte seine Kinder gerne um sich gehabt. Die Wissenschafter haben genug nach Hause gebracht, das Museum im Harrach'schen Haus muß schon übervoll sein"; Marschall kam auf Leopoldine zu, „Dona Leopoldina, Erhabene Kronprinzessin, erlauben Sie, verzeihen Sie, Sie müssen, Sie können unmöglich ihm den Gehorsam verweigern"; Marschall brachte die Worte nur stockend heraus. Der Diplomat stand in zerknitterter Kleidung vor ihr, er hatte Hausschuhe an, überall im Zimmer lagen Papiere, aufgeschlagene Bücher, ein abgelutschter Mangokern lag auf einem Briefbogen, hatte das Papier fleckig gemacht; Leopoldine litt mit dem ausgelaugten Mann, die zuckenden Hände wollte sie halten, ihn fragen, ob er schon eine Braut gefunden habe; Metternich, der liebe Papa, sie war nicht imstande, die Angst von Marschall mitzuleben. Wie in Panik drehte sie um, ging zur Tür, kam noch einmal zurück und sagte, „ich werde meinem Vater schreiben und damit alles ganz sicher abläuft, wird der gute Schäffer den Brief mitnehmen, er reist ja in einer Woche".

Sie schickte die Marquise von Aguiar nach Boa Vista zurück und ritt hinaus zur Glória-Kirche. Im Krankenhaus machte sie Station; sie setzte sich an Krankenbetten, kostete vom Essen, erzählte von Januária. Die Krankenschwestern führten sie in den Hof, dort hatten sie Stricke gespannt und darauf die Bettwäsche gehängt;

das würden sie täglich tun, alles Giftige von der Sonne wegbrennen lassen; die Tonkrüge für das Wasser mußte Leopoldine sich ansehen und die Holzbottiche, in denen die frische Seife stockte; ein Freigelassener aus dem Cabeça do Porco komme und bringe die Asche und das Fett, „alles wie in Boa Vista, Dona Leopoldina, kommen Sie öfter, kommen Sie bald wieder", und sie drückten ihr getrocknete Wurzelstücke in die Hand, Segensbringer für „nossa mãe".

Sie lehnte sich an die Steinmauer, hörte den kichernden Sklavinnen zu; sie schaute hinaus zur Guanabara-Bucht, zählte die Schiffe und Boote, die im Meer wippten, wartete, bis die Sonne ins Meer gefallen war.

Spät am Abend schrieb Leopoldine an den lieben Papa einen Brief, „nach allen sicheren Nachrichten aus den treulosen europäischen Mutterlande lässt sich nichts anderes schliessen, als daß seine Majestät der König in Lissabon in einen höfflich bemantelten Gefängnisse von den Cortes gehalten ist. Unsere Abreise nach Europa ist unmöglich, da sich der edle Geist des brasilianischen Volcks auf alle mögliche Art zeigte und es der höchste Undanck und der gröbste politische Fehler wäre wenn unser ganzes Bestreben nicht wäre, jene vernünftige Freyheit und Bewusstseyn seiner Macht und Grösse jenen schönen blühenden Reiche zuerhalten und befördern, welches nie von Europa, Portugal unterjocht werden kann, wohl leicht aber mit der Zeit als seine Gesetzgeberin auftretten kann. Ich bin überzeugt, verehrtester Vater, da Sie alles Gutes und Edle wünschen, Sie gewiss uns nach Möglichkeit mit aller möglichen Kraft und Macht unterstützen werden". Sie bat Schäffer am nächsten Tag, den Brief zu lesen, sie wollte mündlich ergänzen. Schäffer verneinte, er verstehe den

Inhalt, und Metternich wird ihn auch verstehen, Kronprinzessin Leopoldine sei eine Liberale, gewissermaßen. Schäffer lächelte, „da werde ich sein Gesicht genau studieren, ich werde Ihnen das erzählen, haarklein".
Leopoldine gab noch die letzten Zeichnungen, die sie von Marie und Januária angefertigt hatte, mit, Briefe für den Bruder Ferdinand und für Bruder Franz; nichts weiter, keine Pflanzen, keine Vögel, keine Insekten für das Museum.

Stunden später kam der Wagen mit Pedro heraufgerast. Pedro in Begleitung von Bonifácio; nur im Vorbeigehen grüßte Bonifácio Leopoldine, dann schlossen sich die beiden Männer im Arbeitszimmer ein. Das Hin- und Herlaufen von Pedro war zu hören, wie er seine Stiefel in den Boden hackte, er redete laut, rasch, seine Worte waren nicht zu verstehen; Pedro schrie, und diese Schreie klangen wie Schluchzen.

„Wie schade, wie unverzeihlich", sagte Bonifácio später zu Leopoldine, „daß man ihm keine bessere Erziehung angedeihen hat lassen; er redet von seinem Vater, er redet von Brasilien! Wir haben heute früh Nachricht aus São Paulo bekommen, die Paulistas wollen sich abspalten; reich wie diese Provinz ist, will sie selbständig sein. Wir haben Präsident Oeynhausen nach Rio beordert; eine neue Provinzregierung muß zusammengestellt werden. Dom Pedro muß nach São Paulo reiten, er muß das Vertrauen in die Monarchie wiederherstellen. Dona Leopoldina, seit Jänner herrscht Unsicherheit, der Handel stagniert; Rio, ganz Brasilien wird ausbluten, wenn es nicht aus dem politischen Chaos gezogen wird. Brasilien muß von Portugal getrennt werden, Dom Pedro soll das möglichst bald tun."

Leopoldine brachte kein Wort heraus; nie würde

Pedro seinem Vater diese schwerste Demütigung zufügen; „reden Sie mit ihm, Dona Leopoldina, und sorgen Sie dafür, daß er bald abreist, nach São Paulo". Sie bat Bonifácio, nicht wegzugehen, jetzt, nur nicht allein nachdenken müssen. Sie saßen den ganzen Nachmittag in ihrem Zimmer, redeten stundenlang nichts miteinander. Seit über einem Jahr, seit der Abreise des Schwiegervaters, arbeiteten sie, Pedro, Bonifácio, Leopoldine, jeder für sich, manchmal gemeinsam. Pedro, endlich Verantwortung, Verpflichtung spürend; Bonifácio, entschlossen, dem Land, in dem er lebte, Selbstsicherheit und Wertbewußtsein einzublasen; Leopoldine in der ständigen Angst vor Aufständen, vor Bürgerkrieg; lieber einen Schritt in Richtung Cortes, vielleicht zu nachgiebig, zu liberal. Eines wollten sie vermeiden, wollten alle drei vermeiden, sollte nicht geschehen – Brasilien sollte für Portugal nicht verlorengehen. Unvorstellbar für Bonifácio; in Lissabon war er Professor geworden, zu höchsten Ehren gekommen; sein Portugiesisch war das harte, klare Europa-Portugiesisch, nicht das singende, verschwommene Brasilianisch; unvorstellbar für Pedro; dem Vaterbild, das er verehrte, das er sich erarbeitet hatte, würde er nie wortbrüchig werden; sein Vater, dieser gutmütige Mann, durfte nicht auch noch Brasilien verlieren.

Bonifácio saß am Tisch, schaute auf die Holzplatte, jede Falte in seinem Gesicht angespannt, als hätte er Mühe, einer Geschichte, die ihm erzählt wird, zu folgen. Im Nebenzimmer verfaßte Pedro einen Brief an den Vater; zwei Assafatas brachten Krüge mit Wasser und kaltem Tee; sie erschraken über die Stille im Zimmer von Leopoldine, daß Bonifácio und sie so unbeweglich saßen; gebückt und auf Zehenspitzen schlichen sie hinaus. Katzen schrien im Mittagsregen, ein Schwall Abwasser wurde auf den Weg geschüttet, die Stämme von zwei Mangrovenbäumen rieben und quietschten im Winterwind aneinander.

Anfang August 1822; vielleicht schon im September Brasilien ein selbständiges Reich. Was nützt es den Sklaven in den Blau-Weißen-Häusern, den Freigelassenen in den Cortiços, den Arbeitern auf den Zuckerrohrfeldern, den Geschwächten, die im Gelbfieber stöhnen; was nützt es den Negern, die weiter aus Afrika hergeschleppt werden; die Cortes sind rasch des Landes verwiesen; die Masters, die Herren auf den Fazendas, die bleiben. Uneingeschränkt in Reichtum und Macht; dreihundert Jahre lang haben sie gelernt, Gesetze zu umgehen, Verordnungen nicht einzuhalten, sich mit den Beamten zu arrangieren; sie werden weiter den Bau von Schulen verzögern, die Preise für Bücher unerschwinglich hoch halten. Sie werden acht, neun Ernten im Jahr einbringen, in alle Welt werden sie die Reichtümer dieses Landes verkaufen, und ihre Sklaven, ihre Dienstboten werden weiter hungern. „Wir Brasilianer", sagte Bonifácio, ohne aufzuschauen, er sagte es wieder und wieder, seine Stimme klang nach Pedros Stimme, die weißen Haare waren ihm in die Stirn gefallen, „wir Brasilianer, das müssen sie zuallerst lernen, jedes Kind, jede Assafata – ich bin Brasilianer".

Der Bischof Caetano schaut Leopoldine an; sein Blick ist rügend; hat sie die Messe verschlafen, war sie unaufmerksam bei der Predigt gewesen?

Es ist vollkommen dunkel im Raum; die Aguiar, die Assafatas, der Marquis von Paranaguá, der Bischof, sie bewegen sich langsam um ihr Bett herum, so wie ihr Gedankenfluß, der ins Stocken gekommen ist. Die Geräusche aus dem Garten, aus dem Hof sind Taggeräusche; aus dem Tag schon weggezogen, draußen wieder Sommerglut und Wind und Regen, versteckte Vögel und Blüten, die für ein paar Stunden sich dem Licht zuwenden; ständig klagte sie über zuviel Licht, und jetzt schnürt ihr das Schattenlose die Kehle zu. Der wievielte Tag im Dezember; die Stunden zählen, die noch verbleiben, und endlich fertig sein; mit dem Verabschieden beginnen. Leopoldine will alle Dienstboten sehen, heute, obwohl es dunkel ist; niemand hört sie, es schreit aus ihrem Mund, die Krämpfe suchen Öffnungen, sich zu entladen.

Die Aguiar flößt ihr Wein ein, „die Dienstboten"; sie nickt.

„Mit der Geistesruhe und Frömmigkeit, die ihre Erhabene Familie auszeichnet", Navarro liest der Aguiar einen Brief vor.

August 1822.
Eine Woche lang bereitete Pedro seine Reise nach São Paulo vor; zwanzig junge Männer suchte er aus, die ihn zu begleiten hatten; einer ritt ihm zu wenig schneidig, der war ihm nicht patriotisch genug. Inzwischen war Präsident Oeynhausen aus São Paulo in Rio eingetroffen; die Nachrichten, die er brachte, waren beängstigend. Die Separatisten wollen den Hafen Santos für das übrige Brasilien sperren; Santos, wo die meisten Handelsschiffe aus Europa einliefen; die aristokratischen Titel und Ränge würden abgeschafft und für den neuen Staat São Paulo die Republik ausgerufen; nur noch we-

nige Tage könne mit einem Stillhalten beider Parteien, der Patrioten und der Separatisten, zu rechnen sein; ein Bürgerkrieg sei fast unvermeidlich.

Pedro wollte nicht reisen, er wollte die Abreise verschieben; es sei gefährlich, im tiefsten Winter nach São Paulo zu reiten, er sorge sich um Januária, die vor einer Woche Fieber hatte. Pedro, ein Zauderer, einer, der zurückwich, der Ausflüchte suchte. Als Leopoldine die Dienstboten anherrschte, sie sollen die Reisekleider für Dom Pedro vorbereiten, sein Schreiber solle kommen, damit der die nötigen Papiere, Dokumente einpacke, ging Pedro hinter ihr her, „komm mit", sagte er, und dann noch, „dieses eine Mal, komm mit". Das war nicht der schneidige Pedro, der die Mineiras überzeugt hatte.

„Das spürt man, Poldl, wenn wir vor großen Wendungen stehen, dann weichen wir zurück; wir können es nicht benennen, wir wollen nur nicht weiter, nicht weitergeschoben werden, weil wir spüren, daß dann nichts mehr ist wie vorher", die liebe Stiefmama, ihre zweite Mama, hatte das gesagt, als noch niemand daran dachte, davon sprach, Louise mit Napoleon zu verheiraten, und doch alle so traurig und entsetzt waren, als hätte Papa nicht eine Schlacht in Wagram verloren, sondern als wäre einer von ihnen weggegangen, weggezogen worden.

Wie getrieben zogen sie beide in andere Richtungen; Pedro wollte nicht weg. Leopoldine war gehetzt von Pflichtgedanken, Pflichten waren zu erfüllen, sie hatte sich die Pflicht auferlegt, Brasilianerin zu sein. Kaum konnte sie seiner Umarmung nachgeben, unmöglich für Leopoldine, sich in diesen Stunden fallenzulassen; und als Pedro mit der kleinen Marie und Januária durchs Zimmer tanzte, abwechselnd die Dreijährige und das

Baby küßte und herzte, fühlte sie sich so ausgeschlossen von diesem Bild, daß sie hinausgehen mußte.

Leopoldine wurde am nächsten Tag, „schon wieder ein dreizehnter", am 13. August 1822, zur offiziellen Stellvertreterin Pedros ernannt. Bonifácio drängte darauf, daß Leopoldine per Bestallungsurkunde für die Zeit der Abwesenheit von Pedro zur Regentin bestimmt wurde. „Da ich mich auf länger als eine Woche von dieser Hauptstadt entfernen muß, um die Provinz São Paulo zu besuchen, halte ich es für richtig, daß meine Minister und Staatssekretäre auch weiterhin an den vorgeschriebenen Tagen wie bisher im Palast unter dem Vorsitz der Kronprinzessin des Vereinigten Königreiches, meiner sehr geliebten und geschätzten Gemahlin, mit der Abwicklung der ordentlichen Geschäfte und öffentlichen Ämter fortfahren, welche in meinem Namen, als ob ich anwesend wäre, ermächtigt wird, die Maßnahmen zu ergreifen, die zum Heil und zur Rettung des Staates notwendig und dringend sein sollten."

Am nächsten Tag reiste Pedro mit einer Delegation von fünfundzwanzig Mann nach São Paulo ab. Leopoldine hielt Audienzen ab, besuchte Sitzungen, hörte Reden und Berichte. „Mein angebeteter Gatte ist verreist um den Frieden in São Paulo herzustellen und ich bringe ihm das grösste Opfer indem ich auf eine reizvolle Reise verzichte um mich in seiner Abwesenheit mit den Staatsgeschäften zu belasten. Ihr, lieber Marquis, der Ihr mich kennet könnt schätzen was mich das kostet", schrieb Leopoldine an Marialva.

Ein anderer Tagesrhythmus; die Kinder sah sie erst spät am Abend; und sie mußte die Galakleider anziehen; schwer lag der Brokat mit den Borten und Rüschen auf ihren Schultern, sie schwitzte darin. Der August, der winterschwüle August; in diesen Kleidern konnte sie auch nicht reiten, und nach einer Woche fehlte ihr die tägliche Bewegung, Leopoldine bekam Magendrükken und Verdauungsprobleme. Die Audienzstunden setzten ihr am meisten zu; von Ehemännern verstoßene Frauen; Soldaten, die seit einem Jahr den Sold nicht bekommen hatten; Viehhüter, die man des Tierdiebstahls bezichtigte, um sie loszuwerden; Händler, denen man mit Edelsteingeschäften das ganze Hab und Gut abspekuliert hatte; Sklaven und Freigelassene, an Händen, an Füßen verstümmelt, kaum des Sprechens mächtig, keine Hilfe mehr erwartend, nur mehr Trost durch ein Tasten nach dem Kleid der Regentin, Erleichterung durch einen Händedruck, ein Streicheln suchend; „ich hatte gestern eine sechsstündige Audienz wodurch ich müder geworden bin als wenn ich nach São Paulo geritten wäre. Gott wolle dass Du bald zurückkommst, mein Charakter eignet sich für das alles nicht."

Zwei Wochen lang reihten sich die Tage aneinander; am Abend mit den Kindern gespielt, dann Briefe an Pedro geschrieben; manchmal eine freie Stunde und einen kurzen Spazierritt aufs Land, mit Bonifácio eine Wanderung am Meer und überall mit den Menschen geredet und von allen dasselbe erfahren. Sie wußten, daß sie nicht vom Monarchen, vom Regenten, ausgebeutet wurden, daß es die Kolonialbeamten waren, die sie knechteten, die alles, was den arbeitenden Menschen zustand, zurückhielten, verzögerten, verhinderten; von Spekulation mit Grundstücken, mit jeder Art von Waren leben diese Beamten. Sie hatten sich schon durch die Anwesenheit von König João gestört gefühlt und überwacht; ein Kleinbauer in Cosme Velho sagte zu Leopoldine, „sie leben seit zwei Jahrhunderten wie im Schlaraffenland, nicht für ein Glas Wasser heben sie die Hand, warum sollen sie dieses Leben aufgeben". Auf einem Volksfest erlebte sie Pater Sampaio, wie er mit flammender Rede die Menschen gegen die Europa-Portugiesen hetzte. Leopoldine schrieb an Pedro, der gute Pater „hat so weit den Schnabel aufgerissen dass ich es für besser hielte ihm eine Zeit Boa Vista zu verbieten".

Am 22. August 1822 kam die Delegation der Damen aus Bahia, die Gespräche mit den weißgekleideten Frauen. „Hier ist es nun ruhiger", schrieb sie an Louise. Pedro hatte vor seiner Abreise nicht mehr von der Trennung der beiden Länder geredet; vielleicht war es gar nicht nötig. Bonifácio mied dieses Thema, er sagte oft unvermittelt „wir Brasilianer".

Am 28. August 1822 wurde Leopoldine durch Geschrei und Gezeter geweckt; irgend jemand wollte in ihr Zimmer und wurde zurückgehalten. Sie sprang aus dem Bett und rannte im Nachthemd hinaus auf den Gang; die Nachtwachen hielten einen Postboten vom Hafen fest, wollten ihn die Stiegen hinunterwerfen.

Eine Tasche voll Briefe und Depeschen leerte der Bote auf den Boden; er wagte nicht aufzuschauen, Dona Leopoldina im Nachthemd.

„Von wem ist er geschickt", fragte sie ihn mehrmals, bis sie endlich verstand, „Portugiesen, ein Schiff, heute nacht angekommen". Leopoldine nahm die Poststücke, riß sie auf, begann zu lesen; zuerst hastig, bald löste sie von Depesche zu Depesche das Siegel sorgsamer, streifte das Papier aus und legte Papier auf Papier.

Dom Pedro habe sofort in allen Provinzen Verwaltungsstellen der Cortes einzurichten, alle zentralen Ämter Brasiliens sind aufzulösen, innerhalb der nächsten Wochen habe er mitsamt der Familie Brasilien zu verlassen; bis zu seiner Abreise dürfe Pedro nur mit Sekretären arbeiten, die ihm mit diesem Schiff aus Lissabon geschickt wurden; diesen Sekretären habe er alles Schriftliche von ihm vorzulegen, auch die Briefe an seinen Vater; wegen seiner Gehorsamsverweigerung im Jänner vor acht Monaten, „fico", werde er sich in Lissabon einem Volksgericht zu stellen haben; die von Pedro beschworene Verfassung mit den Ergänzungen für ein gleichberechtigtes Nebeneinander der beiden Länder sei sofort null und nichtig; eine Flotte mit zehntausend Mann sei von Lissabon nach Brasilien unterwegs, um die ganze Küste des Landes zu kontrollieren. Würde Pedro auch nur eine einzige Forderung nicht einhalten, werden die Soldaten an Land gehen und das Kolonialland zurückerobern. Krieg.

Die Aguiar hatte die Wasserschüsseln für das Morgenbad füllen lassen; Leopoldine reagierte nicht, sie winkte der Aguiar, daß die mitlese. Die Marquise stöhnte, sie schrie auf; sie werde sofort nach Minister Bonifácio schicken, flüsterte die Aguiar. Leopoldine hielt sie zurück; es gab nichts zu verhandeln, nichts zu besprechen; während Leopoldine mit den nassen Tüchern über ihren nachtverschwitzten Körper wischte, sagte sie sich ständig die drei Möglichkeiten vor:

Brasilien – zerfallen in Regionen, zentral regiert von Lissabon, das wäre nicht nur Fortsetzung, das wäre Rückfall in die übelste Kolonialknechtschaft;

Brasilien – eine Republik, das gäbe Revolutionen in den Provinzen;

Brasilien – ein selbständiges Kaiserreich, ohne Kolonialgehorsam, ohne Revolution, ohne Krieg; ein Kaiserreich mit Verfassung, Pedro Kaiser, vom Volk erwählt.

Auf Boa Vista war das Chaos ausgebrochen; die Küchenjungen weigerten sich, das Essen zum Wohnhaus zu tragen, drei Stallburschen waren schon geflohen; die Kammerfrauen, die Boten, die Wasserträger, in Trauben standen sie zusammen und redeten nur von Flucht. Noch kein Jahr war vorüber, seit sie im Jänner geflüchtet waren, nun würden die Cortes vielleicht nicht so viele Stunden verstreichen lassen, sondern in den nächsten Stunden kommen, sie gefangennehmen und töten. Leopoldine rief alle in den Speisesaal; niemand habe etwas Schlimmes zu erwarten, sie verbürge sich dafür, daß jeder einzelne in Boa Vista seines Lebens sicher sei; sie ersuche, sie bitte alle, dem Prinzregenten, ihr, Dona Leopoldina, die Treue zu beweisen und nicht von der Stelle zu weichen; jeder möge seine Arbeit tun wie jeden Tag.

Als am späten Vormittag das Frühstück gebracht wurde, weigerte sich die Aguiar, auch nur einen Löffel Reis, ein Stück vom Hühnerfleisch zu nehmen; „Gift", hauchte sie. Leopoldine kostete jede Speise vor; sie hielt Januária im Arm, das nervöse Kind hatte die Aufregung mitbekommen und weinte. Mit Marie auf dem Schoß und Januária am Arm schrieb Leopoldine an Pedro, „mein lieber und sehr geliebter Gatte! Sei überzeugt dass es nicht nur die Liebe und Freundschaft sind die mich mehr als je Deine rasche Anwesenheit wünschen lassen sondern die kritischen Umstände in denen sich unser geliebtes Brasilien befindet. Die Nachrichten aus Lissabon sind sehr schlecht. Man hat sich in Lissabon jede Art von niederträchtigen Ausdrücken gegen Deine

Person erlaubt. In Bahia sind 600 Mann angekommen", so schrieb sie seitenlang; und Bonifácio ergänzte, „der Würfel ist gefallen, von Portugal haben wir nichts mehr zu erwarten als Versklavung und Schrecken".

Januária war den ganzen Tag nicht zu beruhigen; die Marquise von Aguiar und Leopoldine trugen das sechs Monate alte Kind abwechselnd durch Zimmer und Gänge auf und ab. Am Abend fieberte die Kleine, hatte einen verschwommenen Blick; Leopoldine fuhr mit der Hand vor den Augen von Januária hin und her, die dunklen Augen folgten der Hand nicht, nur wenn Leopoldine redete, drehte die Kleine den Kopf in Richtung Stimme. „Sie sieht nichts, sie hat die Augen offen und sieht nichts", rief Marie, und die kleine Januária hob den Kopf zur Stimme der Schwester und lächelte.

Leopoldine hatte nicht nach der heiligen Zita gerufen, keine Tränen kamen; minutenlang, vielleicht eine Stunde saß Leopoldine mit den Kindern im Arm und starrte zum Fenster, schaute zu, wie es draußen dunkler wurde und die Wolken vom Mond weiß ausgeleuchtet waren. Die Nachtgeräusche begannen, das Zischen und Schlurfen im Geäst, das verhaltene Lachen der Dienstboten. Milch ließ Leopoldine kommen, die sie stark zukkerte und Januária einflößte; dann legte sie sich mit beiden Kindern ins Bett. Marie schlief sofort ein; Januária hielt die offenen Augen in die Finsternis; Leopoldine redete leise auf Januária ein, „die vielen Teiche in Laxenburg und der große See, glatt ist das Wasser auf einem See, nicht überworfen und voll Schaumkronen wie beim Meer; in Laxenburg wird jetzt die Wiese frisch gemäht sein, im August, stachelig ist dann das Gras, und du kannst darüberlaufen, du brauchst dich nicht ängstigen, die Käfer sind nicht giftig, und Schlangen gibt es kaum; der Baum mit den Zwetschken, den frühen Zwetschken, biegt sich, so viele Früchte, du darfst sie noch nicht essen, Bauchweh bekommt man davon, dabei sind sie Ende August schon so süß; eine Zwetschke, Pflaumen, ein Baum", Leopoldine strich Januária über die Augen. Wie kann sie lernen, daß alles einen Namen hat; Wasser ist naß, und es rinnt und es hat einen Namen; was ist grüne Farbe, die rote; hat Januária in sechs Monaten schon alle Bilder angesammelt, weiß sie, was ein Tisch ist, eine Schwester, Haut. Der kleine Körper verkrampfte sich, unregelmäßig ging der Atem; Leopoldine legte Januária auf ihren Bauch, Januária zog sich zusammen, der nächste Krampf schüttelte das Kind durch, sie gab keinen Mucks von sich, hatte das Gesichtchen in die Magengrube von Leopoldine vergraben; erschöpft, wie nach stundenlangen Wehen, schliefen sie beide ein. Die Aguiar hatte zwei Ärzte kommen lassen, die das Kind hin und her drehten; Januária schrie, und Leopoldine stieß die Ärzte weg, nicht noch einen Anfall. „Epilepsie", fragte Gidi, der jüngere Arzt; „nein", antwortete Leopoldine, „sie ist gesund".

Die Aguiar schickte sie hinunter zum Campo de Santa Ana; „schwarze Magie, Dona Leopoldina, nicht auf Boa Vista".

„Weiße Magie; niemand darf erfahren, wer ich bin; vereinbare einen Termin, ich komme heute am Nachmittag hinunter zum Cortiço, sie muß mir das Kind gesund machen, Januária muß wieder sehen."

Schon der 30. August, die Portugiesen seit zwei Tagen im Hafen; Bonifácio kam; er war erstaunt, sie mit den Kindern am Arm zu sehen; ob sie nicht eine Sitzung einberufen wolle, es mußte verhandelt werden, was sie zu tun gedenke. „Verhandeln, worüber; Dom José; ich ersuche Sie als ersten Minister, den Beschluß über die Lostrennung Brasiliens vom Mutterland vorzubereiten; übermorgen werden wir hier auf Boa Vista die Sitzung des Staatsrates abhalten",

„wer unterschreibt", fragte Bonifácio nach; er wollte es hören, er wollte ganz sicher sein,

„ich; ich bin Regentin, ich werde die Trennung Brasiliens vom Mutterland unterschreiben; und bitte schikken Sie mir am Nachmittag einen Wagen, statten sie ihn unauffällig aus, daß niemand ihn als Ihren Wagen erkennt; ich muß zu einer Iyalorixa, einer Priesterin, fahren".

Die Priesterin saß im abgedunkelten Raum; sie saß auf einem Stoß getrockneter Schlangenhäute, zwei Diener fächelten mit Bananenblättern in der stickigen Luft. Sie kam auf Leopoldine zu, wickelte Januária aus den Tüchern, mit denen sich Leopoldine das Kind umgebunden hatte; die Iyalorixa legte Januária auf ein Holzgestell, bedeutete Leopoldine, sich auf den Boden zu setzen. Dann ging die Priesterin mit geschlossenen Augen viele Male um Leopoldine herum, breitete über sie die Arme, dabei stöhnte und wimmerte sie; Rauchpfannen brachte ein Diener, in die sie verschiedene Pulver rieseln ließ, mit dem Finger darin umrührte, sich mit der Pfanne Leopoldine näherte. Der Rauch stieg vor Leopoldine auf, er wich vor Leopoldine zurück, die Iyalorixa hielt die Pfanne neben Januária, sah den Rauchwolken zu, die sich über den Kinderkörper schmiegten. Die Priesterin drängte Leopoldine von ihrem Platz am Boden weg, weiter an die Wand, „schon viel zu alt, viel zu alt", stieß die Negerin hervor und stellte sich neben das Holzgestell. Januária lallte, lachte. Leise summte die Frau auf Januária hinunter, trieb die Rauchwolken vom Kinderkörper zu sich hinauf, mehr und mehr, als würde sie den Atem des Kindes einsaugen; Steine, getrocknete Blätter, Zähne von Alligatoren legte sie im Kreis um Januária, Öle reichte man ihr, die sie auf das Kind träufelte, die sie sich selber auf die Stirn rinnen ließ; je mehr die Priesterin vom stechenden Rauch einatmete, umso schriller wurde ihr Gesang, ihre afrikanischen Laute; stärker und stärker drang es aus dem Mund der Frau, sie fiel nach hinten und wand sich schreiend; als hätten sie wahnsinniger Schmerz und fürchterliches Erschrecken auf die Erde geworfen, so wälzte sie sich auf ihrem Schlangenbett und flehte zu Göttern und Tieren, „mãe terra", Mutter Erde, und wurde geworfen und gerollt. Januária spielte mit ihren Fingern, angstlos lag sie auf der harten Unterlage; hinstürzen wollte Leopoldine – jetzt hört sie auch nicht mehr; ein Diener der Priesterin drückte Leopoldine in ihre Ecke und schlug ihr auf die Hände, sie hatte sie zum Gebet gefaltet. Nach einer endlosen Stunde wurde es ruhig im Körper der Priesterin, sie hauchte die Worte nur noch und setzte sich auf. Ein zugedecktes Holzfaß stellten die Diener vor sie hin, die Iyalorixa schob den Deckel millimeterweise von der Öffnung, hielt das Tuch, in das Januária gewickelt war, an die Öffnung; ein kurzes Zischen, und die Schlange hatte sich darin verbissen. Mit diesem Tuch wischte die Priesterin über die Schläfen von Januária; dann wickelte sie die Kleine ein und legte sie Leopoldine in den Arm. „Geben Sie ihr dieses Öl ins Essen, nur heute; sie wird morgen wieder sehen; ein gutes Kind mit einem langen Leben", die Priesterin lächelte zu Januária hinunter, dann hob sie ihr ölglänzendes Gesicht zu Leopoldine, und das Lächeln verschwand, die Priesterin begann zu schluchzen, sie kniete nieder und weinte.

Nichts hatte die Priesterin für ihre Arbeit genommen, sie ließ die Silberstücke zurückschicken.

Januária konnte am nächsten Tag wieder sehen.

Am 2. September 1822 fuhren die Kutschen, die Wagen der Minister, der Sekretäre in Boa Vista vor. Um zehn Uhr trat Bonifácio in das Zimmer von Leopoldine; beide wollten sie etwas sagen, beide brachten sie kein Wort heraus. Die Aguiar kam mit den beiden Kindern in den großen Saal, nicht eine Minute ließ Leopoldine Marie und Januária aus den Augen.

Leopoldine setzte sich auf den Stuhl, auf dem Pedro immer saß; umständlich ließen sich die Männer nieder, lange schoben sie auf ihren Plätzen hin und her, raschelten mit Papieren, drehten sich zum Nachbarn. Als es endlich still war, stand Leopoldine auf und sagte: „Es ist heute der 2. September 1822; wir Brasilianer sind hier zusammengekommen, um über die Zukunft unseres Heimatlandes zu entscheiden. Der Erste Minister solle nun den Beschluß des Staatsrates verlesen, den ich, in Vertretung meines angebeteten Gemahls, in Vertretung des Prinzregenten, rechtskräftig unterschreiben werde." Kein Laut war zu hören; die Aguiar hielt den Kindern den Mund zu. José Bonifácio trat vor und las; der Zeitpunkt sei gekommen, einen Schlußstrich zu ziehen; Brasilien habe alles getan, um auf gleichberechtigte Weise mit dem Mutterland verbunden zu bleiben; Portugal weiche jedoch nicht von seinen Plänen ab, Brasilien wieder in die übelste, wirtschaftliche Abhängigkeit zu treiben, und damit zurück zum Kolonialgehorsam zu drücken. Es möge daher Ihre Königliche Hoheit die Unabhängigkeit Brasiliens kundtun, mit Unterschrift und Wort, das sei der Beschluß des Staatsrates. Leopoldine unterzeichnete das Dekret – Dona Leopoldina, Princesa Real do Brasil, Principe-Regenta.

Ein einstimmiger Beschluß des Staatsrates, Pedro mußte ihn noch sanktionieren, er hätte ihn nie ablehnen können.

Leopoldine winkte der Aguiar mit den Kindern; zu viert hasteten sie das Stockwerk hinauf, in das Zimmer von Leopoldine. Der Kurier Bregaro folgte ihnen; Leopoldine schrieb an Pedro, sie schrieb den Brief, den sie in der letzten Nacht formuliert hatte.

„Pedro, Brasilien gleicht einem Vulkan. Das portugiesische Parlament befiehlt Deine sofortige Abreise droht Dir und demütigt Dich. Der Staatsrat bittet Dich zu bleiben. Mein Frauen- und Gattenherz ahnt Unglück, wenn wir jetzt nach Lissabon abfahren. Wir wissen recht wohl, was unsere Eltern erduldet haben. Brasilien fordert Dich als Monarchen. Der Apfel ist reif, pflücke ihn jetzt. Pedro, dieser Augenblick ist der wichtigste in Deinem Leben. Du wirst die Unterstützung ganz Brasiliens haben und gegen den Willen des brasilianischen Volkes können die portugiesischen Soldaten nichts ausrichten. Leopoldine."

Bonifácio war gekommen, übergab Bregaro eine Mappe mit Dokumenten und Briefen; Leopoldine wollte ihrem Brief noch ein paar Zeilen hinzufügen; daß die Kinder gesund seien, daß sie sehr auf seine Rückkehr warte. Sie unterbrach und ging auf die Veranda; Mittagszeit; die Essensträger klapperten mit den Holztruhen den Weg herauf. Bregaro sollte auf der Stelle wegreiten, er hatte sich schon an den Tisch gesetzt, wartete nur noch auf den letzten Brief. Leopoldine und Bonifácio unterhielten sich; sie redeten über den Schmutz im Hof des Palastes, den zu wenig gepflegten Garten, als könnten sie mit einem Gespräch dieses Stück Zeit einrahmen, festhalten, mehr als mit einem papierenen Dokument. „Wenn Sie nicht ein Dutzend Pferde auf dem Weg zuschanden reiten, werden Sie nie wieder Bote sein", sagte Bonifácio zu Bregaro; Leopoldine hatte ihren Brief nicht ergänzt, nicht versiegelt. Die Marquise von Aguiar erzählte, daß Bregaro ihn las, ihn anderen Ministern gezeigt hatte, Pereira, Ledo, Martim Andrada; „sie müßte er sein", hätten sie die Worte von Bonifácio wiederholt.

Am Abend dieses zweiten September spazierte Leopoldine mit den Kindern im Garten von Boa Vista, ging mit ihnen zu den Stallungen; Marie ritt auf ihrem Pony; Januária jauchzte, als Leopoldine einen Kranz aus Lilien, Bouganville und Hibiskus vor ihren Augen baumeln ließ; sie griff nach den Blumen in allen Rottönen, sie haschte nach dem Haar von Leopoldine, sie schaute den Katzen nach, drehte den Kopf nach jedem Bediensteten, und als sie genug gesehen hatte, nachgeholt, klammerte sie sich mit ihren kurzen Kinderarmen um Leopoldines Hals und schlief ein.

Die Stunden der folgenden Tage angefüllt mit Besprechungen der Minister, dem Lesen, der Korrektur an der neuen brasilianischen Verfassung, Audienzen und kleinen Galas; alles voll Heiterkeit, bei jedem Boten war Leopoldine hinausgeeilt – ob er wisse, wann Dom Pedro komme. „Ich bekenne dass ich schon wenig Lust habe Dir zu schreiben da Du so viele Freundschaftsbezeugungen nicht verdienst. Gewöhnlich findet man immer wenn man eine Person zärtlich liebt Zeit und

Gelegenheit ihr seine Freundschaft und Liebe zu beweisen", schrieb sie an Pedro, und einen Tag später, „verzeih mir tausendmahl, dass ich Dir in meinem Brief gezürnt habe. Das möge Dir als Beweis dafür gelten das ich sehr traurig gewesen bin Nachrichten von dir entbehren zu müssen. Empfange tausend Umarmungen mit den Bezeugungen meiner zarten Liebe und Freundschaft von dieser Deiner Gattin die Dich bis zum äussersten liebt."

Leopoldine ließ dunkelgrünen Stoff kaufen, aus Seide, aus Damast, aus Leinen. Schäffer besuchte sie; Marschall sei nicht ansprechbar, erzählte er aufgeregt; er diktiere Brief um Brief und finde keine Formulierung für diese Tat, für diese Untat von Dona Leopoldina, die sich vor seinen Augen abgespielt hat. „Wir werden ihm nicht helfen, dem Herrn Botschafter", lächelte Leopoldine, „am besten wird es sein, er wartet noch, dann kann er dem Metternich in einem einzigen Brief alle Ungeheuerlichkeiten mitteilen; Sie, Schäffer, könnten ihm endlich eine reiche Braut besorgen, damit er nicht zurückfahren muß, das wird Seine Exzellenz sich bald nicht mehr trauen." Sie zeigte Schäffer die grünen Bänder; als Armbinden für Herren, als Gürtel für die Damen, goldgelbe Rhomben ließe sie draufnähen. „Goldgelb, Habsburg"; Schäffer riß die Augen auf; Leopoldine nickte, Bragança-Grün und Habsburger-Gelb seien die neuen Farben Brasiliens. In die gelben Vierecke müsse man noch ein Wort hineinsticken, ob Schäffer einen Vorschlag habe. Einen ganzen Nachmittag blieb der gute Schäffer; er half Leopoldine beim Zuschneiden, zeichnete neue Ministeruniformen. Schäffer schickte seinen Dienstboten in seine Wohnung; in einem Brunnenschacht habe er noch Schinken versteckt und Meerrettich, auch gedörrte Pflaumen würde ihm die Köchin noch herausrücken, er solle ihr ein Paar bunte Bastschuhe versprechen. Schäffer erzählte, daß er für Marschall schon einige Bräute in Aussicht gehabt habe, es habe bisher nicht geklappt. Leopoldine wußte von ihren Stubenmädchen die Geschichten; zuerst erkundigt sich Schäffer nach dem Vermögen der Braut, dann arrangiert er ein Zusammentreffen mit Marschall, und wenn die Sache beinahe ernst ist, erzählt Schäffer dem Mädchen, daß sie in Europa leben müßte, wo die Menschen zu Tausenden erfrieren, kaum etwas zu essen haben und die Häuser ohne Dach sind. „Dona Leopoldina, er schikaniert mich, wo er nur kann; sechs-, siebenmal läßt er mich einen Brief abschreiben, zehnmal in zwei Wochen muß ich bei seinem Geldverleiher betteln, in der Nacht weckt er mich auf, damit ich seine Ausgehuniform bürste, stundenlang muß ich ihm sagen, daß er der beste, der umsichtigste, der distinguierteste Diplomat aller Zeiten ist, und während ich das sage, lehnt er in seinem Stuhl und lauert auf jedes Wort, wehe, ich wiederhole mich, dann schreit er, ich sei ein Schmeichler und Lügner; dabei tut er mir leid; ich werde ihm gar nichts sagen, nicht vom Grün und nicht vom Gold." Georg Anton Schäffer, dreißig Jahre alt, das blonde Haar lockig und wellig in den Nacken fallend. Umkommen würde er manchmal vor Heimwollen, jetzt reise er schon vier Jahre hin und her und könne es hier nicht aushalten und drüben, in Europa, auch nicht. In Wien erzähle er von den Tropen, die herrlichsten Bilder, und von den Frauen in allen Brauntönen; süchtig sei er nach dem Neid seiner Freunde; er verachte sich selber dafür, doch er könne ohne dieses Vergnügen nicht mehr leben. Oft erkenne er Brasilien in seinen eigenen Erzählungen nicht mehr, er rede ja nicht vom Schlamm und vom Ungeziefer und von der Luft, der stinkenden, dampfenden; er erzähle nicht von den Köchinnen, den Kammerfrauen, die auf der Straße hinter ihm herkeiften, so daß er oft wochenlang Umwege mache, um ihnen auszuweichen. Zuerst würden sie ihn mit Liebenswürdigkeiten überhäufen, ja, verfolgen, dann verlangen sie dafür mehr und mehr Lohn, bis er sie hinauswerfe; verschuldet sei er wie der Botschafter, und kein Patron würde seine Tochter einem Sekretär geben, wenn er eine Exzellenz für sie kriegen könne. Den Donas bringe er Französisch bei, erzähle ihnen von französischer Lebensart, es wolle doch jeder hier europäisch leben; und von diesem Unterricht lebe er. Einen Brief von Dona Leopoldina an ihre werte Tante Amalie könne er vorzeigen; Dona Leopoldina schreibe der Tante ja in Französisch, und das sei seine Referenz bei den Patrons. Nein, er habe keinen Brief zurückgehalten; Dona Leopoldina schreibe oft ihre Briefe mehrmals, weil sie noch einen Satz hinzufüge, und einen dieser Entwürfe habe sie ihm, Schäffer, geschenkt; dieser Brief sei sein Wertpapier; zwei Donas unterrichte er zur Zeit. Schäffer stand auf und küßte Leopoldine die Hände. Spielte nicht nebenan die Kapelle eine Mazurka, die Wärme im Zimmer, kam die nicht von den vielen Kerzen, und die charmanten Geschichten, die überall gemurmelt wurden. Leopoldine, sechsundzwanzig, und nicht zum sechstenmal schwanger, sondern im grünen Musselinkleid; sie wird tanzen, wo ist die Obstschale, in der die Mandarinen liegen, die Hände riechen so gut, wenn sie Mandarinen geschält haben. Die Aguiar begann auf und ab zu gehen, Schäffer sagte, er bewundere Dona Leopoldina, sie habe Europa endgültig weggeschoben, sie würde sich nicht andauernd in Träumen verlieren, könnte man doch das Meer wegschieben, die Kontinente zusammenschließen. Als Reisenden würde man ihn in Wien bezeichnen; ein Flüchtender sei er; manchmal sei er dem Marschall dankbar für seine Schikanen, es gebe Krankheiten, die könne man nur mit unermüdlichem Tätigsein verscheuchen; mit Pflichten, die man sich aufhalst, die Krisen kurieren. Marschall würde oft wochenlang nicht in seinem Bett schlafen, sondern im Sessel lehnend, die Feder in der Hand und mit der Tinte herumtropfend, erschöpft stöhnen; es sehe aus wie Schlaf, doch sei es sicher eine Ohnmacht, denn darauf warte er, solange arbeite, schreibe er, sinniere Marschall über einen Satz, bis sein Geist ihn in Finsternis wirft. Schwerkrank seien sie alle, diese Tag- und Nachtarbeiter, diese besessenen Pflichtensucher, und bald werde er, Schäffer, auch so einer sein. Leopoldine schob Schäffer zur Tür, er redete draußen weiter, am Gang und weit drüben auf der Stiege.

Ein paar Tage später war Pedro aus São Paulo zurückgekommen; alles war vorbereitet; die grünen Bänder mit den goldenen Ecken, die Verfassung geschrieben und gebunden; an seinem Geburtstag, am 12. Oktober 1822, seine Akklamation zum Kaiser von Brasilien. Feste und Feiern in ganz Rio de Janeiro, die Häuser mit grün-goldenen Tüchern geschmückt, Umzüge zu seinen Ehren, Gedichte und Musikstücke; Theaterabende.

Eine Woche lang war kaum eine freie Stunde; Pedro tollte mit Marie am Boden, er erzählte Januária Geschichten von Elfen und Feen, denen er unterwegs begegnet war. Hastig waren seine Umarmungen, pflichtgemäß; die Erschöpfung von der Reise, den Gewaltritten würde sich bald geben, vielleicht auch eine Reiseliebschaft. Pedro war begeistert von den Armbinden, den Gürteln, „Unabhängigkeit oder Tod", müsse noch darauf gestickt werden, und die Näherinnen schwirrten durch Boa Vista. Den Krönungsornat entwarf Leopoldine, war mit jeder Zeichnung unzufrieden, fand nicht das richtige Grün im Tuch, empfand die eine Stickerei zu aufwendig, die andere zu simpel.

Einen Ausflug wollte sie mit Pedro unternehmen, mitten im Trubel; mitten in Verpflichtungen des Staatsrates wollte sie mit ihm ins Tijuca-Gebirge reiten, bis hinauf zu den Wasserfällen und von dort hinunter in die Stadt schauen. Am späten Nachmittag ritten sie los, hinaus nach Cosme Velho und endlich hinein in die Wälder. Pedro preschte vor Leopoldine unter die Blattdächer durch, längst war er vom Weg abgewichen und riß sein Pferd im Zickzack den Berg hinauf, die Farben, die Blüten dort oben üppiger, weniger verbrannt vom Wintersalzwind, die Lianen dick wie Seile, Wildschweine kreuzten ihren Weg, eine Affenfamilie wich ihnen aus. Beim Wasserfall saßen sie ab; es war noch hell, doch in zwei, drei Minuten würde es dunkel sein, die Stadt im Abenddunst, das Weiß der Häuser, der Kirchen milchig; Leopoldine setzte, legte sich unter die Palmeira; diese Bäume, mit den schnurgeraden, langen Stämmen liebte sie am meisten; nichts mehr war Leopoldine fremd, sie würde nie mehr woanders leben wollen, sie war nirgends woanders mehr denkbar; das Kind in ihrem Leib regte sich, ein kleiner Brasilianer. Seit der Flucht nach Santa Cruz träumte sie in Portugiesisch, sie schrieb im Traum ihrer Schwester Briefe in ihrer neuen Heimatsprache; durch die dichten Blatt-

schichten konnte Leopoldine den Himmel nicht sehen –
„Zita, ganz oben, oberhalb der Palmeiras muß sie sein, Zita, diese Leopoldine möchte ich bleiben, die ich jetzt bin".

Verwirrt war sie wieder aufgestanden, Pedro holte die Pferde vom Wasser; nichts Gemeinsames hatten sie erlebt, einer hatte sich am Körper des anderen bedient, ihn verwendet. Pedro als Suchender, Pedro, der aufgibt, Vertrautes an Leopoldine zu entdecken; für ihn eine Fremde geblieben; als hätte er sich jahrelang umsonst bemüht und endgültig zur Kenntnis genommen, daß sie in einem anderen Takt atmet, lebt, Lust empfindet, hat Pedro sie wieder weggelegt, behutsam und höflich. Sie ritten zurück; um Leopoldine wieder eine Welt mit unvertrauten Geräuschen und Gerüchen.

Sie bat Pater Belchior am nächsten Tag in die Glória-Kirche; er war mit Pedro in São Paulo gewesen, er würde Leopoldine davon erzählen. Der Pater mit dem langen weißen Haar, das er zu einem Zopf gebunden hatte, wartete schon auf sie, in der letzten Reihe der Kirche saß er. „Dona Leopoldina", er verbeugte sich, fragte nach den Kindern, dem Haushalt. Deshalb wäre sie nicht gekommen, antwortete Leopoldine; was war in São Paulo, was war zwischen dem 30. August und dem 10. September? Einen Moment lang verengten sich die Augen des Paters; Dona Leopoldina habe noch nicht Zeit gehabt, genau zu hören, wie Dom Pedro den 7. September erlebt habe, und diesen Tag müßten sich nun alle Brasilianer einprägen, in aller Zukunft werden sie diesen Tag als den wichtigsten für dieses Land lernen, keine Stadt in ganz Brasilien wird es geben, in der es nicht eine Straße „7. September" geben wird. Leopoldine schüttelte den Kopf, nein, das meine sie nicht;

außerdem sei der 2. September in die Geschichtsbücher zu schreiben, der Tag ihrer Unterschrift, sie sei ohnehin sicher, daß man gern vertuschen würde, daß eine Österreicherin unterschrieben habe. Der Pater habe ihren Gemahl überallhin begleitet, er solle nun erzählen, mit wem Dom Pedro gesprochen, gewürfelt habe.

Paul Bregaro, der Kurier, habe die Delegation am Ipiranga-Bach angetroffen. Dom Pedro sei schlechter Laune gewesen; Dona Leopoldina wisse, er habe in São Paulo die Regierung neu gebildet, alle neuen Minister Andrada-Treue; Dom Pedro habe das nicht sehr diplomatisch getan; brüskiert habe er die Andrada-Gegner, er hatte ihre Ehrenwache zurückgewiesen, Audienzen abgelehnt. Dementsprechend sei er von den Paulistas behandelt worden; sie haben die neue Regierung zur Kenntnis genommen und sich buchstäblich weggedreht.

Einen kleinen Ausflug nach Santos habe Dom Pedro vorgeschlagen; er, Pater Belchior, habe gespürt, der junge Mann, und das sei Dom Pedro mit seinen vierundzwanzig Jahren, könne die Balance nicht finden zwischen Abhängigkeit und Herrschaft, „Bürschlein", nennen ihn die Cortes, und hin und her geworfen sei Dom Pedro zwischen dem Vertrauen, das er Bonifácio Andrada entgegenbringe, und der Empörung, von diesem alten Mann bevormundet zu werden. Sie, Dona Leopoldina, werde in Zukunft noch viel diplomatisches Geschick brauchen, um diese beiden Männer im rechten Moment zueinander- und im rechten Moment aneinander vorbeizuführen. „Was war in Santos, wo hat Pedro gewohnt", Leopoldine redete viel zu laut, ihre Worte schallten von den Kirchenwänden zurück. Der Pater ließ sich nicht unterbrechen; in dieser schlechten Laune sei Dom Pedro am Ipiranga-Bach angekommen; er sei abgesessen und habe seine Füße im Wasser erfrischt; über Schmerzen im Bauch habe er seit zwei Tagen geklagt, mußte ständig erbrechen; nur ihn, den Pater, habe Dom Pedro in seiner Nähe geduldet, die anderen mußten sich außer Hörweite niederlassen. Zum Ipiranga-Bach habe man Bregaro nachgeschickt; der habe das Paket mit den Poststücken übergeben und gewartet; Dom Pedro und er, der Pater, haben gemeinsam gelesen; auch die zwei wichtigsten Briefe, „ich als Minister empfehle Eurer Hoheit, daß Sie bleiben, um aus Brasilien ein glückliches und von Portugal getrenntes Königreich zu machen", und den Brief von Dona Leopoldina, „der Apfel ist reif". Wenige Schritte lang habe Dom Pedro überlegt und dann gesagt, „sie sollen sehen, was dieses Bürschlein wert ist; von der portugiesischen Regierung will ich nichts mehr". Leopoldine packte Pater Belchior am Ärmel; das wisse sie; er habe gerufen, „Soldaten, reißt euch das blau-weiße Band herunter, es lebe die Unabhängigkeit, die Freiheit, die Eigenständigkeit Brasiliens", das habe Bregaro Hunderte Male schon erzählt, der Ruf von Ipiranga! Sogar die Dienstboten würden die Szene nachspielen. „Welche Frau hat Pedro in Santos kennengelernt, welche Frau hat man ihm dieses Mal zugespielt; dieses Mal muß ich es wissen, Pater", Leopoldine flehte Belchior an.

Sie heiße Domitila de Castro, und Dom Pedro habe sie bestimmt längst vergessen. Pater Belchior sagte noch, „Dona Leopoldina, nicht das Außergewöhnliche an dieser Frau, an den Frauen, mit denen sich Dom Pedro einläßt, ist es. Domitila ist über dreißig, verheiratet, sie hat Kinder; Dona Leopoldina, aber sie ist Brasilianerin, sie lebt wie alles hier, keine Jahreszeit unter-

bricht das Verbrauchen, das Lebenwollen; der Urstoff des brasilianischen Menschen, die Nachgiebigkeit und Arroganz, das Traurige und Schwärmerische, das zieht Dom Pedro an; das kommt in Mulattinnen auf ihn zu, in Negerinnen und in Weißen. Dona Leopoldina, ein Mensch, der im stillen wirkt, fast im Verborgenen seinen Auftrag erfüllt, ein Mensch, der verhalten und unaufdringlich liebt, der so selbstverständlich, so wichtig ist wie Korn, wie Maniok, ohne das wir kein Brot hätten, so einen Menschen nimmt man hier nicht wahr. Das Laute, das Grelle, das Glänzende, das Schreiende, das sind die Ströme, in die Dom Pedro sich wirft, sich wieder und wieder werfen wird. Sie sehen ja, wie die Wälder sich unterscheiden; in ihrem Heimatland, begradigt, geordnet; hier, Urwald, alles wächst übereinander, den einen mithinaufziehend, den anderen nach unten drückend, und alles ineinander verfilzt. Dom Pedro kann Ihr Eingesperrtsein nicht fühlen, eingesperrt in eine fremde Sprache, in fremde Feste, fremde Freuden."
Pater Belchior murmelte noch ein paarmal „Domitila", dann drehte er sich von Leopoldine weg und sprach afrikanische und indianische Worte. Leopoldine wollte weiterreden; sie könne nicht glauben, daß das eine Reiseliebschaft sei; diesmal sei es anders, oder sei sie selber anders; der Pater reagierte nicht mehr.

Monate später hatte Leopoldine den Pater auf der Straße gesehen; den Kopf kahlgeschoren, in grauer Kutte und barfuß.

Pater Belchior war der erste, den Domitila aus dem Kreis von Pedros Beratern wegintrigierte. Eine Woche nachdem sie in Rio angekommen war, mußte er im Santa-Tereza-Kloster Zuflucht suchen; er habe ihre Mucama, ihre Zofe, aufgewiegelt, sie über die Rechte einer Kammerzofe informiert, so hatte Domitila an Pedro geschrieben.

Störrisch wie ein Esel bleibe der Kahlköpfige in seiner Zelle, er rede kein verständliches Wort mehr, so erzählte Marcia, eine Assafata von Boa Vista.

Im August 1826 wurde Pater Belchior gebraucht. Auf dem Kirchplatz vor der Glória-Kirche hatten sich mindestens hundert Sklaven versammelt, aus fast allen Häusern waren sie entflohen. „Ein Theaterstück spielen sie, sie lassen sich nicht auseinandertreiben, nicht zurück zu ihren Masters jagen, sie lassen sich schlagen; sie machen dem Herrgott den Prozeß", Francesca, eine Kammerfrau, berichtete hastig, sie schrie. Leopoldine schob Chalaça weg, der faselte, man müsse nach Dom Pedro schicken. Mit Nogueira ritt sie hinauf zur Kirche. Sie hatten ein Podium errichtet, darauf saßen an einem langen Tisch vier Freigelassene, die spielten die Richter. Einzeln traten die Sklaven vor, und jeder erzählte sein Leben. Sie kannten die Vorgänge einer Gerichtsverhandlung, sie waren schon alle einmal vor einem Richter gestanden, mit fleischigen Wunden, zerquetschten Füßen, zertretenen Händen, mit aufgequollenen Bäuchen, mit Brandwunden an den Brüsten, mit Schuldscheinen von einem Briefeschreiber; als Diebe verklagt, als schamlose Verführerin minderjähriger Knaben angezeigt, und immer, immer schuldig gesprochen. So auch bei den gespielten Szenen; nach jedem Sklaven trat hinter einem Verschlag ein Mann vor, sie hatten ihm ein weißes Gewand umgebunden, „dem Herrgott den Prozeß", schrie, kreischte die Menge, „was ist das für ein Gott, der das mit uns geschehen läßt, ausgeschlossen wird er aus der Gemeinschaft, verurteilt und ausgeschlossen", und der Weißgewandete verschwand wieder hinter dem Verschlag. Dieser Prozeß ging schon stundenlang; sie unterbrachen nicht während des Morgenregens, nicht in der Mittagsglut. Von der Polizei blutig geschlagene Sklaven wimmerten in Ecken, lagen mitten unter denen, die darauf warteten, an die Reihe zu kommen. Die Polizisten hatten aufgehört, auf sie einzuschlagen; sie tranken Zuckerrohrschnaps, hörten sich die Geschichten an, grölten mit, wenn über den „Herrgott" das Urteil gefällt wurde.

Pater Belchior kniete in seiner Zelle; Leopoldine unterbrach ihn; er müsse auf der Stelle mitkommen und die armen Menschen zur Besinnung bringen. „Nossa mãe", sagte Belchior und eilte an Leopoldine vorbei, er rannte die Straßen hinunter, hinauf; er schob die Sklaven auseinander, stellte sich auf das Podium und redete. Er nahm die Richter an den Händen, die reichten ihre Hände denen in der ersten Reihe und so immer weiter, bis sie eine geschlossene Menschenkette waren. Der Weißgekleidete ließ die Tücher fallen und fügte sich in die Menge. Verhalten und stockend redeten alle die Worte von Pater Belchior nach, bald sangen sie mit ihm, lauter und mit jedem Satz kräftiger, „ihr seid nicht allein, laßt die Brandwunden dick vernarben, daß die euch unverwundbar machen, nur das Fleisch ist es, das zuckt; laßt mit jedem Zucken die Seele mehr versiegeln und die Dolche ertragen, in vorgetäuschtem Gleichmut; laßt die, die über euch herrschen und verfügen, irren unter einer Sonne, unter Sternen, deren Wanderung sie nicht verstehen; sie kennen nichts als Gewalt und Unterdrückung, den Bruder müssen sie übertrumpfen, den Freund übertölpeln; sie sind allein, das macht sie gierig; wo sie sind, verwüsten und vernichten sie; sie zerstampfen die Erde und zerreißen und verbrennen Wald und Blumen; nichts ist ihnen geblieben als ihre Habgier und ihr Haß; Mutter Erde hat sich von ihnen abgewandt; ihr steht hier mit aufgerissener Seele, ihr schmachtet unter den Hieben der Verfluchten; noch warm seid ihr umgeben vom Leib der großen Mutter Afrika, den Weg zurück habt ihr im Blut, dorthin zurück wird jede Seele finden und blühen und gedeihen".

Leopoldine wurde von jedem Wort mitgetragen, sie sprach die Sätze mit und nach, sie sang; der kahlköpfige, weiße Pater erschien ihr plötzlich dunkler, ein Neger, ein Farbiger, der da oben predigte; wahrscheinlich war die Sonne hinter einer Wolke verschwunden. Mit der wogenden Menschenmenge ließ sie sich in die kleine Kirche mithineinschieben; dicht an dicht, und ohne sich an den Händen loszulassen, standen die Sklaven in dem dunklen Raum. Pater Belchior las eine Messe; wortlos folgten sie den lateinischen Sätzen, Seufzer waren zu hören und erschöpftes Stöhnen.

Der Aufstand der Sklaven war abgewendet; alle waren am folgenden Tag wieder an ihren Plätzen, auf dem Feld, in der Küche, am Wasserfaß, im Stall.

Das Zimmer ist ausgeleuchtet; wie viele Dämonen hat Leopoldine schon abgeschüttelt, sie fühlt sich ausgeruht; im Licht kann sie sich bewegen, frei über ihren Körper hinwegstreichen, leicht.

Die Aguiar hat Wort gehalten. Sie sind alle versammelt. Nogueira, der Master von den Blau-Weißen, die Mädchen und Männer aus der Küche, Nony, die Köchin, die Feldarbeiter haben sie geholt, die Palastreiniger, die Wasserträger, alle Zofen und Kammerdiener, die Stallburschen, die Torwächter. Leopoldine winkt sie zu sich, jeden einzelnen will sie fragen, ob sie an ihm etwas gutzumachen habe. Sie weinen, drücken ihre kraftlose Hand, sie legen Amulette und Blumen auf den aufgetriebenen Körper. Theremin, der preußische Konsul, redet mit Doktor Navarro, „die Bestürzung unter dem Volk ist unbeschreiblich"; Navarro nickt, schiebt ihn weg.

Nun, fast alles getan. Worte wird Leopoldine noch verschenken, bald muß es komplett sein, das Bild von Dona Leopoldina. Alles tun sie, um den Körper zu beruhigen, die Eingeweide zu besänftigen; sie helfen ihr in die nächsten Träume, mit den Düften aus den Rauchpfannen, mit den Tees.

Das Jahr 1823, randvoll mit Tätigsein, und schon in allen Gesprächen mit Pedro, in allen Umarmungen Domitila mit dabei. Niederarbeiten, wegarbeiten wollte sie die kleinmütige Eifersucht auf eine Analphabetin.

Noch im Jänner 1823, drei Wochen bevor Leopoldine Paula Mariana zur Welt brachte, eskalierte der Parteienstreit. „Großer Orient" und „Apostolat" konnten sich nicht auf die Ministerämter einigen; Pedro war überfordert, er hielt es heute mit Gonçalves Ledo vom „Großen Orient" und morgen mit Bonifácio vom „Apostolat". José Bonifácio war radikaler geworden; seit dem Gespräch mit Leopoldine vor den Krönungsfeierlichkeiten hatte er sich selber zum brasilianischsten Brasilianer umgemodelt; mit rigorosen Gesetzen verfolgte er die Portugiesen, wollte sie am liebsten des Landes verweisen, unterstellte jedem Europäer reine Spekulantengier und plädierte für Steuer- und Abgabenerhöhungen in allen Bereichen. Er duldete nur seinen Bruder Martim als Finanzminister, auch einen Sicherheitsminister wollte er aus seiner Loge haben. Ledo blieb beharrlich, die Ministerämter sollten gleichmäßig aufgeteilt werden. Ein Schreiduell im Staatsrat, und Bonifácio verließ den Saal und legte all seine Ämter zurück. Pedro hatte hilflos zugesehen. Gonçalves Ledo war kein Berater für Pedro; Ledo gab sich gemäßigt, doch er wollte vor allem seine Position sichern, sich Einfluß und Vermögen verschaffen. Sein wichtigstes Ziel war, seine Armut abzustreifen. „Nie laß hungrige Wölfe an die Futterraufe", hatte die Annony gepredigt.

Leopoldine, hochschwanger, ließ sich in die Stadt tragen, im Tragesessel, hinunter zum Rossio-Platz, zum Haus von José Bonifácio. „Pedro hat keinen Berater", Bonifácio unterbrach sie sofort, „ich bin ein Hitzkopf, natürlich bleibe ich bei meinem Versprechen".

Sie wollte mit Pedro erst am nächsten Tag sprechen; sie mußte sich umkleiden, ein Theaterbesuch. Im Theater die üblichen Gerüche und Farben; die Kleidungsstücke waren von der Krönungszeremonie kaum ausgekühlt; die Damen in schwerem Samt, goldbestickt, die Herren in den neuen Uniformen, mit den herrlichsten Orden dekoriert. Etwas leiser wurde Pedro umjubelt, zurückhaltender war man, die Diplomaten lächelten nach allen Seiten, sehr vorsichtig. In der Pause kam José Bonifácio de Andrada; er ging in die Loge von Pedro und Leopoldine; überschwengliche Begrüßung, alle Köpfe drehten sich hinauf, es wurde applaudiert, die Damen winkten mit den Fächern – Bonifácio wieder Minister, alles, wie es war. Die Lieder tönten nach der Pause voller, schmelzender; kühler war es geworden, wohltuend kühler.

Sofort nach dem Theater wollte Pedro nach Hause

fahren, nicht für eine Minute Konversation mit einem Diplomaten blieb er stehen. Vor aller Welt habe sie ihn, den Kaiser, bloßgestellt; er wisse nicht mehr, was in seinem Haus geschehe. Die Kosten für die Küche und die Ausgaben für lächerlichen Tand würden ständig steigen; nun werde er auch in seinen Amtsgeschäften hintergangen und wie ein Kind behandelt. Ein Skandal sei es, daß sie stundenlang mit diesem alten Mann allein in einem Raum gewesen sei, wahrscheinlich habe sie wieder deutsch mit ihm geredet, ihn, Pedro, vielleicht in Schutz genommen, weil er ja keine Ausbildung habe; der alte Mann beherrsche sich nicht einmal; vor aller Welt habe er heute bewiesen, wer im Hause Bragança der Herr ist, wem er, der Kaiser, zu gehorchen, zu danken habe. „Ich hasse diese Andradas", schrie Pedro, „verschwinden sollen sie, ich will diese Besserwisser nicht mehr sehen." Die Stimme kippte ihm über, er warf Porzellandosen an die Wand, er kippte Stühle um, er stieß Laute aus, die unverständlich waren. Leopoldine rief nach Wasser, nach Tee, nach dem Eukalyptusöl; in jedem Moment konnte Pedro in einem epileptischen Anfall zu Boden geworfen werden. Der Anfall blieb aus. Leopoldine ging aus dem Zimmer, um nach den Kindern zu sehen; sie nahm die einjährige Januária aus dem Bettchen; sich an etwas Weichem, Lebendigem anhalten, in einen Menschen hineinweinen; nie mehr würde sich das ändern, immer wieder würde sie das mitmachen, bis sie aus diesem Leben geht, würde sie solche Tage, solche Minuten durchleben; wie viele Jahre, Jahrzehnte.

Das Einwanderungsprogramm wollte Leopoldine fortführen. Handwerker, Friseure, Schneider, Schuster sollten angesiedelt werden; die Freigelassenen sollten ein Handwerk erlernen können. Sie hatte mit Bonifácio diskutiert, „Kleinbauern und Handwerker aus Europa müssen herkommen, mit ihren Werkzeugen, mit ihrem Tages- und Arbeitsrhythmus; den Boden mit den eigenen Händen bearbeiten, das können unsere Leute nur vom Abschauen lernen".

Mit Pater Sampaio redete Leopoldine, und der empfahl ihr einen Priester, Machado de Miranda. Machado schrieb sofort Propagandaschriften, die er in Österreich und Deutschland verteilen wollte.

Er übertreibe schamlos, hatte Leopoldine zu ihm gesagt, er spreche von tausend Morgen Land, soviel werde jeder Bauer aus Österreich bekommen, und auch noch geschenkt; er müsse auch dazuschreiben, daß dieses Land noch gerodet werden müsse, daß sie ihre Pflüge und Spaten, alle Werkzeuge, mit denen sie gewohnt sind, zu arbeiten, mitbringen müssen. Machado nickte. Es sei schwierig, Menschen aus Europa herüberzubringen, und er würde es nur tun, wenn man den Menschen Land im Süden von São Paulo gebe, dort sei das Klima fast europäisch, und das Wichtigste, dort gäbe es Straßen, zumindest befahrbare Wege zum Hafen; und die weitere Bedingung sei, daß er höchstpersönlich dieses Programm leiten könne. „In Minas habe ich vor fünf Jahren Italiener betreut; über tausend sind gekommen, nicht einmal die Hälfte davon lebt mehr; Europäer sind die Entfernungen nicht gewöhnt, daß sie hier tagelang reiten müssen, um zum Nachbarn zu kommen; keine Vorstellung haben sie von der Wucht, mit der hier alles wächst und niederringt, wie mühsam sie jeden Quadratzentimeter Erde den Schlingpflanzen, den Urwaldbäumen abringen müssen.

In Santos sind die Italiener angekommen und haben sich ins Landesinnere vorgearbeitet, dabei von den Edelsteinen und den fruchtbaren Feldern geträumt; dann begann für die armen Menschen das Plagen, das Schuften und das Leben mit der niederdrückenden Enttäuschung, sich selber in die Hölle begeben zu haben; sie verlernten miteinander zu reden, sie brachten ihren Kindern das Sprechen nicht mehr bei, es gab keine Lehrer und keine Priester; wenn sie krank waren, hatten sie keine Hilfe, keine Nachbarschaftshilfe. Sie wußten nichts voneinander, sie gingen mit Prügeln aufeinander los, wenn einer die tagelange Reise auf sich nahm und den anderen aufsuchen wollte. Dona Leopoldina, als ich dorthin kam, führten sie regelrechte Kriege gegeneinander. Diejenigen, die von der fürchterlichen Arbeit kraftlos waren, wurden liegengelassen, am Feld, in der Hütte; noch lebende Körper wurden dort von Insektenschwärmen zu Tode gestochen. Die, die jetzt dort leben, sind Analphabeten geworden, ihre Seelen von Hoffnungslosigkeit verwüstet und verroht, ihre Körper ausgemergelt und verlebt; zwei Patres reiten ständig von Hof zu Hof und bringen Nachrichten von den anderen Höfen, wie eine Zeitung, damit sie allmählich wieder lernen zu lesen, an etwas außerhalb ihrer Schufterei zu denken, zu erfahren, wo war ein Kind geboren worden, wo war einer gestorben. Schmale Pfade habe ich mit den Leuten in den Urwald geschlagen, Lebensadern, auf denen sie mit einem Wagen zum nächsten Gehöft fahren konnten. Dona Leopoldina, sie werden kommen, die Einwanderer aus Österreich, aus Deutschland, weil Sie, Dona Leopoldina, hier sind. Wenn eine Habsburgerprinzessin dort lebt, kann der Urwald nicht so schlimm sein."

Mit Machado arbeitete sie einen Plan aus, in welchem Gebiet den Einwanderern wieviel Land zugeteilt werden sollte; junge, kräftige Männer, Beamtensöhne, Freigelassene, die sich in den Dienst des Einwanderungsprogramms stellen wollten, wurden im Santa-Tereza-Kloster von Machado ausgebildet. Sie hatten Lehrer und Seelsorger zu sein, sie mußten lernen, Wunden auszuwaschen und einfache Hütten zu bauen; sie hatten Bücher darüber zu führen, wie viele Mitglieder eine Familie zählte, die Geburten und Todesfälle verzeichnen, sie hatten halbjährlich einen Bericht abzugeben, direkt nach Boa Vista, zu Dona Leopoldina.

„Wenn nicht mehr Bevölkerung kommt und der Boden nicht aufgelockert wird durch viele Mühe und Geduld wird es schwer anders werden", hatte Leopoldine an ihren Bruder Franz geschrieben. Im September 1823 reiste Machado nach São Paulo ab, sie schrieb ihm ein Vademecum, damit er nichts davon vergesse, was besprochen wurde. „Leopoldo" sollte die erste deutschsprachige Kolonie heißen.

Ein Söldnerheer sollte ausgebildet werden; Bonifácio rang die Hände, „es ist notwendig, wir müssen ein Heer haben; doch, Dona Leopoldina, gegen nichts hegt der brasilianische Mensch eine so große Abneigung wie gegen den Waffendienst". Leopoldine korrespondierte mit Schäffer, „senden Sie noch dreitausend Mann mehr, alle ledig und weggerechnet die Zahl die ich Ihnen das erste Mahl geschrieben", und ein paar Wochen später, „nebst bey sollen Sie zweitausend Mann sobald als möglich senden den ich glaube jedes Mal werden sie nöthiger".

Im Juli 1823 stürzte Pedro vom Pferd; spät in der Nacht war er von einem Besuch bei Domitila nach Hause geritten und hatte sich zwei Rippen gebrochen. Er durfte eine Woche lang das Bett nicht verlassen, konnte Domitila nicht besuchen.

Die Mätresse wollte die Andradas weghaben, von allen Seiten hatte man Leopoldine das zugeflüstert, sie konnte sich kaum mehr taub stellen.

Ein Brief wurde abgegeben, er war in deutscher Sprache verfaßt; Pedro warf ihn Leopoldine hin, sie solle übersetzen. Die Mitglieder des „Apostolates", der Andrada-Partei, würden eine Verschwörung gegen den Kaiser vorbereiten, sie wollen ihn stürzen; und weiter, die Andradas hätten ehrbare Portugiesen verhaften lassen, weil diese gegen die Monarchie gehetzt hätten. Leopoldine schrieb sofort an Bonifácio, er möge kommen und die Sache aufklären, noch solange Pedro im Bett liege, solange „diese Person" nicht weiter auf ihn einflüstern könne.

Das Gespräch zwischen den beiden Männern war sehr kurz. Bonifácio erklärte, es sei richtig, daß sowohl in São Paulo als auch in Rio die genannten Männer verhaftet worden seien; sie hätten Schmähschriften gegen den Kaiser und die Monarchie unter die Leute gebracht, sie würden in Kontakt mit den Cortes in Lissabon stehen. „Sie sollen frei sein, eine Verirrung", sagte Pedro. Bonifácio schüttelte den Kopf. Nie würde er dem zustimmen; sie bekämen einen offenen, fairen Prozeß, in dem sie sich verteidigen könnten. Außerdem wisse er, Bonifácio, daß diese Frau, Dona Domitila, Geld dafür bekommen habe, um die Amnestie für die Portugiesen durchzusetzen. „Eine unwürdige Verbindung", sagte Bonifácio noch, „wohin wird das führen, wenn man sich in Zukunft von Unrecht freikaufen kann, in jede Position hineinkaufen kann?" Pedro geriet in Wut; er befahl, daß die Portugiesen auf der Stelle freizulassen sind, und er mußte zur Kenntnis nehmen, daß er, als Kaiser vom Volk erwählt, diese Macht nicht hatte. José Bonifácio de Andrada, sein Erster Minister, verweigerte sich der Anweisung des Kaisers.

„Möge der Alte gehen, ich habe alles aus ihm herausgeholt, was er wußte", sagte er drei Monate später über Bonifácio. Drei Monate lang hatte Domitila auf Pedro eingewirkt, eingeflüstert; die Andradas würden alle Macht an sich reißen wollen, die Andradas seien die größte Gefahr für ihn, den Kaiser; die Andradas müssen weg.

Ende Oktober 1823 löste Pedro das „Apostolat", die Andrada-Partei, auf; José Bonifácio mit seinen Leuten nun in der Opposition. Der Marquis von Marialva schrieb entsetzt an Leopoldine, „extrem und übertrieben in allem sind die Ansichten von Bonifácio, doch gesund, seine Moral und sein Wirken für Brasilien sind unübertroffen, seine Rechtschaffenheit ist makellos. José Bonifácio hat den Entschlüssen von Dom Pedro Richtung gegeben." Bonifácio in die Opposition zu treiben würde Domitila nicht genügen, sie würde weiterschüren. Die Leute von Domitila waren im Oktober 1823 noch nicht vollzählig in die Beamtenpositionen eingeschleust; viele hatten Hoffnung, über die Adresse am Mato Porco zu Position und Ansehen zu kommen. Lange Reihen von Kutschen standen vor dem Haus der Mätresse; fast gebückt gingen sie hinein, warteten im muffigen Vorzimmer, wurden weggeschickt und am nächsten Tag in den Wartesalon vorgelassen. Nicht hinter vorgehaltener Hand, offen wurden die Preise für Positionen gehandelt.

Leopoldine wartete; sie hatte keine Nachricht von Bonifácio. Sie nahm die kleine Marie in die Kirche mit; viereinhalb Jahre alt war sie; einen Schutzengel solle sie sich aussuchen, damit Marie wisse, zu wem sie bete. „Den mag ich, und den auch, den will ich, nein, der gefällt mir besser, nein, der ist für Januária und der kleine für die Paula; ich suche mir einen größeren aus, wird der helfen, ist der stark genug." Marie plapperte und lachte den ganzen Tag; ein Kind, das sich selten ängstigte, dabei wachsam jede Schwingung aufnahm, „Mama, wo schaust du hin", fragte sie, wenn Leopoldine nur für einen Moment ins Leere schaute.

Mit Januária und Paula im Kinderzimmer sitzen, Lieder singen, Märchen und Geschichten erfinden, die Feen immer Indianerinnen, Negerinnen, die tiefer in den Himmel sehen, die mehr verstehen von den Farben der Bäume; mit Marie und Januária die Großväter zeichnen; der eine, der in Wien lebt, über seinen Büchern sitzend; der andere in Lissabon, das Spinett spielend. „Das ist Papa", sagte Leopoldine, „das ist Großpapa", beharrte Marie, „Großpapa, Großpapa". Leopoldine erklärte es; Tochter, Mutter, Vater, Großvater, Tante, Onkel, Schwester; wenn ein Kind geboren wird, bekommt man einen Rang dazu, wenn jemand in der Familie stirbt, verliert man einen Rang, dann ist man nicht mehr Tochter oder Enkel. „Du bist Mutter, und ich bin Tochter", wiederholte Marie, „das bin ich auch, Mutter und Tochter", stellte Leopoldine richtig, und Marie antwortete, „ja, aber weil du so weit weg bist von Großpapa, zählt das nicht mehr; erzähl doch einmal von der Hibiskusfee". Wenn Leopoldine mit ihren Kindern spielte, rieselte alles andere, alles außerhalb des Kinderzimmers, außerhalb der Kinderfragen, von Leopoldine weg, nichts sonst war wichtig.

Oktober 1823.
Pedro nahm die Briefe, die Berichte mit, die Leopoldine jeden Tag für ihn vorbereitete, sie wurden täglich weniger; innerhalb von Tagen fand die stumme Übergabe statt: Der Mato Porco, Domitila, war die erste Adresse für Bittschriften, für Vorschläge geworden; Leopoldine weggedrängt, beiseite geschoben.

Drei Wochen später, Mitte November 1823, erreichten die Tumulte im Parlament ihren Höhepunkt; die Mitglieder der Opposition, die Andrada-Partei, und die Mitglieder vom „Großen Orient" beschuldigten einander der heimlichen Zusammenarbeit mit den Portugiesen, die Schließung der Häfen würden die einen wie die anderen vorantreiben, den Handel wieder Portugal in die Hände spielen. Pedro löste das Parlament auf. Er wollte neu beginnen. José Bonifácio und seinen Bruder Martim ließ er verhaften und in einem Schnellgerichtsverfahren nach Europa verbannen.

„Er ist wahnsinnig geworden. Er schickt weg den Mann dem er seinen ganzen Aufstieg verdanket", schrieb Leopoldine an Marschall.

Nach Mitternacht kam Pedro nach Hause. Sie ersuche ihn, sagte Leopoldine, um eine kurze Unterredung, auch benötige sie eine Unterschrift. In drei Tagen, an ihrem Namenstag, den 15. November, laufe das englische Postschiff Richtung Europa aus; um vier Uhr früh würde die Galeote zum Schiff fahren; und mit diesem Schiff würden die Andradas Brasilien verlassen.

Diese zwei Tage bis dahin sollen ihnen zur Erledigung ihrer Angelegenheiten hier in Rio, in Freiheit, verbleiben. Sie, Leopoldine, werde morgen persönlich zum Polizeichef, zu Aragão gehen, und ihm diesen Brief, diese Anordnung vom Kaiser, übergeben, daß die Andradas das Gefängnis verlassen können. Ohne ein Wort unterschrieb Pedro; er pfiff leise vor sich hin; erleichtert war er, daß ihm Leopoldine die Organisation vom endgültigen Abgang der Andradas abgenommen hatte.

Am 14. November 1823 ritt Leopoldine am späten Nachmittag nach Botafogo. Bonifácio war allein im Haus; alle Möbel, alle Gegenstände standen unverrückt, als würde er nur für ein paar Wochen verreisen, nach São Paulo zu seinen Verwandten reiten. In der Obstschüssel lagen Mangos und Mamãos, „nur zum Riechen". Eine Ledertasche stand mitten im Salon, zwei Bücher waren darin, ein Packen Schreibpapier, beschriebene, unbeschriebene Blätter ragten heraus. Stark hatte sich Leopoldine ihn vorgestellt, stark würde er sein beim Weggehen, ungebeugt von Äußerlichkeiten, und nicht mehr als eine Äußerlichkeit konnte eine einzige Nacht im Gefängnis für Bonifácio sein.

Er stand neben der Tasche und schaute Leopoldine entgegen. Er werde ihr die Schlüssel für das Haus geben, es sei schön hier, und das Treiben vom Hafen sei so wohltuend; er habe die geschäftigen Rufe und die Streitereien um die Preise gemocht; da habe man das Gefühl, daß die anderen für einen weitertun, auch wenn man hier sitzt und nichts tut als schauen.

Alt ist er geworden, über Nacht, ja, buchstäblich über Nacht, mit dem rechten Auge sieht er nichts mehr; den halben Blick schon zugezogen, nicht sehen wollen, was längst zu sehen war.

„Leopoldina, ich fühle mich wie ein Tier, dem man den Schädel zertrümmert hat, und der Körper läuft weiter, der will sich retten, in Sicherheit bringen; ich werde mir in Europa Hosen nähen lassen genau nach diesem Muster, ich habe noch nie so bequeme Hosen gehabt; flanieren werde ich, stundenlang, und meinen inneren Takt, meine Geschwindigkeit suchen, dabei weiß ich nicht, wofür. Ich könnte ein Buch schreiben; ich werde kein Buch schreiben, alle weggeschobenen Menschen schreiben ein Buch; damit wollen sie ihr Leben den Wegschickern in den Rücken schleudern, ich nicht. Leopoldina, was für eine Genugtuung, und ist es auch nur eine kleine, muß es für Sie sein, mich so zu erleben; habe ich nicht die Heimatlosigkeit gepriesen, und jetzt weiß ich nicht, was ich mitnehmen soll, jetzt weiß ich nicht, wie ich leben soll ohne diese Luft und diese Geräusche. Hören Sie die Kuh, sie brüllt schon seit einer Stunde, sie brüllt nach Gras, nach Kühle, nach Paarung, in einer Stunde werden die Papageien schreien; die haben es leicht mit ihrem offenen Charakter; vielleicht bleibe ich in Rom, oder ich suche einen Ort noch näher dem Meer; Wien wird es nicht werden, Prag schon eher; wenn ich nach Paris komme, werde ich sicher dort bleiben, eine Stadt, in der das Wort wichtig ist, die Menschen auf das Wort, das geschriebene, reagieren. Wo auch immer, Pflichten werde ich mir suchen, die mich an die Kandare nehmen; egal, wer befiehlt, wer gehorcht. Leopoldina, ich habe letzte Nacht mit meiner Mutter geredet, sie lebt seit Jahrzehnten nicht mehr, ich wollte wissen, warum sie uns so wenig von Engeln erzählt hat und den Heiligen, die alle so gelitten haben und dann in den Himmel gekommen sind; sie hat uns nie vom Himmel erzählt, ich habe keine Vorstellung von dieser überirdischen Schönheit; die Hölle habe ich mir selber ausgedacht, damit hat Mutter gedroht, und damit ihre Drohung ins Leere geht, war meine Hölle nie das Feuer, sondern eine Eishöhle, nicht verbrennen, sondern erstarren und dabei der bleiben, der man war. Leopoldina, es ist zu Ende, das Auspacken unserer Gedanken vor dem anderen ist vorbei; wir werden uns nicht mehr wiedersehen."

Zu eng war ihnen das Zimmer, das Haus; die Zeit zu knapp für ganze Sätze. Leopoldine zog ihre Jacke aus, José band ihr die Stiefel auf; barfuß gingen sie hinunter zum Meer, am Hafen vorbei, wo Hütten nicht mehr dicht aneinander gebaut waren. Leopoldine und Bonifácio rückten dem Meer näher, sie saßen auf Steinen, suchten eine neue Stelle, eine, an der es noch lärmender, noch tosender klang; sie blieben sitzen, auch im Regen, sie blieben sitzen, bis ihre Kleider wieder getrocknet waren. Die Galeoten waren zu sehen, die am Hafen postiert wurden, das Postschiff weit draußen, beleuchtet, es schaukelte, als könnte man das Gerenne der Matrosen bis hierher spüren. Es mußte bald vier Uhr früh sein; als hätten sie alle Zeit vor sich, umarmte José die Frau an seiner Seite; der ungeduldige Mann ließ ihr Zeit, er half ihr aus allem Versperrten, Zurückgedrängten – „Leopoldina".

Der Diener wartete mit der Tasche am Hafen, einen Überrock gab er Bonifácio noch mit; „até logo", sagte der Diener, „bis bald", drehte sich um und ging. Martim Bonifácio, der Bruder, war schon vorausgefahren. José bestieg die letzte Galeote; stehend, ohne sich anzuhalten fuhr er mit dem kleinen, schwankenden Boot dem Postschiff zu; er hielt mit einer Hand ein Auge verdeckt. „Schauen Sie, Leopoldina, mit diesem Auge sehe ich alles verschleiert, ich kann mich anstrengen, wie ich will, die Bilder kommen nicht mehr durch; mit dem anderen sehe ich klar; ich kann es mir aussuchen."

Leopoldine wartete, bis die Galeote beim Postschiff angekommen war, ein zittriger Punkt im Meer; sie wartete noch eine Stunde, bis das riesige Schiff aufhörte zu schwingen und wie gezogen verschwand.

Die Markthalle war inzwischen geöffnet worden, die Händler hatten ihre Stände aufgebaut, sie schichteten die Früchte aufeinander. Drei, vier Männer in der Straßenkleidung der Beamten wischten an den rufenden und zankenden Menschen vorbei und bogen in die Straße Richtung Stadtpalast. Sie hatten nun dem Polizeichef zu berichten; Aragão wollte es genau hören, wollte es von mindestens drei Menschen bestätigt haben, daß sie weg sind, die Andradas, und er wird einen Titel bekommen, einen Orden. Alles war ruhig abgelaufen; in dieser Ecke der Stadt, am Hafen, in Botafogo, hatte niemand wahrgenommen, daß außer Postpaketen und Kisten voll Tabak auch noch Passagiere an Bord gegangen sind, daß eine neue politische Ära begonnen hat.

15. November, der Namenstag von Großpapa Leopold, nach dem sie, Leopoldine, ihren Namen bekommen hatte. Fünf Uhr früh, José Bonifácio auf dem Meer, Richtung Europa; Leopoldine ging zu seinem Haus; sie konnte ihre Jacke nicht finden, einer der beiden Diener, die das Haus auszuräumen hatten, zeigte hinaus, Richtung Meer; er habe ihre Jacke seinem Herrn zu den Büchern, den Schriften in die Tasche gegeben. Sich an Gegenständen und Gerüchen festhalten, die hiergeblieben sind, Leopoldine schob Feder und Tintenglas hin

und her, starrte auf den Briefbogen, auf dem nur das Datum geschrieben war. Vor sechs Jahren war Leopoldine hier angekommen; die Habsburgertochter Carolina Josepha Leopoldina war an das Haus Bragança verheiratet worden; eine wissenschaftliche Expedition sollte es sein, das war Österreich seinem Ruf schuldig; Österreich, eine Großmacht; in Wissenschaft, Forschung, in den Künsten an vorderster Stelle in der Reihe der Staaten mit Einfluß, mit Macht. Seit sechs Jahren lebte sie in einem Land, von dem man seltene Blumen, Insekten, Papageien nach Wien schickte; sie lebte in einem Land, in das kaum jemand freiwillig reiste, von dem man nun in Europa in anderem Tonfall redete.

Leopoldine begann hastig alles, was auf dem Tisch lag, zusammenzupacken, die Bücher, die Holzgriffe der Federn in den verschiedenen Farben, das Weinglas aus böhmischem Kristall; solange Bonifácio in Rio war, gab es einen Menschen, der in ihren Bildern dachte und plante. Alles Europäische, alles Habsburgische hatte sie zu verdrängen, um Pedro eine gefügige Frau zu sein, um seine Tobsuchtsanfälle zu vermeiden und auszuhalten, um von einer Gesellschaft angenommen zu werden, die wie Plantagenbesitzer hauste, die nur von Tand und Äußerlichkeit lebte. Leopoldine schrie die beiden Dienstboten an, dieses Zimmer müsse so bleiben, hier dürfe nichts verändert werden, sie sprang auf, als einer einen Sessel zurechtrückte; fahrig warf sie das Tintenfaß um; nein, nicht wegwischen dürfen sie die blaue Flüssigkeit, eintrocknen soll sie. Nicht zurückfallen in das Chaos, alle Kraft verlieren in dem Labyrinth darüber, nicht zu wissen, was richtig und was unrichtig ist; nicht zu wissen, wer sie ist, sich anpassen, weiter anpassen, noch weiter anpassen. Pedro hat auf drei Verfassungen geschworen, er wird in einer Woche eine neue beschwören; „er hat keine Ahnung", hatte Bonifácio gezischt. Großpapa Leopold, Regent der Toskana, hatte Grundsätze niedergeschrieben, 1790, vor fünfundzwanzig Jahren, „der Souverän ist nur der Delegierte des Volkes". Pedro hatte nie zugehört, wenn Leopoldine ihm erzählen, erklären wollte; eine Verfassung einfach hinschreiben, von der Gleichheit der Rechte für alle Menschen reden und gleichzeitig das Familienbuch nicht durchsetzen, die Nachricht vom Sklavenschiff, das vor einer Woche in Bahia gelandet ist, mit einem Schulterzucken zur Kenntnis nehmen. Sie, Leopoldine, hatte Grundsätze mitgebracht, importiert, wie andere den Brokat und den Samt. Die Urgroßmutter, Maria Theresia, an einem 13. Mai geboren; an einem 13. Mai wurde Leopoldine mit Pedro verheiratet. Annony erzählte oft von Maria Theresia; unermüdlich habe die Urgroßmama gearbeitet, mit einem ihrer Kinder auf dem Arm habe sie Inspektionen in Ämtern und Krankenhäusern unternommen; sie hat begonnen, den schmierigen Prunk abzuschaffen, die Leibeigenschaft, den Frondienst zu mindern; die alleswissenden Jesuiten mußten mit der Bücherzensur aufhören. In Schönbrunn durften sie manchmal aus dem Lieblingsservice der Urgroßmama ihren Abendkakao trinken; Papa erzählte, sie habe eine helle Stimme gehabt, und milde sei sie gewesen, zu jedem; wenn die Enkel, der Papa, sich zu sehr auf Späße mit Kammerdienern eingelassen hatten, wenn sie laut miteinander stritten, wurden sie von der Großmama zurechtgewiesen; streng und unnachgiebig habe sie von den Pflichten gesprochen, die jeder zu erfüllen habe, und am Ende der Zurechtweisung habe sie gelächelt; soviel Güte und Wohlwollen seien dann in dem Gesicht gewesen, daß der Papa gar nicht weggehen wollte. Für jedes ihrer Kinder hat sie Wichtiges niedergeschrieben, die Urgroßmama hat die Hausgesetze erweitert; keine Vertraulichkeiten und Scherze solle man sich mit Untergebenen, mit „kleinen Leuten" erlauben; keine Unordnung und keinen Skandal dürfe man am Hof dulden; nie solle man sich erregen und befehlen; man müsse lernen, zu bessern und zu strafen, ohne heftig zu werden; in allem habe man besorgt zu sein um das Wohlergehen der Menschen, zu helfen habe man, zu unterstützen und zu ermutigen. „Eine Revolution, wie sie in Frankreich gewütet hat, ist den Habsburgern durch Ihren ehrenwerten Großonkel Josef erspart geblieben", hatte Bonifácio zu Leopoldine gesagt, „sind maßvolle Menschen, die Habsburger, gehorsame Pflichtdenker", sagte er. Leopoldine ereiferte sich; jede Generation ihrer Familie habe einen Freigeist, einen Freidenker; ihr Onkel Johann, der in der Steiermark lebe, habe es auch allen gezeigt, daß Titel ihm nichts bedeuten, wenn er seine Aufgabe woanders sehe. Den Großpapa, Kaiser Leopold, möge sie am liebsten; der liebe Papa, Kaiser Franz, bewahre und würde die Zeit stillhalten, das sei wichtig nach so unruhigen Zeiten, nach einem Wiener Kongreß. Der Großpapa habe in Florenz in die Erde und in die Menschen gearbeitet, was die Urgroßmama niedergeschrieben habe. Maria Theresia habe doch viel Zeit vertan, Kriege zu führen; darin stimme sie, Leopoldine, mit der lieben Urgroßmama nicht überein, obwohl sie wisse, daß es schwierig sei, denn leicht würde ein Friedfertiger auch als Gleichgültiger und Schwacher, ja, als Schwächling dastehen. In vielen Dingen sei die Urgroßmama radikal gewesen; die Keuschheit wollte sie den Leuten einbleuen, mit der

Knute ihnen Geschlechtliches austreiben; da war sie unmodern; der Urgroßpapa, Franz Stefan von Lothringen, hatte viele Amouren, charmant wie er war. Der Großpapa, Kaiser Leopold, war ein echter Friedensfürst, zwei F habe er gelebt, Friede und Freisinnigkeit; Straßen habe er bauen lassen; wie viele Briefe habe sie schon an Hofrat Schreibers nach Wien geschrieben, er möge ihr Abschriften dieser Pläne schicken, sie wisse, daß der Großpapa sich auch für die Planung von Städten interessiert habe, und das könne sie, Leopoldine, hier alles dringend brauchen; das Wichtigste von Großpapa sei natürlich sein Strafgesetzbuch, daß er die Tortur abgeschafft habe, sogar die Todesstrafe, das habe allerdings nicht lange gehalten; die Unordnung in den Klöstern habe er auch bereinigt, Schulen habe er unterbringen lassen, wie richtig; der Großpapa habe sogar mit Pestalozzi korrespondiert und darnach auch die Erziehungsgrundsätze modernisiert. Sie, Leopoldine, erinnere sich an einen Brief, den der liebe Papa aufbewahrt habe – alles müsse getan werden gegen die Verwilderung und Entwürdigung der Menschen. Schwierig sei das bei den eigenen Kindern anzuwenden, Erziehung habe doch auf jeden Fall etwas mit Gewalt und Dressur zu tun; so vorsichtig sollte man als Mutter dabei vorgehen, daß die Natur, die natürliche Veranlagung sich entfalten könne. Nie könne sie mit Pedro darüber reden, die Braganças haben keinen Begriff von der Formung des Menschen; ein Seefahrervolk seien die Portugiesen, Eroberer, Besitzergreifer, die wehrlose Menschen unterwerfen und ihnen eine fremde Ordnung aufpfropfen. Leopoldine hatte mit keinem darüber gesprochen, daß sie ihrem Namen noch „Maria" hinzufügen wollte; Leopoldina Maria, damit man es weiß, daß sie vom Hause der Maria Theresia abstammt.

Nun wird bald niemand mehr wissen, hören wollen, daß sie eine Habsburgertochter ist, welche Leistungen ihre Vorväter, Vormütter erbracht hatten, wer die Habsburger sind. Leopoldine stand auf, „hier bleibt alles, wie es ist", die beiden Diener nickten, und Leopoldine ritt nach São Cristóvão. In Cosme Velho machte sie bei Hogendorp Station, trank Milch, aß frische Farofafladen. „Sind sie weg, die Andradas?" fragte der Alte, und Leopoldine sagte „ja". „Wie wird das jetzt für Sie werden, Dona Leopoldina, jetzt sind Sie noch mehr allein", murmelte Hogendorp und strich ihr über das verfilzte Haar. Sie ritt auf den Morro do Mirante, kühle Bergluft brauchte sie. Andere Wege, andere Ausflüge wird sie sich suchen, bis Sträucher und Gräser sich erneuert haben, nichts mehr voll Gesprächen und Lachen ist, sie nicht mehr überall José Bonifácio spürt.

Am späten Nachmittag kam Leopoldine nach Boa Vista zurück; sie versorgte die Kinder; den Kammerherrn von Pedro schickte sie in die Stadt zum Mato Porco. Der Kaiser möge nach Hause kommen, sie habe mit ihm zu reden, „Leopoldina Maria", unterschrieb sie. Mit wütendem Schritt kam Pedro auf ihr Zimmer zu; ob sie den Alten gut versorgt habe, ob es ihm wohl an nichts fehle auf seiner Reise in die Verbannung.

Leopoldine schnitt ihrem Ehemann das Wort ab; sie verbiete ihm diese Sprache ihr gegenüber; beide seien sie eine Verpflichtung eingegangen, als sie miteinander verheiratet wurden, zu achten haben sie einander, und er habe seine ehelichen Pflichten zu erfüllen, und heute könne er sicher sein, daß sie dieses Bett nur zu zweit teilen werden, jede andere würde sie hinausdrängen, aus dem Bett, aus seinem Gehirn. Leopoldine scheuchte die Assafatas hinaus, sie flog aus den Kleidern, daß Pedro ihr kaum folgen konnte. Einen Kampf fochten sie; Leopoldine war nicht gefügig, nicht willig und duldsam, sie war nicht verschwiegen; ineinanderverbissen schliefen sie ein, nach zwei, drei Stunden erschöpftem Schlaf wachte Leopoldine auf, das Zimmer noch voll von den Schreien der vergangenen Stunden, vom Gejage nacheinander; zu glühen begann Leopoldine im Gesicht, am ganzen Körper, unmöglich konnte sie diese Person gewesen sein.

Leopoldina Maria, und nicht mehr vergessen, wer sie war, woher sie kam. Sie schickte die Dienerin in ihr Ankleidezimmer, das rote Kleid solle sie ihr bringen und Rosenöl ins Waschwasser geben, Haarspangen mußten irgendwo sein, eine Halskette. Bald würde Pedro aufwachen; sie werden gemeinsam das Frühstück einnehmen und dann ausreiten; Pedro wird sie beobachten, er wird nichts reden, und wenn sie vor ihm hergeht, wird er ihr über die Hüfte streichen, wie er es am Anfang der Ehe tat.

Pedro war bis zur Tür gekommen; Leopoldine schon angezogen, im roten Kleid leuchtete sie ihm entgegen; keiner bewegte sich auf den anderen zu, „mit den Kindern alles in Ordnung?" fragte Pedro und ging.

Neun Monate später, im August 1824, war Francisca zur Welt gekommen, ein schönes, wildes Kind, „sie ist ganz nach unserer Arth. Ich sollte es nicht sagen doch keines meiner Kinder hat soviel Habsburgisches".

VI.
Andante con moto

11. Dezember 1826

Sterbensstunden von Leopoldine –
Aufstieg der Mätresse zur Marquise von Santos –
Anerkennung der Mätressentochter Isabel durch Dom Pedro –
Ringen um die politische Anerkennung des selbständigen
Kaiserreiches Brasilien durch die Weltmächte –
Brautzeit von Leopoldine –
Hochzeit in Wien, 1817 –
Überfahrt nach Rio de Janeiro, November 1817 –
Tod von Leopoldine am Morgen des 11. Dezember 1826.

Mitternacht; der 11. Dezember hat begonnen, der 11. Dezember soll es sein.

In den vergangenen Tagen, Nächten, hat man Leopoldine gerollt, gewalkt, massiert; sie wurde mit Ölen eingerieben, mit duftendem Wasser gewaschen; das Zimmer haben sie mit Gewürzen, Hölzern und versengten Blumen ausgeräuchert. Im Tag- und Nachttakt haben sie die Tücher vor die Fenster gehängt, sie weggetragen; sie haben ihre immer gleichen Fragen nach den Kindern mit beruhigenden Stimmen beantwortet; sie haben die täglichen Texte für die Bulletins nur mehr um ein, zwei Worte geändert. „Die Krankheit war durch ein Gallenfieber gekennzeichnet, das die Ursache und nicht die Folge der Fehlgeburt war; dieses Fieber artete am 6. Dezember in ein Nervenfieber aus."

Leopoldine hat vier, fünf Tage verschlafen; sie hat

sich erholt; der Körper wird sich noch eine Zeitlang winden und wehren; sie werden sich weiter abmühen, den Leib zu entkrampfen. Bald würden sie sich an die Kranke gewöhnen, an die neue Zeiteinteilung; die Aguiar hat sich verändert; nicht mehr im unbeugsamen Habitus der Oberhofmeisterin steht sie neben dem Bett von Leopoldine, nein, eingeknickt vor Müdigkeit, gebeugt vom Mitleiden schaut sie zu Leopoldine hinunter.

Die Zeit der Unsicherheit muß vorbei sein; für sie und für die, die sie zu bewachen haben; der Geist schon fast vollkommen bilderentleert, ein paar Streiflichter noch, dann wird sie erreicht sein, die morgendliche Sonnenhelle, das Licht.

Was wollte Leopoldine vom Leben; Schwester Louise überrunden, die Anerkennung des Vaters erlangen und dabei von den schlichten Freuden träumen, von der Gesellschaft einiger Freunde, von Briefen, die beantwortet werden, von Beethoven-Konzerten und etwas Sonne, davon nicht zuviel; die von Baden, von Dresden hätte gereicht. Zu all dem hat ihr das Gemüt gefehlt, das Heitere; sie glaubte besessen an die Kraft, die das Letzte abzufordern imstande ist, sie war nicht davon abzubringen, von der Bewältigbarkeit dieser irdischen Probleme überzeugt zu sein; Unbefangenheit war ihr zu geheimnislos, mit Genauigkeit und Pflicht hatte sie sich ihren Weg zurechtgelebt.

Das Äußere von Leopoldine hat sich gewandelt, „wie erstaunte ich, die erhabene Fürstin in der Blüte ihrer Jahre so bleich, gleichsam dahinschwindend zu finden"; Schäffer hat ihr vor einem halben Jahr einen Brief von Theremin, dem preußischen Konsul, zugespielt. Pedro ist derselbe geblieben; er sieht nicht darnach aus, als hätten Schläge eines Schicksals ihn mitgenommen, als hätte er gerungen; mit kluger Berechnung hatte Bonifácio gegen ihn keine Chance; gegen Pedro, den durchtrieben Naiven, dem die Fähigkeit fehlt, Fehlschläge überhaupt einzukalkulieren.

Sie getrauen sich nicht mehr, in ihren Zimmern zu schlafen; abwechselnd schleppen sich die Aguiar und der Paranaguá zu ihren Stühlen; sie schlafen zwei, drei Stunden, halten am Bett von Leopoldine Wache, sie reden mit Caetano, dem Bischof, helfen dem Arzt, den schweren Körper umzubetten; sie springen auf, wenn Doktor Navarro dem Schreiber diktiert, „infolge ständiger Alpträume und Delirien ist die Kranke sehr unruhig. Das Fieber senkt sich nicht mehr. Der ganze Körper zittert und bebt."

Vor Stunden, am Abend des 10. Dezember, hat man Leopoldine die Kinder gebracht. Karmelita, die Kinderzofe, hat die fünf vor sich hergeschoben; die weißen Kleider für den Kirchgang haben sie den Kindern angezogen, am Kragen von Pedro ein blaues Seidenband durchgezogen. Sie haben Pedro noch nicht die Haare geschnitten, die blonden Locken sind lang, er sieht damit aus wie ein Mädchen.

Neun Kinder sollte Leopoldine haben; drei ließ ihr Körper nicht fertigwachsen, João Carlos war gestorben, fünf standen nun an ihrem Bett, Maria da Glória, die Älteste, siebeneinhalb Jahre alt, Januária, fast fünfjährig, Paula Mariana mit dreieinhalb, Francisca, die Zweijährige, und der kleine Pedro, vor einer Woche war er ein Jahr alt geworden.

Leopoldine befühlte die Haut ihrer Kinder, sie zuckten zurück vor dem fremden Geruch der Mutter; sie sollten sich voneinander verabschieden; welches Wort hat man seinen Kindern mitzugeben; Marie weinte, Pedro schrie und hielt die Hände vor Mund und Nase.

Die Aguiar hatte die kleine Isabel am Arm, das zweieinhalbjährige Mädchen von Domitila und Pedro; sie wurde Leopoldine nicht auf die Wange gedrückt.

Erleichtert war sie, als man die Kinder wieder wegbrachte; die Kinder dem Leben überlassen. Ihre Kinder sind stark, sie werden nicht fragen müssen, was hier, in diesem Land, in dieser Familie zu tun ist; aufwachsen werden sie mit allem hier, geschwisterlich gebettet in die Hitze, die Wassermassen, die Wälder, sie werden sich keine fernen Inseln erfinden, wohin sie ihre Wünsche schicken, furchtlos werden sie die Steine wegrollen und nicht vor dem giftigen Zischen darunter zurückweichen; für ihre Kinder ist alles hier ohne Hinterhalt, ohne Argwohn; „die Kinder sind, Gott sei Dank noch nicht imstande die Tragödie, die sie erleben, zu erfassen", Navarro diktiert die Abschiedsszene.

Ausgeharrt hat Leopoldine, als hätte sie dem Frieden die Treue geschworen. Domitila war in den vergangenen Tagen noch zweimal vor der Tür. Leopoldine hat ihr Gekeife gehört; doch der gute Paranaguá hat die Mätresse weggeschickt.

Vor zwei Tagen war Marschall hier; „man darf dem Kaiser nicht mehr verbergen, daß die Öffentlichkeit sich in einem beunruhigenden Zustand der Gärung befindet; die Länge der Krankheit der Kaiserin trägt am meisten zur Erhaltung der Ruhe bei". Er hat von Aragão erzählt, der jeden Morgen die ganze Stadt abschwirren läßt nach Schmähschriften und Anschlägen, in denen Dom Pedro verhöhnt wird. Soldaten sind vor dem Haus von Domitila postiert, man wirft Steine in ihre Zimmer, kippt Abwasserfässer in die offenen Türen.

„Diese erhabene Prinzessin, Dona Leopoldina, hat von allen Ständen die höchsten Beweise einer grenzenlosen Zuneigung erhalten. Man zeigt nun eine Anhänglichkeit, eine Verehrung, die wohl verdient sind, die ich aber diesem Volk nicht zugetraut hätte", diesen Brief nach Wien.

Leopoldine wird nicht länger für Ruhe sorgen; wenig ist noch zu ordnen und abzustreifen; für Heimweh hat sie alle Worte verbraucht; den Körper der Nacht ausweiden und dem offenen, dampfenden Nachtkörper folgen.

Karsamstag des Jahres 1825.

Ein regnerischer Herbsttag; alle hasteten in die kaiserliche Kapelle, die Rocksäume durchnäßt, die Köpfe vor dem feinen Nieselregen eingezogen. Leopoldine saß mit den Kindern auf der Tribüne; Marie, Januária, beide in grünen Kleidern; Paula Mariana in Rosa, sie hielt sich selber mit dem Zeigefinger den Mund zu; die kleine Francisca hatte die Aguiar am Arm, mit ihren sechs Monaten brabbelte sie halblaut vor sich hin, sie lachte und quietschte.

Domitila kam; in violetten Samt gekleidet, schweren Onyxschmuck um den Hals und an den Armen; vom Kammerherrn des Kaisers ließ sie sich über die Stiegen hinauf zur Tribüne begleiten. Die Aguiar bewegte sich nicht, sie schaute auf Francisca, redete leise auf das Kind ein, sie ließ die Mätresse stehen. Domitila drängte sich an der Aguiar vorbei; die stand auf, nickte zu Leopoldine und ging hinaus, die anderen Hofdamen folgten ihr, die Reihe war leer; Domitila saß allein.

Die Jahre 1823, 1824; wie Tiere lebten Leopoldine

und Pedro; jeder seinen Eßplatz vom anderen entfernt, sie schauten in andere Richtungen, ihre Blicke trafen sich nur, wenn sie ihre Kinder ansahen. Sie hielten die Augen geschlossen, wandten die Gesichter voneinander ab, wenn ihre Körper sich ineinanderverkrallten, nicht endlose Minuten; Sekunden, gehastet, aufgestöhnt, weggeschoben. Seit José Bonifácio weggegangen war, seit November 1823, war Leopoldine ohne Freund. Spärlich kamen Briefe, und sie selber wußte kaum mehr etwas zu berichten; die Kinder gesund, sie selber schwanger, ihre Arbeit, durch die neuen Minister und Beamten schwieriger, fast unmöglich.

„Nicht genug kriegen kann die Poldl vom Pflichterfüllen, davon wird sie noch herzlos und hart werden", das hatte die Künburg zur lieben, zweiten Mama, der Stiefmama, gesagt. Die Pflicht erfüllen, weiter die Pflicht erfüllen; es durfte nicht umsonst gewesen sein, daß sie 1822 nach Santa Cruz geflüchtet war, daß João Carlos daran gestorben war.

„Solle sie doch zurückgehen, nach Europa, die Kaiserin", wird Domitila in ihren tüllumwölkten Räumen rufen. Die Mätresse im neuerbauten Haus besuchen; am späten Vormittag. Domitila liegt im Bett, ihre weiße Haut quillt aus den Spitzen; sie kreischt, weil Leopoldine sich nicht um die Besuchsordnung gekümmert hat, an den Menschen im Salon vorbeigegangen ist. Sie brauche sich nicht zu fürchten, dieses Mal habe sie kein Messer mit; sie habe sie auch vor zwei Jahren nicht erstechen wollen; Leopoldine habe dieses Messer gebraucht, um sich an einem festen Gegenstand anhalten zu können.

Französische Lebensart kopiere Domitila und wisse nicht, wie sehr sie Pedro damit schade, ja, sie wisse nicht einmal, daß diese Empfänge, im Bett liegend, im Frankreich des vorigen Jahrhunderts üblich waren; Domitila könne ja nicht lesen, sie könne nur raffen, an sich raffen; die Häuser ganzer Stadtviertel habe sie bereits an sich gerafft, und in Boa Vista wäre kein Geld mehr vorhanden, frische Wasserkrüge zu kaufen. Darüber könne Domitila wohl nur lachen; diese Puderwolken, diese Silberschalen; diese zweite Welt dürfe Pedro nicht zugeben, nicht öffentlich zeigen; ein Volkskaiser, der sich in goldenen Schüsseln die Hände wäscht, während die Sklaven an Unterernährung und mangelnder Reinlichkeit, an unsauberem Wasser zu Hunderten krepieren, so ein Volkskaiser könne in der Welt nicht bestehen. Pedro brauche Boa Vista, das halbzerfallene Landgut, wo er vor gekalkten Wänden in Rohrmöbeln sitzt. Eine Zeitlang könne er die Diplomaten noch hinhalten, sie sich kaufen, daß die ihre Berichte kürzen, seine zweite Welt verschweigen. Doch Diplomaten seien nicht verläßlich, wehe, wenn man ihnen nicht ständig auf die Finger schaue, vor allem seien sie rasch beleidigt, fühlen sich sofort ungerecht behandelt, dann blieben sie den Galas fern und formulieren gnadenlose Berichte. Frauen könne Pedro austauschen, Kinder habe er genug; Kaiser von Brasilien, dafür, daß er das bleibe, daß die Menschen ihm als Kaiser von Brasilien zujubeln, daß die Welt vor ihm, dem Kaiser von Brasilien, das Knie beuge, dafür würde Pedro alles geben. Die Adresse einer Domitila habe er in einer Stunde vergessen, diesen ganzen lächerlichen Tand hier ließe er verbrennen; ein abgeschautes Leben. Pedro wisse doch wie Domitila mit den meisten Dingen hier gar nicht umzugehen, wozu diese Kannen, diese vielen Teller und Dosen, warum Teppiche auf dem Boden und dem Sofa; Domitila sei auf dem Lehmboden groß geworden wie alle Kinder eines Maultierhalters, Pedro habe mit seinem Vater in einem Haus gelebt, das wie eine Fazenda organisiert war; Pedro habe dieser Seiden und Porzellane nie bedurft, er habe darin nie wie sie, Leopoldine, einen Mangel verspürt.

Tagelang hatte Leopoldine solche Gespräche in ihrem Gehirn abspulen lassen, während sie über einem Brief saß, während sie mit den Kindern spielte, wenn sie Pedro nach seinem Befinden fragte.

Drei, vier Tage lang wurde über das Vorkommnis vom Karsamstag in der Kirche nicht geredet. Leopoldine ritt nicht in die Stadt; Plakate seien an die Wände genagelt, in denen Pedro und die Monarchie verhöhnt würden; nach dem guten Kaiser João rufen die Menschen, der sein Schicksal mit Dona Carlota still getragen habe, König João, der von seinem Sohn gedemütigt wurde und hintergangen, als dieser Brasilien von Portugal getrennt habe; als machtloser, alter Mann sitze er nun in Lissabon. Pedro sei kein Vorbild; Brasilien, in Wahrheit von Domitila und ihren Leuten regiert. Sicher gab es auch eine Gegengruppe, die es mit Domitila hielt, es für den Gipfelpunkt der Demütigung hielt, sie in der Kirche bloßzustellen, Domitila, die Brasilianerin, Domitila, die imstande war, die Andradas zu verjagen. „Das Chaos ist ausgebrochen, sie fangen an zu revoltieren", wurde geredet. Leopoldine reagierte nicht.

Eine Woche vor dem sechsten Geburtstag von Marie, im April 1825, sagte Pedro zu ihr, „an deinem Geburtstag werden wir eine große Gala geben, zu deinen Ehren und zu Ehren von Tia Titilia; sie wird erste Hofdame, und deine liebe Mama wird sie der Gesellschaft vorstellen".

Tia, Tante, hatte Marie die Mätresse zu nennen; Titilia, sein Kosename für Domitila; erste Hofdame wollte sie ab sofort sein. Hofdame reichte ihr nicht mehr; als Hofdame war sie zu Festen, zu Galas eingeladen, doch sie hatte keinen festen Platz im Haus. Als erste Hofdame würde sie nun wie die Oberhofmeisterin Aguiar bei allen offiziellen Auftritten neben Leopoldine stehen, im Rang einer engsten Vertrauten das Zimmer von Leopoldine betreten dürfen, sich mit den Kindern unterhalten.

Leopoldine war Richtung Santa Cruz geritten; sie hatte die Weggabelung gesucht, gefunden, an der sie vor drei Jahren vom Weg abgewichen und in die Sümpfe gekommen war. Sie setzte sich unter Pinheiros; diese Nadelbäume rochen in der Herbstfeuchtigkeit wie die Fichten drüben in Europa, in Laxenburg. Pater Sampaio war zu Weihnachten 1824 von Rio de Janeiro weggegangen. Er gehe in den Norden, über Bahia weit hinauf nach Belem und weiter in den Amazonas, dort wolle er Schulen bauen und Krankenhäuser, mit diesen Menschen wolle er leben, von ihnen lernen; so hatte er seinen Weggang offiziell begründet.

„Dona Leopoldina, es ist mir unmöglich, mich von Ihnen persönlich zu verabschieden. Zu tief fühle ich den Schmerz mit Ihnen, so daß ich doch nur stumm vor Ihnen stehen könnte. Ich kann nur versprechen, daß ich unermüdlich um den Beistand des Himmels für Ihre Person flehen werde. Dona Leopoldina, die erhabenen Tugenden, die Sie leben, bleiben nie unsichtbar, sind sie auch für Jahre zugedeckt und beiseite geschoben von Zügellosigkeit, Verblendung und Verirrung. Solange Sie, Dona Leopoldina, ausharren, wird dieses Land in Frieden leben können. Dona Leopoldina, solange Sie die Kraft haben, bleiben Sie und vergeben Sie Ihrem Ehegemahl, zurück kann er nur durch Sie."

Leopoldine blieb stundenlang unter den Pinheiros sitzen; wie ausgeronnen saß sie da, in allen Muskeln des Körpers Schmerzen. Bei der Geburt von Francisca im vorigen August, im August 1824, hatte man ihr das Kreuz verrenkt; das Kind wollte nicht heraus, „mich zusammengeklappt wie einen Feitel", so haben sie das Kind herausgetreten. Nun, im April 1825 war sie wieder schwanger, ein Sohn würde es sein, ganz sicher, das hatte die Madame aus Frankreich ihr prophezeit. Sollte sie dem Vater schreiben, daß sie nicht mehr wisse, was sie tun solle, daß sie in allen Grundsätzen der Erziehung keinen Satz, keine Anweisung finde für diese Phase ihres Lebens. Alles hatte man den Töchtern vorgeschrieben, wichtig, unwichtig, annehmen, verzichten, Staatsinteresse vor privaten Intentionen, „ich bleibe" und kein Zurück nach Europa. Louise wurde bei Nacht und Nebel zurückgeholt, Louise wurde nach Hause gebracht. „Die schlimmste Krankheit, lieber Papa, ist das Alleingelassensein, wenn es sich steigert zur vollkommenen Abgeschiedenheit. Ich habe verlernt, ganze Sätze zu sprechen; ich rede ja fast mit keinem Menschen mehr."

Leopoldine trat aus dem Dach der Pinheiros; sie roch Regen; dem Regen wollte sie entgegengehen; gelbe Gewitterwolken stoben über den Himmel, jagten das Gewitter vor sich her, hinunter zur Stadt; vom Landsitz des Bischofs war nur noch das rote Dach wahrzunehmen; der Wind begann Ordnung in die Wolken hineinzublasen, ein Sturm riß an Blättern und Ästen, und die ersten Tropfen klatschten nieder. Im niedrigen Gestrüpp raschelte und knisterte es, in alle Richtungen stob das Getier davon; wie aus Fässern ergoß sich das Wasser auf die Erde, auf Leopoldine; Leopoldine schrie, sie schrie wie ein Kind, ohne ein Wort dabei zu formen; sie schrie wie ein Kind, um auf sich aufmerksam zu machen, um sich zu melden, hat die Mutter, die Amme das Kind vergessen? Leopoldine ließ das Wasser auf sich prasseln; das konnte noch nicht alles sein, was die Naturgewalten am Menschen Leopoldine erreichten, noch viel zu bedeckt, noch nicht brach genug; sie zog die Hose aus, die Jacke, das Hemd, gegen ihren nackten Körper sollen Regen und Wind antreten, ihn wegspülen wie den roten Sand; alle Körperöffnungen hielt Leopoldine den Wasserfluten, dem Sturm entgegen; so blieb sie liegen, bis sie einschlief.

Eine Woche später, am 10. April 1825, fand der Galaempfang statt. Im weißen Kleid, bestickt mit Perlen, kam Domitila; Ketten mit kleinen Edelsteinen in allen Farben hatte sie in ihr schweres Haar geflochten. Aufgeregt wie eine Braut ließ sie sich in den großen Saal führen; von den Logen quollen Blumen, kein Stückchen Mauer war zu sehen, alles mit gerafften Seiden- und Brokattüchern ausstaffiert. Die Zofe von Leopoldine, Francisca Branco, hatte Domitila nach vorn zu führen, an den tief verneigten Ministern, Beamten, Priestern vorbei. Sie, Francisca de Branco, Kammerzofe der Kaiserlichen Hoheit, erlaube sich, die neue erste Hofdame, Dona Domitila de Castro, vorzustellen. Leopoldine hatte die beiden stehend auf sich zukommen lassen; Domitila verharrte in einem tiefen Knicks; Leopoldine gab ihr die Hand und zog sie aus ihrer gebückten Stellung hoch. Jubel und Reden und Musik, Feste; Leopoldine saß mit den Kindern dabei und schaute zu. „Die Aufgabe, den Auftrag zu Ende bringen", ließ sie es im

Kopf hämmern; ihr Rücken schmerzte, die ausgeweiteten Eingeweide drückten nach unten, beschwerten ihre Beine; fast unvorstellbar für sie, noch einmal lange Monate stark genug zu sein, ein Kind in sich reifen zu lassen. Der andere Teil ihres Auftrages, die Anerkennung des unabhängigen Brasilien, noch nicht erfüllt. Metternich hatte keinen ihrer Briefe beantwortet; er mischte sich nicht ein, „in die Dinge der Republik".

Vom Galaempfang zu Ehren der neuen ersten Hofdame Domitila berichtete Marschall, „die richtige Beurteilung der Lage und die äußerste Selbstbeherrschung schrieben der Frau Erzherzogin das Verhalten vor. Ein so kluges Verhalten hat ihr das beste Einverständnis mit ihrem Gatten gesichert."

Domitila war nun jeden Tag bei den Besprechungen, bei den Audienzen dabei, sie ging in Boa Vista aus und ein. Sie spielte mit den Kindern, nahm Francisca aus dem Sessel, wiegte sie in ihren Armen, sie sang mit Marie selbstgedichtete Reime, sie brachte Geschenke für die dreijährige Januária, Haarspangen, Seidenschleifen, sie ließ die zweijährige Paula Mariana in ihrem dunklen Haar wühlen. Ins Zimmer von Leopoldine kam die Mätresse mit ihren beiden Zofen; das Programm der nächsten Tage, die gemeinsamen Theaterbesuche waren zu besprechen. Die Marquise von Aguiar stand einen Schritt vor Leopoldine, und wenn die Handkußszene, der Knicks der ersten Hofdame vor der Kaiserin, erledigt war, konnte Leopoldine in die Schreibecke ihres Zimmers gehen. Die Aguiar hielt mit Briefpapier, Feder und Tinte die Fluchtecke für Leopoldine in Ordnung. Höflich redete die Aguiar mit Domitila, las die Termine vor und gab Berichte weiter, schob die drei Frauen zur Tür hinaus.

Ein halbes Jahr später, zum Geburtstag von Pedro, am 12. Oktober 1825, große Gala, Musik, wehende Seidentücher, Blumen, Feste; Domitila erhielt den Titel der Vicomtesse von Santos. Wieder wehte sie in einem weißen Kleid herein; beide, Leopoldine und Domitila, waren hochschwanger; im Dezember hatten sie dann, jede, einen Sohn geboren.

Im Feber 1826 die Reise nach Bahia, und im Juli kam die zweijährige Isabel ins Haus, die Herzogin von Goias. Pedro hatte das Kind anerkannt, „ich erkläre, daß ich eine Tochter von einer edlen Frau reinen Geblüts habe, die ich Dona Isabel Maria de Brasileira zu nennen befahl. Und damit dies für alle Zeit feststeht, gebe ich diese Erklärung ab, die in den Büchern des Staatssekretariats registriert wird." Zusammen mit ihren vier Mädchen spielte das Kind von Domitila und Pedro; für Isabel den gleichen Lehrer, der ihr das Vaterunser beibringt, die gleiche Zofe, die mit ihr am Flügel klimpert, die gleiche Assafata, die ihr wie den anderen Mädchen die Haare wäscht, bürstet und mit Bändern verschönt.

Zum Geburtstag von Pedro, am 12. Oktober 1826, wieder große Gala, Musik, wehende Seidentücher, Feste; Domitila erhielt den Titel einer Marquise von Santos. Leopoldine wieder mit den Kindern dabei; vor ihren Augen flimmerte es, ständig hatte sie den Mund voll Gallensaft, und trotz aller Verbände spürte sie in dünnen Fäden ihre Körpersäfte die Beine hinunterrinnen. Die Geburt von Pedro im Dezember 1825 hatte sie sehr angestrengt; ihr aufgerissenes Inneres wollte nicht heilen, „ich glaube ich rinne aus", so schrieb sie an Louise.

Seit drei Jahren war Pedro ein Pendler zwischen den

Haushalten, zwischen den Betten; wochenlang redeten Leopoldine und Pedro nur das Allernotwendigste, dann wieder Tage, wo alles wie früher war, voll Vertrautheit und Fröhlichkeit; Tage, an denen sie kurze Ausflüge unternahmen, an denen Pedro ihr sein Brasilien zeigte. Sonst, angespannte Ruhe; eine Ausfahrt im Wagen, die Santos neben Leopoldine, neben Marie; ein Theaterbesuch, die Santos in der Loge; eine Audienz, die Santos neben Pedro sitzend. Marschall hatte vor einem Jahr, im Oktober 1825, nach Wien geschrieben, „es scheint mir unmöglich, daß die Frau Erzherzogin nicht sieht, was sich so direkt vor ihren Augen abspielt. Sie besitzt jedoch die Klugheit, nie darüber zu sprechen. Der Prinz ist voller Rücksicht ihr gegenüber und trotz des Vorhandenseins einer Lieblingsmaitresse hat er es keinen Augenblick unterlassen, sich als guter Gatte zu zeigen."

Dieses Jahr 1826 wollte sich nicht verbrauchen; „mach, daß es schneller Nacht wird", redete sie zum Himmel. Menschen suchte Leopoldine, solche, denen sie zuschauen konnte; sie spazierte zu den Küchenhäusern. Die Köchinnen, der Koch, die vielen Gehilfen und Gehilfinnen lachten und schwatzten, waren auf der Stelle still, wenn sie Dona Leopoldina sahen. Beim Fenster schaute sie hinein, sah das Gelb der Broa-Fofa-Fladen blitzen, die Körbe mit den Kartoffeln, Karotten, den Mangos; zwei Diener, ein Mädchen, ein Mann, lösten Caju-Nüsse aus, sie neckten einander dabei, haschten nach den Händen. In einem riesigen Sieb röstete die gute Nony, die älteste Köchin in Boa Vista, den Kaffee; sie sang dabei, lachte tief, als der Wasserträger sein Hinterteil an ihrem riesigen Hinterteil rieb; ein anderer

Küchengehilfe nahm sich eine Mamão, überreif, zum Platzen voll Saft, tanzte mit der Frucht ein paar Schritte, nahm das Messer und hieb sie mit einem Schnitt auseinander, daß der süße Fruchtsaft spritzte und ihm über die Hand rann; aus der Ecke hinter dem Ofen war Stöhnen zu hören, Gekicher und Gelächter; drei Hühner waren an die Tischfüße gebunden und wurden von Nony ständig gescheucht. Leopoldine blieb vor dem Fenster stehen, sie schaute, sie lebte mit, ein paar Atemzüge lang; einen Abendkakao, süß und nicht zu heiß, und die Poldl könnte schlafen. Hier, in den Küchenhäusern, hatte sich in den letzten drei Jahren nichts verändert, dieselben Gesichter, dasselbe Gelächter, dasselbe Huschen, wenn einer aus dem Herrenhaus ihnen beim Arbeiten zusah. Nur Nony, die sang weiter, schaute zu Dona Leopoldina, nicht unterwürfig, ohne Knicks ging sie auf die Kaiserin zu; barfuß stand sie am Herd; in ihrem fülligen Körper, in ihren Brüsten, die sie wie Balustraden vor sich herschob, waren nur Güte und Herzenswärme zu Hause; das dunkle Gesicht glänzte samtig, und die Augen rollten, „Kinder" nannte sie ihre Gehilfen; wie Kinder wurden sie behandelt; Nony warf Holzscheite nach ihnen, wenn sie nicht spurten; Nony drückte sie an ihren weichen, warmen Körper, wenn sie Zärtlichkeit brauchten; Nony kochte die köstlichsten Gerichte für ihre Kinder, wenn sie eine Belohnung verdient hatten. Sie schwang das Röstsieb in ihren Händen, warf die Kaffeebohnen in die Luft, fing sie auf, sie drehte das Sieb, wirbelte die fast schwarzen Bohnen neuerlich, daß sie durcheinanderschwirrten wie Insekten; dann nahm sie eine Handvoll Kaffeebohnen heraus, sie zischten auf ihrer Haut, Nony rieb sie, roch daran, warf sie zurück in das Sieb; mit den fetten Handflächen massierte sie ihr Gesicht und lachte und sang. Auf einen Holzteller legte sie kleine Süßigkeiten, sie streute frischgebleichten Zucker in Herzform rundherum und reichte Leopoldine diesen Teller zum Fenster hinaus, „gegen die schwarze Melancholie", sagte Nony.

Außerhalb der Küchenhäuser von Boa Vista, außerhalb der Cortiços waren in den letzten drei Jahren fast in jeder Taverne, in jedem Laden, in den Markthallen die Menschen ausgetauscht worden; überall nun die Günstlinge von Domitila, und die waren alle geadelt. „Wer hätte es für möglich gehalten, neunzehn Vicomtes und über zwanzig neue Barone; die Gassendirne Domitila Vicomtesse, ein Fruchthändler Baron, ein Holzhändler Marquis. Das muß ich erleben, mein Vaterland so erniedrigt zu sehen", so hatte Bonifácio vor einem halben Jahr geschrieben.

Ende Oktober; Leopoldine war den ganzen Tag durch die Wälder geritten, zum Botanischen Garten, hinauf zum Corcovado; Pedro hatte seit einer Woche nicht mehr zu Hause geschlafen, hatte seit einer Woche die Kinder nicht mehr besucht; sämtliche Audienzen waren abgesagt, die Termine im Staatsrat genauso, Pedro pflegte den kranken Vater von Domitila. Er wohnte bei Domitila, er hatte seine Post an die Adresse von Domitila schicken lassen. Boa Vista nun das Verlies für sie und die Kinder, das Verlies, aus dem er sie holte, wenn er Leopoldine für einen Galaempfang, für einen Theaterbesuch, das Gespräch mit einem Botschafter brauchte. Leopoldine hatte sich angewöhnt, laut mit sich zu reden, „die Verpflichtung, auszuharren, zu bleiben". Nach welchem Gesetz? Nach den Naturgesetzen hatte sie als Muttertier bei den Jungen zu bleiben; nach dem Gesetz des Hauses, in dem sie aufgewachsen war, hatte sie zu bleiben, weil Pflichterfüllung das höchste Ziel war. Am Abend ließ sie den Hilfskoch kommen, François, den Franzosen. Er solle auf der Stelle alle persönlichen Dinge des Kaisers in Kisten verpacken, die Kleider, die Schriften, die Noten; Leopoldine schrieb, „Dom Pedro, Sie schlafen nicht mehr zu Hause. Ich wünsche dass Sie eine von beiden anerkennen lassen oder mir die Erlaubnis geben mich zu meinem Vater zurückzuziehen." Die Zofe Marcia und die Marquise von Aguiar beschworen Leopoldine, sich zu beherrschen, dieses eine Mal noch, vielleicht sei morgen schon alles anders. Leopoldine herrschte François an, die Kisten zu verschließen, „noch nicht fertig", stammelte der Koch, „egal, der Rest bleibt hier; diesen Brief übergib und sag Dom Pedro, daß ich ab morgen im Ajuda-Kloster bin, dort warte ich, bis ich nach Hause, nach Europa geholt werde". Der Koch wollte nicht losfahren; es sei schon später Abend, die Stallburschen würden sich weigern, den Wagen einzuspannen, Dom Pedro werde ihn mit der Peitsche verjagen.

Die Aguiar rannte hinaus; sie schickte nach Marschall, „Dona Leopoldina begeht eine Tollkühnheit, Dona Leopoldina hat vor Schmerz den Verstand verloren". Marschall war nicht gekommen, er hatte auch nicht Schäffer oder einen anderen Schreiber geschickt; der Herr Botschafter hatte bestimmt alle Türen und Tore verschließen lassen, die Fensterläden zuziehen; keine Lampe duldend, im Finstern auf seinem Sessel lehnend, wird er auf den nächsten Boten aus São Cristóvão gewartet haben.

Pedro raste den Stiegenaufgang, die Gänge zum

Zimmer von Leopoldine hinauf. Leopoldine hat keine Erinnerung an die Wahl ihrer Worte, es redete aus ihr, kaum kam sie zum Atemholen; daß sie genug davon habe, ihn vor sich selber zu schützen, ihn überall zu entschuldigen, wie man ein Kind entschuldigt; daß sie es müde sei, an ihm Erziehungsarbeit nachzuholen; getäuscht habe man sie, über alles hier, über ihn, der die Bildung eines Stallknechtes habe, dem jede seelische Regung fremd sei, tierisch lebe er die Instinkte aus; nur peinliche Situationen habe sie mit ihm erlebt, fast zehn Jahre lang; mit Untergebenen könne er nicht umgehen und nicht mit seinen Ministern, zuerst rede er vertraulich, und wenn die armen Menschen im gleichen Ton auf ihn zukommen, jage er sie davon; welch ungeheuren Menschenverbrauch er habe, Freunde, Frauen; ob er keinen Respekt vor dem Schicksal kenne; sie wisse nicht mehr, wieviel an ihrem Selbst von allem Unreifen, von allem Schmutz an ihr hängengeblieben ist, wie lange sie brauchen wird, um aus diesem Chaos zu sich selber zurückzufinden; „Pedro, zwischen uns steht nicht ein Stück Zeit, das der eine vor dem anderen bewältigt hat, andere Gezeiten von Tag und Nacht haben uns geprägt, uns anders ausgeformt; unmöglich, daß ein Wintermensch und ein jahreszeitenloser Tropenmensch aufeinander abzustimmen sind; Europa, Brasilien, nie wird die Fremdheit zu überwinden sein, und wenn sie alles voneinander wissen, wenn hundert Museen vollgestopft, wenn tausend Bücher geschrieben sind". Leopoldine war heiser; sie waren einander um den Tisch nachgerannt, sie hatten Stühle zwischen sich geschoben, dem anderen vor die Knie gestellt. Der Marquis Palma scheuchte die Dienstboten hinaus; die Öllampe rußte, das Öl sollte nachgefüllt werden, an der Wand krochen zwei Spinnen. Leopoldine drehte sich weg, alles ausgeschieden, und sie, erschöpft; schlafen wollte sie. Pedro ging nicht; er ließ sie nicht aus den Augen; wie sehr er sich selber verachte, daß er ohne Leopoldine nicht leben könne, daß er bald, sehr bald, von Domitila loskommen werde. Er wiederholte seine Versprechungen, er schmückte sie aus, Pedro kniete vor Leopoldine; nun sollte sie die Arme öffnen, ihm verzeihen, mit ihm weinen. Ihre Arme gehorchten nicht; stocksteif schaute sie dem flehenden Mann zu; ihr Magen begann sich zu drehen; ein dicker gelbgrüner Schwall schoß aus ihrem Mund auf die Jackenärmel von Pedro.

Am nächsten Morgen brachte die Aguiar einen Brief – die Stallburschen durften Leopoldine kein Pferd mehr geben; sie hatte Dom Pedro zu fragen, wenn sie ausreiten wollte, und weiter, der Kaiser hatte das Haushaltsgeld um ein Drittel gestrichen.

Leopoldine ruft nach der Aguiar; sie will wissen, wie spät es ist, wie viele Stunden sind vom 11. Dezember schon weggelebt. „Drei Uhr früh, Dona Leopoldina."

Nach Pedro will sie rufen, seinen Namen hören, wie das Wort „Pedro" tönt, im finsteren Zimmer. Auf Domitila ist Pedro gestoßen, wie man über Wurzeln, über die eigenen Wurzeln stolpert; er mußte sie nicht suchen. Eine Freundschaft hatte Leopoldine sich oft gewünscht, Pedro zum Freund haben; dazu ist Gleichgesonnenheit nötig oder Gegengesonnenheit, in irgend etwas muß man sich finden, den eigenen Widerspruch, die Eitelkeit, eine Eigenart, die man mitgebracht hat auf diese Welt. Pedro sollte, mußte Brasilianer werden; durch

Domitila hatte er sich in das Grundgeflecht dieses Landes verfangen, in das Überquellende, das Ärmliche, das Gerissene und Melancholische.

Heller wird es; Leopoldine kann durch das Schwarz hindurchsehen, die Assafatas hinter dem Paravent beobachten; der Ordnungszwang, die Martern der Erinnerung liegen auf ihrem Bett, beim wunden Körper.

Ende November 1823, zwei Wochen nachdem José Bonifácio Brasilien verlassen hatte; Leopoldine stellte in Boa Vista die Möbel um, sie ordnete ihre Bücher, sie kontrollierte die Haushaltsausgaben, die Dienerschaft brauchte neue Arbeitskleidung, das Weihnachtsfest und die Geschenke für Dienstboten, Kammerfrauen und Kammerherren war vorzubereiten.

Lord Cochrane, der hagere Engländer, kam nach São Cristóvão geritten; sie ließ ihn nicht warten; ihr Bett noch an die andere Wand geschoben, so, daß sie direkt zum Fenster hinaussehen konnte, den Tisch, an dem sie schrieb, vom Fenster weg. Die Aguiar half ihr in das Empfangskleid, sie band ihr den grünen Gürtel zu einer Masche.

Der Engländer blieb in der Tür stehen, ein kurzer Händedruck; er wolle der Kaiserin mitteilen, daß das Heer, das sie hatte ausbilden lassen, seine Geltung schon bewiesen habe; nicht nur die Mitglieder der Andrada-Partei wollten ohne José Bonifácio nicht weiterarbeiten, auch viele aus der Gruppe vom „Großen Orient" können sich die politische Arbeit ohne diesen weisen Mann nicht vorstellen; der Kaiser sollte gestürzt werden, doch sei es bei Wortgefechten und peinlichen Schriften gegen Dom Pedro geblieben. Wie Dona Leopoldina gemeint hatte, „Schneid muß man zeigen und die Bereitschaft dreinzufahren"; so hätte es gereicht, daß das Heer präsent war. Leopoldine lächelte, „und was gibt es sonst unten in der Stadt?" fragte sie. Cochrane erzählte: „Wissen Sie nicht, daß man Ihnen die Krone anbieten wollte, Sie als Interimsregentin einsetzen wollte, bis Ihre Tochter Marie alt genug ist, als Kaiserin von Brasilien ausgerufen zu werden?"

„Ja, ja, sind gute Leute, die meisten; und wenn sie einem eine Ehre erweisen können, dann ist ihnen nichts zu hochfliegend; auch wenn sie trösten, sie tun es voll Fürsorge; sie geben ihr Letztes, wenn sie spüren, daß einer leidet", antwortete Leopoldine, „ich weiß schon, Lord, man hat dem Kaiser einen Denkzettel verpaßt; ist ja gut. Werden Sie mir die Ehre geben und mit mir und den Kindern zu Mittag essen?"

Er blieb. Zwei Stunden lang erzählte er von England; einen Rhododendron habe er in seinem Garten, und bis Mai, wenn der wieder blühe, wolle er zurück sein in London. Jetzt, Ende November, vermisse er den England-Herbst besonders mit den naß verklebten Blättern auf den Straßen und dem dicken, gelben Nebel. Seine Seele brauche solche Ruhephasen; obwohl er, wie alle Weitgereisten, nicht mehr über eine lange Zeitspanne an einem Ort leben könne; ein Fluch sei es, über die Meere getrieben zu werden, und diese Wehmut dabei, gerade nicht dort zu sein, wo man sein wolle, weil man nicht wisse, wo man wirklich bleiben, sich niederlassen wolle. Er redete mit Marie englisch und versprach Leopoldine, Bücher zu schicken und Zeitungen; „auch wenn sie ein Jahr alt sind, mich interessiert alles, was ich über Europa nachlesen kann, vor allem, was drüben jetzt wichtig ist, so wichtig, daß man darüber schreibt".

Im März 1824 beschworen Pedro und Leopoldine die Verfassung Brasiliens; anerkannt von der Welt war das selbständige Kaiserreich noch nicht. Wie ein aufmüpfiges Kind, das sich von den Eltern weggestohlen hat, wurde Brasilien behandelt; die Wirtschaftsbeziehungen litten darunter, die Preise für Zucker und Kaffee verfielen, die Diplomaten kamen mit widersprüchlichen Anweisungen aus ihren Heimatländern nach Rio zurück, wußten nicht, wie sie sich dem selbsternannten Kaiser Pedro nähern sollten.

Domitila wurde vom Gericht von ihrem Ehemann geschieden, sie bezog ein neues Haus mit mehr Dienstboten, mit besserer Ausstattung. Im April brachte sie eine Tochter zur Welt, Isabel Maria Brasileira wurde sie getauft; die Eltern seien unbekannt, war im Taufbuch zu lesen, ein Findelkind.

Im Juli wurde die erste deutsche Kolonie eingeweiht; „Deutsche Siedlung São Leopoldo"; Volksfeste fanden statt, ein eigenes Wappen wurde gezeichnet, gestickt, Leopoldine schrieb dem Pater für die Einweihung ein paar Sätze in Deutsch, in Wienerisch. Sie ritt in die Berge, nur ein, zwei Stallburschen begleiteten sie; sie schoß Vögel, fing Papageien ein, sie zeichnete Blüten und Blätter; sie hatte Zeit, ihre Aufzeichnungen zu sortieren, Ruhe anzusammeln. Das Jahr 1824 eine Zeitspanne des Innehaltens; Leopoldine weggeschoben von der Mätresse; doch Pedro wohnte noch in Boa Vista, er spielte mit den Kindern, fragte Leopoldine nach ihrem Tagesablauf, nach den Neuigkeiten im Haus und bei den Dienstboten.

Schäffer besuchte Leopoldine; er war ein halbes Jahr verreist gewesen. Er würde als Vermittler beim lieben Papa auftreten, das hatte Schäffer versprochen; und nun, im Juni 1824, brachte er keine gute Nachricht. Freundlich habe Kaiser Franz ihn aufgenommen, und er habe sich den Tagesablauf von Dona Leopoldina genau erzählen lassen; vor Rührung seien dem Kaiser die Tränen gekommen, als er ihm von der kleinen Marie bestellte, „dem lieben Großpapa sagen, daß ich ihm viel tausend Mal die Hände küsse".

Doch, was die politische Angelegenheit betreffe,

„ja", fragte Leopoldine nach,

„bitten Sie meinen Schwiegersohn, er möge für die Achtung vor der Religion Sorge tragen und die guten Sitten fördern; die Zehn Gebote machen alle Verfassungen überflüssig; ich kann es nicht gutheißen, daß er sich selber den Titel eines Kaisers gegeben hat".

„Und, weiter, der Metternich, hat er versprochen, mit dem Schwiegervater, mit Dom João, zu korrespondieren, wie soll es weitergehen", Leopoldine konnte das nicht glauben. Schäffer schüttelte den Kopf. Metternich habe ihn sogar zweimal zu sich gerufen, habe sich Details des letzten Jahres erzählen lassen, auch wie es um den Haushalt, das familiäre Leben der Kronprinzessin stehe; Metternich wollte wissen, ob Dona Leopoldina hier in Gefahr sei, in Bedrängnis, und das habe er, Schäffer, verneint.

„Domitila", fragte Leopoldine,

„von Mätressen berichte ich nicht, außer Sie, Dona Leopoldina, wünschen es ausdrücklich".

Der Kanzler habe lange überlegt, wie er helfen könne, und keine Möglichkeit gesehen. Die Schritte der Staatspolitik müssen eingehalten werden; zuerst muß Portugal als Mutterland Brasiliens Selbständigkeit anerkennen, das heiße gleichzeitig, daß Dom Pedro das Geschenk Brasilien vom Mutterland Portugal annehmen müsse, dann könnten sich die anderen Staaten Europas anschließen. „Ein Hohn", rief Leopoldine, „wir haben von Portugal keine Hilfe bekommen, ausgebeutet und geplündert wurde dieses Land von Lissabon; seit fast drei Jahren haben wir keine Post vom König, vom Schwiegervater; doch würden wir das Geschenk Brasilien annehmen, was hätten wir dafür zu geben, was haben die Brasilianer dafür wieder zu bluten"; Schäffer wußte keine Antwort. Er hatte Zeichnungen mitgebracht, von Papa und Laxenburg, Briefe mit der Handschrift der Annony, Bücher und Schinken.

Eine Woche später kam ein Brief von Dom João, „Tochter meines Herzens. Ich habe nicht geantwortet, weil die Umstände es mir nicht gestatteten. Jetzt da es mir möglich ist möchte ich nicht unterlassen Dir zu bekunden wie sehr ich Dich schätze und wie sehr ich unsere Trennung bedaure. Dein Vater der Dich sehr liebt." Leopoldine wollte sofort antworten, dem Schwiegervater von den Kindern erzählen, daß sie in wenigen Wochen niederkommen würde und dieses Mal sehr auf einen Sohn und Thronerben hoffe. Die politischen Verwicklungen wollte sie auch niederschreiben; Leopoldine schickte den Boten zu Marschall; sie wolle Seine Exzellenz sprechen, dringend.

Der Botschafter kam zwei Tage später. „Gute Nachricht, ganz gute Nachricht", flüsterte er bei der Begrüßung; er habe Post aus Lissabon. Dom João sei ziemlich in Bedrängnis; die Engländer kürzen ihm die finanziellen Unterstützungen, sie seien enttäuscht, ja angewidert von Portugal; Millionen hätten sie gegeben, damit die Portugiesen die Loslösung Brasiliens verhindern, und das Geld umsonst ausgegeben. England will in Handelsbeziehungen mit Brasilien treten, man will sich die portugiesischen Zölle ersparen, also würde man Portugal aushungern. „Dona Leopoldina, noch nie hat der Zustand der Erwartung, der werdenden Mutter Sie so verschönt, ich werde Ihrem verehrten Herrn Vater berichten, daß Sie blühen wie eine Rose. An wen wird König João sich nun wenden in seiner Not", Marschall lächelte Leopoldine zu,

„an den lieben Papa, an Österreich wird er sich wenden; na endlich, jetzt kann der Metternich wieder den Großzügigen spielen; helfen wird er und nur eine Kleinigkeit wird er dafür erwarten, wünschen – Brasilien ab sofort anerkannt".

Im September 1824, einen Monat nach der Geburt von Francisca, begann Leopoldine mit Marschall an den Verträgen zur Anerkennung Brasiliens als selbständiges Kaiserreich zu arbeiten; Pedro nahm sich keine Zeit dafür; er habe teuer bezahlte Beamte und Minister für diese Arbeit, schrie er.

Zum achtundzwanzigsten Geburtstag von Leopoldine, am 22. Jänner 1825, kam das „Memorando" vom Schwiegervater; noch in diesem Jahr würden alle Verträge unterzeichnet, der gravierendste Punkt – Brasilien mußte eine Anleihe übernehmen, zwei Millionen Pfund mußte das Kaiserreich Brasilien für Portugal an England bezahlen; Geld, das Portugal sich bei den Engländern geborgt hat, um vor drei Jahren, 1822, den Tag „fico" zu verhindern. Eine fürchterliche Demütigung für Brasilien; Leopoldine las darüber hinweg, „ich möchte Eure Majestät in diesem Brief nur noch bitten dass Sie der Friedensengel sei und den Vertrag ratifiziert. Eure Majestät sehr liebende Tochter Leopoldine", schrieb sie an den Schwiegervater.

Zu ihrem Namenstag, am 15. November 1825, fanden in Gegenwart der Diplomaten die offiziellen Unterschriften statt – Brasilien vor aller Welt als selbständiger Staat anerkannt. Tagelang war Rio de Janeiro im Freudentaumel, das Tanzen, Singen und Götterbeschwören wollte nicht aufhören; „ich bin Brasilianer", wurde der modische Gruß.

Leopoldine war hochschwanger; ihre Beine so geschwollen, daß jeder Schritt für sie beschwerlich war; zwei Wochen darnach, am 2. Dezember 1825, kam Pedro zur Welt. Die Arbeit beendet, die Aufgabe erfüllt.

„Erlauben Sie, bester Papa, dass ich Ihnen meine herzliche innige Freude bezeuge dass Gottlob wieder Friede und glückliche Verhältnisse herrschen. Wenn ich zu Ihnen fliegen könnte um Ihnen persönlich die Hände zu küssen für die gnädige Theilnahme und Antheil welchen Sie in dieser Gelegenheit an uns nahmen", und an Louise schrieb sie, „nun, da der politische Himmel für uns Amerikaner sich aufheitert kann man sich doch wieder öffentlich als Europäerin und Deutsche bekennen, was mir viel kostete zu verbergen den mein Herz und Sinn hängt einmahl an Euch und den geliebten vaterländischen Boden".

Leopoldine hat Pedro zu wenig von den kalten Wintern erzählt, den schlecht geheizten Räumen. In Wien würde sie ihn zuerst nach Schönbrunn führen; das Schloß mit den vielen Fenstern und Stiegen und dem riesigen Garten, nicht blühend das ganze Jahr über; doch, um wieviel mehr freut man sich über eine Knospe, über die schneidende Luft, die einschläfert, damit neu begonnen werden kann. Irgendwo würden sie dem lieben Papa begegnen; er würde Pedro seine Büchersammlung, seine Porträtsammlung zeigen, mit ihm die Malkunst diskutieren. „Verrücke nichts an den Grundlagen des Staatsgebäudes"; das ist richtig für Europa, vielleicht. Wie sollte Pedro dem lieben Papa erklären, daß er hier in Brasilien nicht so handeln konnte; hier lebt alles so schnell, es wächst, wuchert, stirbt und treibt schon wieder neue, wilde Triebe. Vielleicht sollte sie einen Brief an Pedro schreiben, „Pedro, als die liebe Mama starb, flogen die Schwalben aus meinem Kinderland weg, und Krähen setzten sich auf meine Schultern; zu Paradiesvögeln wollte ich sie umdressieren. Ich bin über die Poldl leicht hinweggekommen, erst jetzt habe ich sie mir wieder hervorgeholt; nie habe ich von ihr erzählt, auch nicht auf unseren Ausritten; du mußtest die Kindheitssprache nie ablegen. Sie sind gut zu mir, sie pflegen mich und sie bemühen sich. Ich werde schon über mich hinwegkommen, in meiner letzten Stunde, und die wird dann die erste, meine absolut erste Stunde sein. Pedro, ich dürfte nicht weggehen, damit für Dich alles so bleibt; die Bäume so grün und ledern, die Vögel darin bunt und schrill. Treue haben wir uns versprochen, es wäre besser gewesen, Verstehen zu schwören."

„Dona Leopoldina", die gute Stimme der Aguiar, „Dona Leopoldina, wollen Sie Tee, Wasser, es ist bald vier Uhr früh."

„Nein, nichts", sagt Leopoldine zu laut. Die Aguiar weicht zurück; sie und der gute Paranaguá, die anderen, sie kennen nur die Leopoldine, die schweigt, die in sich hineinwürgt, zur Glória-Kirche flüchtet.

Die Aguiar soll ihr die ineinanderverkrampften Finger lösen; gelöst, losgelöst will sie ihren Körper liegen sehen, wenn die Zeit für sie, Leopoldine, die Augen zuschlägt; sie scheucht ihre Seele; sie, im grauen Gewand, sie hat sich schon vollkommen auf Leopoldine eingestellt, Demut und Dulden weggefegt, die Zweiflerin freigelegt; frag mich nach deinen Wünschen, lächelt sie; das Zwischenreich hinter sich bringen, in dem das Leben schon aufgehört und das friedfertige Andere schon begonnen hat.

Dezember 1807, der Geburtstag von Louise, der sechzehnte. Es gab Gugelhupf und Kakao, für Louise und Leopoldine ein Glas Wein; Gedichte wurden aufgesagt, Zeichnungen geschenkt; getanzt wurde nicht, erst ein halbes Jahr zuvor war die liebe Mama gestorben. Ein besonderer Gast saß am Tisch, neben Louise, als wäre sie deren Freundin. Annony hat es Leopoldine nach dem Abendgebet gesagt, „der liebe Papa wird wieder heiraten, am Tag der Heiligen Drei Könige wird die Hochzeit sein".

Die Messe dauerte lang, die Kapelle voll Menschen, die der neuen Kaiserin zujubelten. Das junge Mädchen ging sehr aufrecht, sehr gerade am Arm von Vater aus der Kirche; neunzehn Jahre alt war sie. Leopoldine wehrte sich während der Messe und auch noch beim Festessen; nie würde sie ihrer Schwester Louise untreu werden; doch strahlte Maria Ludovica von Este soviel Freude aus, daß Leopoldine sich diesem Bild nicht entziehen konnte. Sie sollte um gesunde Kinder für Maria Ludovica beten, sie war ja wieder die Base vom lieben Papa; doch die Stiefmama, die neue liebe Mama, bekam keine Kinder.

Die neue Mama stellte neue Fragen, „wie willst du das"; und Leopoldine und die Geschwister wußten nicht, was sie zu antworten hatten. Sie war bei den Gesprächen, die Vater mit den Ministern, den Sekretären führte, dabei; „ein großdeutsches Reich müssen wir werden", sagte sie und legte das Buch von Goethe, das sie bei sich hatte, auf den Tisch. „Dieser Teufel von einem Napoleon muß in die Schranken gewiesen werden. Er ist der Sohn einer Putzfrau, und mit ihm werden diplomatische Beziehungen gepflogen wie mit dem Zaren. Er hat Geschwister, die die verschiedensten Väter haben, und er tut nichts, als unsere Sitten, unsere Gesetze zu übergehen, um uns zu beweisen, wie leicht wir zu übergehen, zu überrennen sind."

Vater wollte keinen Krieg mehr; Maria Ludovica wollte Napoleon mit einem Krieg beseitigen. Leopoldine war zehn Jahre alt und wußte nie, für wen sie Partei ergreifen sollte. „Wenn er aber gar nichts dafür kann, daß eine Wäscherin ihn zur Welt gebracht hat"; Leopoldine hatte nie so einen Gedanken ausgesprochen, das mußten gedankliche Verirrungen sein, seit dem Tod der lieben Mama hatte sich zuviel verändert.

Die neue Mama stellte einen neuen Stundenplan für alle Geschwister auf; Mathematik, die Botanik, die Mineralogie, das waren leichte Fächer; auch das Französische mochte sie gerne, das Italienische weniger; am Lateinischen konnte sie Pflichterfüllung üben, in allen freien Stunden leierte sie die Konjugationen und konnte sich selber dafür schon wieder einen Punkt geben. Die Poldl, die rührte sich in ihr gar nicht mehr; ein kleines Kind, über Schönschreibübungen sitzend, fremd.

Es kamen auch andere Lehrer; Professor Kotzeluch für das Klavier. Dieser uralte, spindeldürre Mann zog an ihren Fingern, drückte sie zusammen, spreizte sie, daß Leopoldine am liebsten auf und davon gelaufen wäre; der Königin von Frankreich hat er es genauso beigebracht; arme Tante Marie Antoinette. Es hat genützt; immer noch kann Leopoldine die schwierigsten Passagen leichthändig spielen. Beim Klavierspiel mit Pedro, bei der Hausmusik, konnte sie wenige Minuten diese Leopoldine sein, die von Maria Ludovica erzogen wurde. Die Augen geschlossen, das Rondo in C-Dur plätschern lassen; schon spürte sie den kühlen Wind, Lufthauch der Hofburg, den Ruf einer Aja, einer Erzieherin, zum gemeinsamen Abendessen; die kühle Ruhe in ihrem Zimmer, in ihrem Bett, die Vorfreude auf den nächsten Tag, der schon genau eingeteilt war, um sechs Uhr aufstehen, Messe, Frühstück, Unterrichtsstunden, Ausgeprüftwerden, Mittagessen und am Nachmittag das Studieren bei den riesigen Landkarten und die kleinen Geschwister den Katechismus abfragen. Die Hände glitten über die Tasten vom Klavier, alles an Leopoldine im europäischen Takt; kerzengerade saß sie. Das Jahr 1808 verging wie ein einziger Tag.

Zwei neue Zeichenlehrer waren gekommen. „Leopoldine braucht erstklassige Lehrer, sie ist eine Künstlerin", hatte die liebe Stiefmama gesagt, während sie die bemalten Blätter nacheinander auf der Anrichte aufstellte. „Sie ist die Begabteste von allen", sagte sie noch.

Zum ersten Mal hatte Leopoldine jemand gesagt, daß sie bei irgend etwas die Beste sei; dabei wußte die liebe Stiefmama noch gar nicht, wie gut sie sich bei den Steinen, den Mineralien auskannte.

Meister Frick war ein kluger, rundlicher Mann mit einem Gesicht, das nur aus Augen bestand; Lehrer Felsenberg war groß und ernst, er ging und schaute wie Vater; bei ihm lernte Leopoldine das detaillierte Zeichnen, Landschaften, Porträts, Tiere, Blumen.

Ein Strauß Margeriten und ein Kohlweißling; Felsenberg ging hinter Leopoldine auf und ab. Nach der Zeichenstunde sagte er kein Wort, nahm das Zeichenblatt mit, ließ die Blumen wegstellen, und den in Spiritus aufgespannten Kohlweißling trug er in die Bibliothek. Am nächsten Tag sagte er wieder nichts, und als am dritten Tag die Margeriten schon verwelkten, sich im Sterben ganz veränderten, ihr Weiß ein anderes wurde, nahm er Leopoldine während des Zeichnens das Blatt weg und schüttelte den Kopf, „nichts stimmt; nicht die Größe, nicht das Licht, ich erkenne die Blume nicht und nicht den Schmetterling, deiner ist noch mehr tot, als dieser hier schon ist".

Leopoldine brachte kein Wort heraus; plötzlich fuhr ihr der strenge, wortkarge Mann über das Haar, er lächelte. Felsenberg hatte noch nie gelächelt. „Wir werden morgen neu beginnen; du kannst es, wir müssen es nur herausholen aus dir." Felsenberg hat ihr das Wahrnehmen, die Sprache der Bilder, beigebracht; Felsenberg war wie Kotzeluch, er gravierte seine Kenntnis in seine Schüler. Meister Frick brachte Leopoldine bei, sich in ihren Zeichnungen auszudrücken, in ihrer Bildersprache zu bleiben; sie zeichnete das Porträt von Maria Ludovica, die liebe Stiefmama, in dem Moment, wo sie „großdeutsch" sagt.

Als das Jahr 1808 fast zu Ende war, wurde wieder von Krieg gesprochen; und im Feber, im März 1809 begannen die Messen für den Frieden, die eigentlich Messen gegen Napoleon waren und bei denen Leopoldine darum betete, nicht wieder aus Wien flüchten zu müssen.

Annony überhörte jede Frage; sie brachte Leopoldine bei, vier, fünf Stunden auf dem Sessel zu sitzen, ohne sich anzulehnen. Nun mußte Leopoldine auch mit den anderen Erwachsenen in der Kirche stehen; Annony stand hinter ihr,

„Leopoldine, du stehst keine halbe Stunde gerade, du schwankst hin und her, bekommst einen krummen Rücken",

„es war so kalt, mir sind vor Kälte die Füße eingeschlafen",

„Ausreden; morgen stehst du kerzengerade; in der Kirche ist noch niemand am Geradestehen gestorben, du mußt das Geradestehen lernen, stundenlang, bei Kälte und auch bei Hitze".

Im April 1809 war wieder alles verpackt, die Zimmer in Schönbrunn wieder geräumt. Die liebe Mama hatte alles Gute und Wichtige verstecken lassen. „Was dieser Teufel angreift, ist ohne Würde, und man kann nie wissen, er wagt es vielleicht noch einmal, sich dort einzuquartieren."

Napoleon hat es getan; er residierte wieder in Schönbrunn, gab große Bälle, ließ sich Mädchen vom Theater kommen, die ihm vorzutanzen hatten, und keine wagte, abzusagen, er hätte ihnen den Kopf abgeschlagen, höchstpersönlich, das sagte Annony; Leopoldine konnte sich nichts darunter vorstellen. Diesen Menschen Napoleon wollte sie sehen. Auf der ganzen Fahrt nach Ungarn, nach Ofen, stellte sie sich Napoleon vor; ein mächtiger Mann, der die ganze Familie mit allen Sekretären und Kammerfrauen zwang, aus Wien zu fliehen.

Ende Mai 1809 wurde er das erste Mal besiegt. Onkel Karl, Erzherzog Karl, hat ihm eine Lektion erteilt, in Aspern. Die liebe Mama, Stiefmama, tanzte, sang; sie veranstaltete einen großen Ball.

Zwei Monate später kam wieder ein Bote angeritten; Napoleon hatte zurückgeschlagen, er hatte Österreich, er hatte Papa besiegt, in Wagram. Leopoldine rannte ins Haus, zündete rasch eine Kerze an, jetzt nur nicht die Poldl in sich aufwachen lassen.

„Die armen Soldaten, die Männer, wie sie leiden", sagte Leopoldine,

„ja", antwortete Maria Ludovica, „bete auch für deinen Vater, jetzt wird er vor dem Franzosenteufel das Knie beugen müssen".

Wütend war sie, die liebe Stiefmama; rasch und zornig schrieb sie mehrere Briefe, die sie dem Boten mitgab; dann rief sie die Kinder, die Kammerfrauen zusammen, „wir müssen jetzt beweisen, daß wir Schneid haben und ruhiges Blut, daß wir uns nicht niederringen lassen von diesem Emporkömmling; jeder packt seine Sachen; wir reisen nach Eger, nach Böhmen";

„Majestät", schrie eine der Ajas auf,

„ja", fragte Maria Ludovica zurück,

„nichts", antwortete die Aja sofort, setzte leise nach, „ist es nicht zu gefährlich, diese weite Reise",

„wir werden keine Angst haben dürfen, wir dürfen ab jetzt nie mehr Angst haben".

Napoleon Bonaparte war nicht der Sohn einer Wäscherin; sein Vater war Offizier, seine Mutter eine Patriziertochter; Letizia Ramolina hieß sie, und sie sei wunderschön gewesen und ihrem Ehemann überallhin gefolgt; Marie Louise hatte das erzählt, viel später.

Mitten im Packen kam der Kurier, eine Depesche für Maria Ludovica. „Endlich", rief sie; wieder hatten sie sich in ihrem Zimmer aufzustellen, „wir haben einen neuen Kanzler, Metternich."

Clemens Lothar Wenzel Metternich, der Rheinländer; Leopoldine wußte nur, daß er ein dünner Mann war, angeblich schön, vor allem charmant wie ein Franzose, lange genug sei er in Frankreich gewesen; er habe sehr reich geheiratet, die stille Eleonore Kaunitz; vor allem sagte man von ihm, daß er Menschen wie ein Theatermacher abmaß und einteilte – der spielte den Kaiser, die spielt die Kaiserin, diese die Louise, jene die Leopoldine.

„Wir reisen noch heute am Abend ab, jetzt wird die Ordnung bald wiederhergestellt sein", sagte Maria Ludovica.

Metternich hatte auf die Heilige Allianz geschworen und sich an Frankreich angenähert, er diente dem Kaiser und traf sich heimlich mit seinen Freimaurerbrüdern in der Budapester Loge; der gute Schüch, Leopoldines Lehrer in Mineralogie, hatte Leopoldine das erzählt.

In ihr Tagebuch schrieb sie am 10. August 1809, „die liebe Mama redet so oft von M (Louise und ich nennen ihn so), dass mir ganz bang wird weil er nur Kopf hat und kein bißchen Seele".

In Böhmen, in Eger, lebten sie auf einem Bauernhof; die Betten krachten, Spinnen hingen in ihren Netzen, die Bäuerin stürzte ins Freie, weil die Feuerstelle rauchte und rußte; wochenlang gab es nur jeden zweiten Tag warmes Essen; sie aßen Kartoffeln, Rüben und Erbsen. Felizitas, die Köchin, überließ Leopoldine ein kleines Beet im Garten, wo sie Dahlien setzte und

Erdbeeren vom Wald umpflanzte. Sie fand Bergkristalle, angeschwemmte Steine aus Gneis, aus Granit, mit Punkten, Streifen, Flecken; sie beschrieb jeden einzelnen, so wie Lehrer Schüch es ihr beigebracht hatte. Leopoldine wollte aus Eger nie mehr weg; sie war schweigsam geworden; mit ihren zwölf Jahren paßte sie nirgends so ganz dazu; die Bosheiten der Geschwister, die Tratschereien der Kammerfrauen, alles eintönig. Louise mit ihrer gleichbleibenden Fröhlichkeit, die liebe Stiefmama voll Betriebsamkeit und Vorfreude auf die Friedensverhandlungen von Schönbrunn. Leopoldine wollte in Eger alles für sich allein haben, das Haus, den Hof, die Bäume, die Pflanzen, die Steine, die Zeitrechnung umstellen, am Nachmittag schlafen und in der Nacht aufstehen.

Leopoldine erwachte tatsächlich mitten in der Nacht; sie fand sofort Kleider und Schuhe; der Boden knarrte, und bei jedem Schritt knirschte das ganze Haus. Stockdunkel war es; die beiden Hunde krochen aus ihrer Hütte und legten sich sofort wieder nieder; Leopoldine setzte sich auf den nassen Stein, der neben dem Brunnen lag und wartete, bis ihre Aufregung verflog und sie still, fast unhörbar atmen konnte; aus dem Zimmer der Bauersleute wehte das tiefe Schnarchen der Frau heraus. Bald waren ihre Augen Nachtaugen, sie konnte alles sehen, ging zu den Büschen mit den wilden Rosen, dem schwarzen Holunder, weiter hinunter zum Gemüsegarten; sie roch die im Schlaf dampfenden Rinder und Schafe; barfuß rutschte sie, lief über das Gras, die Wiese hinunter zum Weiher; dort balancierte sie über die Steine, bog die dichten Weiden auseinander zu einem Fenster. Sie hob ihr Kleid auf und sammelte Steine; von Schritt zu Schritt konnte sie tiefer atmen, alles in Leopoldine begann zu laufen, sich auszudehnen, zu befreien, „und ich spiel die Leopoldine".

Maria Ludovica lehnte in ihrem Sessel, sie war wieder schwach von der Sonne, vielleicht auch von den Nachrichten, die ihr in aller Früh gebracht worden sind; mit geschlossenen Augen hörte sie dem Cembalospiel von Leopoldine und Louise zu.

„Spiel das noch einmal, allein", sagte sie zu Leopoldine; das Allegretto, die Töne hüpften wie ihre Füße über die Bachsteine; sie griff zweimal daneben, das schien die liebe Stiefmama nicht zu hören.

„Die gleichen Töne, wie anders sie klingen"; Maria Ludovica war sehr matt, sie redete mit sich selber weiter, „fünf Jahre jünger, unheimlich, wie sie sich die Melodie zurechtbiegt."

Sie hatten weiter zu üben, und die liebe Stiefmama war eingeschlafen.

Leopoldine wollte ihrer großen Schwester von ihrem Nachtausflug erzählen, sie überreden, in der nächsten Nacht mitzukommen. „Wenn es dunkel ist, schaut alles hier anders aus; dann ist es nicht so fremd wie jetzt, weil wir mit unseren fremden Kleidern hin und her laufen und viel mehr Menschen hier sind, als dieses Haus, dieser Stall sonst kennen."

Louise wurde zornig, „wir sollen zeichnen und nicht in der Nacht herumgehen; warum kannst du nie so sein wie wir, Poldl, warum mußt du ständig hinter die Dinge schauen wollen".

Leopoldine sagte kein Wort mehr. Ganz langsam, wie durch ein Sieb tropften die Worte ihrer Lieblingsschwester; das Haar von Louise glänzte in der Sonne rötlich wie das von Leopoldine, und Louise hatte nicht dichtere Haare, das sah nur so aus; Louise hatte ihr Haar mit viel Klettenwurzelöl aufgebauscht. Der Dornenbusch, den Louise zeichnete, war dürr und ausgetrocknet, sie hatte die Triebe, die dünnen, feinen, die aus dem feuchten Boden herauswuchsen, nicht gesehen.

„Ich bin viel besser mit Leopoldine zufrieden, sie wird solider doch braucht sie immer das man sie scharf hält", schrieb Maria Ludovica an den Vater; und ein paar Wochen später, „die Leopoldine habe ich heute zur ersten Heiligen Kommunion geführt; sie hielt drei Tage Exerzitien und da kein Geistlicher vorhanden war so verrichtete ich bis auf Beichthören seine Stelle. Ich war unendlich zufrieden mit der Leopoldine sowohl mit ihrer Andacht als mit ihrem täglichen Betragen".

Im Oktober 1809 reiste die Familie zurück nach Wien. Leopoldine etwas verschlafen, da sie sich den Nachtschlaf unter Tag nicht holen konnte. In Wien begann wieder der Stundenplan, sechs Uhr aufstehen, Unterricht, Mittagessen, Lernstunden.

Am 14. Oktober kniete die liebe Mama, die Stiefmama, während der ganzen Morgenmesse beim Altar und betete mit einem Gesicht, als sei es offen aufgeschlagen wie ein Buch; Leopoldine fürchtete, sie würde umsinken, am Ende die Besinnung verlieren. Am späten Nachmittag begann in den Gängen ein Gelaufe, ein verhaltenes Gerede, „Seine Majestät ist aus Schönbrunn zurückgekommen", flüsterte Annony.

Leopoldine lernte weiter Lateinvokabeln; dann stand sie auf und ging aus dem Zimmer. Sie ging, lief, bis hinauf ins nächste Stockwerk; keiner der Sekretäre war zu sehen, kein Bruder, keine Schwester zu hören;

still war es, als wäre es Nacht, dabei stand die Sonne schräg und zeichnete ihre Herbstmuster auf den Boden. Eine Tür wurde aufgerissen, und Maria Ludovica kam aus dem Zimmer von Vater. „Nein, du nicht, du noch nicht, Poldl", sagte sie und ging weg.

Hinter seinem Schreibtisch war Vater gesessen, kleiner kam er ihr vor, schmäler;

„Poldl, du machst gute Fortschritte in deinem Lernen, ich bin sehr zufrieden mit dir", sagte er, die Stimme klang gläsern.

„Ich wollte dem lieben Papa einen schönen guten Tag wünschen und ihn bitten, mir ein Buch zu leihen", begann Leopoldine;

„Poldl, du weißt, daß wir unseren Auftrag zu erfüllen haben, daß wir nicht fragen sollen, warum uns Prüfungen auferlegt werden", Leopoldine sagte den Satz für ihn zu Ende, „nichts vermöge jene innere Genugtuung zu übertreffen, welche die Erfüllung der Pflicht, so wie sie das Haus Habsburg von seinen Angehörigen erwarte, mit sich bringe".

Der Vater nickte, endlich war er so wie immer, ging mit Leopoldine in die Bibliothek, stieg auf Leitern, um Bücher über Mineralien herunterzuholen, auch ein dünnes Heft von Friedrich Schiller gab er ihr.

„Leopoldine", Annony zischte,

„ich war beim lieben Papa; er hat mir neue Bücher gegeben, schau, neue Gedichte, vom Schiller – ein Vater an seinen Sohn",

Annony achtete nicht darauf, „was hat dein Vater dir sonst gesagt",

„nichts, er ist müde", meinte Leopoldine.

„Nein, er ist nicht müde. Leopoldine, wir sind vernichtet. Wir, Österreich, wurde noch nie so gedemütigt.

Dieser Napoleon verlangt als Zeichen des guten Willens, als Zeichen der Einbekennung der Demütigung die Hand deiner Schwester Marie Louise. Sie wird ihn heiraten, noch vor dem nächsten Sommer. Leopoldine, dieser Mensch, der mit einer Person namens Josephine gelebt hat, verlangt nun eine Erzherzogin aus dem Hause Habsburg, damit seine Haut kaiserlich wird; nun wird er auch noch einen kaiserlichen Sohn oder eine kaiserliche Tochter in die Welt setzen, und wir müssen das gutheißen. Danke dem Herrgott, daß du noch nicht an der Reihe warst; Marie Louise wird es leichter hinnehmen, wird ihn auch nicht reizen mit Fragen und aufmüpfigen Antworten, wie du sie so oft gibst."

Vom 14. Oktober 1809, vom Frieden von Schönbrunn, wurde nicht mehr geredet. Annony war gnadenlos wie vorher; die liebe Stiefmama kränklich, nichts wurde am Tagesablauf geändert, am Tagesablauf der Besiegten, der Gedemütigten. Napoleon war abgereist.

Louise stand nun vollkommen unter der Kuratel der Gräfin Lazansky; ein neuer Französischlehrer kam, ein Tanzlehrer, neue Kleider wurden für sie geschneidert. Leopoldine wollte wissen, ob Louise es Franz von Este, dem Onkel Franz, schon geschrieben hatte, den wollte Louise doch heiraten, oder würde sie darüber auch nur mit den Schultern zucken.

Dezember 1809; der achtzehnte Geburtstag von Louise; dann Weihnachten, Fasching; Louise durch die Zimmer schwirrend; Wäsche wurde bestellt, Silber ausgesucht, Monogramme gezeichnet; eine ganze Kiste voll Bücher durfte sie sich aus der Bibliothek von Papa aussuchen, die würde Louise mitnehmen nach Frankreich; eine elegante Welt, übertrieben in allem und gefährlich, voll Parfum und Pudergeruch.

Anfang März 1810 kam der Botschafter aus Frankreich; eilige Gespräche, Verhandlungen, und eine Woche später stand Louise im seidenen Hochzeitskleid in ihrem Zimmer, um sich von den Geschwistern zu verabschieden. Leopoldine hatte sich vorgestellt, wie sie sich, aufgelöst in Schluchzen und Tränen, von ihrer geliebten großen Schwester verabschieden würde. Am Hochzeitstag umarmten sie einander, tauschten Briefe aus, beide waren fast fröhlich. Erst nachdem Louise längst aus dem Haus war, ihr tänzelnder Schritt überall fehlte, die von ihr liegengelassenen Bücher, Handschuhe und Beutel weggeräumt werden mußten, begann Leopoldine sie zu suchen, sich getrennt von Louise zu fühlen. Frankreich. Leopoldine saß über den Atlanten und suchte die Städte, durch welche Louise gefahren war, Regensburg, Augsburg. Kaiserin von Frankreich; nun würde sie schon in Französisch flüstern; nach wieviel Tagen wird Louise französisch träumen; wie wird sie die Briefe schreiben, in der neuen Sprache oder in der Schwesternsprache; vielleicht berichtet Louise nur jene Dinge nach Hause, die sie sich in Wienerisch denkt, und läßt alle Ereignisse, die sie übersetzen müßte, einfach weg.

Leopoldine bekam eine neue Aufgabe; sie durfte der lieben Stiefmama vorlesen, „wie jammert mich das edle, schöne Herz, welch traurig Los", Torquato Tasso mochte sie besonders.

Nachdem Louise weggegangen war, paßte nichts mehr zueinander; die Hofburg, eine Welt, aus der man wegging, um in einem anderen Land Ehefrau, Kaiserin, zu sein. „Sie hat ihre Heimat verlassen, ein großes Opfer", seufzte Annony, und Leopoldine schluckte hinunter, welche Heimat; was kannten sie von ihrer

Heimat, was wußte Louise, was weiß Leopoldine von Österreich, abgeschirmt von allem, wie sie lebten. Aufgeschrien hatte Annony, als Leopoldine sagte, „wenn Napoleon nicht einmal getauft ist, wenn alle wissen, daß er ein böser Mensch ist, warum konnte Papa nicht ablehnen, warum hat ihre Aja, warum hat die Lazansky nicht geholfen", Leopoldine wußte nicht, ob sie sich Louise glücklich oder unglücklich vorstellen sollte.

Leopoldine öffnet die Augen; es ist noch nicht hell im Zimmer, trotzdem haben sie schon weiße Tücher an die Fenster gehängt; vom Hof hört sie das Schreien der Dienstboten; João Carlota, der Aufseher, läßt zur Strafe die Wäschezuber mit Wasser füllen, eine lange Kette von Wasserträgern, und alle Dienstboten, die eigentlich nie zum Wassertragen verwendet werden, müssen Wasser heranschleppen. Das Weiß der Leinentücher tut wohl, festgefrorener Schnee; es erfrischt, als wäre Leopoldine im Meer geschwommen; nach jahrelangem Schwimmen ans Ufer gekommen. Sie wird einen Handel vereinbaren, Zita soll ihr von den großen Worten zu den kleinen verhelfen; vollgestopft war sie mit Grundsätzen, Anweisungen, Gesetzen, die sie einzuhalten hatte; für eine letzte, gute Stunde braucht sie die kleinen Worte. Leopoldine versucht, sich im Bett aufzurichten; wenn die Zeit schon knapp ist, soll man ihr Schreibpapier bringen, sie will einen Brief schreiben.

Ihr erstes Kind, der Herzog von Reichstadt, Napoleon François Charles; der Sohn von Louise kann nicht ihr Kind sein; doch fühlt er sich so warm an, so zart, daß sie ihn an sich reißen will, ihn unter ihren Kleidern verstecken.

„Louise, wie wirst du leben können ohne dein Kind", Leopoldine hatte den vierjährigen Buben auf dem Arm; König von Rom war sein Titel damals, noch nicht Herzog von Reichstadt; der Kleine verkrallte seine Finger in ihr Haar, saugte an ihrem Ohrläppchen; „was wirst du ihm sagen, wenn du weggehst", fragte Leopoldine weiter.

„Poldl, ich weiß es nicht, dramatisiere doch nicht alles; es wird ihm gutgehen, er wird gut erzogen werden, ich komme ja wieder, ich bin ja nicht tot", Louise hatte Leopoldine angesehen, „was würdest du ihm sagen, wäre er dein Kind",

„ich würde seine Aja bitten, nur gut von seiner Mutter zu reden, er muß doch an seine Mutter glauben können".

Louise stöhnte, „gut, das werde ich ihr sagen. Hoffentlich findet Vater für dich bald einen Mann, sonst mußt du wirklich Mineralienprofessor werden".

Ein Luftzug bauscht die weißen Tücher; der Maiwind in Wien, „wie ein Wald müßten die Menschen wachsen, so ruhig; wie oft muß man kommen und wiederkommen, bis man so wachsen kann", hatte Leopoldine vor sich hingesagt, als sie als Achtzehnjährige mit der lieben Mama, der Stiefmama, durch den Wald spazierte; Maria Ludovica hatte nicht geantwortet, sie war müde, sie kränkelte.

Die Aguiar, der Arzt streifen Leopoldine das Hemd vom Leib; sie spürt jeden Griff an ihr Fleisch wie einen Griff in eine Wunde. Sie hat das Leben gehalten, eingehalten wie alle Versprechen, die sie gegeben hat; nun werden sie bald eine Geschichte von ihrem Leben erfinden; sie werden ihr Verwicklungen, Episoden andichten, weil es doch nicht sein kann, ein so hingenommenes, abgelebtes Leben. Louise lebt in Italien; wer von den beiden Schwestern fühlt sich ferner, näher dem Himmel, welcher Heimwehschmerz ist der größere?

Anfang Mai 1810 trat Leopoldine in den Sternkreuzorden ein. „Sich in Werken der leiblichen und geistigen Barmherzigkeit üben, in Kleidung der Ehrbarkeit befleißigen."

Die liebe Stiefmama war seit einem halben Jahr schmal geworden, ihre Haut durchsichtig, ihre Beine dick. Im Juni beschloß sie, zur Kur zu fahren, und Leopoldine durfte sie begleiten.

Karlsbad war eine große Theaterbühne. Überall nur flanierende, plaudernde Leute, sogar die Ober und Bediensteten taten so, als würden sie ihre Arbeit nur spielen. Die Parks standen in Blüte, die Damen trugen die elegantesten Kleider, und nirgends entdeckte Leopoldine auch nur spaltbreit eine Welt, die sie von Wien, von Laxenburg, aus Eger kannte; die Winkel, wo die abgearbeiteten Menschen lehnten, die Bettler lungerten, die hungrigen Kinder, denen sie aus ihrem Almosenbeutel Münzen gab; Bauersleute, die erschöpft über der Maismühle zusammensanken, Kinder, die man ohnmächtig vom Getreidespeicher hinuntertrug, weil sie vom Staub des Umschaufelns die Besinnung verloren hatten.

Leopoldine wohnte mit der lieben Mama und den Zofen, mit Annony im Kurhotel. Die Gäste wichen nicht zurück vor der kaiserlichen Gesellschaft; sie wurden in den Kreis der Müßiggänger aufgenommen. Ein schwerfälliger Tagesablauf; Morgenwasser trinken, das nach Schwefel roch, ein Spaziergang mit der lieben Stiefmama, Frühstück, der lieben Stiefmama vorlesen, bis sie eingeschlafen war. Im Speisesaal saß Johann Wolfgang von Goethe. Maria Ludovica hatte ihn schon am zweiten Abend an ihren Tisch gebeten, und er war mit ihr bis spät in der Nacht dort gesessen.

„Es ist fast unschicklich, wie sehr sich Herr von Goethe mit Ihrer Kaiserlichen Hoheit über politische Dinge unterhält", murmelte die Lazansky.

„Hat er die liebe Stiefmama über Napoleon ausgefragt?" wollte Leopoldine wissen,

„natürlich; er hat über die Constitution geredet; wenn das der M erfährt", die Lazansky bekreuzigte sich.

„Was ist die Constitution, was ist daran so furchtbar, daß sich alle fürchten?" fragte Leopoldine, sie war dreizehn Jahre alt; die Gräfin Lazansky stand gerade wie ein Besenstiel, „das bringt Unordnung und Anarchie, und es ist nichts für uns; wir brauchen keine Constitution, wir haben die Zehn Gebote".

Diesen Satz hatte sie schon oft in ihr Heft geschrieben, der Lateinlehrer diktierte ihn, der Geschichteprofessor, sogar der liebe Schüch plapperte ihn nach.

Maria Ludovica wurde schwächlicher, trotz aller Bemühungen der Ärzte; gleichzeitig wurde sie in ihren Ansichten radikaler; ohne Schnörkel unterhielt sie sich mit Herrn von Goethe über den Tugendbund.

„Er ist verboten", lächelte Goethe in sich hinein;

„natürlich hat Metternich ihn verboten; doch sie treffen sich nach wie vor, die Menschen, denen an unserer Sprache gelegen ist. Nicht alles, was aus Frankreich gekommen ist, muß nachgeahmt werden", antwortete Maria Ludovica, ohne auf die anderen Leute zu achten.

Herr von Goethe hat Gedichte für Maria Ludovica geschrieben, „Der Kaiserin Ankunft", „Der Kaiserin Abschied" und „Der Kaiserin Becher", „den Lippen, denen Huld und Gunst entquellen", las er ihr vor.

Karlsbad im Juni 1810; zwei Jahre später Bad Teplitz. Als hätten beide Kuraufenthalte ohne Unterbrechung hintereinander stattgefunden, die Bilder schieben sich ineinander. Herr von Goethe gab für Maria Ludovica Dichterlesungen; auf einer Parkbank sitzend, las er ihr vor, Torquato Tasso.

„In ihrer Kleidung sich der Ehrbarkeit befleißigen", diese Anweisung des Sternkreuzordens war schwer einzuhalten; Leopoldine trug in Teplitz Seidentoiletten mit Rüschen und Bändern; vielleicht war die Bestimmung von Leopoldine doch die Heirat, und nicht die Mineraliensammlung, nicht das Kloster.

Die Kurkonzerte, bei denen Leopoldine als Fünfzehnjährige tanzte, der leichte Wein, der sie schwindlig machte, bis spät in der Nacht im Tagebuch schreiben, noch die Musik in den Adern, daß die Füße im Bett noch weitertanzten. Wo war der strafende Gott, die duldende Zita; die Lazansky konnte sie nicht wirklich erreichen mit ihren ewigen Ermahnungen; sie widersprach ihr auch, „ich werde morgen einen Brief schreiben, heute will ich hören, was Goethe liest".

Nach den Aufenthalten in Karlsbad, in Teplitz wollte Leopoldine reisen, sie wollte nicht mehr stillstehen. Man konnte von zu Hause wegfahren, ohne Hast und ohne daß man flüchten mußte.

„Um die Welt zu kennen, muß man nicht aus seinem Zimmer gehen", sagte ihr Lateinprofessor, „die Menschen kennst du, wenn du liest, und fremde Länder lernst du kennen, wenn du im Atlas studierst."

Er hatte nicht recht; die Welt war nicht abgeschlossen wie die lateinische Sprache. Preßburg, die ganze Slowakei, Ungarn; für Leopoldine ging alles zu langsam; wenn der liebe Papa mit den Leuten redete, beobachtete sie ihn; tschechisch redete er, ungarisch, sein geliebtes Wienerisch; sie reisten durch kleine Dörfer, wohnten in Gasthöfen, die nicht auf kaiserlichen Besuch eingerichtet waren, in schmucklosen Kapellen wurden Messen gelesen, die Kirchen standen mitten im Feld, auf leichten Anhöhen, jedenfalls so, daß sie mit ihren Türmen zur Orientierung verhalfen. Museen wurden besucht und Bibliotheken; erschöpft war Leopoldine nach diesen Reisen; sie würde eine Sammlerin werden, ganz bestimmt, Bücher, Münzen, Städte, Länder. Sie ging mit Vater auf die Jagd, Leopoldine schoß gut, „da mußt du Courage haben, Poldl",

„hab ich", hatte sie gerufen und den alten Rehbock mit einem Blattschuß erlegt.

Im Sommer 1812 das Wiedersehen mit Louise; zuerst mit allem Pomp in Dresden, kaum hatten die beiden Schwestern Zeit, miteinander zu reden; dann ging es nach Prag; Schwager Napoleon gewährte seiner Gemahlin Familienurlaub, er blieb in Dresden.

Körbe und Kisten mit Geschenken brachte Louise mit, Stoffe, Bänder, Schuhe aus allen Brokaten, modisches Briefpapier. Taten in Frankreich alle Handwerker nur Dinge, um das Leben zu verschönern, um herauszuputzen? „Wie leben die anderen dort, die Armen?" hatte Leopoldine gefragt, und Louise konnte ihr kaum etwas davon erzählen; „lebst du auch in Paris, so wie hier, abgeschlossen von allem?" fragte Leopoldine. Sie wollte nicht endlos Kisten öffnen und Bänder und Tücher herausziehen, sich verkleiden; sie wollte mehr über Napoleon erfahren.

„Er ist ein guter Mann; keiner von euch kann ihn verstehen; er tut für das Volk alles, jedenfalls mehr, als nur durch Beamte nachfragen lassen, ob es ihnen gutgeht",

Leopoldine verstand nicht;

„er führt seit Jahren Kriege",

Louise lächelte wieder, ging zum Spiegel, um ihre Frisur zurechtzuzupfen. Leopoldine stand hinter Louise; sie war kleiner als die verheiratete Schwester, ihre Haut war heller und gleichmäßiger, die Haut von Louise hatte Flecken bekommen, „sie trinkt zuviel Wein, das schadet", hatte Annony zu Leopoldine gesagt.

Louise bemerkte ihre Schwester im Spiegel, „fängst du schon wieder an; wir haben uns nicht in das Leben unserer Ehemänner einzumischen; Kinder zu gebären, dafür haben wir alles zu tun".

Leopoldine blieb kerzengerade stehen, „welche Dynastie erhältst du denn, die Wäscherinnendynastie, und warum braucht er denn überhaupt eine, wenn er sich ohnehin vom Volk wählen läßt".

„Ich bin Kaiserin von Frankreich", sagte Louise,

„du bist die Frau eines Kaisers, der unsere Tante Marie Antoinette aufs Schafott geschickt hat".

Louise überhörte alles; sie nahm Leopoldine um die Taille und wiegte sich mit ihr im neuesten Tanzschritt; sie erzählte von Spitzendecken auf den Tischen, in den Betten, daß Napoleon ein sehr zärtlicher Mann sei, der noch nie ein böses Wort an sie gerichtet habe.

Der Alltag von Louise wurde der Alltag von Leopoldine; Paris lebte sie in Prag nach, alles bekam einen anderen Namen, eine neue Form; ihr Leinenbettzeug schimmerte im matten Damastglanz, war täglich frisch parfumiert, die dichten Netzvorhänge wehten als Florentiner Tüll von den Fenstern, der Baldachin war kein grober Gobelin mit einem Bild des heiligen Antonius, sondern eine Wolke aus rosarotem Musselin; sie trank im Bett Kakao, nahm sich aus der Schatulle die Brosche, die zum heutigen Kleid paßte, sie redete nicht mit der Annony über die nächste Feier des Sternkreuzordens, sondern ließ Schuster und Schneider zu sich kommen, alles französisch.

„Marie fängt schon an französisch zu sprechen den in der Kindheit ist das Sprechenlernen eine Spielerei und in spätren Jahren kostet es eine unglaubliche Anstrengung", hatte Leopoldine an Louise 1823 geschrieben. Sie erzählte ihren Kindern oft von Napoleon, dem getriebenen Feldherrn, von der wunderschönen Tante. Marie wühlte in ihren Bilderbüchern, sie suchte die Bilder von den Prinzessinnen, „Tante Louise, Tante Louise", zeigte sie auf jede Zeichnung; wenn Leopoldine Märchen erzählte und vom Glück redete, fragte Marie: „Glück, ist das Tante Louise?"

Alle Märchen reden vom Leben, vom Zelt der Liebe, die siegt, überall, in allen fünf Kontinenten; ihre vier Töchter werden den tropischen Regenbogen suchen. Januária braucht zur Beruhigung ein Taschentuch, „es muß nach Mami riechen", sagt sie auf deutsch; Francisca übt mit der Bettdecke das Schleppetragen, Paula sitzt am liebsten auf dem Arm ihres Vaters, ständig sucht sie Wärme, noch mehr Wärme. Paula unternimmt mit ihren drei Jahren schon Nachtspaziergänge, krabbelt ins Zimmer von Leopoldine und legt sich zu ihr ins Bett, „du wirst stolpern",

„nein, ich mag Dunkel gern", ein Seufzer, und Leopoldine spürt die Träume, die sich über das Kind breiten.

Der Nachthimmel, der Frühmorgenhimmel von São Cristóvão verfärbt die Tücher vor den Fenstern, sie bluten wie ihr Körper; ist das Leben ein Bruder oder eine Schwester; „fico", Worte haben Beine bekommen, sie haben gewirkt. Nicht Tees, nicht getrocknete Brote und Früchte haben sie zehn Tage lang dem Leben zurückgegeben, nur Worte und Träume. Einen Nachtspaziergang hätte sie noch gebraucht; sich von den Farben erholen. Welche Farben lieben ihre Kinder? Leopoldine braucht das Weiß, das Weiß und das Nachtdunkle. Weiß ist alles, das Weißeste von allem ist die Zeit, sind die Stunden.

Es ist nichts anders geworden, seit Pedro nach Cisplatina gegangen ist, alles ist gleich; Domitila, die Hofschranzen, Placido mit seinen gierigen Augen, Chalaça, der vielleicht unter ihrem Bett liegt und die deutschen Gebetsworte mitzählt.

„Ein Glas Wein"; Leopoldine kann die Worte leicht sagen; kein Wort mehr kann Wunder vollbringen, die Sinne gesammelt, die Forderungen des Leidens beglichen, fertiggewachsen.

Maria Ludovica erholte sich im gleichen Maß, wie die Nachrichten vom zurückgeschlagenen Napoleon kamen. Heimlich war Louise mit ihrem Kind nach Wien gebracht worden, im Mai 1814; man hatte ihr die letzte Demütigung erspart; sie war getrennt von ihrem zärtlichen Ehemann, der Vater getrennt von seinem Kind, dem er nichts mitgeben konnte, nicht eine Zeile, nicht ein letztes Wort. Metternich wollte den Franzosen vernichtet wissen, vollkommen, auch familiär, dieses Schauspiel durfte sich nicht wiederholen – Volkskaiser, Verfassung. Louise mußte sich versteckt halten, in Baden; jetzt war sie verachtenswert. Den Winter 1814 bis über den Fasching hinaus war ganz Wien im Kongreßtaumel; Louise mußte im warmen Zimmer sitzenbleiben und sticken, während Leopoldine von einem Ball zum anderen gebracht wurde.

„Unser jetziges Leben will mir gar nicht behagen den man ist von Früh Morgens 10 Uhr bis Abends 7 Uhr beständig im Hofkleid auf seinen Füssen und bringt seine Täge mit Complimenten schneiden und Müssiggang zu."

Im Spiegelsaal von Schönbrunn fand ein großer Ball statt; Charles Maurice Talleyrand führte Leopoldine zum Tanz; geschmeidig bog er sich um Leopoldine, säuselte ihr ins Ohr, küßte ihr die Hände;

„das hast du gut gemacht", flüsterte Annony,

„ist das der Franzose?" fragte Leopoldine, Annony nickte.

Der Botschafter von Portugal, Palmela, war auf dem Ball, und mit ihm ein Sekretär, Paulo. Der junge Mann brachte Leopoldine aus dem Buffetsaal Mandarinen;

„wie gefällt Ihnen Wien", fragte Leopoldine,

„schön, vielleicht kommt mir das nur so vor, weil ich bald zurück muß", antwortete der junge Mann,

„zurück, wohin?" wollte Leopoldine wissen,

„zuerst nach Lissabon, dann nach London";

„ach so", Leopoldine fand den Konversationston nicht.

Paulo war blond, sehr schlank und groß; er wich ihr nicht mehr von der Seite, und Leopoldine fühlte sich wohl dabei. Als würden sie einander schon jahrelang kennen, so vertraut war Leopoldine alles an Paulo, sein Lächeln, daß er hastig redete, als wäre die Zeit zu knapp, daß er ihr vor allen Leuten über die Wange strich.

„Holen wir noch Mandarinen", lachte sie und ging schon voraus.

„Also erzählen Sie, was tun Sie für Ihren Herrn Botschafter", lächelte Leopoldine,

„das Haus Bragança wird von uns vertreten", sagte Paulo,

„Sie sind doch mit, na ja, mit Talleyrand hergekommen, die Portugiesen halten es mit den Franzosen? Ich glaube Ihnen kein Wort; die Portugiesen haben auch brav gegen Napoleon gekämpft", sagte Leopoldine.

Paulo nickte, „und was ist der Lohn, die Briten wollen ihnen Französisch-Guyana wegnehmen, im Norden von Brasilien",

Leopoldine roch an der Mandarinenschale, „diese Engländer".

Er gab ihr recht, „wie wird hier in Wien ein Land wie Portugal behandelt, so, als wäre es gar nicht vorhanden",

Leopoldine saugte an den Mandarinen und meinte, „dabei besitzen die Braganças ein Land wie Brasilien, wo alles wächst, auch Mandarinen, hier, riechen Sie, köstlich",

Paulo bekam rote Ohren, „Sie wissen, wie groß dieses Land ist",

„natürlich, fast so groß wie Rußland, und das ist sehr groß; sagen Sie, wie wird den Portugiesen geholfen?" bohrte Leopoldine weiter.

„Portugal wird sich nicht länger wie ein Dienstbote behandeln lassen; Brasilien wird zum Königreich erhoben, die Braganças werden sich damit Könige von Portugal, Algarbien und Brasilien nennen",

Leopoldine hob die Augenbrauen, „und damit sind sie groß genug, daß sie ins Direktorium vom Kongreß berufen werden", sie lachte, „so einfach soll das gehen; na ja, wenn ein Kolonialkind vorhanden ist, können die Engländer nichts tun".

Paulo schälte für Leopoldine einen Apfel, sie tranken Wein und tanzten. Plötzlich nahm Paulo seinen Botschafter Palmela wahr, er verneigte sich mitten im Tanz und lief weg. Leopoldine ging zum Tisch, die Schalen der Mandarinen, des Apfels lagen auf dem Teller; hätte Paulo sie aus dem Saal hinausgeführt, wäre er mit ihr weggegangen, sie wäre mitgegangen, immer weiter mit ihm mitgegangen.

Sie hatte Paulo nicht wiedergesehen; vielleicht alles nur Mädchenphantasie, der Kopf leer vom stundenlangen Tanzen, ständig die gleichen Phrasen im Ohr. Vor kurzem waren sie alle noch Verlierer, hatten Haupt und Knie vor Napoleon gebeugt; nun, 1814, hoben sie einander wieder in ihre Stellungen und konnten das beinahe nicht verkraften, wurden im Handumdrehen fanatisch; in Frömmelei wie der Zar, fanatisch im Einhalten der Etikette, der Standesordnung. So einen wie Paulo hatte sich Leopoldine herbeigewünscht, einen, mit dem sie frei von der Leber reden konnte, der ihre Knie zum Zittern brachte, den sie fragen, ausfragen konnte.

José Bonifácio, herbeigewünscht; einen Menschen,

zu dem sie Vertrauen haben konnte, der sie aus ihrer Fremdsprachigkeit befreite, „Sie reiten vortrefflich, bestimmt jagen Sie genauso, eine echte Habsburgertochter", und Bonifácio half ihr vom Pferd. Beide weggegangen, Paulo, Bonifácio; sie hatte nicht gemerkt, wann der Abschied begonnen hat, nicht gelernt, wie man Abschied nimmt.

Ein Jahr später, 1815, hatte alles Herbstfarbe angenommen, alles überreif, fertig, reif.

Im Mai bekam sie ein neues Instrument, ein Klavier; darauf spielte sie in jeder freien Minute, auch in der Nacht, in ihrer Lieblingsstunde zwischen drei und vier Uhr früh.

Das Jahr 1815; ein Atemholen, bevor es 1816 wurde; ihrem Vater schrieb sie, „werde ich mich so zu meinem Vortheil ausbilden dass Sie mich ganz geändert werden finden. Denn Sie können überzeugt seyn dass ich nie glücklicher bin als wenn Sie mit mir zufrieden sind". Später Frühling in Laxenburg; Birnen- und Apfelbäume in Blüten, einen Papagei hatte die liebe Mama ihr geschenkt; sie wollte die ganzen vierundzwanzig Stunden für sich haben; warum muß der Mensch schlafen?

Am Neujahrstag 1816 besuchte Leopoldine ihre Schwester Louise in Schönbrunn, Leopoldine war neunzehn Jahre alt.

Neipperg war noch zu riechen, sein Tabak, der Geruch seines Körpers. Louise packte das Geschenk für ihren Sohn aus, drehte an der Spieluhr. „Weißt du schon, wann deine Reise losgeht?" fragte Leopoldine. Louise sang, „nein, der gute Metternich hat es mich noch nicht wissen lassen",

„wird Neipperg dich begleiten?" fragte Leopoldine weiter, sie wußte die Antwort,

„natürlich, ist ja mein Adjutant"; Tränen rannen Louise über die Wangen. Leopoldine konnte nichts sagen, unfähig war sie, ihre Schwester zu trösten; Louise, die ältere, sie hatte stark zu sein, nicht schwach und voll Furcht.

Das Getrenntwerden hatte Leopoldine zu lernen. Im Jänner 1816 fuhren die Eltern nach Italien; Florenz und Mailand wollten sie besuchen, wo der liebe Papa aufgewachsen war. Die liebe Stiefmama war so schwach, daß sie kaum mehr die langen Fahrten sitzend überstand, „sie fiel uns aus den Händen auf das Bett", hatte ihre Kammerfrau berichtet. Mit jedem Tag gab der Körper an Gewicht ab, kaum konnte sie die schweren Kleider auf ihrem Körper tragen, schleppen, wenn sie zu offiziellen Auftritten gezwungen war. Vom milden Klima in Italien erhoffte sie sich Kräftigung, mit jedem Atemzug Italien wollte sie Stärke, Weiterleben einatmen; ständig ein schlechtes Gewissen, den Ansprüchen des lieben Papa nicht zu genügen, als schwächliche Frau zur Belastung zu werden. Verona wollte sie sehen. Im Wagen liegend, auf viele Kissen gestützt, ließ sie sich durch die engen Gassen führen; sie hatte wohl mehr den Himmel als die Häuser gesehen. Am 7. April 1816 war ihr Leben verloschen.

„Ich verdanke ihr alles was ich bin. Sie bewies mir bei jeder Gelegenheit eine wahrhaft rührende Zärtlichkeit und Güte so dass ich mich der schwärzesten Undankbarkeit anklagen müsste wenn mein Herz fähig wäre sie zu vergessen", hatte Leopoldine an ihre Tante geschrieben.

Im März 1816 war Louise abgereist, hastig; von einem Tag auf den anderen, gepackt, weggeräumt, das Kind einer Erzieherin in den Arm gedrückt. Herzogin von Parma war sie nun, das hatte Metternich arrangiert; der Lohn für ihre Ehe mit Napoleon und dafür, daß sie sich zwei Jahre verstecken mußte. Graf Neipperg fuhr einen Tag später ab, das verwundete Auge hinter einer Augenbinde versteckt.

„Glaubst du, sie ist seine Geliebte?" fragte Clementine, „du kennst doch Louise, die kann doch nicht mehr ohne Mann leben, so wie die das Verheiratetsein geschildert hat";

Leopoldine wies ihre jüngere Schwester zurecht, „sie ist die Ärmste von uns, sogar ihr Kind hat man ihr weggenommen",

„sie wird wieder welche bekommen, einäugige", zischte Clementine.

Bestimmt hat Louise noch Kinder bekommen, sie hat nie davon geschrieben. Nicht einmal in Padua, bevor Leopoldine 1817 endgültig aus Europa weggegangen ist, haben sie darüber gesprochen – wer hätte anfangen sollen?

Louise konnte gut trösten, „lass dich nicht abschrekken und sehe nicht schwarz in die Zukunft. Du kannst ja noch recht glücklich werden", so schrieb sie in ihrem ersten Brief aus Parma, sie tadelte Leopoldine auch, „glaube mir so lächerlich es ist, zu eitel zu seyn, so unrecht hat eine Frau nicht denjenigen Grad von Eitelkeit zu haben, welcher macht dass sie auf ihr Äusseres etwas acht giebt. Denn leider ist auf dieser Welt der erste Eindruck durch das Äussere gemacht und da hast Du, verzeihe mir, im vorigen Kongress entsetzlich Dich vernachlässigt".

Das Trennen ging weiter. Clementine heiratete im Juli 1816. Ein Dankgebet schickte Leopoldine zu Zita, während die Orgeltöne zur Trauungszeremonie brausten, daß der Onkel, der dicke Leopold von Salerno, nicht ihre Bestimmung geworden war.

Andererseits, Leopoldine war neunzehn; wann würde sie endlich erfahren, wo sie sich ihre künftige Heimat zu denken hatte, Clementine war ein Jahr jünger als sie.

Am Hochzeitsabend von Clementine stellte der Vater Charlotte von Bayern als seine künftige Frau, als die neue Kaiserin, vor; Carolina Augusta werde die zweite Stiefmama sich nennen. „Die Poldl wird sich besonders gut anfreunden, sie ist ja nur fünf Jahre älter; Poldl, du bekommst eine Schwester dazu; du wirst jetzt viel zu lernen haben, den Winter wirst du nützen müssen, es ist der letzte Winter, den du in unserer Familie verbringst."

Wie enttarnt stand sie da; sie hatte nicht nach dem Namen des Bräutigams gefragt, das würde wohl Friedrich August von Sachsen sein; Louise hatte geschrieben, „obwohl ich meine Spitzel ausforschen lasse, ich zittere weil deine Bestimmung in Händen von M ist".

Die Hochzeitsgäste tranken auf ihre Zukunft, sie ließen sie hochleben, als wäre sie schon Braut; Leopoldine konnte nichts dazu sagen. „Du wirst endlich lernen müssen, das leichte Unterhalten; du kannst nicht immer stumm wie ein Fisch dabei sein", die Lazansky hatte es ihr in den letzten Jahren oft gesagt.

Von allen Seiten wisperte man ihr zu, „er soll elegant sein, der Friedrich", „sei vorsichtig, das ist ein Weiberheld", „so weit weg wie Louise mußt du nicht, Dresden ist schön".

Schüch fiel ihr ein, der Mineralienprofessor, mit ihm würde sie reden. Schüch verstand sofort, „gehen wir ins Mineralienkabinett".

Sie gingen zu Fuß, die Gassen lagen menschenleer in der Mittagshitze. Der liebe Papa habe es ihr gestern gesagt, ob er, Schüch, es schon wisse. Er nickte; ob er auch wisse, wer gemeint sei. Schüch lächelte; natürlich wisse er das, und es werde Leopoldine gefallen, weil es zu ihrer Bestimmung passe, zu ihrer Liebe zu den Steinen, den Pflanzen, den Tieren in der neuen Welt; die Braganças haben nach Leopoldine geschickt; nicht der Sachsenprinz sei es, sondern Brasilien, sie, Leopoldine, werde nach Brasilien verheiratet.

„Der heißt Peter", antwortete Leopoldine,

„Pedro", stellte Schüch richtig; nun müsse sie Portugiesisch lernen, die Familiengeschichte der Braganças.

Leopoldine erinnerte sich, mit Brasilien ist Portugal größer als Rußland.

„Ängstigt Sie die Entfernung", Schüch klopfte ihr auf die Schulter, „nicht diese Leopoldine, die ich kenne; ist das nicht wunderbar, Sie kommen in ein Land, in dem Sie alle Mineralien, die wir hier in den Kästen haben, in der Natur finden werden."

„Die Braganças", Leopoldine kramte in ihrem Gedächtnis; Schüch half nach, „Südländer sind sie, die Portugiesen, Europäer und eigentlich keine Europäer; sie sind anders durchmischt als wir im mittleren Teil von Europa; ich werde neue Literatur bringen, und einen Portugiesischlehrer besorge ich auch";

„ich weiß es doch noch gar nicht offiziell", fiel ihm Leopoldine ins Wort.

„Wir wissen es alle, also werden Sie es wohl demnächst erfahren. Das war ein kluger Schachzug vom M; man kann sich vorstellen, wie die Engländer sich dagegen gewehrt haben; wie kann eine andere Macht als England eine stabile Kolonialmacht sein; und wenn die

Habsburger eine Tochter nach Brasilien schicken, wird Portugal, werden die Braganças, stark, stabil."

Leopoldine konnte Schüch nicht folgen, „wie alt ist Pedro",

„so alt wie Sie, vielleicht ein Jahr jünger, ein Jahr älter. Für Österreich ist es wichtig, daß wir wieder beweisen, daß wir einen Blick für die Zukunft haben, daß wir in der Wissenschaft die Ersten sind", Schüch ereiferte sich, „überall, wo Engländer, wo Spanier sind, Revolutionen, Kriege. Leopoldine, auf Sie wartet die größte Aufgabe von all Ihren Geschwistern",

„Ferdinand wird Kaiser von Österreich", entgegnete Leopoldine,

„ja, der arme Ferdinand".

Schüch ging mit an den Vitrinen vorbei, zeigte auf die Goldadern eines Lapislazuli, auf den Topas. Die brasilianischen Kinder des Botschafters fielen Leopoldine ein, die sie in Baden gesehen hatte, die fremde Sprache, in der sie keinen bekannten Laut gefunden hatte.

Schüch beobachtete sie, „Leopoldine, Sie haben Angst";

Tränen rannen ihr herunter, „nein, ich bin nur ganz durcheinander", stotterte Leopoldine.

„Jetzt heißt es, sich zusammenreißen; ist ja nur für kurze Zeit, ein, zwei Jahre. Leopoldine, zeigen Sie es den anderen, daß Sie die gescheiteste sind von den Geschwistern, zeigen Sie ihnen, daß Sie mehr verstehen, als nur mit Seiden und bunten Bändern umzugehen; denken Sie an Ihre Stiefmama, an Maria Ludovica", Schüch kniff Leopoldine in die Wange, „und jetzt werden wir uns einen hinuntergießen, ist gut gegen die Angst."

Der Professor holte eine flache Brustflasche heraus und trank Schnaps, bot Leopoldine die Flasche an; sie roch, zuckte zurück, nahm einen, noch einen Schluck. Den Rest der Flasche ließ Schüch in sich hineinglucksen wie in einen Brunnentrog. Deshalb ging er so oft während des Unterrichts zum Fenster, griff sich an das Herz. „Sie werden ihn schon mögen, den Pedro; Leopoldine, das Wichtigste ist doch, daß Sie eine Aufgabe haben."

Leopoldine starrte auf die Flasche in seiner Hand, „warum haben Sie nie etwas gesagt, seit wann", stammelte sie.

„Übersehen haben sie mich, immer; ich könnte der Hofrat Schreibers sein, mich haben sie wegintrigiert, der Schreibers war mein Schüler."

Schüch, ihr Lieblingslehrer, stand hinter einer Vitrine; Leopoldine und ihr Lehrer, durch Glas getrennt; sie redeten aufeinander ein; von unsicherer Zukunft, vom Ignoriertwerden, von großen Aufgaben, redeten sie und hörten einander nicht zu.

Ende August 1816 hatte Vater Leopoldine rufen lassen. „Aber um auf den Hergang der ganzen Sache zu kommen so sagte mir der liebe Papa er liesse mich wählen zwischen dem, was ich dir früher schrieb und dem Jetzigen, aber in zwey Tagen müsste ich entschlossen seyn. Zwey Jahre müsste ich noch auf das erste warthen, und da würde der zwischen allen deutschen Prinzessinen wählen über diess wisse man, dass ich ihm nicht gefallen habe. Kurz, der liebe Papa sprach so, dass ich mit ein wenig hellen Geist ersah, er wünsche das Letzte. Und da that ich denn, was er wünschte", so schrieb sie an Louise.

Der Tag will seinen Stundengang beginnen; in die Ferne will sie, nicht erreichbar sein für die Schranzen vor der Tür, für die Einflußnehmer; die Zeit, die große Verwandlerin, hat alles Entlegene noch entlegener gemacht, wie fern ist Vater wirklich, wie fern ist Pedro.

Die Herbstmonate des Jahres 1816, voll von Lernen und Übungen. In allem wollte sie es dem Vater recht machen, in nichts ihrem Bräutigam zurückstehen, „ich bin auch schon viel liebenswürdiger und gesprächiger was nöthig ist, da ich in der Zukunft in den Strom der großen Welt werde mitgerissen werden", schrieb sie, und als Marialva, der Brautwerber des Hauses Bragança, ihr das Porträt von Pedro überreicht hatte, schrieb sie, „das Portrait des Prinzen macht mich noch halb narrisch, den ganzen Tag stehe ich vor ihm und kann ihn nie genug ansehen, er ist schön wie Adonis".

Der Vater war leutselig mit dem Marquis Marialva; der liebe Papa hatte selber kaum eine Ahnung von den Braganças; er hat sie beim Kongreß nicht kennengelernt; sie waren ja geflohen vor seinem Schwiegersohn.

Marialva ist in Wien eingezogen wie ein Prinz aus dem Morgenland; die Pferde mit roten Samtüberwürfen, darin Goldstickereien, Ornamente, Wappen; alles paßte zum neuen Wien, wiederauferstanden nach dem Kongreß; Prunk, wohin man schaute. Die Menschen wogten durch die Gassen, sie konnten nicht genug davon sehen, wie die Portugiesen, die Brasilianer lebten, in welch reiches Land die nächste Prinzessin verheiratet wurde. Die Wiener fühlten sich wieder als die Wiener, die sie waren, in einer prachtvollen Hauptstadt zum Herzeigen, die nicht beschmutzt war von einem Volkskaiser, der ohne Art und Benehmen Schönbrunn besetzte; man konnte sich wieder auf Traditionelles verlassen, der Kaiser wieder auf seinem Platz, Österreich fortschrittlich auf dem Weg in die Neue Welt.

Es hat allen gefallen. Marialva ließ Orden und Auszeichnungen regnen; Ferdinand bekam einen Orden, Hudelist, der brave Vermittler, und auch Trauttmansdorff, alle waren sie bald brillantgeschmückt; Metternich bekam ein Kästchen voll mit Edelsteinen und das Großkreuz; Kisten kamen an, gefüllt mit Porzellan und Luxuswaren, alles unschätzbar in seinem Wert.

Von Louise bekam Leopoldine im Oktober 1816 einen Brief, sie hat ihn auswendig gelernt. „Geliebte Schwester. Ich kann nur Deinen Schritt billigen, liebe Leopoldine. Die grösste Beruhigung ist das gethan zu haben was für seinen Vater und das Wohl des Staates nützlich seyn kann. Aber ich bitte dich im Namen unserer schwesterlichen Liebe, stelle dir die Zukunft nicht zu schön vor. Wir anderen, die nicht wählen können müssen weder auf die Vorzüge der Figur noch des Geistes sehen. Trifft man sie so ist es glücklich. Trifft man sie nicht so kann man auch glücklich seyn. Das Selbstbewusstseyn seine Pflicht gethan zu haben, viele und verschiedene Beschäftigungen, die Erziehung unserer Kinder, gibt einem gewisse Seelenruhe, ein heiteres Gemüth, was das einzige wahre Glück auf Erden ist."

Es ist vier Uhr früh; ein Morgen ohne Gespenster, sie sitzen alle noch im Finstern, spüren nicht, daß Leopoldine dem Licht vorausschaut.

„Ich will meiner Schwester einen Brief schreiben", im ganzen Raum tönt die Stimme von Leopoldine; die Aguiar hat Papier und Tinte schon vorbereitet. Leopoldine greift darnach, sie greift daneben, das Blatt Papier entgleitet ihren Fingern; sie diktiert, „meine geliebte Schwester. Herabgekommen auf den beklagenswerten Gesundheitszustand und unter den größten Schmerzen auf der letzten Station meines Lebens angekommen. Meine Schwester. Ich werde Euch nicht wiedersehen. Hört den Notschrei eines Opfers, das von Euch erbittet Mitleid, liebevolle schwesterliche Hilfe für meine unschuldigen Kinder, die sonst in die Hände von Personen kommen, die die Ursache all meiner Leiden waren. Es sind nun fast vier Jahre, seit ich Euch schrieb, dass ich mich einem verführerischen Ungeheuer zuliebe, im Zustand schlimmster Sklaverei befinde. Kürzlich gab er mir den letzten Beweis seiner Verachtung. Ich hätte Euch noch viel, viel mehr zu sagen doch fehlen mir die Kräfte um mich an einen so furchtbaren Angriff zu erinnern. Ich würde meine Verpflichtung nicht erfüllen wenn ich nicht erklärt habe, dass ich Schulden machen musste. Flach, der redliche Freund hat kein Mittel vernachlässigt um mir Hilfe zu verschaffen. Um alles was Euch heilig ist bitte ich Euch ihm alle Unterstützung zu gewähren damit meine Schulden beglichen werden. Die Marquise von Aguiar ist beauftragt Euch bis in die letzten Einzelheiten über alles zu unterrichten was meine geliebten Kinder angeht. Ihr übergebe ich ihre Erziehung bis mein Pedro anderes bestimmt."

Die Aguiar starrt auf den vollgeschriebenen Briefbogen; Leopoldine redet auf sie ein, die Marquise reagiert nicht, sie trägt den Brief weg und streicht über den bebenden Körper von Leopoldine; „Maria Carla von

Aguiar, laß nicht zu, daß man Dom Pedro beschuldigt; wir haben einander geschätzt; nur seine Unreife war es, die ihn mir so entfernt hat, man hat ihm nicht beigebracht, sein Temperament zu zügeln, deshalb hat er sich hinreißen lassen. Zum Abschiedsempfang sollte ich erscheinen, vor drei Wochen, am 20. November; die rotgewandete Domitila stand im Zimmer, als er mir befahl, mit ihm in den großen Audienzsaal zu gehen; das habe ich nicht getan; es mußte genug sein, das Hinnehmen und Hoffen, daß er zurückfinde; mit Domitila vor dem Staatsrat erscheinen und sie damit endgültig der Welt als Mätresse zu zeigen, zuzugeben, daß ich zu dulden habe, nein; gelacht hat sie, die Rotgekleidete, seine Wut über meine Verweigerung mit ihrem Lachen zu seinem wahnsinnigen Toben hochgejagt. Er mußte handeln, dieses Lachen mit Schreien, mit Schlägen ersticken; Maria Carla, niemand beschuldige Dom Pedro; greif Dir an die Halskette, an den Amethyst, damit ich sehe, daß Du mich hörst"; die Aguiar tastet zum violetten Stein, sie drückt die schlaffe Hand der Kaiserin.

An die Leichtigkeit muß Leopoldine sich gewöhnen, zu rasch durch alle Finsternis gezogen und jetzt, geblendet von Hellem, vom Aufgelöstsein; „wir werden uns wiederfinden, Pedro; neue Worte werden wachsen, und Schnee wird fallen, in alle Richtungen werden wir fliegen und uns Zeitstücke vorgeben, alles wird anders sein, wir werden nicht mehr darauf warten müssen, wann endlich alles anders sein wird".

Sie reagieren nicht auf ihre Stimme, sie können Leopoldine nicht hören; versunken bleiben sie alle auf ihren Stühlen sitzen, schauen zum Körper der Kaiserin.

Am 13. Mai 1817, vor fast zehn Jahren, hat Leopoldine geheiratet. Wie bei Louise war Onkel Karl an Stelle des Bräutigams an ihrer Seite; ein kalter Maitag, die Trauung am späten Nachmittag in der Augustinerkirche. Leopoldine war den ganzen Tag in ihrem Zimmer geblieben, jede Stunde dieses Tages wollte sie sich einprägen, wie die Sonne weiterrückte, am Vormittag das kurze Schneegestöber, und bald darauf wieder alles weggeschmolzen; alle Menschen eilten mit hochgestellten Kragen und dicken Umhängtüchern dem Haus, der Hofburg, zu. Die neue Stiefmama, Carolina von Bayern, besuchte Leopoldine in aller Früh; zwei Gebetbücher schenkte sie Leopoldine, und ihren Priester wollte sie Leopoldine schicken. Seit einem halben Jahr lebte die neue Stiefmama mit der Familie; heiter und fröhlich wollte sie sein, doch bei allem, was sie für die Familie tat, war Beschwertes dabei; „eine Frömmlerin ist sie", hatte Annony gezischt. Die jüngeren Geschwister, Franz und Maria Anna, sie waren erst fünfzehn und zwölf Jahre alt, saßen still und verschreckt beim Abendessen. „Versprich mir, daß du mir alles über dieses fremde Land schreibst", Leopoldine hat es eingehalten; Franz war schreibfaul wie die anderen Geschwister.

Leopoldine wollte an ihrem Hochzeitstag nichts essen, nur eine Tasse Kakao, das war gut für ihre Nerven, und ein Stück trockenes Brot. Annony, die gute Franziska Annony, erzählte, daß Wien noch nie so aufgeputzt war, alles für die Hochzeit von Leopoldine; die Straßen bis zur Kirche seien mit Blumengirlanden geschmückt, aus den Fenstern wehen die Fahnen der beiden Königshäuser, Draperien aus rotem Samt mit den Wappen in Gold seien an die Hausmauern geheftet, der portugiesische Marquis von Marialva kontrolliere seit dem frühen Morgen den Prunk höchstpersönlich.

„Ein Fest wie bei einer brasilianischen Hochzeit"; das wurde zum geflügelten Wort.

Das weiße Kleid hatte eine lange Schleppe, das Diadem drückte schwer auf den Kopf, die Opale des Brautschmuckes glänzten in allen Regenbogenfarben; die Trauungszeremonie war kurz, das Essen nachher auch.

Seit der offiziellen Verlobung ging Leopoldine alles zu langsam. „Gottlob ist das jetzt vorbey aber die Hälfte meiner Rede mußte ich aus Verlegenheit aus dem Papier lesen, obwohl ich sie prächtig auswendig weis", hatte sie im Feber 1817 an Louise geschrieben; in einer endlosen Feier hatte sie offiziell den Heiratsantrag von Pedro anzunehmen.

Ab Feber war Leopoldine nur mehr mit Einpacken beschäftigt; zweiundvierzig Kisten standen im März bereit, vollgepackt mit Aussteuer und Büchern. Metternich verzögerte die Hochzeit und die Abreise von einer Woche zur anderen. „Nicht an einem dreizehnten", hatte Leopoldine ihn gebeten; dann war aus dem Apriltermin nichts geworden, weil die Künstler und Wissenschafter für die Expedition noch nicht alle vollzählig in Wien waren und die Post aus Rio sich verzögert hatte; „Fürst Metternich begleitet mich als Übergabs-Comissair bis Livorno, wie sehr mich das freut, wirst Du begreifen", vertraute Leopoldine sich Louise an.

Anfang April war ein Teil der Expeditionsmitglieder abgereist, die Naturforscher Spix und Martius, der Maler Ender, Professor Mikan und seine Frau, der junge Pohl, Natterer und Sochor und die Diplomaten, Baron Neveu und der Sekretär Kast. Leopoldine verbrachte jede freie Minute mit Sprachenstudium, ließ sich von

Annony über die Geographie Brasiliens ausprüfen und ging jeden Tag zum Büro von Metternich. Sie wollte auf ihrer Reise nach Livorno Louise sehen, es mußte sich einrichten lassen; sie werde ihre Schwester vielleicht für Jahre nicht wiedersehen, der gütige Kanzler wird es doch möglich machen. Louise war hochschwanger, von Graf Neipperg; Louise schrieb nicht mit einer Zeile darüber. Nachdem Metternich das Zusammentreffen mit ihrer Schwester bis in den Juni hinein verschob, würde Louise wohl im Mai niederkommen; „eine Tochter hat sie bekommen", flüsterte Annony ihr zu, niemand wußte, wie das kleine Mädchen hieß.

Am 3. Juni 1817 standen endlich die Wagen bereit, Leopoldine umarmte den Vater, die liebe Stiefmama, die Geschwister, dann saß sie im Wagen mit ihren Begleitdamen, den Gräfinnen Künburg, Sarntheim und Lodron, und endlich mußte sie die Tränen nicht mehr zurückhalten. „Alles wircket mächtig auf meinen Geist und Körper und ich werde recht froh seyn auf der Reise wenn ich einmahl alles überstanden habe", schrieb sie an Louise. Die Reise dauerte Tage um Tage; in Padua machten sie Station, in Pisa und in Florenz. Ganz Italien war von brütender Sommerhitze überzogen, in Leopoldine vibrierte es vor Ungeduld; am 12. Oktober, zum Geburtstag von Pedro, wollte sie in Rio sein. Sie spazierte durch die Städte, bestaunte die Dome und Museen, sie kaufte italienisches Glas für ihre Aussteuer, als Geschenke für die Schwiegermutter und die Schwägerin, sie traf sich in Padua mit der geliebten Louise und flanierte ein paar Tage mit der Schwester durch die Stadt. Schweigsam war Louise geworden, sie lachte selten, und wenn sie lächelte, blickten ihre Augen weiter geradeaus.

Ende Juni sollte Leopoldine in Livorno sein und lossegeln. Einen Tag, nachdem Louise von Padua wieder nach Parma abgereist war, kam die Nachricht, daß die Abreise um weitere vier Wochen verschoben werden müsse; in einer Provinz von Brasilien, in Pernambuco, war ein Aufstand ausgebrochen. Alle waren irritiert, die Kammerfrauen wußten nicht mehr, worüber sie reden sollten, sie langweilten sich, sagten einander giftige Dinge.

Metternich ließ Bericht um Bericht schreiben, schickte mehrere Kuriere los, ließ Leopoldine zu sich rufen. Er überlege, ob es nicht besser sei, sie nach Lissabon zu bringen, daß Leopoldine dort die Rückkunft ihres Gatten aus Brasilien erwarte. Leopoldine ließ ihn kaum ausreden; sie war nur mehr kurz unter der Fuchtel dieses hageren Rheinländers. Niemals werde sie vom Vorhaben abweichen, nach Brasilien zu reisen, dort werde sie von ihrem Ehemann erwartet, und so wie ihr Pedro Unruhen drüben nicht fürchten dürfe, würde sie dieselben auch nicht fürchten; immerhin sei sie bereits mit ihm verheiratet und gehöre schon längst an seine Seite, umso mehr, wenn er nun eine Stütze in seiner Ehefrau brauche. Der Kanzler möge dafür sorgen, daß die Wartezeit für sie nutzbringend sei; sie wisse, daß ihr Gemahl ein schneidiger Reiter sei, also wolle sie ihre Reitkünste verbessern; außerdem möchte sie Louise noch einmal treffen, und zwar in Livorno, „es könnte sein, eine Trennung für das ganze Leben, und wo habe ich wohl sonst noch Gelegenheit, meine Schwester wiederzusehen".

Ende Juli kamen die beiden portugiesischen Schiffe, die „Dom João" und die „São Sebastião". Am 13. August 1817 wurde Leopoldine offiziell an Bord der „Dom

João" gebracht. Ein schwüler Hochsommertag; Musikkapellen spielten, Matrosen rannten hinter Absperrungen hin und her und schoben einander die Kisten zu, dazwischen drängten sich die Köche mit Säcken voll Früchten und Gemüse, Hühner und Ferkel wurden auf das Schiff getrieben, auf Deck spielte ein weiteres Orchester Tafelmusik, einen Baldachin hatte man aufgestellt aus grünem Samt, unter dem Leopoldine von Kanzler Metternich dem Marquis von Marialva mit allen guten Wünschen für eine gute Reise übergeben wurde; Verwandte drängten sich, Bekannte, Kammerfrauen, Sekretäre; Geschenke wurden Leopoldine überreicht, Blumensträuße in solcher Zahl, daß die Künburg um Körbe rufen mußte, damit alles untergebracht werden konnte. Dann der Abschied von den beiden Schwestern; Marie Clementine, die mit ihrem dicken Ehemann nach Livorno gekommen war, und Louise; „ich wage kaum daran zu denken dass ich heute das verlassen muß was ich am meisten geliebt habe", schrieb Leopoldine an den lieben Papa. Durch viele enge Gänge hatte man Leopoldine geführt, in winzigen Verschlägen waren ihre Kabinen untergebracht; eine, in der sie schlafen sollte, eine als Wohn- und Schreibkabine, eine, in der sie mit ihren Kammerfrauen sitzen konnte; mit Samt waren Bett und Stühle überzogen, der Samt an vielen Stellen von Motten zerfressen; das erste Abendessen mit den Portugiesen. Sie hatten den österreichischen Koch zum Töpfewaschen weggeschoben, Leopoldine bekam Huhn, in Öl gesotten, mit Knoblauch und Ingwer gewürzt, sie aß die fetttriefenden Süßigkeiten, trank den dick-süßen Wein. Am 15. August bewegte sich das Schiff von Livorno weg, Richtung Gibraltar; sie kamen in Stürme, mußten in Madeira einige Tage an

Land gehen, damit das Schiff repariert werden konnte, die Schiffe verloren einander tagelang, liefen wie zwei Nußschalen wieder aufeinander zu.

Nach zweiundachtzig Tagen kamen sie neuerlich in Unwetter; Anfang November 1817; der Geburtstag von Pedro schon drei Wochen vorbei. Das Schiff schwankte in alle Himmelsrichtungen, es kletterte über Gebirge von Wassermassen, warf sich in tiefe Täler; Leopoldine war in der Nacht an Deck geklettert, sie band sich an einen Mast und ließ sich mit dem Schiff mitwerfen, vom Meerwasser überspülen; der Sturm jagte Wolken und Wellen ineinander. Mit einer nächsten Welle wollte sie weggespült werden, diese Fahrt würde niemals enden. Vor einem Monat hatte sie begonnen, die Zeitrechnung umzustellen; unerträglich war ihr Tagesablauf geworden, das Frühstück, die ständig gleichen Spaziergänge an Deck, die Stimmen der Sarntheim, der Künburg mit jedem Tag schriller und zänkischer. Leopoldine hatte keine Kraft, ein Buch über eine Seite hinaus zu lesen, endlich das Mittagessen, unmöglich, in dem schwankenden Bett außerhalb völliger Erschöpfung eine Stunde Schlaf zu finden, also wieder den ganzen Nachmittag die Runden an Deck zu spazieren, und so weit Leopoldine schauen konnte, die Wassermassen, die sich in alle Blau- und Grüntöne verfärbten, die mit jeder Gischtwelle einen anderen Menschen auf sie zuspülten, die liebe Mama, die liebe zweite Mama, tanzte sie nicht dort drüben auf der Welle dem Schiff nach, und überall Louise, selbst hinter den Tauen wehte sie in ihrem gelben Kleid; war das ausgefranste Seil nicht ein Teil ihres Haares, das Leopoldine gerade noch erreichen konnte. Tagelang wurden von den Begleiterinnen alle Daheimgebliebenen durchgehechelt, über die Kleider, die schlechten Manieren geredet, über die Knausrigkeit der neuen Kaiserin, die Starrköpfigkeit des Vaters. In Madeira der kurze Landaufenthalt, Gespräche mit Menschen, die auf fester Erde gingen; Leopoldine sammelte Pflanzen, zeichnete Vögel; sie hatte mit dem Schweigen begonnen. Nach weiteren drei Wochen in der Meereswüste schlug die Künburg ein Spiel vor, sie erzählten einander Lügengeschichten, über Napoleon, über Annony, über den Ender, der vorausgereist war, über Metternich. Leopoldine nahm vom Mittagessen die Weinkaraffe mit in ihre Schlafkoje, sie trank die Flasche leer und schlief den ganzen Nachmittag, sie verschlief das Abendessen und erwachte um Mitternacht. An Deck war alles ruhig, die Luft klar, Meer und Wind brausten, daß Leopoldine laut schreien konnte und keiner sie hörte. Louise und Metternich hatten das Schiff inspiziert, entsetzt waren sie über den Schmutz und die Enge; Metternich wird es nicht erzählen in Wien. Einen verzogenen Fratz wird er Leopoldine in seinen Briefen nennen, weil sie in den endlosen Wartewochen nicht auf das Reiten verzichtete, weil sie in der Sonne spazierenging, weil sie zuviel aß, weil sie darauf bestand, Louise noch einmal zu sehen. Metternich war nach Lucca ausgerissen für drei Wochen und erst wieder in Livorno zur Reisegesellschaft gestoßen, das wird er in Wien auch nicht berichten.

Leopoldine hatte sich vom Miniaturbild ihres Pedro ein zweites, noch kleineres gezeichnet, sie hatte es sich mit einer Kordel um den Hals gebunden; stückweise war in den vergangenen zweiundachtzig Tagen die Welt für sie fremder geworden; die Matrosen, die Diener, die Servierer, alles Portugiesen, Brasilianer, Menschen, die ihr, der Europäerin mit der deutschen Sprache, mißtrauten. Beobachtet wurde sie bei jedem Handgriff, wie sie die Gabel nahm, wie sie sich das Haar bürstete, daß sie mehr Wasser als Wein trank, daß sie zuwenig redete, zu wenig lachte. Am allerwenigsten mochten sie, daß Leopoldine portugiesisch sprach; sie wurde ausgelacht, wenn sie ein Wort falsch betonte, sie verwendeten Dialektausdrücke, die sie nicht kannte, sie verteidigten ihre Sprache wie einen Besitz, von dem sie nicht eine Silbe abgeben wollten.

Rodriguez, einer der Schiffsoffiziere, setzte sich jede Nacht gegenüber von Leopoldine; er erzählte von Rio de Janeiro, von Brasilien. Nie mehr werde sie von diesem Land loskommen, diese Erde lasse keinen mehr weg; Rodriguez redete von den Reisen zwischen den Kontinenten, daß kein Schiff so nobel ausgestattet sei wie dieses; wie eine Arche Noah ein Schiff zu füllen, mit allen Tieren und Pflanzen, auch mit Menschen der verschiedensten Gattungen; nie sonst würden Theaterstücke am Schiff aufgeführt, auch würden sie nie mit Musikkapellen reisen. Leopoldine fühle sich nicht wohl, wie ans Ende der Welt verschlagen, vergessen von allen Göttern, als seien die Elemente dabei, sie zu verschlingen; sie werde diese Reise überstehen, ob er ihre Handflächen sehen könne, ob er ihr die Muscheln werfen solle.

Leopoldine und Rodriguez ließen sich weiter mit den Gewalten hin und her werfen.

Rodriguez humpelte, sein rechter Fuß war viel kürzer, er hatte an der rechten Hand keine Finger; nie sah man ihn am Tag, immer hatte er Nachtdienst, beim gemeinsamen Essen der Schiffsoffiziere durfte er nicht am Tisch sitzen; sie dulden keine Krüppel. Seine Eltern seien von Italien nach Brasilien ausgewandert, niemand von der Besatzung dürfe es erfahren, daß er kein Portugiese, kein Brasilianer sei. Er zog aus seiner Tasche eine Handvoll Muscheln und warf sie auf den glitschnassen Boden, wie Kieselsteine lagen sie durcheinander; Rodriguez erklärte, „an dieser Muschel ist es zu sehen; als ich siebzehn Jahre alt war, die zwingende Begegnung; sie war die Dona eines reichen Zuckerrohrhändlers, sie war älter als meine Mutter, Brasilianerin, eine mit der weißen Haut; Dona Leopoldina, sie hat mich solange in ihr Zimmer mitgenommen, bis sie schwanger war; erschlagen sollten mich die Feldarbeiter, so hat es ihr Ehemann angeordnet, sie haben mir nur die Finger abgehackt und die Knochen gebrochen, den Rest sollte die Natur, die Sonne, der Regen, ihnen abnehmen. Ich konnte nicht weglaufen, tagelang lag ich auf der roten Erde und habe die scharfen Körner geschluckt, mich von dieser Erde ernährt, Schlangen und Käfer sind über mich hinweggekrochen, ich war ihnen zu wenig lebendig. Irgendein Sklaventreiber hat mich auf sein Pferd gepackt und mitgenommen und am Hafen abgeladen, ich konnte lesen und schreiben, hier, sehen Sie, diese Muschel, Befreiung aus eigener Kraft."

Leopoldine kannte die Geschichte, Rodriguez erzählte sie jede Nacht; das Schiff warf sich, gepeitscht vom Sturm; Leopoldine schluckte Wasser, Meerwasser, Regenwasser; niemand suchte sie in ihrer Kabine, alle waren an ihre Betten gebunden, stöhnten und flehten; unvorstellbar, daß diese Naturgewalten sich beruhigen könnten, nie mehr würde es Tag werden; dem Ehemann entgegengestorben. Leopoldine zeigte Rodriguez ihre Hände, und bei den nächsten Blitzen zeichnete er ihre Handlinien nach, „ein Glückskind wie ich; die Zeit wird sich in Ihnen ausleben, Dona Leopoldina, notwendig sind Sie, und wenn sie fertig ist, die Zeit, können Sie sich wegbegeben, dem Vogel Zeit folgen, Sie können das selbst bestimmen".

Stunden später war Rodriguez von einer Strickleiter ins Meer gestürzt.

Nach zwei Tagen war das Unwetter vorbei; Leopoldine sah die Bucht von Guanabara, sie sah zum ersten Mal die Tropen, das Licht, das sie zog, fast zehn Jahre lang, dem sie sich anvertraut hatte.

Doktor Navarro diktiert das letzte Bulletin, 11. Dezember 1826, „muß bekanntgegeben werden, daß es Gott gefallen hat, Ihre Majestät, die Kaiserin, sechs Wochen vor ihrem dreißigsten Geburtstag zu sich zu nehmen. Sie schlief friedlich, in der natürlichsten Stellung, ein."

Leopoldine schwebt hinaus nach Botafogo, zur Guanabara-Bucht; wie sie in allen Jahren geritten ist, nimmt sie jede Abkürzung; sie schlafen noch in allen Winkeln, der Schuh, der Hammer, der Kamm sind ihnen vor ein paar Stunden aus der Hand gefallen, so lange haben sie Schnaps getrunken, gespielt und gestritten, bis sie umgefallen sind. Die Nacht ist aufgebrochen, schwer dünstet sie aus, allen Schweiß der Tagesarbeit, allen Schweiß der Umarmungen, aus allen Ecken gellen die Schreie, neue Tänze proben sie für den nächsten Festzug, und Leopoldine mischt sich unter die Tanzenden, gleitet in den neuen Tanzschritten über den Lehmboden, sie tanzen nicht mehr auf bloßer Erde, alles verwandelt sich, sie lehnen an Schränken aus blutrotem Brasilholz, dem Brot ihres Landes, jetzt, um diese Stunde, können sie jedes Urteil fällen, in der noch offenen Nacht sind sie ganz unter sich, werden sie unfehlbar in ihren Urteilen, können jeden Master verfluchen, jede Krankheit heilen, mit einem einzigen bösen Blick eine ganze Familie ausrotten. Die Männer, die Patrons sind jetzt die Spielzeuge der Geliebten, die sie sich aus den Cortiços geholt haben; jeder braucht mindestens zwei Lieben.

Die Berge weichen vor dem Licht zurück, die Gassen werden weiter, schon sieht sie die Landzunge von Guanabara, die Sterne in Flammen und die verwehten Wolken in Weiß, das erste Mal, daß sie sich leicht zurechtfindet, sich nicht verliert in den verschlungenen Straßen und steilen Gassen, sie weicht vor keinem Hilfeschrei zurück. Wonach schreien sie, sie schreien vor Hunger, vor Schmerz, sie wollen sich Hoffnung herbeischreien; sie spürt bereits die Luft feuchter werden, das Meer gischtet bis herauf, und die Regenwolken beginnen sich zu entladen, in Stößen lassen sie sich fallen und lassen die Häuser traurig aussehen, weil der weiße Kalk verwaschen wird, Sonne braucht alles hier, damit der Schmutz, sein Anblick erträglich werden; die riesigen Jasminbäume in Weiß und Rotgelb werfen ihren Duft wie ein Netz nach Leopoldine, sich einfangen lassen und ihre Poren damit auswaschen, die Schmerzen, dieses entzündete Fleisch betäuben mit dem Öl des Jasmins, sich am Saum des Meeres niederlassen und das fiebernde Leben, das geronnene Blut mit Regen wegwaschen; nicht Tropfen sind es, Schnüre, in denen der Unwissende sich verheddert.

Ausgerechnet in diesen Stunden ihres Todeskampfes muß auch noch ein Gewitter niedergehen, sagen die, die sie umsorgen, betreuen, mit ihr leiden.

Die Vögel sitzen im Geäst, mit verklebtem Gefieder,

ständig zum Abflug bereit, die Papageien schreien schon, er wird sich bald zurückziehen, der Wind, und der schwarze Mantel der Nacht, den sie sehen, wird aufklaren, weil schon die Sonne kommen will. Eine arme Nacht ist es gewesen für sie, für die Marquise von Aguiar, den Paranaguá, für Navarro, für den Bischof und all die anderen; sie müssen sich den Tag merken; schläfrig sind sie, sie sehen nur Schwärze vor sich und das rußige Öllicht. Leopoldine hat Gevatter Wind überredet, die ersten verwirrten Stunden soll er ihr erleichtern, das Maß soll er verlieren und sie hinaufheben bis zum Weiß der Wolken, bis zu den Kronen der Wellen, wirbeln soll er sie, hinein in die tausend Grün der Wälder, tanzen soll er sie lassen im Morgenregen, tanzen, bis alle Farben in ihrem Licht irisierend leuchten; arm war sie hier angekommen, mit unkundigem Geist und verschnürter Seele; geformt haben sie Nacht und Tag, aufgeputscht hat sie das Gift der Hitze; gellendere Schreie, tiefere Schmerzen hat man ihr beigebracht, Flüche voll Rache, Seufzer voll Lust, fast zehn Jahre lang gereist, durch Bitternis und Gelächter; mit diesem Morgen angekommen und ein Teil geworden, ein Teil von allem hier; wiederkehren, unermüdlich hierher wiederkehren.

NACHWORT

Niemand ist vor seinem Ende glücklich oder unglücklich zu preisen; das galt in der Antike, wie es bei den Philosophen der Gegenwart gilt. Viele Leben lassen sich erklären; sind dann Daten und Ereignisse gesammelt, geordnet, das dichte Netz von Ursache und Wirkung darübergeworfen, ist der Saldo gezogen und der Beweis dieses Lebens erbracht.

Manche Leben folgen dem metaphysischen Takt des Schicksals, die Daten sind eingebunden in ein Ganzes, das die geschichtliche Notwendigkeit dieses Menschen ergibt – Leopoldine, Dona Leopoldina.

Zwischen der europäischen Großmacht Österreich und Südamerika sollte 1816 eine politische, wirtschaftliche und wissenschaftliche Annäherung aufgebaut werden. Deshalb wurde Leopoldine nach Brasilien verheiratet.

Bis in das zwanzigste Jahr geht die Lebensgeschwindigkeit von „Poldl" mit Kalendergeschwindigkeit einher. Dann, die zehn Jahre in Brasilien, ihre letzten zehn Lebensjahre; sie beinhalten keine Zeitspannen, die flach und lau gelebt werden konnten, keine Ereignisse, die als taubes Gestein in einem Leben angehäuft werden, keine Begegnungen, die nicht sinnhaft waren. Der Kalender hat weiter Tage und Jahre gezählt; die Uhr der Seele von Leopoldine begann zu laufen, zu rasen; Zeiten verdichteten sich.

Für den Erzähler, den Nachbildner, ist der Rhythmus vorgegeben, nur im Takt, in der richtigen, inneren Lebensgeschwindigkeit mußte geblieben werden, damit die Gleichzeitigkeiten, denen jede arme Seele unterworfen ist, zu erfühlen sind – das Zwanghafte, das Freie, das Fürchterliche, das Schöne.

Nichts an diesem Leben kann mit unseren heutigen Maßstäben gemessen werden – eine andere Kultur, ein anderes Jahrhundert. Um wieviel mehr bedeutet es, sich in portugiesischem, fast maurischem Patriarchat durchzusetzen und beharrlich soziale, politische Ziele zu verfolgen.

Im politischen Handeln von Dona Leopoldina ist die seltene Symbiose entstanden – staatsmännischer Weitblick, mütterliche Fürsorge, weibliches Schützen und Bewahren. Sucht man, gemäß unserem heutigen Denken, die „staatsmännische Vision" von Dona Leopoldina, ist sie rasch genannt: Friede, die Vermeidung von Krieg. Ihr innigster, persönlicher Wunsch, die Rückkehr nach Europa, war eines der Opfer, das sie dafür gebracht hat.

Kein Anspruch wird darauf erhoben, über Dona Leopoldina die ausschließliche Wahrheit zu wissen. Auch nach sorgfältiger Erforschung kann dieses Leben nur schöpferisch gedeutet werden; selbst Briefe, und sind sie inhaltlich noch so exakt zitiert, müssen menschlich nicht verläßlich sein, werden sie doch heute gelesen. In diesem Text wurden die Briefe mit allen orthographischen und stilistischen Eigenheiten wiedergegeben.

Mit dem Tod, mit ein paar Daten in Urkunden, scheint die Aufgabe Leben gelöst, eine Lebensgeschichte beendet. Als Zuschauer, als Nachvollzieher, kann man dem Sterblichen, dem Nichtsterblichen von Dona Leopoldina weiter folgen, die Fragen beantworten: Was ist aus ihren Kindern geworden, aus den Menschen, die in ihr Leben hineinverknüpft waren, aus ihren persönlichen, politischen, sozialen Anliegen.

Am 14. Dezember 1826 wurde Kaiserin Leopoldina von Brasilien im Ajuda-Kloster in Rio de Janeiro beigesetzt, mit allem Pomp, mit schwarz-silbernem Prunk und unter dem Schutz von Soldaten. Dom Pedro war nicht anwesend, er kam am 15. Jänner 1827 aus Cisplatina zurück. Die Militärpropagandareise war erfolglos gewesen, die Abspaltung der südlichen Region nicht mehr aufzuhalten; in Rio gärten Aufstände, Krawalle; Dona Leopoldina, „der Schutzengel des jungen Kaiserreiches", fehlte. Solange Kaiserin Leopoldine lebte, hatten die Zeitungen kaum über den ausschweifenden, verschwenderischen Lebenswandel des Kaisers berichtet.

Nach ihrem Tod wurde das Volk informiert, über die Zustände am Hof, über Minister- und Beamtenposten, von Mätressengunst getragen; auch über die ständige Bevorzugung von Portugiesen, über die Benachteiligung der Brasilianer wurde berichtet. Regierungsumbildungen wurden nötig, Berater fehlten, Kaiser Dom Pedro verlor an Glaubwürdigkeit und Popularität. Brasilien, Dom Pedro, brauchte eine neue Kaiserin, und noch während der sechsmonatigen Trauerzeit schwärmten die Diplomaten nach Europa aus. Dreizehnmal bekam Dom Pedro ein „Nein"; man war inzwischen informiert über das Schicksal der Habsburgertochter; von Metternich erhielt der Gesandte nicht einmal Antwort auf die Anfrage; Botschafter Marschall hatte endlich wahrheitsgemäß nach Wien berichtet.

Im Jahr 1828 steigerte sich das Chaos im Land beinahe zu einer neuerlichen Revolution, das Vertrauen in die Monarchie war fast gänzlich geschwunden, und Dom Pedro distanzierte sich erstmals öffentlich von seiner Mätresse.

Im August 1829 heiratete er die siebzehnjährige Amalie von Leuchtenberg-Beauharnais. Bald darauf folgte José Bonifácio de Andrada dem Drängen von Dom Pedro und kam zurück nach Brasilien. Bonifácio übernahm wieder Regierungsagenden, das Chaos begann sich zu entwirren; das Vertrauen in Dom Pedro war jedoch nicht mehr wiederherzustellen.

Unbeliebt und isoliert in Brasilien, in Sorge darüber, daß das Königreich Portugal für die Tochter Maria da Glória verlorengehen könnte, dankte Dom Pedro im April 1831 ab, zugunsten seines fünfjährigen Sohnes Pedro II. Als Erzieher und Vormund für den kleinen Pedro setzte er den sechsundsechzigjährigen José Bonifácio ein. „Meu querido filho" (mein lieber Sohn), schrieb Dom Pedro in seinem letzten Brief an das fünfjährige Kind und verließ für immer Brasilien.

In Lissabon konnte Dom Pedro den Erbfolgestreit gegen seinen Bruder Miguel gewinnen; die erstgeborene Tochter Maria da Glória wurde Maria II., Königin von Portugal. Im September 1834 starb Dom Pedro in Portugal.

In der Familie Bragança sagt man heute, „Leopoldine hat Pedro weitergebildet, und als er sich von Domitila befreit hatte, wußte er alles anzuwenden, was er von Dona Leopoldina gelernt hatte; in seinen letzten Lebensjahren war er glänzend. Natürlich wissen wir in der Familie, was Dona Leopoldina geleistet hat, welche Tragödie ihr Leben war; von nirgendwo hat sie Hilfe bekommen, völlig auf sich allein gestellt, hat sie ihr Schicksal bewältigt, ohne zu klagen, ohne sich je zu beschweren."

Pedro II. wurde rigoros erzogen, er erhielt beste Ausbildung; unter seiner Regentschaft stabilisierte sich Brasilien. Weite Reisen führten ihn nach Europa, er beschäftigte sich wissenschaftlich mit Archäologie. Pedro den Weisen nannte man ihn; Geduld, Altruismus und Wissensdurst zeichneten ihn aus. „Pedro II. hat von allen ehrliche Arbeit verlangt; wenn er an jemandem Unehrlichkeit, Unkorrektheit wahrgenommen hat, hat er ihn übersehen. Ein großer Fazendeiro hat nie einen Titel bekommen, weil er heimlich Sklaven einführen ließ", erzählt man in der Familie Bragança; in den Geschichtsbüchern steht, „wie die Mutter, so der Sohn".

Im Jahr 1871 wurde der „freie Mutterleib" Gesetz, damit waren die Neugeborenen von Sklaven sofort frei; 1888 wurde mit dem „goldenen Gesetz" die Sklaverei abgeschafft, ohne Blutvergießen, ohne Befreiungskrieg. Als die Kapitanien (Bundesstaaten) neuerlich zur Abspaltung drängten und Revolution und Bürgerkrieg drohten, dankte Pedro II. ab und reiste mit seiner Familie nach Frankreich ins Exil.

Am 15. November 1889 wurde in Brasilien die Republik ausgerufen.

Maria da Glória wurde Königin von Portugal; die drei weiteren Töchter von Dona Leopoldina und Dom Pedro wurden von Dona Amélia, wie sich die zweite Ehefrau von Dom Pedro in Brasilien nannte, liebevoll erzogen. Januária heiratete nach Sizilien, Francisca nach Frankreich; sie starben beide hochbetagt. Paula Mariana war ein kränkliches Kind, sie wurde nur zehn Jahre alt.

Domitila mußte 1829 Rio de Janeiro verlassen; doch sie hatte soviel Mätressenvermögen zusammengerafft, daß sie die vier Jahrzehnte bis zu ihrem Tod als vermögende Frau leben konnte. Im Jahr 1954 wurde Leopoldine im Unabhängigkeitsdenkmal von Ipiranga, São Paulo, beigesetzt, und 1972 erfüllte man ihren letzten Wunsch – „die im Leben getrennt worden waren, im Tode zu vereinen" – und überführte den Sarg von Dom Pedro von Lissabon nach São Paulo. Nebeneinander stehen die beiden Sarkophage, genau an jener Stelle, an der Dom Pedro am 7. September 1822 den Brief von Dona Leopoldina erhalten hatte, „Pedro, dieser Augenblick ist der wichtigste in Deinem Leben", und er darauf „Unabhängigkeit oder Tod" rief.

In Brasilien schrieb man im Mai 1827, ein halbes Jahr nach dem Tod von Dona Leopoldina, „welcher Brasilianer weiß nicht, wie sehr sie sich für unsere Interessen eingesetzt hat, wie sehr die Anziehungskraft ihrer erhabenen Tugenden gewirkt hat, wieviel schließlich ihre verwandtschaftlichen Beziehungen zu den größten Monarchen Europas dazu beigetragen haben, unsere Bemühungen um die Unabhängigkeit und Freiheit bekanntzumachen". Heute verehrt man Dona Leopoldina in Brasilien als „Mutter der Nation", bezeichnet sie in den brasilianischen Schulen als „Vorbild der brasilianischen Mütter".

Als Österreicher wird man in Brasilien oft mit der Frage konfrontiert, „was wäre aus uns geworden, hätte Metternich noch einmal eine Habsburgertochter geschickt"; ja, was wäre, wieviel mehr wüßten wir voneinander.